Peut-on encore chanter la douce France ?

Être français hier, aujourd'hui, demain

sous la direction de Michel Wieviorka

avec Jean Bart, Robert Castel, Jean Chesneaux, Patrice Decormeille, Marie Duru-Bellat, Éric Favey, Philippe Fremeaux, Guy Gauthier, Bronislaw Geremek, Nacira Guénif-Souilamas, Claude Hagège, Jacqueline Lalouette, Hervé Le Bras, Gilles Manceron, Gérard Mottet, Nobutaka Miura, Pascal Perrineau, Jean-Robert Pitte, Alexandra Poli, Daniel Reisz, Joël Roman, Louis-Georges Tin, Françoise Vergès, Michel Wieviorka

éditions de l'aube

Introduction

Michel Wieviorka

Il y a, dans le titre de ces Entretiens d'Auxerre 2006, comme une nostalgie, bien sûr, celle du « cher pays de mon enfance » qu'évoque la célèbre chanson de Charles Trenet. La France de Trenet est celle des villages, de leurs maisons sages et de leurs églises, des prairies et des rivières. C'est aussi celle d'une enfance « bercée de tendre insouciance », d'écoliers se rendant en classe en blouse noire. Bref, c'est une France préindustrielle, rurale, tranquille, et où la jeunesse scolarisée – par la République ? par les curés ? – coule des jours heureux.

Le point d'interrogation qui ponctue le titre de cet ouvrage apporte à lui seul un tout autre message. Il conteste, déjà, l'image proposée par Charles Trenet – mais on peut toujours rétorquer que le « fou chantant » a pu effectivement vivre un temps en un lieu qui lui laisse le souvenir d'un âge d'or, d'une « douce France » qu'il a gardée dans son cœur. Toujours est-il que ce point d'interrogation vient condenser un immense faisceau de questions, qui ont trait au passé, au présent et au futur de notre pays, à sa place dans le monde, à sa capacité d'incarner une image harmonieuse du vivre-ensemble.

La France d'aujourd'hui est postindustrielle et urbaine. Les églises ont perdu leur centralité symbolique, et parler de religion, c'est plus vite parler d'islam que de clochers. La jeunesse est inquiète, parfois enragée, émeutière – on l'a vu encore récemment, en octobre-novembre 2005 –, parfois contestataire, on l'a constaté avec les lycéens et les étudiants mobilisés au printemps 2006 contre le CPE. Et il y a belle lurette que la blouse noire, uniforme, a cessé de symboliser l'école.

Un genre classique, le plus souvent illustré par des penseurs réactionnaires, décrit la France sous l'angle du déclin historique ou de la décadence. C'est ainsi que Nicolas Baverez a publié en 2003 un ouvrage au titre explicite, *La France qui tombe*[1]. Il y donne à voir un pays où la croissance est en berne, où le nombre de chômeurs et de travailleurs précaires est considérable, un pays, aussi, incapable de se réformer et dont l'audience internationale est en chute. Son livre, d'inspiration libérale, mais aussi à certains égards souverainiste, a été largement débattu et critiqué, ne serait-ce que parce qu'il ne retient que les données allant dans le sens de sa thèse principale. Il peut pourtant nous servir de point de départ : la

France est-elle en crise, d'où le décrochage dont parle Baverez ? N'est-elle pas plutôt, avec des hauts et des bas, certes, dans une phase de mutation historique ?

Pour répondre à une telle interrogation, les données chiffrées, du type de celles qu'utilise Baverez, ne suffisent pas. Mieux vaut construire un raisonnement d'ensemble, appuyé sur des connaissances qui procèdent des sciences sociales, de façon beaucoup plus large.

La France des Trente Glorieuses

Considérons tout d'abord la France dite parfois des Trente Glorieuses, celle des années qui mènent de la fin de la Seconde Guerre mondiale au milieu des années 1970. Tout n'est pas rose et « doux », certes. Mais le pays se développe, le chômage est inexistant, la confiance dans le progrès et dans la science y est grande. Dans l'ensemble, les trois grands registres qui définissent la modernité selon le sociologue américain Daniel Bell, la société, les institutions et la culture, forment un tout relativement articulé.

Premier registre, la société est industrielle. Entendons par là qu'elle s'organise à partir d'un rapport social de domination qui se joue dans l'industrie, et qui prend la forme d'un conflit structurel entre le mouvement ouvrier et les maîtres du travail. Ce conflit se noue dans l'usine, dans l'atelier, il n'est jamais aussi fortement constitué que là où règne le taylorisme, ou apparenté, l'organisation scientifique du travail. Et il se prolonge bien au-delà de l'usine, dans la vie politique, puisqu'il est au cœur de l'opposition entre la droite et la gauche, dans le tissu associatif, dans la vie intellectuelle : souvenons-nous de l'opposition entre Raymond Aron et Jean-Paul Sartre.

Deuxième registre, les institutions et l'État sont dominés par le souci de l'égalité et de la fraternité, l'effort pour construire une variante française de l'État-providence, supposée apporter la solidarité et diverses protections sociales, par l'idée de service public et son prolongement, l'idée que ce qui est bon pour les entreprises qui l'incarnent est bon d'une part pour le pays tout entier, et d'autre part pour leur personnel. L'État, de plus, apparaît comme l'acteur central du développement, c'est lui qui impulse les grands projets, qui investit.

Troisième registre, le seul horizon identitaire légitime est la Nation, définie alors par sa grandeur, son message universel – la France, pays des droits de l'homme –, son apport culturel à l'humanité. Certes, il existe des conceptions xénophobes, racistes, antisémites de la Nation ; mais sa face ouverte contrebalance très largement sa face d'ombre.

Les Trente Glorieuses sont derrière nous, et sans aller jusqu'à qualifier les trente années suivantes de « trente piteuses », il faut bien reconnaître que le changement comporte de nombreux éléments inquiétants.

La sortie de l'ère industrielle

La sortie de la société industrielle s'est effectuée de la pire des manières qui soit, sur fond de chômage (aujourd'hui, près de 10% de la population active), d'exclusion sociale, de précarisation pour des pans entiers de la population, de désaffiliation, de perte du lien social. Le mouvement ouvrier a perdu sa centralité, et son déclin historique laisse la place, d'une part à des conduites de rage, à la colère, surtout dans les situations où les travailleurs se retrouvent soudain licenciés, victimes de fermeture d'usines, d'autre part à une beaucoup plus grande passivité sociale, une sorte d'acceptation fataliste de la dégradation des conditions d'existence et d'emploi, dominée chez beaucoup par l'égoïsme ou, en tout cas, l'individualisme, et enfin, pour ce qui subsiste du syndicalisme, par de fortes tendances au corporatisme et à l'enfermement dans la défense des intérêts catégoriels. Le syndicalisme, aujourd'hui, est présent et actif, pour l'essentiel, dans le secteur public, ou assimilable, et en tout cas dans l'emploi protégé, et il peine à conférer à son action une portée universelle.

La nouvelle question sociale se lit dans l'espace, qui n'est plus, comme disaient les marxistes des années 1970, tels Henri Lefebvre ou Manuel Castells, la projection sur le sol des rapports sociaux capitalistes, mais bien davantage celle des non-rapports sociaux que sont le chômage ou l'exclusion. Les quartiers d'habitat social, qui avaient dans l'ensemble constitué un progrès social, qui étaient relativement mixtes socialement, avec une présence non négligeable de couches moyennes, et qui avaient autorisé des logiques de mobilité ascendante (on y entrait jeune et aux revenus modestes, on en sortait cinq ou dix ans plus tard bien plus aisé financièrement, et pour un habitat plus confortable) sont devenus trop souvent de véritables nasses pour pauvres, des quartiers d'exil, a-t-on dit, des quartiers de relégation. Et l'immigration a changé de fond en comble. La figure classique de l'immigré était celle du travailleur mâle, venu seul, relativement isolé en dehors du travail, surexploité par des marchands de sommeil ou logeant en foyer sans participer à la vie politique ou institutionnelle de la France, car tout entier tendu par l'idée du retour au pays. La crise économique et le principe du regroupement familial – adopté au milieu des années 1970 – ont comme renversé cette image. Les descendants du « travailleur immigré » des années 1950 ou 1960, voire du début des années 1970 sont des deux sexes et pour la plupart sans projet de retour au « pays ». Ils sont français, inclus culturellement, et politiquement, au point qu'ils protestent de plus en plus contre les partis politiques qui, malgré des discours et des belles promesses, ne leur laissent que bien peu de responsabilités et de positions électives. Et ils sont par contre plus que d'autres des non-travailleurs, des exclus, des chômeurs, des précaires. Le racisme et les discriminations viennent pour eux renforcer les logiques proprement sociales d'exclusion et de précarisation.

Ajoutons ici une remarque. Les descendants de l'immigration récente forment un ensemble beaucoup plus diversifié que ce que semble résumer l'image du « jeune issu de l'immigration », souvent perçu comme d'origine maghrébine, et qui serait nécessairement comme « scotché » dans sa cité devenue ghetto. Cette image, en effet, ne correspond qu'à une partie de la réalité. D'une part, un nombre non négligeable de ces jeunes vivent autrement, par exemple ceux qui appartiennent à l'univers des « fourmis » magistralement décrit par Alain Tarrius[2] et qui circulent tout autour du bassin méditerranéen, et parfois plus loin, vivant d'un commerce plus ou moins licite, de Belzunce, ce quartier commerçant de Marseille, à Alger voire à Dakar en passant par Montpellier, Perpignan, Barcelone ou Alicante. D'autre part, de nombreux migrants aujourd'hui proviennent d'Afrique subsaharienne, de Turquie, d'Asie, et dessinent un univers qui est fort éloigné de celui qu'on appelait, l'expression est désormais désuète, des « Beurs » ou des « Beurettes ».

Par ailleurs, il devient inadapté ou excessivement réducteur de parler d'immigration, mieux vaut parler de migration. Nombreux sont les migrants, en effet, qui ne veulent pas nécessairement rester sur le territoire national français, comme l'ont révélé il y a quelques années le scandale, puis la fermeture du centre de Sangatte dans le Pas-de-Calais : des migrants, en provenance pour la plupart du Moyen-Orient, s'y retrouvaient, par une sorte d'effet-entonnoir bien décrit par Smaïn Laacher, comme coincés face à la Grande-Bretagne, qu'ils rêvaient de rejoindre *via* le tunnel sous la Manche. Parler de migrants présente de surcroît l'avantage d'autoriser la prise en compte des citoyens français qui font le choix de quitter notre pays pour d'autres cieux.

La crise des institutions républicaines

La plupart des institutions en France sont en crise aujourd'hui, qu'il s'agisse de l'Église catholique – ce qui ne veut pas dire que la foi chrétienne disparaît, mais plutôt qu'elle se sépare de l'institution, comme l'a bien montré Danièle Hervieu-Léger – ou bien encore, et surtout, qu'il s'agisse des institutions en charge, concrètement, de l'idée républicaine. La fière devise « Liberté, égalité, fraternité » demeure un idéal magnifique, mais les institutions qui sont supposées la transcrire en pratique peinent de plus en plus à en tenir la promesse.

La justice est incapable de faire face à ses obligations, comme l'a encore récemment montré le traitement judiciaire de l'affaire d'Outreau. La police se comporte de manière raciste, comme le savent tous ceux qui, d'une façon ou d'une autre, croisent les populations issues de l'immigration ; j'ai moi-même, dans des travaux menés au début des années 1990, croisé des policiers m'expliquant qu'ils n'étaient pas racistes en entrant dans la police, et qu'ils le sont devenus au contact de l'immigration. Les services publics sont de plus en plus soumis à des logiques économiques, voire à des processus de privatisation qui les éloignent de leur vocation traditionnelle. On peut y voir un progrès, l'entrée dans une ère faite d'efficacité et de responsabilité accrue des individus, on peut aussi regretter au contraire l'épuisement des formules de solidarité et d'égalité, et déplorer la fin de l'État « colbertiste », qui impulsait de grands projets et s'investissait dans le développement économique. Surtout, il apparaît désormais que l'école publique non seulement, comme le lui reprochaient les sociologues des années 1970, reproduit les inégalités sociales, mais contribue désormais à les produire, au point qu'une équipe emmenée par Georges Felouzis a pu publier, sous le titre *L'Apartheid scolaire*[3], un livre qui démonte les mécanismes par lesquels des établissements scolaires renforcent la ségrégation spatiale et les discriminations sociales et racistes.

Changements dans la culture

À partir de la fin des années 1960, avant même, donc, la crise économique inaugurée au moment du choc pétrolier consécutif à la guerre du Kippour (1973), diverses identités culturelles nouvelles, ou renouvelées, interpellent chacune à sa façon la Nation et semblent mettre en cause son monopole comme horizon culturel des Français. Des mouvements régionalistes, breton et occitan, plus tard corse, revendiquent une histoire, une langue, des traditions niées ou interdites par le pouvoir central, et de surcroît affaiblies par le capitalisme et les marchés – les Juifs de France deviennent de plus en plus visibles dans l'espace public ; tout le contraire du modèle classique qui veut qu'ils ne soient que des individus comme les autres, en dehors de la sphère privée. Des sourds-muets demandent à pouvoir exister en public dans leur langue, la langue des signes. Des acteurs renouvellent la scène du féminisme, ou demandent qu'il soit mis fin à l'opprobre qui entoure l'homosexualité.

Cette première vague présente deux caractéristiques importantes. L'une, qui vaudra aussi pour la suite, est qu'elle est indissociable de la poussée de l'individualisme moderne : les personnes singulières entendent de plus en plus non pas se voir imposer une identité, par simple reproduction, pour être comme leurs parents et leurs aïeux, mais la choisir : s'ils relèvent de telle ou telle minorité, c'est de plus en plus du fait d'une décision qu'ils prennent, comme sujets de leur propre expérience. La seconde caractéristique, en revanche, vaudra moins par la suite : ces acteurs, en effet, sont définis en termes avant tout culturels, sans grande charge sociale. Ils ne se présentent pas comme exclus, victimes, par exemple, d'inégalités ou d'injustices sociales.

Dans les années 1980, cette poussée se poursuit, avec des hauts et des bas, en même temps qu'elle s'étend, puisque de nouveaux acteurs apparaissent. C'est surtout avec l'immigration que la question devient de plus en plus sensible, et en particulier autour de celle originaire de pays du Maghreb. Pour ces populations, l'intégration sociale devient de plus en plus problématique, avec, on l'a vu, la montée du chômage et de l'exclusion. Et l'intégration culturelle et civique, qui devrait être facilitée par le droit du sol auquel notre pays se réfère, est rendue difficile par le racisme. Dans ces conditions, nombreux sont ceux pour qui la religion, à commencer par l'islam, apporte les repères et le sens à une existence par ailleurs particulièrement difficile. Ce qui donne à la question des identités une dimension religieuse qu'elle n'avait qu'accessoirement auparavant.

Tout, dès lors, se confond dans le débat public : la question des différences culturelles, celle des inégalités sociales, et celle de la place de la religion. C'est ainsi que le débat sur le multiculturalisme – un concept que les Français hésitent à accepter – est comme brouillé du fait que la principale identité culturelle qui fait question est en réalité une identité religieuse, plus ou moins lestée de significations culturelles : l'islam. Or, promouvoir le multiculturalisme, c'est demander des droits culturels, c'est reconnaître la présence dans l'espace public d'identités culturelles, les institutionnaliser si l'on veut, tandis que le traitement politique des religions ne peut que procéder d'un autre principe, celui de la laïcité – une question dont nous avons largement débattu à Auxerre, en particulier lors des Entretiens de 2004 que j'avais préparés avec Jean Baubérot. C'est ainsi, par ailleurs, que le débat sur la discrimination positive, dans l'ensemble rejetée en France jusqu'à ce que Nicolas Sarkozy en fasse un élément important de son discours politique, est lui aussi embrouillé du fait que l'on confond souvent ce type de mesures avec des dispositifs tenant de la reconnaissance culturelle. La discrimination positive, en effet, relève du volontarisme en matière sociale : donner des chances ou des moyens supplémentaires à des individus qui procèdent de groupes structurellement désavantagés. Elle ne consiste pas à accorder des droits culturels à une minorité. Toujours est-il que, depuis les années 1980 et plus encore 1990, d'intenses débats animent la vie politique et intellectuelle française autour de ces enjeux qui tous, d'une façon ou d'une autre, renvoient à nos conceptions de la Nation et de ce qui est en France son versant politique, la République.

Dans ces débats, un acteur occupe désormais une place considérable, en s'étant arrogé une représentation non pas « douce », mais plutôt dure, fermée, crispée de l'identité nationale : c'est le Front national. Plus précisément, deux types de discours politiques viennent traduire sur le mode de la crispation les inquiétudes de ceux qui voient, effectivement, se transformer une certaine France, à la « douceur » très largement mythique. Le premier, on vient de le voir, est nationaliste, parfois surchargé d'une thématique populiste, mélange d'appels au « peuple » et de références à une Nation homogène. Le second est républicaniste, plaidoyer pour une République au contenu de plus en plus abstrait, propos incantatoire en faveur d'un modèle et d'un idéal républicain dont on ne veut pas voir qu'ils deviennent de plus en plus éloignés de l'expérience vécue par des pans entiers de la population.

Les émeutes d'octobre-novembre 2005, si on accepte de les analyser pour ce qu'elles ont été, ont montré nettement le caractère irréaliste des discours qui se contentent de mettre en avant les promesses de l'intégration « à la française », sans qu'existent les moyens ni la volonté de réellement la réaliser; elles sont venues indiquer que, pour une partie de la jeunesse des quartiers populaires, ces promesses n'ont pas été tenues et ne le seront pas. Le « républicanisme » est une perversion de l'idée républicaine, transformant un noble idéal en une injonction insupportable, car irréaliste, pour ceux à qui elle s'adresse.

Ajoutons que souvent, et sous des modalités variables, un nationalisme plus ou moins exacerbé et un républicanisme plus ou moins intransigeant se mêlent, donnant l'image, notamment, du « souverainisme », appel à plus de souveraineté nationale (en particulier face à l'Europe) pour redonner vigueur à la Nation, sens à l'idée républicaine, et plus de vitalité à la notion française de service public.

Les victimes et leur mémoire

Dans ce paysage, les années récentes ont vu s'accentuer un phénomène d'une importance considérable: la mise en avant de victimes collectives, exigeant de la collectivité nationale qu'elle reconnaisse ses torts historiques, et même, le cas échéant, ceux d'une autre Nation ou d'un autre État (on pense ici à la mobilisation arménienne pour que la France reconnaisse le génocide turc de 1915). C'est ainsi que bien des identités collectives se manifestant dans l'espace public comportent, là encore sous des modalités variables, trois dimensions: l'une qui consiste à mettre en avant un principe positif, une culture, une langue, une religion, un apport d'un type ou d'un autre à l'humanité; la deuxième qui met en avant une mémoire des souffrances passées, l'esclavage, le colonialisme subi, un génocide, des massacres de masse, etc.; et un troisième aspect, qui renvoie au racisme et aux discriminations éventuellement subis aujourd'hui. Plus les acteurs insistent sur ce qui en eux a pu être détruit ou nié, ou peut l'être encore aujourd'hui, et plus ils pèsent sur l'histoire, parfois à juste titre, parfois de manière abusive, notamment lorsque leur « mémoire » n'est rien de plus qu'un vague bricolage proposé sans la moindre rigueur. Qui peut par exemple accepter les divagations antisémites d'un Dieudonné accusant les Juifs d'avoir joué dans le passé un rôle important dans la traite négrière, et de vouloir aujourd'hui empêcher qu'on parle d'autres drames historiques de type génocidaire que du leur?

Dans certains cas, les revendications mémorielles semblent ne pouvoir aboutir qu'en mettant à mal l'histoire dans ce qu'elle propose comme récit national, et de là, en affaiblissant la Nation et la République, ou, ce qui revient au même, en profitant de leur faiblesse et en exacerbant leur crise. Mais une lecture fine de certains événements ou du comportement de certains acteurs peut conduire à une autre image, aussi partielle soit-elle.

J'en donnerai trois illustrations. La première concerne les Juifs de France qui ont certainement été parmi les premiers acteurs à s'écarter du modèle d'intégration classique, à la française, en devenant de plus en plus visibles dans l'espace public, et même, comme le montrent les travaux du sociologue israélien Erik Cohen, en se communautarisant de plus en plus. Cette évolution s'est accentuée ces dernières années, en même temps que montait un antisémitisme renouvelé, conjuguant vieilles haines et thématiques anti-israéliennes associées éventuellement à une certaine conception de la cause palestinienne, ou à l'idée d'un « choc des civilisations » dans lequel les Juifs incarneraient l'Occident en guerre contre l'islam. Les Juifs de France n'ont pas pour autant rompu avec la République, au contraire : leurs institutions marquent nettement leur souci qu'elle leur assure protection et sécurité, et ils inventent un modèle nouveau, que je propose d'appeler néorépublicain, dans lequel ils témoignent de leur fidélité à l'idéal républicain, tout en se comportant comme des acteurs visibles, comme une communauté – ce qui renvoie au « néo- » du qualificatif proposé.

Deuxième illustration, celle que constitue la création récente du CRAN (Conseil représentatif des associations noires de France), un mouvement qui fédère des centaines d'associations noires, et qui met donc en avant publiquement une identité visible physiquement, une couleur de peau, tout en témoignant d'un vif attachement, là encore, à l'idéal républicain, au plus loin de tout communautarisme. Il est possible, en France, ces deux illustrations le montrent, de sortir de l'opposition stérile entre valeurs particulières des minorités et valeurs universelles (le droit, la raison) associées, dans notre pays, à la notion de République.

Troisième illustration de ce qui relève de la mutation et non de la crise : l'ébauche d'un discours neuf et ouvert sur la Nation. Dans un passé encore récent, la grandeur de la Nation voulait qu'on en taise les fautes et les crimes. C'est ce qu'explique par exemple Ernest Renan dans une célèbre conférence de 1882, intitulée *Qu'est-ce qu'une nation?* Dans sa perspective, une nation, surtout s'il s'agit de sa création, doit oublier ses crimes. L'erreur historique, ici, n'est pas un mal, au contraire. Mais aujourd'hui, il est devenu possible de dire que la grandeur d'une Nation consiste à savoir reconnaître ses torts passés. C'est ce qu'a fort bien dit Jacques Chirac dans le discours du 30 janvier 2006 à propos de l'esclavage : « La grandeur d'un pays, c'est d'assumer toute son histoire. Avec ses pages glorieuses, mais aussi sa part d'ombre. Notre histoire est celle d'une grande nation ; regardons-la avec fierté. Regardons-la telle qu'elle a été. C'est ainsi qu'un peuple se rassemble. » On ne peut être plus éloigné des positions d'un Ernest Renan. Il faut donc admettre qu'il est possible de reformuler l'idée de nation de façon ouverte et généreuse, respectueuse du passé et des descendants de ceux qui y ont souffert. La France, ici, devient « douce » en reconnaissant qu'elle a été singulièrement dure.

Ainsi, il n'est pas acceptable de ramener tous les changements internes de notre pays aux images de la crise et du déclin. La peur, les éléments menant à la crispation existent, certes, et non sans de solides raisons, mais ils n'empêchent pas pour autant les transformations, la mutation.

Face à la globalisation

Reste un dernier point à envisager: la place de la France dans le monde, et ce que signifie le fait d'être français dans une perspective mondiale, et plus seulement hexagonale.

Pour réfléchir à ces questions, il peut être utile de recourir à la notion de « globalisation » (les Français préfèrent parler, ce qui revient au même, de « mondialisation »). Deux types d'approche sont, pour l'essentiel, proposés dès qu'il s'agit de cette notion. D'une part, elle renvoie à l'extension sans frontières du néolibéralisme, au capitalisme financier et commercial. Et d'autre part, pour parler comme le géographe américain David Harvey, elle évoque un phénomène de double compression, du temps et de l'espace. Dans cette deuxième perspective, est « global » ce qui ne peut plus être pensé dans les seules catégories classiques des États-nations et de leurs relations (internationales), et qui exige, très différemment, d'être envisagé comme à la fois porté par des logique supra- ou transnationales, économiques mais aussi culturelles, religieuses, associées à des diasporas ou des flux migratoires, et inscrit dans le cadre étroit des États et des Nations.

Ainsi considérée, la globalisation d'une part contribue aux changements internes de notre pays, et d'autre part pèse sur sa place dans le monde. En interne, si elle contribue, par exemple, aux difficultés économiques de certaines entreprises, elle apporte aussi des ressources, par exemple grâce au tourisme (la France est la première destination touristique au monde). Elle entre dans l'analyse, de fait, de tous les grands dossiers des temps présents: la religion, le terrorisme, etc. En externe, elle définit en partie la place de la France dans le monde, qu'il s'agisse de son économie, de sa diplomatie, de son influence culturelle, de ses sportifs, etc. Disons, là aussi, que les jugements trop tranchés, qui ne veulent voir que déclin, méritent d'être nuancés. La langue française a perdu au profit de l'anglais sa place prééminente; mais notre pays continue à incarner un message qui demeure celui des droits de l'homme et des valeurs universelles, il a su refuser de s'embarquer dans la guerre en Irak, sous la houlette de George W. Bush, il est partie prenante d'importants jeux diplomatico-militaires sous l'égide des Nations unies, il est connu pour ses « French Doctors », ses médecins sans frontières.

La France demeure un pilier d'une Europe qui, à l'échelle de la planète, peut incarner des valeurs humanistes bien plus et mieux que n'importe quelle autre région du monde. Disons donc, pour ouvrir ces Entretiens, que nous perdrions notre temps si nous ne consacrions nos réflexions qu'à tenter de répondre à la question : la France est-elle décadente, en déclin, en chute, ou non ? Mieux vaut nous demander si notre pays est capable, et à quelles conditions, de se projeter vers l'avenir, en examinant la façon dont nous faisons face à notre passé, et en dissociant, analytiquement, ce qui est de l'ordre, effectivement, de la crise, de la crispation et de la peur, et ce qui est de l'ordre de changements susceptibles de donner ou de redonner quelque « douceur » à notre pays, à tous ses habitants, et à notre image dans le monde.

Notes

1 Nicolas Baverez, *La France qui tombe*, Perrin, 2003.
2 Alain Tarrius, *La Mondialisation par le bas*, Balland, 2003.
3 Sous la direction de Georges Felouzis, *L'Apartheid scolaire*, Seuil, 2005.

I

Terres de France

La douce France était le rêve de ma vie

Bronislaw Geremek

La douce France était le rêve de ma vie ! C'est comme cela que j'ai appris ce qu'est la France, sans penser qu'un jour je pourrais la toucher. La France, c'était un rêve. Un rêve littéraire : j'ai appris le français pour pouvoir lire et pour pouvoir vivre une autre vie. Je peux dire que la France a été l'enfance de ma vie. C'est en France que j'ai retrouvé ces références que nous préservons et que nous situons toujours dans le village ou la ville de naissance, le petit monde de nos souvenirs. Ces souvenirs partent de *La Chanson de Rolland* et vont jusqu'à la rive gauche d'après-guerre : c'était ma France.

Ensuite, j'ai pu la toucher et j'ai vu que la France avait un peu moins de lumière que ce que je pensais. La France, c'était d'abord Paris, la ville des lumières, mais aussi la civilisation et la culture des Lumières.

Lorsque je suis venu en France pour la première fois, du Bourget jusqu'au centre de la ville, j'ai traversé les quartiers ouvriers et j'ai vu un Paris noir, un Paris très éloigné de mon rêve. C'est là aussi que j'ai compris que, dans mon apprentissage de la France, j'aurai des moments difficiles. J'ai cependant essayé de la comprendre.

J'étais historien et j'ai trouvé l'école historique la plus importante d'Europe et du monde peut-être, l'école historique française. L'école des Annales était pour moi un monde ouvert parce qu'il était porteur d'interrogations sur l'homme, sur la société, sur la vie, qui n'était pas tourné seulement sur le passé. L'histoire, pour moi, c'était une fugue. J'essayais d'éviter le présent, de m'en éloigner le plus possible. Avec l'école historique française, j'apprenais, au contraire, que le passé explique le présent. Marc Bloch racontait qu'un jour, à un congrès d'historiens, à Stockholm, il s'était étonné que son grand maître Henri Pirenne l'emmène vers le nouvel hôtel de ville et, lorsqu'il lui a exprimé sa surprise, Pirenne lui a répondu que c'était normal : « Si nous étudions le passé, c'est pour comprendre le présent et, pour comprendre le passé, il faut connaître le présent. » C'est aussi une leçon importante pour moi, y compris lorsque je me suis trouvé devant ce que je considère toujours comme une aventure de ma vie, c'est-à-dire lorsque je me suis mêlé à la vie politique : j'ai toujours eu le sentiment que l'histoire aide à comprendre le présent, mais à condition que l'on garde en mémoire ce mot amer de Paul Valéry disant que « l'histoire est le pire poison que la chimie de l'intellect humain a inventé ». Parfois, en effet, l'histoire donne ce goût amer de l'existence humaine que le présent peut nous épargner.

Douce France, pour moi, ce n'est pas une description. Tout d'abord, c'est un aveu de l'amour. « Douce France », comme, dans le langage de l'amour, on cherche un mot qui introduirait le climat de l'intimité. Cette douce France n'était pas douce. Lorsqu'on observe les guerres des périodes prémoderne et moderne, elle était rude avec les autres. La France était également rude avec les Français eux-mêmes, mais « Douce France », c'est un aveu d'amour, d'abord, des Français à l'égard de leur pays, mais aussi de la part d'un étranger comme moi. Les Polonais aiment la France, mais ils ne savent pas pourquoi ils ont été déçus. Ils sont reconnaissants à la France d'avoir appris à aimer, d'une certaine façon, un électricien moustachu : l'aide de la France au mouvement Solidarnosc est une immense dette polonaise à l'égard de ce pays. Mais vous avez su aussi, assez rapidement, remplacer l'électricien polonais par le « plombier polonais » !

Il y a aussi l'aventure napoléonienne. Pour les gens de ma génération, il y avait une sorte d'enthousiasme pour cette épopée napoléonienne et on ne se posait pas la question de savoir pourquoi Napoléon nous avait promis l'indépendance nationale, qu'il a ensuite oublié de nous donner ; mais il a pris Mme Walewska en échange. C'est souvent comme cela : cet amour est inexplicable, mais je le défends, en essayant également de répondre à quelques questions qui doivent être traitées de façon analytique.

Je crois que la France peut être fière de son rôle en Europe et dans le monde. Cela se passe sur plusieurs plans différents.

Le discours sur le déclin de la France, pour un observateur étranger et attentif, semble surréaliste. La France se porte bien quand on la regarde de l'extérieur. La vraie question est de savoir pourquoi elle ne se porte pas bien quand elle se regarde de l'intérieur. Il y a une situation de malaise profond qui, en fait, concerne tous les domaines de la vie : pourquoi ?

Que la France soit divisée entre les riches et les pauvres, c'est toute l'histoire moderne ! Disraeli, en parlant de la nation anglaise, disait que « dans cette nation, il y a deux nations : celle qui est riche et celle qui est pauvre, celle qui a le plaisir de vivre et celle qui souffre ». On peut dire que toutes les nations pourraient répéter ces propos et cette analyse, mais la France a derrière elle l'idée de « grande nation ». La Révolution française et l'épopée napoléonienne l'ont portée, parfois par les baïonnettes, plus souvent dans le cœur, mais c'était une idée de la grandeur qui s'est faite dans le rassemblement, rassemblement dans lequel il y a eu des moments rudes : la prise de la Bastille, la Vendée… Mais ce rassemblement semble maintenant mis en doute parce qu'il y a d'abord un phénomène économique et social qui concerne la France et l'Europe. Il n'est pas vrai que la France s'appauvrit au cours de cette période contemporaine, au contraire, elle s'enrichit, mais le problème est que les riches s'enrichissent plus et que les pauvres s'appauvrissent plus au fur et à mesure du temps qui passe. Cela veut dire que les écarts sociaux s'agrandissent et ils sont coupables d'une certaine mauvaise conscience. Je pense que le discours antilibéral français s'explique en grande partie par cela.

Qu'est-ce que le libéralisme sinon la volonté de la liberté, et quelle idée peut-elle être plus française que celle-ci ? Fernand Braudel dit que, pour le bonheur des êtres humains, il faut peu de choses : il faut l'économie du marché parce que ce sont des chances, il faut la liberté parce que c'est une organisation de la communauté, il faut un peu de fraternité. Dans mon langage, je traduis « fraternité » par solidarité, mais « un peu de fraternité », c'est un problème, non seulement de discours politique français et européen, mais c'est un problème d'état d'âme, de l'esprit : par quoi peut-on juger les sociétés ? Un grand libéral américain, John Rawls, a dit que l'on peut les juger à la façon dont « elles aident les plus humbles, les plus dépossédés, les plus pauvres, les plus faibles ».

Nous vivons un moment où nous sommes incapables de créer une situation dans laquelle il n'y aurait pas de chômage, qui fait partie de la croissance économique. Nous sommes incapables de faire face à la croissance de la pauvreté, même celle, dramatique, des sans-domicile fixe, de ceux qui sont en dessous du seuil de pauvreté... La société qui n'est pas contente d'elle-même est quelque chose de très général en Europe, et cela vaut pour toutes les sociétés occidentales. Si la France traite ces problèmes comme la preuve du déclin français, c'est parce qu'elle est fatiguée. J'utilise ce terme « fatiguée », au sens où le grand philosophe Husserl l'utilisait pour parler de l'Europe : « L'Europe, disait-il, doit craindre seulement une chose : elle doit craindre d'être fatiguée. » Je pense que nous vivons actuellement un moment où la France et l'Europe sont fatiguées ! Cette fatigue française est liée, me semble-t-il, à la perte de l'espérance et s'explique par l'incertitude concernant l'avenir. Il faut bien peser les forces et les faiblesses de la France.

Les Français doivent être conscients du fait que le TGV est le navire du succès français, par sa beauté, mais aussi par sa technologie avancée. Pourquoi ne pas être fier ?

Le système éducatif français a toujours été la gloire de la France. Lorsqu'on observe les statistiques concernant les bourses Erasmus attribuées aux étudiants des pays européens, on voit où ils aiment aller. Au tout début, ils voulaient tous aller en France, ensuite les universités anglophones, britanniques mais aussi scandinaves, ont pris le haut. Le problème est que l'éducation européenne dans son entier n'a pas la force d'être la forteresse du savoir comparable au système éducatif américain.

Le travail français, qu'il s'agisse des vignerons, des ouvriers, des ingénieurs, a longtemps été le modèle même d'un travail non seulement solide, mais inventif. Mais on a aujourd'hui le sentiment que l'Europe perd un peu sa force d'innovation.

Ce à quoi je veux aboutir, c'est qu'il me semble que cette crise française fait partie de la crise européenne et, dans tous ces domaines, ma référence naturelle est l'Europe : le malaise français est, d'une manière ou d'une autre, lié à l'Europe.

Douce Europe ? Non ! L'Europe est liée à tous les symboles de la guerre. Au Moyen Âge, lorsqu'on voulait présenter le continent des sciences, on présentait l'Afrique : bien entendu, on pensait à la côte méditerranéenne, aux grands centres du savoir arabe par lesquels est passée toute la culture de l'Antiquité. La richesse, c'était l'Asie, parce que c'était la richesse des épices, mais aussi le symbole même d'un continent qui sait vivre dans le luxe. Quant à l'Europe, elle pouvait être définie par le mot *bellum*, la guerre, puisque l'Europe ne faisait que cela !

Quand on pense à cela et qu'on arrive dans les années 1950, avec Schuman et Adenauer, à la création de la Communauté européenne, et, en 1957, au traité de Rome, on peut dire que nous n'avons pas assez dit le courage et la grandeur de ceux qui ont lancé l'intégration européenne : c'est la France qui l'a lancée et il n'y aurait pas d'Europe s'unissant ou d'Europe unie sans la France. Je me suis souvent promené en Douce France. Je suis entré dans les hôtels de ville, dans les mairies, et j'ai vu partout et toujours de grandes plaques à la mémoire de ceux du village ou de la ville qui sont tombés pendant la Première et la Seconde Guerre mondiale. Dans son *Journal*, Maurice Barrès raconte que, se promenant dans les champs avec son fils de six ans, celui-ci lui a posé la question : « Papa, est-ce que les Allemands ce sont des bêtes ? » Et il lui a répondu : « Oui, mon petit. » Quel immense hiatus existait donc entre le peuple français et le peuple allemand !

La réponse aux souvenirs des trois dernières guerres, à commencer par la guerre franco-prusse de 1870, jusqu'à la guerre la plus terrible du continent européen, ceux de deux régimes totalitaires, de l'holocauste et du goulag, a été le discours de la réconciliation. La grandeur de ceux qui l'ont lancé me semble immense et c'est la France qui l'a fait.

La France a eu le courage de faire là une œuvre qui n'était pas dans son intérêt. Il y avait là une référence à l'intérêt général et c'est la France qui a été à l'origine du succès de l'Union européenne jusqu'à son élargissement de 2004. Le 1er mai 2004, j'étais à minuit sur la place Pilsudski, au centre de Varsovie, et je regardais le drapeau de l'Union européenne hissé à côté du drapeau polonais : c'était pour moi un moment d'émotion immense. Peut-être n'était-ce pas un moment d'émotion pour ceux qui, de l'autre côté de l'ancien rideau de fer, ont pris cette décision courageuse, et c'est peut-être la raison pour laquelle cet élargissement a augmenté les craintes et non pas renforcé les certitudes. Cependant, cet élargissement est un immense succès, la preuve du succès de l'Europe, mais aussi un succès au sens le plus précis du terme puisque, des deux côtés, on a profité de l'élargissement. Les calculs des grands chefs comptables prouvent que les deux côtés ont gagné.

Le problème, avec l'Europe, c'est que la France s'est trouvée tout d'un coup non seulement mal à l'aise avec elle-même, mais aussi mal à l'aise avec l'Europe. En effet, dans l'Europe des Six, il était normal et naturel que le tandem franco-allemand soit le moteur de l'intégration; c'était déjà plus difficile à quinze, mais à vingt-cinq, il y avait un problème: quel sera le rôle de la France dans l'Union européenne? Dans ses Mémoires, Valéry Giscard d'Estaing raconte une visite que lui a faite Jean Monnet, peu de temps avant sa mort. Il l'a reçu à déjeuner, ils ont parlé de la situation de l'Europe et Jean Monnet est parti. Valéry Giscard d'Estaing raconte qu'il est revenu à son bureau et que, tout à coup, on a frappé à sa porte et Jean Monnet revient et lui dit: « Je voudrais vous dire une chose pour m'assurer que nous nous sommes bien compris: ai-je raison de penser que vous comprenez que la France ne peut pas être France sans Europe? » Je pense que le problème est là. Cela reste toujours vrai: la France a besoin de l'Europe, mais elle a peur de perdre sa situation privilégiée. La prose politique explique ensuite qu'il y a un risque de ne plus avoir de Français influents à la Commission européenne: à mon sens, cela voudrait dire que la France se porte mal et ne produit plus de grands hommes d'État ou bien que l'Europe ne les comprendrait plus, mais cela ne devrait pas être le problème de cette prose politique. Comment s'imaginer qu'il puisse y avoir, un jour, une Commission européenne sans Français?

Je crois que nous retrouvons la fatigue et la crainte dans le comportement français à l'intérieur de l'Europe. Je ne pense pas que, si la France a un problème avec les dispositions du traité constitutionnel, ce soit celui de la dimension politique accordée par celui-ci à l'Union européenne. Mais il y a un problème profond dans l'existence même de l'Europe et j'ai le sentiment que, parfois, la France ne s'y retrouve pas. Le merveilleux projet de la paix lancé par les Français avec les autres ne s'épuise pas, il reste actuel, mais il a perdu sa force d'attraction et ce pour une raison très simple: pour ma part, jusqu'à la fin de mes jours, je resterai emprisonné dans ce que Raymond Aron appelait le « problème de la guerre et de la paix », parce que c'est ma vie. Aujourd'hui encore, lorsque je lis une œuvre littéraire, lorsque je suis amené à prendre des décisions politiques... ce problème de la guerre et de la paix reste présent. Je me rappelle toujours ce journaliste qui, en été 1914, a écrit dans un journal européen un article disant que « bien entendu, la guerre est à présent impossible en Europe ». Il s'est avéré que la guerre a éclaté et il est alors venu à sa rédaction pour se plaindre qu'« on ne lui disait rien dans sa maison » ! Je pense que nous pourrions nous retrouver dans une telle situation si nous ne pensons pas que la paix n'est pas gagnée une fois pour toutes: il peut y avoir des déstabilisations et la guerre peut descendre des écrans de télévision dans notre vie quotidienne.

Il y a une chose encore plus importante. Il faut comprendre pourquoi les jeunes générations ne sont pas sensibles à ce projet de la paix. Elles ont le bonheur de ne pas savoir ce qu'est la guerre et, pour que le projet puisse mobiliser les jeunes Européens, il doit être formulé d'une nouvelle façon. Il faut un deuxième projet européen qui devrait placer l'Europe en face de la globalisation.

En effet, la France se trouve-t-elle à l'aise en face de la mondialisation ? L'observateur extérieur n'en a pas le sentiment, bien que, lorsqu'on observe les contrats financiers, commerciaux, industriels, on peut dire qu'il serait difficile de parler de l'échec français. Cependant, on a quand même le sentiment que la France craint la mondialisation. Le ministre des Finances du gouvernement britannique a récemment déclaré : « Nous n'avons plus besoin de l'Union européenne. Nous en avons eu besoin, nous en avons profité, mais maintenant, en face de la globalisation, le Royaume-Uni à lui seul se sent plus fort et préparé à faire face. » La France serait incapable de répondre de cette façon. Pourquoi ? Il y a d'abord un élément qui vient de la prose économique : le bas taux de croissance forme une mentalité dans laquelle les craintes sont plus fortes que les espérances. Or, le taux de croissance français pose probablement le problème des réformes nécessaires – et peut-être des réformes dramatiques. La France n'a pas pris de décision les concernant.

J'ai déjà évoqué l'éducation et, lorsqu'on regarde les étudiants européens partant vers les États-Unis et ne revenant plus vers le continent, mais s'établissant là-bas, on peut voir que c'est pour une seule raison : les universités américaines sont devenues meilleures que les universités européennes. Comment ne pas retrouver la Sorbonne, cette montagne Sainte-Geneviève vers laquelle arrivaient les étudiants de toutes les contrées de l'Europe ? Comment ne pas se rappeler aussi la situation du XIXe et du XXe siècle lorsque les universités françaises et allemandes étaient le modèle même de l'éducation et de la recherche ?

Que faire ?

Douce France ?... Si nous voulons et si vous voulez que les Français aiment la France et que les autres l'aiment aussi, il faut la moderniser. Il faut d'abord qu'elle retrouve sa capacité prométhéenne, cette capacité de voler le feu des dieux et de l'utiliser aux besoins de l'homme. Il faut que l'Europe, et la France en premier lieu, retrouvent la capacité d'innovation.

Il faudrait aussi que l'Europe puisse se poser ce problème qui est un peu philosophique : on dit que l'Europe est formée du dialogue. C'est la France et la pensée française qui ont introduit ce concept de « dialogue » dans la civilisation européenne et, dans ce concept, il y a aussi un jugement sévère porté toujours par l'Europe sur l'Europe, par la France sur la France. Lorsqu'on regarde l'histoire de la France, qu'on lit ses grands livres, on peut voir combien souvent on y trouve évoquée la « crise ». Quand on regarde les grands débats des XVIIIe, XIXe et XXe siècles, on voit que l'Europe avait la capacité d'être critique à l'égard d'elle-même et, en fait, c'est d'abord ce qui caractérise la pensée française. Mais cette critique donnait comme résultat un projet d'avenir, ce que n'a pas encore formé la crise actuelle.

Je crois, en troisième lieu, que cette crise est liée à la question d'un pouvoir fort et d'un pouvoir doux – *hard power, soft power*. On n'arrive pas à retrouver le souffle profond de l'effort du changement, de l'effort de la promotion des droits de l'homme, de la démocratie, de l'État de droit et de la liberté. Je crois que, dans le message de la France, nous, les étrangers qui observons ce pays, avons toujours ce sentiment que c'est la France qui est porteuse de la liberté et des droits de l'homme. Dans le monde entier, et dans les crises actuelles du Proche-Orient, en Iran, en Irak, en Corée du Nord, ce qui revient, c'est que ces pays attendent que l'Europe revienne sur la scène internationale dans son rôle *hard* et *soft* à la fois : ils ont besoin de cette intervention, non pas à cause d'une force militaire potentielle de l'Europe, ni même à cause du potentiel économique européen, qui est immense, mais surtout à cause de l'image de l'Europe comme le continent de la démocratie, du respect de l'autre, du respect des droits de l'homme. Si c'est ainsi, la France devrait être fière d'avoir participé d'une façon majeure à la formation d'une telle image de l'Europe tout entière.

Français, encore un effort ! Je suis persuadé que, comprendre la leçon des défis devant lesquels nous nous trouvons tous, cela signifie faire le premier pas pour proposer un projet permettant d'en sortir, mais, surtout, il ne faut pas pleurer… ce n'est pas français !

Douce France, douce Bourgogne, une exception géo-climatique

Gérard Mottet

L'espace français, dans sa partie européenne, révèle à l'observation une triple exception, géographique, orographique, climatique. D'abord géographique, par sa situation à mi-distance du pôle Nord et de l'équateur. Chaque jour, des milliers de voyageurs sont invités à s'arrêter sur l'aire d'autoroute du 45° de latitude nord, un peu au nord de Valence, à la confluence du Rhône et de l'Isère, à l'endroit où l'on passe de la zone floristique médio-européenne et atlantique, à la région bio-géographique méditerranéenne. Ce « point triple » de la végétation définit d'emblée l'exception géo-climatique de l'espace français : extrémité occidentale de l'immense continent eurasiatique, vaste amphithéâtre ouvert sur l'océan Atlantique, mais communiquant depuis toujours par le seuil de Naurouze à l'ouest et le couloir rhodanien au sud-est avec le monde méditerranéen.

Depuis toujours avec la Méditerranée et ses premiers géographes, dont Strabon qui notait déjà à propos de la Gaule qu'elle était organisée « comme en vertu d'une prévision intelligente ». Phrase « justement célèbre » que rappelle dès ses premières pages Paul Vidal de la Blache dans son *Tableau de géographie de la France* (1903, p. 11). Car Strabon, dans sa volonté de sortir de l'enfermement méditerranéen, avait bien vu que c'était par la Gaule, par le « rapport des fleuves et de la mer », que l'on pouvait le mieux passer de « la mer intérieure à l'océan ».

Et l'on comprend mieux dès lors le rôle géopolitique majeur que le conquérant romain attribua aux deux provinces de Narbonnaise et d'Aquitaine, pour le contrôle et l'accès à l'océan, rôle qu'il complétera, après Alésia, par la mise en place des deux autres provinces de Lugdunaise et de Belgique qui lui assureront la totalité du contrôle de l'isthme gaulois, l'accès à la mer du Nord, aux Bretagnes, à l'étain des Cassitérides jusqu'au mur d'Hadrien.

La conquête de la Gaule par Rome est une leçon de stratégie appliquée à un espace géographique dont le contrôle était indispensable pour sortir du monde méditerranéen. C'est par le franchissement des seuils de la Gaule (Naurouze, Poitou et seuil de Bourgogne) que Rome intégrera le monde celte gaulois dans l'*imperium* romain et le monde latin, jusqu'au *limes* du Rhin. Mais ce franchissement aisé n'a été possible que par la seconde exception de l'espace français, l'exception orographique.

Par la disposition de son relief, l'espace français est un espace ouvert aux grandes circulations entre le monde méditerranéen, l'Europe centrale, l'Europe du Nord et l'océan mondial. La France, à la différence du bastion ibérique élevé et massif, est le pays des seuils, des couloirs et des portes. Des seuils qui, dans la grande France du Nord, de l'Ouest et du Sud-Ouest, permettent aisément de se rendre de la plaine de Flandre à Hendaye, Narbonne et Perpignan sans jamais atteindre 200 mètres d'altitude. Ainsi se trouve d'emblée cerné ce vaste espace français de l'Ouest Sud-Ouest et du Centre-Nord situé à l'ouest d'une ligne Bayonne-Sens-Sedan, vaste amphithéâtre ouvert sur l'Atlantique et ses annexes bordières de la Manche et de la mer du Nord.

Une France de l'Ouest et du Centre-Nord, formée pour l'essentiel des deux grands bassins géologiques, parisien et aquitain, aux altitudes moyennes inférieures à celle de la moyenne nationale évaluée à 342 mètres. Et, de ce fait, constituant, à la différence du bastion ibérique coupé de l'Océan par les montagnes portugaises et les chaînes vasco-cantabriques, un vaste amphithéâtre ouvert aux influences thermiques et climatiques de l'océan Atlantique et du *Gulf Stream* dont Erik Orsenna a fait l'éloge.

Cette façade atlantique de la France comporte, certes, le promontoire hercynien du massif Armoricain. Mais il convient de rappeler que celui-ci, malgré la vigueur des tempêtes qui l'assaillent, n'a de massif que sa nature géologique, puisque son relief d'ensemble n'atteint pas 120 mètres d'altitude moyenne.

Même si le Finistère français est assailli par la force de l'érosion marine, à l'échelle de l'ensemble européen atlantique, il se situe en retrait par rapport à la Galice espagnole, à l'Irlande, aux îles et promontoires d'Écosse et de Norvège.

Dans la France de l'Est et du Centre-Sud, plus contrastée, se succèdent massifs anciens plus élevés (Vosges, Ardennes, Massif central, Maures et Estérel) et chaînes récentes (Jura, Alpes, Pyrénées). Mais le tout est situé à la périphérie orientale de la France atlantique précédente et fortement articulé par des couloirs et plaines d'effondrement : Alsace, couloir Saône-Rhône, bas Languedoc, limagnes auvergnate et bourbonnaise, Loire nivernaise et berrichonne. Avec, au large, résumé et rappel du monde méditerranéen, une « montagne dans la mer » : la Corse.

Cette France est celle des contrastes altitudinaux, avec le plus haut sommet de l'Europe occidentale au mont Blanc (4 807 mètres). Mais aussi… de temps en temps, par régime climatique de « vent marin », des terres, marais et étangs de Camargue qui peuvent se situer *en dessous du niveau de la mer*. Ce qui nécessite alors de fermer les « digues à la mer » pour que celle-ci ne vienne inonder les belles manades, les élevages de taureaux et les hardes de chevaux.

Il n'est donc pas étonnant que se trouve dans cette seconde France, plus marquée par la tectonique alpine et la fracturation de la croûte continentale, toutes les manifestations du volcanisme tertiaire, quaternaire et sub-actuel (Chaudes-Aigues, la Bourboule, Saint-Honoré-les-Bains).

Pas étonnant non plus que s'y trouve le plus élevé des trois seuils de l'espace français, le seuil de Bourgogne, celui que les géologues appellent à juste titre le seuil morvanno-vosgien. Seuil élevé, complexe, enserré dans la France de l'Est, deux fois plus élevé que les deux autres puisque, de l'Auxois au plateau de Langres, les altitudes oscillent toujours de 400 à 600 mètres. Le sommet du canal de Bourgogne en Auxois est plus élevé que le plus élevé des sommets de Bretagne (mont d'Arrée, 384 mètres).

Ce seuil, « toit du monde occidental » selon la formule célèbre d'Henri Vincenot, est aussi le triple point hydrographique de l'espace français, voire quadruple, si l'on y additionne l'Arroux allant vers la Loire, l'Ouche vers la Saône, l'Armançon et la Seine vers la Manche, et, non loin des sources de la Saône, celles de la Meuse rejoignant la mer du Nord... Mais seuil indispensable à contrôler et à valoriser, car permettant de faire communiquer le monde méditerranéen, le monde nordique et l'espace rhénan. Ce qu'avaient très bien compris les Romains en lançant leur grande voie de conquête de Lugdunum à Colonia Augusta par Dibio, Grand et Trèves.

Ce seuil où se trouve toujours la « diagonale de l'Europe occidentale », celle que par l'Auxois franchissent de nos jours l'autoroute dite du Soleil et le TGV. Ce seuil au sud duquel le *Y* européen vient concentrer entre Beaune et Lyon le plus grand trafic journalier de poids lourds de l'Europe occidentale entre l'Europe du Nord et le monde méditerranéen.

Mais ce seuil communique également par la Porte de Bourgogne, la *Porta occidentalis* des anciens, avec l'Europe rhénane et l'Europe centrale, vers les champs Décumates, à la charnière des vallées du Rhin et du Danube qu'emprunteront Alamans et Burgondes. C'est par le seuil et la Porte de Bourgogne que l'espace français fait se communiquer le monde méditerranéen, le monde germano-slave, le monde nordique et les pays de l'Europe atlantique. Et cela sans que la chaîne alpine et le Jura n'y fassent obstacle, pas plus que la chaîne pyrénéenne.

En effet, les hautes chaînes de montagnes de formation récente de l'espace français sont toutes situées à la périphérie du grand amphithéâtre ouvert sur l'Atlantique. Elles ne font point obstacle à la pénétration des influences climatiques bénéfiques de celui-ci sur l'ensemble de son espace.

Dans l'ensemble du système monde, comme dans l'ensemble européen, l'espace français présente une véritable spécificité oro-climatique.

La spécificité climatique de l'espace français découle en toute logique des grands traits précédemment définis. Les grands systèmes dépressionnaires formés sur l'Atlantique Nord, chargés d'un fort potentiel d'humidité et de température par leur trajet au-dessus du *Gulf Stream*, pénètrent aisément l'amphithéâtre de la France de l'Ouest, apportant à chaque fois températures modérées et précipitations.

Plus au sud, à des latitudes pourtant plus proches du domaine subtropical, les hautes terres de Castille autour de Valladolid, coupées de l'Atlantique par l'arc des monts Cantabriques cumulent sécheresse, froid hivernal d'altitude et canicule estivale: « Neuf mois d'hiver, trois mois d'enfer. » Bref, un climat plus anatolien qu'océanique et méditerranéen. Ce n'est que par ses franges littorales que l'Espagne est méditerranéenne, pas par son bastion d'altitude central qui rappelle beaucoup plus les hautes terres algéro-marocaines que la douceur des pays aquitains. Et plus au sud, le Guadalquivir dont on rappellera la toponymie arabe initiale, Oued-el-Khébir, bien que se jetant dans l'Atlantique, présente un régime fluvial plus proche de celui de l'oued Sebou que de celui de la Garonne.

Certes, si les dépressions nées sur l'Atlantique agitent le golfe de Gascogne, elles apportent les pluies sur l'amphithéâtre de l'espace français et la façade atlantique des monts Cantabriques, mais, au sud de ceux-ci, la Castille apparaît comme un véritable désert d'abri aux précipitations très limitées, inférieures à 300 mm/an. *L'âpre Castille n'est pas la douceur angevine.*

L'espace français est largement ouvert au vent de l'Atlantique. L'Espagne en est privée par sa barrière montagneuse qui joue pour son plateau central le même rôle inhibiteur que celui des Rocheuses pour le *Middle West* américain. Que serait l'agriculture française si les Alpes occidentales se situaient de l'Adour à la basse Loire ? Et cette heureuse disposition de l'espace français aux influences océaniques est amplifiée par la dissymétrie thermique fondamentale de l'Atlantique Nord qu'il convient de rappeler: courant tiède du *Gulf Stream* sur la façade européenne, courant froid du Labrador sur la façade américaine. Les icebergs du Groenland descendent au large de Terre-Neuve, c'est-à-dire à la latitude de Dax ou de Nice. Et l'hiver québécois ne saurait être comparé à l'hiver normand pourtant situé à la même latitude...

Des pays aquitains aux Flandres, milieux, paysages, végétation, régime des fleuves, modération des contrastes saisonniers et qualité des sols et des ressources agraires et forestières qui en découlent, sont tous ensemble, pour reprendre une formule de l'école géographique française, un « don du *Gulf Stream* ». Et cette océanité du privilège climatique français, même si elle s'atténue nettement à partir de la Lorraine et de l'Alsace, vient constamment, à chaque changement de type de temps, contrebalancer les influences de la continentalité. Il ne viendrait à personne l'idée de comparer l'hiver parisien et celui d'Oulan-Bator, capitale de la Mongolie, pourtant située à la même latitude. L'écart thermique annuel moyen de la capitale française oscille autour de 15 °C, celui de la capitale mongole est triple.

C'est pourtant par cet exercice de comparaison du climat de la France avec celui de l'Amérique du Nord et de l'Asie centrale que l'on comprend mieux le véritable privilège climatique qui est celui de l'espace français. Mais ce « privilège » serait incomplet s'il ne se complétait par l'apport climatique méditerranéen, qui vient à sa manière s'ajouter au précédent. Cet apport est bien entendu plus thermique que pluviométrique, même si les abats les plus élevés et les plus concentrés de France sont la conséquence de situations orageuses d'origine méditerranéenne qui viennent rencontrer la barrière cévenole. Le mont Aigoual avec ses « pluies cévenoles » et ses « aigoualats » y tire justement son nom.

Mer fermée, *mare nostrum* des anciens qui en aimaient les rivages, la Méditerranée, située déjà à une latitude subtropicale de 30° à 42°, est une mer « chaude » ou du moins qui garde l'hiver une bonne partie de la chaleur de surface accumulée l'été. Chaleur qui attire tant les vacanciers de l'Europe entière sur « la Côte » où ils retrouvent, deux à trois mille ans plus tard, le réflexe déjà dénoncé par les grands auteurs grecs accusant leurs semblables de rester enfermés autour de cette mer « comme des grenouilles autour d'une mare ».

C'est que cette mare est bien douce et qu'elle réchauffe, avec, en plus, l'air encore plus chaud venu du continent africain qui la borde au sud, tous les systèmes dépressionnaires nés un peu plus au sud sur l'Atlantique tropical, au sud des Açores. C'est un véritable *golfe d'ensoleillement et de chaleur* qui remonte ainsi le couloir rhodanien puis le val de Saône, donnant par exemple quinze jours de plus de maturité au chardonnay du Mâconnais par rapport à celui du Chablisien. Deux cépages semblables, mais deux fins d'été différentes et au final deux vins différents, plus fruité en Mâconnais, plus « sec » en Chablisien. Entre les deux, le seuil de Bourgogne, affecté par la méridionalité au sud, privé de celle-ci au nord. Douce Bourgogne, synthèse des trois France climatiques, continentale, océanique, méditerranéenne.

Mais, privilège des privilèges, cette remontée méditerranéenne canalisée dans le couloir rhodanien (avec son inconvénient de contraire, le mistral), vient s'étaler dans le seuil de Naurouze et mélanger dans le beau Midi toulousain, le Midi atlantique et le Midi méditerranéen.

La France d'Oc est donc une suite de midis, marqués par des milieux géographiques différents, landais, aquitains, gascons, basques, caussenards, roussillonnais, languedociens, camarguais, provençaux. Et même si l'altitude et la géologie d'ensemble atténuent cette méridionalité atlantique ou méditerranéenne, le bastion du Massif central n'échappe pas dès le sud de la Limagne auvergnate à cette méridionalité. Pour les trois quarts de son espace, comme l'avait si bien montré le regretté Max Derruau, le Massif central appartient aux pays d'Oc.

Et pour peu que l'on veuille bien songer un peu plus aux liens de culture qu'il peut apporter, le viaduc de Millau pourrait ainsi ouvrir une troisième grande voie de rencontre et d'échanges entre la France d'Oil et la France d'Oc, entre la France du Nord et celle des midis, atlantique et méditerranéen.

C'est ainsi, par la culture, que l'on « désenclave » les territoires. Et sur ce point, grâce au grand axe autoroutier qui le traverse maintenant du Bourbonnais au Languedoc, le rude Massif central apportera beaucoup à la diversité culturelle de notre pays. Car il est fort et accueillant, comme tous les massifs anciens de l'Europe hercynienne qui, de la montagne Noire à la forêt de Bohême ont été soulevés à la périphérie externe de l'arc alpin.

L'espace français, résumé du Finistère européen de l'Eurasie

À l'extrémité occidentale de l'Eurasie, là où cet immense continent se diversifie en une succession de péninsules et d'îles intimement pénétrées et entourées d'espaces maritimes très divers, du Spitzberg à la Crète, l'espace français, de la Flandre à la Corse et du rail d'Ouessant au mont Blanc, constitue tant par son histoire que par sa géographie, le plus exceptionnel résumé du Finistère européen de l'« ancien monde », mais de plus, largement ouvert sur le nouveau et sur le « système monde ».

Sa structure géologique le rattache aux grandes orogenèses précambriennes qui ont façonné l'ensemble continental initial et continu de la « Laurasia » avant l'ouverture de l'Atlantique. Les grandes directions structurales du Massif armoricain se retrouvent dans les îles de Saint-Pierre-et-Miquelon et le continent nord-américain. Les « massifs anciens » du cycle paléozoïque hercynien et leurs richesses houillères le rattachent à l'Europe moyenne et lui ont fourni les ressources nécessaires pour participer à la révolution industrielle du charbon, du fer et de la vapeur, sans laquelle n'existeraient pas le viaduc de Garabit, la tour Eiffel et le savoir-faire sidérurgique français.

Ses grands « bassins sédimentaires » aux riches sols limoneux lui assurent une surface céréalière d'une continuité exceptionnelle en Europe, mais aussi, par leurs plissements souterrains à proximité de la poussée tectonique chevauchante nord-pyrénéenne, un savoir-faire pétrolier né de la découverte des pétroles d'Aquitaine.

Ses « chaînes de montagne de formation récente », Alpes et Pyrénées, lui ont donné un champ d'application exceptionnel aux découvertes, près de Grenoble, des principes de l'hydroélectricité et du transport de l'énergie par ligne à haute tension sans trop de pertes en ligne. De plus, elles lui offrent aujourd'hui un vaste champ de loisirs hivernaux et estivaux. Chamonix revendique à juste titre son titre de capitale mondiale de l'alpinisme. La France est partie prenante de la culture de haute montagne, de son aménagement comme de sa protection.

Ses grands fleuves terminés par de longs estuaires, Seine, Loire, Gironde, ont fait pénétrer loin dans les terres *une autre culture, celle de la mer et des échanges*. Ou bien, avec le Rhône, ils ont créé en Camargue une culture de delta qui aurait pu déboucher sur une république vénitienne si le pouvoir parisien trop orienté vers la Seine y avait été moins éloigné et moins étranger. Aigues-Mortes n'a été qu'une parenthèse dans l'intérêt porté par la royauté au delta du Rhône, la parenthèse des Croisades.

La Gaule romaine est née de l'apport méditerranéen et avec lui le sens de la cité, de la citoyenneté, de l'espace organisé par un réseau de voies d'une ville à l'autre. Mais cette Gaule romaine ne pouvait survivre à sa chute car elle ne portait pas en elle-même son propre pouvoir, sa propre centralité. C'est la France royale qui le lui donna, sur les rives de la Seine, au cœur de la convergence hydrographique et prospère du Bassin parisien. Une France royale qui s'est progressivement tournée vers l'océan mondial par ses deux fleuves royaux, la Loire et la Seine, et par le mariage breton d'un de ses rois. La royauté française s'est construite autour des vastes étendues fertiles de la France de l'Ouest et du Centre-Nord. La Nation française s'est façonnée dans le grand amphithéâtre naturel ouvert sur la Manche, la mer du Nord et l'Atlantique, tout en cherchant d'un siècle à l'autre à disputer les marches de la Lotharingie au grand rival du Saint-Empire romain germanique tout en continuant son ouverture océane.

Quand Charles Quint croit dominer le nouveau monde, François Ier envoie Jean de Verrazane avec les capitaux des banquiers florentins du Vieux Lyon reconnaître et affirmer la France sur le site de la Nouvelle-Angoulême, premier nom donné par un Européen au site ultérieur de New York… Et les cartographes dieppois apportent autant à la confection des premiers portulans que les dessinateurs génois ou hollandais. Au XVIIe siècle, un géographe dijonnais, Morisot, écrit un remarquable *Orbis maritimus*.

Lorsque les banquiers et marins de la Baltique organisent la Hanse, leurs homologues français de Charente s'y associent. Et les forges nivernaises de Guérigny fabriqueront sous l'autorité de Badaud de la Chaussade les ancres de marine des bateaux de Bougainville, de La Pérouse et de leurs successeurs des grands voyages français autour du monde. La douce France du val de Loire, celle de la Seine, de la Gironde, des sites littoraux plus faciles à défendre et à équiper à des fins militaires de Brest et de Toulon, partira, par ses deux façades maritimes associées par le pouvoir central, à la découverte du monde.

Par sa façade atlantique elle participera aussi, au grand bénéfice de ses bourgeoisies bordelaises et nantaises, au commerce des épices, du sucre et aussi au plus sinistre commerce triangulaire du « bois d'ébène » dont les conséquences se font encore sentir aujourd'hui dans les difficultés de sa recherche identitaire et son devoir de mémoire. « L'histoire d'un peuple est inséparable de la contrée qu'il habite », écrit Paul Vidal de la Blache en ouverture du livre qui fonde l'école géographique française.

L'histoire et l'identité de la France sont encore aujourd'hui inséparables de cette situation géographique exceptionnelle entre continent, mer intérieure et océan mondial. La « douce France », sortie de la Préhistoire par la ruralité celtique, est née à l'expression écrite par l'apport de la mer intérieure gréco-latine. Elle s'est construite autour de la centralité royale parisienne, francilienne, contrôlant progressivement la France des plaines, des bassins, des massifs anciens et des chaînes récentes de sa périphérie. Elle est devenue une puissance maritime et mondiale en partant, comme ses voisines et rivales de l'Europe atlantique et nordique, à la conquête des océans et des terres d'outre-océan. Elle y a trouvé sa vocation mondiale, commerciale, linguistique, toponymique, avec les ombres et les lumières qui constituent aujourd'hui les fondements de l'espace francophone.

Elle a échoué chaque fois qu'elle a voulu imposer ou collaborer à un impérialisme continental. Car elle se heurtait en Europe centrale germano-slave à d'autres formes d'impérialisme, celui de la Maison d'Autriche, celui du pangermanisme prussien, celui des tsars, et, le plus odieux de tous, celui du nazisme de l'Europe nouvelle et de la collaboration.

L'exception française, et avec elle la notion de « Douce France », est d'abord une exception géographique, celle d'un espace de taille humaine très heureusement situé entre une mer lumineuse et un océan adouci par le jeu d'un grandiose courant tiède. Un espace largement ouvert aux influences climatiques bénéfiques de cet océan par la configuration de son relief. Un espace également ouvert par ses seuils et ses portes aux influences, aux échanges, entre l'Orient, le Sud, le Nord et l'Occident océanique.

L'Occident océanique, c'est-à-dire l'ouverture de la richesse culturelle méditerranéenne et européenne aux autres cultures du monde, qu'il ne faudrait pas confondre avec la vision bancaire et affairiste de l'Occident telle que, de l'autre côté de l'Atlantique, on voudrait l'imposer au monde. L'espace français ne saurait en effet être réduit à un enfermement continental. Trois des côtés de l'hexagone français sont d'ailleurs des façades maritimes, Manche-mer du Nord, Atlantique, Méditerranée. Et cette particularité unique explique à la fois son histoire, sa géographie, son climat, sa diversité paysagère et culturelle. Son ouverture au monde, aux grandes explorations océaniennes et polaires. Quel autre pays d'Europe peut-il prétendre avoir un préfet qui, dans sa carrière, administre un jour la Haute-Marne et le lendemain à partir de la Réunion les Terres australes et antarctiques françaises des Kerguelen à la terre Adélie ? La terre Adélie découverte en 1840 par Dumont d'Urville et ses deux seconds, les frères Jacquinot nés à Nevers et à Moulin-Engilbert.

Il y a deux France géographiques, une France continentale, Finistère de l'Eurasie, et une France océane ouverte au monde. Pour le géographe, un peu nourri d'histoire, selon l'exception du système éducatif français, on ne peut, dans un essai de définition du concept de « Douce France », dissocier l'espace français de son environnement maritime. Même lorsque l'on se trouve, comme en Bourgogne, au cœur des terres de la France dite continentale. La rude terre forestière celte et gauloise, fondement de notre pays actuel, a été incontestablement « adoucie », civilisée par l'apport du monde méditerranéen.

Depuis toujours l'Atlantique lui apporte une exceptionnelle « douceur » climatique dans la grande majorité de ses types de temps. Il lui a permis d'accéder au système monde. Il y a bien, par cette exceptionnelle situation géo-climatique, au départ des siècles de son histoire et de nos jours encore, une « Douce France ». Aux générations qui ont le privilège d'y vivre d'en prendre conscience pour un mieux-vivre ensemble. Puisse une meilleure culture géographique y contribuer.

Le terroir, un art de vivre à la française, une ouverture sur le monde

Jean-Robert Pitte

La mode est au terroir. Le terroir fait vendre : du fromage de chèvre, des vacances au vert, les romans de l'école de Brive, des feuilletons de télévision, etc. Le phénomène n'est pas nouveau. Déjà Marie-Antoinette oubliait les obligations de la cour en jouant à la fermière et Jean-Jacques Rousseau ne rêvait que d'un rustique paradis sur terre baigné d'air pur, de lait, d'amour et d'eau fraîche. Plus récemment, reprenant les idées de retour à la terre du temps de Méline, le régime de Vichy voulut sauver la France en revalorisant le travail de la terre et les anciennes cultures provinciales, en un mot le terroir. Qu'est-ce qui fascine donc les Français depuis si longtemps dans ce mot et surtout dans ce qu'il recouvre ? En effet, son sens agricole existe depuis le XIIIe siècle et Estienne au XVIe siècle parle de vins au *goust de terroir*. S'agit-il aujourd'hui uniquement d'un faux-semblant, d'un habillage mercantile ou pervers de goûts archaïques ? Ou, au contraire, faut-il voir dans cet attachement le témoignage d'un trait culturel constitutif de l'identité française et, à l'échelle planétaire, d'une conception originale et profonde des rapports entre la nature et la civilisation ?

Qu'est-ce que le terroir ?

Le mot latin *territorium* a donné naissance à plusieurs mots français, parmi lesquels territoire qui désigne un espace approprié, en particulier d'un point de vue politique, et terroir qui désigne la terre considérée par rapport à l'agriculture. À propos de terroir, le dictionnaire agricole Larousse évoque « des aptitudes agricoles particulières dues à la nature du sol, au microclimat local, à l'exposition des coteaux », point de vue strictement naturaliste, fréquent chez les agronomes et chez les propriétaires de parcelles produisant des crus réputés dans les vignobles de qualité. Ce n'est pas faux, mais c'est très partiel. Roger Dion, qui enseigna longtemps la géographie historique de la vigne et du vin au Collège de France, écrivait : « Le rôle du terrain dans l'élaboration d'un grand cru ne va guère au-delà de celui de la matière dans l'élaboration d'une œuvre d'art. » En d'autres termes, d'une planche en sapin, on peut confectionner un stradivarius ou une caisse à savon.

Si l'on veut rendre compte du rôle des hommes, il faut donc s'accorder sur une définition plus ouverte du terroir. On peut admettre qu'il désigne une portion relativement homogène d'espace rural large ou limitée, aux contours parfois strictement définis (un grand cru de Bourgogne, par exemple), parfois flous (la *Castagniccia* corse). Sa définition et ses limites varient dans le temps, au gré du bon vouloir des hommes. Par exemple, le terroir de la forêt landaise est vieux d'un peu plus d'un siècle seulement et ne durera peut-être pas autant, dans sa configuration paysagère actuelle, puisqu'il repose sur les cours du bois de pin et des produits qui en dérivent.

Dans le contenu d'un terroir, entrent un certain type de sol, un microclimat, des disponibilités en eau et surtout un savoir-faire paysan, perfectionné de génération en génération ou récent, mais révélant toujours une facette des potentialités de l'espace considéré. Ainsi, la Crau fut pendant des siècles dévolue au pâturage ovin pendant l'hiver; l'arrivée de l'eau d'irrigation du Rhône a permis d'y multiplier les tunnels en plastique sous lesquels poussent asperges, tomates, melons. Le marché de consommation joue également un rôle majeur. S'il accepte de payer à un bon prix une denrée, la production de celle-ci augmente et vice-versa.

C'est ainsi que les coteaux champenois ont produit pendant des siècles du vin rouge avant de se tourner à partir du XVIIe siècle vers le vin mousseux que l'Angleterre avait mis à la mode et que les consommateurs du monde entier continuent à payer très cher. Même si le prix du champagne est surévalué par rapport à d'autres vins blancs, l'essentiel pour le producteur est qu'il plaise, ce qui justifie le maintien de la physionomie de ce terroir.

Un autre exemple peut illustrer ce propos, celui de la Bresse, plaine vallonnée et argileuse où l'eau abonde et qui jouit d'un climat chaud en été. Elle aurait pu, comme le pays d'Auge en Normandie, s'orienter exclusivement vers l'élevage bovin laitier. La découverte de l'Amérique a permis au maïs de conquérir la péninsule Ibérique, puis la France du Sud-Ouest et, en un siècle, le Midi et les plaines de l'Est, dont la Bresse. L'engraissement des volailles y devient possible, d'autant plus que le marché lyonnais, voisin, était prêt à payer très cher poulardes et chapons. Un terroir et un produit-phare sont nés de cette conjoncture; ils vivent toujours.

L'idée de Roger Dion selon laquelle le terroir n'est qu'une sorte de page blanche, d'un certain grain il est vrai, choque beaucoup de monde, tant chez les producteurs que chez les scientifiques. Les enjeux financiers de la production de qualité sont tels que rabaisser le terroir physique équivaut à remettre en cause bien des privilèges et donc la valeur du capital foncier. Lorsqu'on connaît le prix de la terre dans certaines appellations prestigieuses, on le comprend. Si le prix du vin qui en provient est justifié par un plaisir intense, il convient de s'incliner. En revanche, lorsque déçoivent des premiers ou grands crus du négoce, pourtant vendus à prix d'or, le terroir perd son auréole de nature bénie pour révéler la médiocrité de certaines pratiques vigneronnes et commerciales qui gâchent tant de potentialités, qui trahissent tant de promesses.

Jacques de Lanversin, un universitaire-vigneron méridional, écrivait en novembre 1993 dans *La Revue du vin de France*: « Je crois très sincèrement que les mérites imputables au seul vigneron ne représentent pas plus de 10 % parmi l'ensemble des mérites qui aboutissent à créer un vin excellent. » Une telle idolâtrie du volet environnemental du terroir ne peut reposer que sur une volonté de préserver un capital foncier. Elle est partagée par la plupart des viticulteurs des grandes appellations. Imagine-t-on un grand violoniste déclarer que son inoubliable interprétation du concerto de Beethoven doit 90 % à son stradivarius et 10 % à son talent ? Plus séduisante est l'idée d'Aubert de Villaine, cogérant du domaine de la Romanée-Conti qui produit les vins les plus chers du monde. Pour lui, compte tenu des méthodes éprouvées de vinification et d'élevage en usage dans ses chais, la qualité des vins et la valeur des millésimes dépendent essentiellement de l'excellence des raisins vendangés. Certes, les crus qu'il produit proviennent de la partie du versant de Vosne-Romanée, la plus propice à produire des grands vins, et les micronuances du sol et du climat expliquent les différences de personnalité entre eux, mais Aubert de Villaine n'omet pas de rappeler que des siècles d'expérience et de perfectionnements ont précédé l'actuelle viti-viniculture pratiquée au domaine. La sélection massale des greffons est encore aujourd'hui matière à recherche, la culture est biodynamique depuis une dizaine d'années, avec engrais au seul compost des sarments de taille et des marcs, les rendements sont compris entre 20 et 30 hectolitres à l'hectare, soit deux fois moins qu'ailleurs. Rien n'est négligé et aucune dépense n'est économisée pour améliorer la qualité du raisin.

On voit au travers de cet exemple extrême à quel point il n'est pas raisonnable de vouloir répartir en pourcentages l'œuvre de la nature et celle des hommes dans un produit qui résulte d'une fusion. En matière agricole, l'homme n'est jamais totalement déterminant, car une grêle, une sécheresse, un coup de froid peuvent compromettre irrémédiablement une récolte, mais les éléments ont rarement le dernier mot, tant les agriculteurs déploient des trésors d'imagination et de sensibilité pour les canaliser, les magnifier, parfois les contrer. C'est une œuvre aléatoire, aussi complexe et exaltante que l'éducation d'un enfant ; elle réclame doigté, humilité, questionnement et remise en cause permanente. Elle est au fond une bonne image de ce qu'est la condition humaine, entre volonté et obéissance, entre réussite et échec.

Si l'on admet cette approche floue du terroir, se pose alors le problème de la délimitation des aires d'Appellation d'origine contrôlée. Elle repose en France sur la nécessité garantie par la loi d'usage *locaux, loyaux* (ce sont de bonnes choses) et *constants* (on se demande bien pourquoi, sauf à vouloir graver dans le marbre des rentes de situation). L'ancienneté de la vocation d'un terroir n'est ni bonne, ni mauvaise en soi ; elle est objectivement neutre, même si elle fait rêver. Songer que l'on buvait déjà du très bon vin – pour le goût de l'époque – à l'Hermitage ou à Condrieu dans l'Antiquité, ou que l'on consommait déjà du fromage bleu de brebis des Causses affiné à Roquefort au Moyen Âge, procure un sentiment comparable à celui de l'archéologue découvrant la momie de Ramsès II. Mais déguster un merveilleux fromage de chèvre provenant de Chauvry, une commune située à vingt kilomètres de Paris, vouée depuis le Néolithique à la céréaliculture, est aussi une grande expérience, si l'on y réfléchit bien. Tout autant que de boire un délicieux vin blanc issu de pinot noir des coteaux de Maastricht, aux Pays-Bas, où renaît une viticulture de qualité à la faveur du réchauffement climatique. La loi ne doit pas nécessairement suivre les mœurs et le goût, elle ne doit pas non plus se draper dans la roideur. En matière de règles de production agricole et de délimitation de terroirs, elle ne peut et ne doit qu'encourager l'excellence et la créativité, en condamnant les faux-semblants.

Il faut comprendre aussi qu'il est dangereux de s'enfermer dans une défense frileuse du terroir et d'une manière générale de l'identité culturelle. Si les hommes ont besoin d'enracinement, ils sont aussi nomades et aptes au métissage culturel. On a dit que tous les terroirs ont changé de délimitation et de vocation au cours de leur histoire, et parfois souvent. Certains aliments ou produits de la terre de grande qualité sont aussi parfois issus d'apports multiples. Ainsi, l'excellence des chocolats de Suisse ou de Bayonne tient au choix judicieux des fèves de cacao effectué par les fabricants sous toutes les latitudes tropicales, à l'excellence des crèmes issues des laits montagnards et au palais des consommateurs, amateurs en hiver de nourritures caloriques et excitantes.

Dès lors, l'avenir des terroirs se dessine de manière ouverte. S'il n'est pas sain de les figer, puisqu'ils sont évolutifs comme les langues et les cuisines, il est essentiel de les faire vivre et de les exploiter avec imagination. Le monde moderne, confronté à ce qu'il est convenu d'appeler mondialisation, a besoin de reconnaître la différence des lieux et des hommes à tout instant. Paysages, langues, coutumes courent le risque de l'uniformité et l'humanité, en conséquence, celui de l'ennui et de la mort. La diversité est mère de la vie et le terroir en est une expression libre.

Le meilleur exemple que l'on puisse donner de ce devoir de diversité partagée est celui des filières agroalimentaires. La culture et l'élevage productivistes, inventés dans les plaines d'Amérique du Nord et d'Europe occidentale, se sont aujourd'hui, chacun en a conscience, fourvoyés dans une impasse. Ils sont confrontés à la surproduction au regard du marché mondial solvable et les pays pauvres, dont les besoins alimentaires sont insatisfaits, sont incapables de payer leurs produits à leur prix réel. Par ailleurs, la quantité d'intrants de synthèse qu'ils exigent est cause d'une pollution préoccupante. Ajoutons que l'exode rural a vidé les campagnes d'une grande partie de la planète et que le chômage atteint aujourd'hui, en ville, des taux record.

Le renouveau du monde rural sous toutes les latitudes est une solution parmi d'autres – surtout pas la seule – à la crise urbaine. Il passe par une meilleure desserte des campagnes (transports, services publics, etc.) et une prospérité raisonnable des agriculteurs. Or, celle-ci n'a d'espoir que dans l'originalité de la production. La viticulture l'a démontré : seule la qualité paie, ce qui ne veut pas dire le luxe. Les vins de pays sont aujourd'hui plus demandés que les vins de table et les clients acceptent de payer, d'un supplément de prix, le supplément de saveur, de typicité de plaisir. Ils éduquent ainsi leur palais. Ils communiquent mieux avec le monde des producteurs et avec l'environnement de ceux-ci, en un mot le terroir. Les agriculteurs néerlandais l'ont aussi compris, se tournant vers la production biologique, alors qu'ils sont toujours les champions de la culture et de l'élevage hors-sol, tels qu'on pourrait les pratiquer dans ces antiterroirs que seront peut-être un jour les stations orbitales.

La solution de la qualité passe par une diversification des circuits de commercialisation. Une partie de la production peut et doit toucher directement le consommateur sur le lieu même de la production ou sur des marchés proches et sans intermédiaires. Une partie peut circuler, mais chaque kilomètre et chaque changement de mains augmente son prix, ce qui implique le souci d'abaisser le prix de revient et donc la qualité, à moins de choisir le luxe (foie gras, truffes, caviar, grands vins) pour lequel un petit nombre d'amateurs ne compte pas sa dépense. Les marchés paysans d'Afrique, d'Asie du Sud ou d'Amérique latine montrent que producteurs et consommateurs trouvent leur compte à une solution, d'apparence archaïque, mais efficace, rentable et conviviale.

Les modèles macroéconomiques les plus savants ne rendent plus compte des réalités et surtout ne parviennent plus à les infléchir. Ils n'ont d'ailleurs rien prévu de ce qui se passe actuellement en Chine ou en Inde, preuves mêmes de l'importance de l'imagination créatrice des hommes. Les mécanismes microéconomiques doivent être remis partiellement à l'honneur, sans exclusivité – le microcrédit en est un exemple – et les grands circuits accorder plus d'importance à la spécificité des techniques de production, à l'identité culturelle des produits, aux besoins réels des consommateurs. C'est dans cette révolution en cours que le terroir peut retrouver toute sa fierté et sa valeur. Il ne s'agit pas de revenir à l'ère préindustrielle, mais de domestiquer les techniques modernes au service de l'homme, au lieu du processus inverse qui n'a cessé de s'amplifier depuis des décennies. Au fond, le débat nature-culture ne sera jamais clos. Le terroir en est un bel avatar.

Pour mieux en comprendre l'actualité, analysons deux exemples de productions agroalimentaires françaises qui sont aujourd'hui en crise pour avoir voulu les abandonner afin de mieux faire face aux défis de la mondialisation.

Il faut revenir aux charcuteries de terroir

La charcuterie française va mal, tant sur le marché intérieur qu'à l'exportation. Elle a pourtant un avenir, mais plusieurs conditions sont indispensables. Il convient d'abord de réhabiliter la consommation de ces produits en expliquant, comme on le fait avec un certain succès pour le vin ou le fromage, qu'en quantité modérée et dans le cadre de repas équilibrés, excluant l'excès calorique, ils procurent beaucoup de plaisir, sans danger ni pour la santé, ni pour la « ligne ». Par ailleurs, ils doivent être authentiques, c'est-à-dire provenir de porcs et autres animaux d'élevage ou sauvages de première qualité. L'objectif à atteindre est celui de n'utiliser que du porc fermier et, si possible, dont la viande possède une saveur caractéristique de sa région de production, voire de son producteur. Mieux vaut consommer moins, mais meilleur; alors la différence de prix ne joue plus. Les techniques et recettes doivent permettre l'exaltation des caractères du terroir et même du moment de la fabrication. L'industrie doit apprendre la variabilité de la saveur, ce qu'elle a, jusqu'à maintenant, cherché à tout prix à éviter. Le succès de la ligne de produits « Reflets de France », diffusée par Carrefour, montre que c'est possible (par exemple en ce qui concerne son foie gras dont chaque bocal possède un goût différent en fonction de l'exploitation d'origine et de la date de fabrication). La niche est extensible; les consommateurs s'y engouffreront pourvu qu'on leur en donne les clés, ce qui sera un jeu d'enfant pour de bons communicants.

Pourquoi les professionnels de la commercialisation semblent-ils se refuser à admettre que le monde entier aspire à la diversité des émotions ? Ce n'est pas par hasard si l'artisanat et les industries françaises du luxe remportent tant de succès dans le monde : ils reposent sur la rareté, voire sur l'unicité. Ce qui réussit à un bijou, à une ligne de maroquinerie ou de parfum, à la restauration, peut parfaitement être décliné en matière de charcuterie et de plats cuisinés et ce sans même viser le luxe et le coût de revient inaccessible au commun des mortels. Il suffit pour ça d'un peu d'imagination, comme chantait naguère Charles Trenet.

Au lieu de gémir sur la désaffection de la clientèle pour les charcuteries passe-partout et désespérément homogènes, il est urgent de réfléchir aux nouvelles attentes de certains consommateurs, aujourd'hui peut-être minoritaires, mais demain à coup sûr majoritaires. Utopie, penseront certains. Qu'ils observent ce qui se passe au Japon. Le pouvoir d'achat dans ce pays ne cesse d'augmenter. Tentés pendant un temps par les produits uniformisés, les consommateurs se tournent aujourd'hui de plus en plus vers les produits à forte personnalité et à forte variabilité, en un mot de terroir. L'intérêt que beaucoup de jeunes portent maintenant aux vins et aux fromages en témoigne. Dès aujourd'hui, des dizaines de millions de consommateurs chinois ont les moyens de se fournir des meilleurs produits sur le marché mondial. Demain, ce seront peut-être des centaines de millions. Or aucun peuple n'est plus gourmet que les Chinois qui, de plus, n'éprouvent pas les mêmes appréhensions que les Occidentaux face au gras et aux abats. C'est un immense marché potentiel pour toutes les charcuteries françaises : elles correspondent pleinement au goût chinois. L'andouillette, les tripes, les rillettes, les saucissons procurent un immense plaisir aux Chinois à qui on les fait goûter. Qu'attend-on pour aller les séduire chez eux ?

Quant au marché français, il faut le reconquérir, à commencer par les jeunes qui doivent apprendre à se nourrir mieux que leurs parents. C'est aux professionnels des filières alimentaires, mais aussi à l'école d'éveiller leurs papilles trop habituées aux saveurs lisses et uniformes du lait maternisé, des petits pots pour bébés, des soupes en briques, des purées en flocons, des croquettes de poisson, du jambon sous plastique, des hamburgers et autres blancs de poulet frits. Pour peu que les efforts soient coordonnés, il y a là un moyen de redonner aux Français le goût des produits vrais et justes et d'en étendre la contagion au monde entier.

Je sais parfaitement que de tels propos peuvent choquer, qu'il sera très difficile de modifier des habitudes acquises depuis des décennies, tant chez les producteurs que chez les consommateurs, mais c'est un défi passionnant à relever dont les résultats, soyez-en certains, dépasseront toutes les espérances. À défaut, nous assisterons tristement à la mort d'un pilier de la culture gastronomique française, véritable patrimoine de notre pays qui ne demande qu'à être valorisé et vivifié.

Le terroir, seul avenir des vins de France

Pleurs et grincements de dents proviennent depuis longtemps du monde viticole français ou, tout au moins, d'une partie de celui-ci : les représentants des vins de table, des vins de pays, des grandes appellations génériques (bordeaux, bordeaux supérieur, entre-deux-mers, côteaux-du-Languedoc, beaujolais, touraine, côtes-du-Rhône, etc.). Une seule exception : la Champagne qui ne parvient pas à satisfaire toute la demande et réclame le droit de stocker ses excédents de rendements des années « fastes » pour les années de petite récolte, au mépris de toute éthique qualitative.

Que demandent les vignerons et négociants qui geignent ? Bien entendu, comme c'est l'habitude en France, des subventions, des dégrèvements fiscaux, des prix garantis par l'État et versés par celui-ci, même lorsque la mévente oblige à distiller pour déstocker. Qu'importe si l'on a tout fait depuis des décennies pour augmenter les rendements (clones productifs, engrais, etc.), qu'importe si personne ne veut plus consommer certains vins sans grâce ni esprit : la solidarité de la nation doit jouer pleinement et les contribuables doivent éponger les résultats de choix économiques absurdes que l'État n'a rien fait pour éviter. Sous prétexte que les coopérateurs languedociens ont le sang chaud et qu'ils descendent vite dans les rues de Béziers lorsqu'ils sont mécontents, on n'a pas poussé la logique qualitative jusqu'au bout et on a laissé en production assistée d'immenses vignobles de plaine plantés en aramon et autres médiocres cépages. Sur les 18 millions d'hectolitres de vin que produit le Languedoc, 8,5 sont des vins de pays dont beaucoup sont d'une insigne platitude et 4 des vins de consommation courante, au-dessous de tout. Il est évidemment impossible d'obtenir du bon vin sur des sols riches et profonds, en taillant long et en récoltant 200 hectolitres à l'hectare.

Dominique Bussereau, ministre de l'Agriculture du gouvernement Villepin, a confié en janvier 2006 une mission de réflexion au préfet Bernard Pomel, qui a exercé les fonctions de directeur des services de la région Languedoc-Roussillon de 1986 à 1994 et de directeur de la mission d'aménagement du littoral de la même région à partir de 2004. L'objectif fixé était de définir « une nouvelle stratégie, indispensable pour conserver à la viticulture française la place d'excellence qu'elle occupe dans l'économie nationale et le rayonnement du pays ». Bernard Pomel a rendu son rapport en mars 2006. Il y suggère de réagir face à la mondialisation en partageant les vins en deux catégories : ceux qui répondent au « marketing de l'offre », c'est-à-dire ceux qui relèvent du terroir et de la typicité, sous-entendu du luxe élitiste, et ceux qui relèvent du « marketing de la demande », soit les vins de pays et les vins de table, « identifiés en particulier par leur marque et par un cépage ». Cette vision repose sur l'idée qu'une partie des nouveaux consommateurs sont incapables d'apprécier les qualités des vrais vins de terroir et donc d'en payer le prix ; il suffit alors de répondre à leur attente immédiate et de leur proposer des vins passe-partout, uniquement marqués par le goût d'un cépage, éventuellement « parfumé » au tannin de chêne issu de copeaux ajoutés dans les cuves. Un allègement des étiquettes leur simplifierait encore plus la vie, par exemple « vin de France » d'une marque unique facile à mémoriser. Le tour serait joué et il n'y aurait guère de différence entre le vin et le Coca-Cola.

Ce qui est proposé, c'est le renoncement à l'effort entrepris dès le Moyen Âge par de nombreuses régions viticoles pour promouvoir l'originalité, la personnalité vigoureuse des vins, sortir par le haut de la concurrence en accentuant la différence et en éduquant la clientèle. Le succès du bourgogne, du bordeaux, du champagne mousseux n'est rien d'autre qu'un processus d'amélioration constante de la qualité, de renforcement de la typicité, de séduction des marchés, y compris par la création d'une image, celle-ci ne pouvant entraîner d'effet commercial que si elle repose sur des qualités réelles.

Il est bien naïf de croire que l'imitation des méthodes du nouveau monde peut sauver le pan de la viticulture française qui se porte mal. Ce n'est pas parce que l'on irriguera, que l'on privilégiera les six cépages « vendeurs » que sont le merlot, le cabernet-sauvignon, la syrah, le pinot, le sauvignon et le chardonnay, que l'on « vanillera » les vins rouges aux copeaux de chêne, que l'on sauvera la plaine du Languedoc. Ne serait-ce que parce que les coûts du foncier et de la main-d'œuvre sont sans commune mesure. Quelle coopérative ou quel négociant français, aussi gros soit-il, parviendra à mettre sur le marché américain, frais de transports et de douane inclus, une bouteille de vin de cépage à deux euros ? C'est pourtant le prix affiché – je dis bien deux euros pile – en 2006 dans une supérette du centre de Paris pour une bouteille joliment habillée de sauvignon du Chili, sans finesse, mais sans défaut.

À côté de cela, on observe que de nombreux producteurs du nouveau monde et de l'hémisphère Sud s'orientent aujourd'hui vers la qualité et donc le vin de terroir. C'est évident en Californie, ce que le film *Sideways* montrait joliment, au moment où le démagogique *Mondovino* remplissait les salles de cinéma. C'est vrai de l'Argentine, du Chili, de l'Afrique du Sud, de la Nouvelle-Zélande, de l'Australie où le nombre des bons vins est en plein essor. Évoquons également l'Europe où disparaissent les vignobles à vin de table au profit des vins d'appellation qui rendent passionnant le tourisme œnologique sur notre vieux continent : en Allemagne, en Autriche, en Hongrie, en Italie, en Espagne, au Portugal. Il faudrait ouvrir les yeux. Chez tous nos voisins, la consommation baisse, mais la qualité et la diversité augmentent. Pourquoi ? Tout simplement parce qu'il y a dans le monde de plus en plus d'amateurs éclairés qui savent faire la différence entre un vin technologique et un vin géographique ressemblant à son terroir et porteur de la sensibilité de ses producteurs. Les nombreux connaisseurs du Japon savent parfaitement distinguer les grands crus de gevrey-chambertin et leurs propriétaires. Il y en a même sans doute plus que de Français.

C'est une erreur majeure de penser que les vins de cépage sont bien assez bons pour les nouveaux marchés de consommation et que tout s'arrangera si l'on simplifie la liste des AOC. C'est le même dangereux fantasme qui prône l'abandon de la langue française sous le prétexte que moins de locuteurs la parlent et que le monde ira mieux quand tous les habitants de la planète parleront un pauvre *basic english*. Pour faire bon poids, ajoutons à la panoplie de l'idéal citoyen du monde une nourriture aseptisée et des vêtements uniformes, une conception unique de la condition humaine, de la morale et de la politique : *Le meilleur des mondes*, enfin, l'univers totalitaire rêvé par les grands dictateurs du XXe siècle.

Une anecdote qui remonte au début des années 1960 et qui concerne l'industrie automobile est bien éclairante à ce sujet. Constatant la présence de nombreuses 4 CV Renault dans les rues de Tokyo, le jeune géographe

François Doumenge, qui négociait alors des accords de pêche entre la France et le Japon, dit au P-DG de la Régie Renault de passage à l'ambassade de France : « Ne pensez-vous pas qu'il serait judicieux de construire une usine produisant des 4 CV au Japon ? » La réponse de l'industriel vaut son pesant d'or : « Vous n'y pensez pas, Monsieur, jamais ces gens ne sauront construire une voiture. Il vaut mieux conserver notre industrie et nos emplois en France et continuer à exporter notre production. » Appliquons cela au marché viticole actuel. Si la Chine plante partout des vignes sur son territoire, au point qu'elle est devenue le septième producteur de vin au monde, ce n'est pas la peine d'essayer de vendre aux amateurs passionnés des grandes villes de l'Est des bouteilles de vin de cépage français, forcément beaucoup plus onéreuses et pas meilleures que les vins chinois. Il faut l'admettre et en tirer rapidement les conséquences. En revanche, prendre son bâton de pèlerin, aller apprendre aux Chinois à déguster le vin avec sensibilité, former des sommeliers, exporter nos productions, surtout celles qui sont uniques et donc inimitables, même à coût modéré, organiser des visites d'importateurs chinois dans nos vignobles : voilà un investissement utile et une attitude intelligemment offensive.

Alors, objectera-t-on, que proposer aux malheureux producteurs français qui ne savent comment écouler leur production ? Il n'y a pas de solution plus raisonnable que de les aider à se reconvertir dans une autre activité ou à s'implanter sur un terroir propice à la qualité. Il en existe partout, souvent à proximité immédiate des mauvais : les coteaux du Languedoc, par exemple, où un fantastique effort a été accompli ces dernières décennies. Dans les zones d'appellations génériques, on peut obtenir des résultats magnifiques à condition de diminuer drastiquement les rendements (re-encépagement avec des clones plus sages ou des pieds issus de la sélection massale, suppression des engrais, taille sévère, vendanges en vert si nécessaire, etc.), d'utiliser les méthodes les plus naturelles possibles (sols vivants, levures naturelles), d'élaborer des vins ressemblant au millésime. Certains y parviennent en Beaujolais, en Mâconnais, en Touraine, en Côtes-du-Rhône, en Provence et même en Bordelais : ils n'éprouvent en général aucun souci pour vendre leur vin, quelle que soit la taille de leur exploitation. Il est clair qu'ils obtiennent de meilleurs gains s'ils commercialisent eux-mêmes en bouteilles, mais cela représente un important travail supplémentaire.

Non, contrairement à ce qu'affirme le rapport de Bernard Pomel, le terroir n'est pas le luxe et ne doit pas concerner uniquement une « production exceptionnelle ». Il est à la portée de tout le monde. La meilleure preuve est qu'il existe actuellement de très bons vins de terroir pour cinq euros ou moins chez le propriétaire, pour peu que l'on sache choisir : du gros-plant, du muscadet, de l'anjou, du saumur, du bourgueil, de l'aligoté de bourgogne, de charmants petits bordeaux, du bergerac, du jurançon, du gaillac, du corbières, du côteaux-du-Languedoc ou du côtes-du-Lubéron, de l'aligoté de Bourgogne, du friand beaujolais et du gentil mâcon, etc.

Bien entendu, à côté de ces jolis vins, il existe aussi de grands flacons dont le prix atteint plusieurs centaines d'euros. Il y a un marché mondial pour cela et les producteurs ne demandent rien à personne. Ils sont les locomotives de la profession, comme les grands couturiers le sont du prêt-à-porter, lui aussi d'une extraordinaire complexité dans l'éventail de ses marques, ce qui ne semble nullement gêner la clientèle.

La France est associée à la qualité et à la créativité culturelle. Le pays des cathédrales, des châteaux de la Loire, des milliers de musées et de festivals, des innombrables écrivains de génie, doit-il s'uniformiser et appauvrir son patrimoine viticole sous le prétexte que celui-ci sera plus facile à comprendre ?

La France est sans doute le pays qui, à travers l'histoire, a porté à son plus haut niveau d'excellence et de puissance d'évocation le concept de terroir et ce, non seulement dans le domaine agroalimentaire, mais aussi dans celui d'un certain nombre d'autres productions économiques relevant de l'artisanat, de l'industrie (automobiles, habillement, etc.) et des services (tourisme, par exemple). Elle en a fait un véritable art de vivre, mais celui-ci est fragile ; il n'est en rien un monopole définitif et impossible à détrôner. Beaucoup de pays riches sont en train de découvrir les vertus économiques et culturelles de l'indication géographique de leurs productions. C'est une tendance forte au Québec, par exemple, qui s'est emparé récemment de cette tradition française pour renforcer sa spécificité culturelle au sein d'une Amérique du Nord anglo-saxonne où prévalent les processus d'uniformisation. Les Japonais apprécient depuis longtemps les productions localisées ; ils découvrent aujourd'hui que l'industrie et la recherche des économies d'échelle risquent de tuer les spécificités des productions qu'ils apprécient au plus haut point. Il existe tout un mouvement, en particulier à Hokkaido, visant à introduire le système des appellations d'origine contrôlée provenant de paysages de qualité. Inventées par la France voici un demi-siècle, il est paradoxal que les AOC soient en crise dans leur pays de naissance.

Le terroir est une vieille idée qui mérite d'être revisitée sous toutes les latitudes et de sortir de son acception purement agricole et agroalimentaire pour gagner toute la vie économique et culturelle. La mondialisation est une chance à saisir car elle facilite les échanges entre les peuples. Or ceux-ci ne peuvent se révéler passionnants et fructueux que si la diversité demeure aussi grande que possible à la surface de la terre. C'est pour cela que, bien loin d'être empreint de la nostalgie du bon vieux temps, le terroir est un concept éminemment moderne, porteur de partage et de joie de vivre, donc de paix.

L'Alsace : une identité schizophrénique

Daniel Reisz

Qu'est-ce que l'Alsace ? Cette question identitaire sera abordée selon deux axes : d'abord un axe historique, pointant quelques événements qui, soit ont contribué de façon notable à la construction de l'identité alsacienne, soit constituent les premiers signes de ce qui deviendra plus tard une véritable schizophrénie identitaire. Ensuite un axe plus sociologique, visant à expliciter un certain nombre de comportements des générations actuelles, et en particulier l'explosion du vote Front national dans une Alsace jusque-là connue pour son centrisme consensuel et plutôt conservateur.

Qu'est-ce que l'Alsace ?

Contrairement à des régions comme la Bourgogne ou les Flandres, l'Alsace forme une entité géographique tout à fait stable à travers les âges. Elle profite de frontières naturelles : à l'ouest la ligne de crêtes des Vosges, à l'est le Rhin, au sud les premiers contreforts du Jura et la trouée de Belfort. Ce n'est qu'au nord, avec le Palatinat voisin, que l'absence de limite naturelle a rendu possibles, au fil du temps, quelques variations géographiques. À ces frontières naturelles correspond presque parfaitement une frontière linguistique, si l'on fait abstraction, à l'ouest, de quelques petites enclaves francophones dans certaines hautes vallées des Vosges. Au nord et à l'est, la frontière linguistique est un peu moins pertinente dans la mesure où les dialectes parlés au pays de Bade et dans le Palatinat sont très voisins de l'alsacien. On pourrait ainsi avancer que « l'Alsace, c'est là où on parle alsacien » ! Il faut d'ailleurs préciser qu'il y a en réalité deux dialectes alsaciens : un dialecte d'origine alémanique, parlé dans presque toute l'Alsace depuis le Ve siècle, et un dialecte d'origine franque (le *plattditsch*), parlé dans une étroite bande au nord de l'Alsace, dans la région de Wissembourg, mais qui est surtout le dialecte de la Lorraine germanophone (en gros, l'actuel département de la Moselle).

Historiquement, l'Alsace devient une entité politique au VIIe siècle grâce à la création par les rois d'Austrasie d'un duché d'Alsace. À partir du IXe siècle, notamment pour des raisons linguistiques, l'Alsace va faire partie du Saint-Empire romain germanique et s'intégrer dans son espace culturel et religieux pour plus de sept siècles. C'est l'apparition, le long de la crête des Vosges, d'une première frontière « franco-allemande ».

Du XIIIe jusqu'au XVIe siècle, l'Alsace connaît une civilisation brillante tant du point de vue économique que culturel. Les écoles alsaciennes dont sortiront de nombreux humanistes sont réputées parmi les meilleures d'Europe. Avec Mayence et Bâle, Strasbourg devient l'une des capitales de l'imprimerie naissante. La Réforme y connaît un important succès, en particulier dans les villes.

Au début du XVIIe siècle, l'Alsace est ravagée, plus encore que d'autres régions, par la guerre de Trente Ans et perd plus de 50% de sa population. C'est alors que, entre 1675 et 1681, sous le règne de Louis XIV, l'Alsace devient progressivement française. Encore faut-il s'entendre sur ce que cela signifie, car il n'y a pas à proprement parler de politique de francisation. Seule la haute administration est le fait de nobles ou de grands bourgeois d'origine française. D'ailleurs la frontière douanière reste le long de la crête des Vosges et ce n'est que sous Napoléon qu'elle sera établie sur le Rhin. La population demeure germanophone: l'enseignement est dispensé en allemand, langue utilisée par les clergés protestant et catholique et par la presse. Les soldats alsaciens des armées françaises, en particulier lors des campagnes napoléoniennes, sont enrôlés dans des régiments spécifiquement alsaciens, commandés en allemand par des officiers et des généraux alsaciens (Kléber, par exemple, parlait à peine le français). Voltaire parle d'« une terre qui est en France mais qui n'est pas terre de France ». Et c'est sans doute là qu'on peut placer un premier symptôme de la future schizophrénie: la haute bourgeoisie alsacienne parle français, langue du pouvoir, des salons, d'une classe sociale.

Sous le Second Empire la pression de la francisation se fait plus forte, en particulier dans l'enseignement, mais l'alsacien reste la langue courante et beaucoup de textes (sermons des pasteurs et des curés, actes notariés, comptes rendus des conseils municipaux...) sont écrits en allemand. C'est aussi une période de forte industrialisation (textile, chimie...), en particulier sous l'égide d'un patronat protestant particulièrement dynamique. Strasbourg et Mulhouse sont reliés à Paris par des lignes de chemin de fer. Les canaux de la Marne au Rhin et du Rhône au Rhin sont mis en service.

Les conséquences de la guerre de 1870

La guerre de 1870-1871 se terminant par la défaite de l'armée française, les députés français durent se résoudre à voter la cession de l'Alsace-Lorraine à l'Allemagne[1]. Une partie de la bourgeoisie alsacienne décida alors d'émigrer en France. Dans la population qui resta en Alsace, certains étaient favorables au rattachement à l'Allemagne, d'autres se vivaient comme simplement alsaciens, mais il restait aussi des francophiles. Ces derniers, avec l'aide ceux qui avaient émigré, se livrèrent à une violente propagande antigermanique qui, répercutée en France, donna aux Français une vision très déformée de la situation en Alsace. Pour preuves, voici quelques extraits de manuels scolaires français de l'époque: « Les Allemands sont détestés dans ces provinces qu'ils nous ont prises. Ils n'y sont point chez eux; ils y campent comme en pays ennemi; ils ne s'y maintiennent que par la force. Dans leur colère ils multiplient les rigueurs; les prisons se remplissent de patriotes alsaciens; des juges implacables voient des crimes partout. [...] Il n'est pas jusqu'aux petits enfants qui ne donnent des inquiétudes à ces Allemands si forts et si fiers de leur force. Oui, vos petits camarades, les écoliers et les écolières d'Alsace-Lorraine, sont traités comme des suspects et des révoltés. [...] Nous, devenir des Allemands! Nous qui les détestons, nous qui avons donné tous nos fils à l'armée française pour combattre l'Allemagne, est-ce possible? [...] Les malheureux habitants de l'Alsace crient [à la France]: "Nous sommes Français, nous voulons rester Français!" [...] Pour tenir l'école [à la place du brave Monsieur Mathis] ils ont fait venir d'Allemagne un jeune homme à la mine déplaisante, à l'air orgueilleux et satisfait de lui-même, au regard faux derrière ses grosses lunettes[2]. »

Ou encore: « Ce fut ce jour-là, en 1872, que les habitants d'Alsace-Lorraine durent opter pour la France ou pour l'Allemagne. [...] S'ils optaient pour la France, il leur fallait presque aussitôt abandonner le pays. Selon les courages, chacun choisit son parti. Les uns pour garder le doux nom de Français [...] quittèrent tout. [...] Ce fut une longue et lugubre caravane. Les autres restèrent. Ils n'étaient pas, mon enfant, les moins courageux. Ce qu'ils ont souffert de douleurs depuis dix ans, eux seuls le pourraient dire. [...] Il leur a fallu subir, avec leurs lois, leur arrogance, [...] sous la cravache prussienne. [...] Ils ont conservé à l'Alsace-Lorraine leur âme française[3]! »

C'est aussi à cette époque que fleurit sur les murs des écoles la fameuse carte de France avec, en noir, couleur de deuil, l'Alsace-Lorraine. Pour des raisons de politique intérieure allemande, il fut décidé de donner à l'Alsace-Lorraine un statut très particulier de *Reichsland* (terre d'empire). Bismarck y conduisit une politique très anticatholique (le fameux *Kulturkampf*) qui rencontra une forte opposition au sein de la population visée mais permit, *a contrario*, à la population protestante de bénéficier de certains avantages. C'est sans doute une des origines d'un sentiment plus francophile dans la population catholique et plus germanophile dans la population protestante, clivage qu'on retrouvera plus tard, sans qu'il faille se montrer trop manichéen.

Contrairement à l'histoire officielle qu'on enseigne aux petits Français, et aux discours revanchards qui présentaient les pauvres Alsaciens écrasés sous la botte prussienne, l'Alsace connut durant cette période un formidable essor économique. Le réseau ferré, très moderne, fut le plus dense d'Europe avec plus de 2000 kilomètres de voies exploitées. De nombreuses industries s'y développèrent. Cet essor économique s'accompagna de nombreuses avancées sociales (assurance maladie, assurance vieillesse, régime des associations, droit de chasse...). Beaucoup de ces avancées, plus favorables que la législation française actuelle, sont d'ailleurs toujours en vigueur (le *statut local* face au *statut général*). Enfin une politique culturelle très volontariste fit de l'université de Strasbourg une des plus prestigieuses d'Allemagne avec d'excellentes conditions de travail et des nominations d'universitaires allemands de premier plan. C'est dans ce contexte que réapparut chez les intellectuels allemands tout le discours sur le Rhin, fleuve allemand, axe culturel d'une civilisation rhénane.

Sur le plan politique, entre deux minorités, l'une farouchement pro-française, l'autre tout aussi farouchement pro-allemande, la très grande majorité de la population était simplement alsacienne. Un régime d'autonomie législative fut installé en 1911, avec un parlement régional à deux chambres, pendant que l'exécutif était aux mains du *Statthalter* nommé par l'Empereur. Un drapeau officiel (rouge-blanc) fut adopté et Strasbourg, en tant que capitale, devint l'objet de très importants travaux d'urbanisation dont on reconnaît encore aujourd'hui la marque dans toute la partie nord de la ville.

Ce régime durera jusqu'en 1918 dans un climat assez bizarre. La plupart des Alsaciens voyaient clairement les avantages économiques, sociaux, culturels de cette politique, qui de surcroît laissait à l'Alsace une grande autonomie, et en même temps subsistait de façon viscérale, ou sentimentale, une sympathie, non pas pour la France politique de cette période, mais pour une certaine idée de la France faite à la fois de nostalgies napoléoniennes, d'une image un peu fantasmagorique d'une « Douce France » et, surtout dans la bourgeoisie protestante, d'un culte des valeurs issues des Lumières. C'est là que se renforça et prit vraiment corps cette perception schizophrénique des Alsaciens vis-à-vis des deux nations que sont la France et l'Allemagne.

La guerre de 1914-1918 et le retour à la France

Dès la déclaration de la guerre en 1914, l'autorité militaire prussienne bénéficia en Alsace des pleins pouvoirs. En France, les Alsaciens qui n'avaient pas la nationalité française furent placés dans des camps d'internement. Ce fut en particulier le cas d'Albert Schweitzer. Le retour à la France par le traité de Versailles se fit dans d'assez mauvaises conditions. Le gouvernement français, très mal informé de la réalité sociologique de l'Alsace par les éléments alsaciens les plus francophiles, et en particulier par ceux qui avaient quitté l'Alsace après 1870, prit un certain nombre de décisions pour le moins maladroites, voire franchement provocatrices.

C'est ainsi que furent instaurées, en particulier sous l'égide de Hansi, des commissions chargées de trier les Alsaciens en quatre catégories selon leur ascendance et de leur attribuer des cartes d'identité spécifiques aboutissant en particulier à l'expulsion en Allemagne de plus de 200000 Alsaciens d'ascendance allemande. Ceux qui avaient un seul ascendant allemand furent assignés à résidence. Ce tri créa des situations inextricables et souvent vexatoires. De nombreux fonctionnaires et élus durent démissionner par méconnaissance de la langue française rendue obligatoire. Les postes à responsabilité furent confiés à des fonctionnaires « de l'intérieur » (c'est ainsi qu'en Alsace-Lorraine on désignait le reste de la France) qui ignoraient tout de la langue alsacienne ou allemande, et qui touchaient les mêmes primes que ceux qui étaient présents dans les colonies.

Dans les écoles, l'allemand et l'alsacien furent interdits du jour au lendemain et, en 1924, le président Herriot voulut instaurer dans une Alsace-Lorraine qui vivait sous le régime du Concordat et des lois Falloux, la loi de séparation des Églises et de l'État. La réaction de la population fut telle que le gouvernement dut faire marche arrière. Mais le mal était fait et ce fut la cause directe de l'éclosion du courant autonomiste alsacien.

Entre 1925 et 1928, l'Alsace entra en effervescence avec d'une part une petite minorité de séparatistes, très actifs, et une grande partie de la population sensible aux thèses autonomistes ou régionalistes. De nombreux incidents opposèrent les plus virulents au pouvoir central. C'est ainsi, par exemple, que le conseil municipal de Haguenau fut dissous par le président Poincaré pour menées autonomistes, puis réélu triomphalement par la population. En 1928, le pouvoir frappa un grand coup en faisant traduire devant la cour d'assises de Colmar les principales personnalités autonomistes pour atteinte à la sûreté de l'État. Cinq d'entre elles furent condamnées, puis relaxées sous la pression de la population. En 1929, ce fut un communiste autonomiste qui fut élu maire de Strasbourg par une population qui était tout sauf communiste…

Tout cela créa un climat très bizarre : une petite minorité de séparatistes germanophiles vit dans l'avènement de Hitler, en 1933, l'occasion de prendre une revanche sur le pouvoir français. Mais la très grande majorité des autonomistes et *a fortiori* de la population resta opposée aux thèses nazies. Se mêlaient ainsi un attachement sentimental à la France et une haine contre la politique française menée en Alsace. On peut là encore parler de schizophrénie en reprenant la fameuse chanson du *Hans im Schnokeloch* : « Ce qu'il a il n'en veut pas, Ce qu'il veut il ne l'a pas, Ce qu'il dit il ne le pense pas, Ce qu'il pense il ne le dit pas… » C'est aussi dans ce contexte qu'on peut citer Frédéric Hoffet qui écrit dans sa *Psychanalyse de l'Alsace* : « Mais vous savez bien qu'en Alsace le contraire est toujours vrai[4] ! »

Les Alsaciens sont donc en pleine crise existentielle : en 1870 ils ont perdu la composante française de leur identité ; ils la retrouvent en 1918, mais en même temps ils se sentent victime d'une politique « colonisatrice » qui entraîne *a contrario* une prise de conscience aiguë de leur particularisme. C'est donc dans ce contexte que la Seconde Guerre mondiale se déclencha.

L'Alsace des générations actuelles

Avec ce conflit nous arrivons à des générations encore en vie de nos jours et qui participent donc à l'état actuel de l'Alsace. Les indices de schizophrénie pointés plus haut à travers l'histoire auraient pu conduire vers une identité biculturelle, assumée, enrichissante, vers un bilinguisme positif, une tradition d'ouverture à l'autre, une terre d'accueil... Or cette histoire a mené à un certain nombre de postures et au séisme des votes frontistes récurrents dans une Alsace jusqu'alors « politiquement correcte » où les électeurs se partageaient entre un vote majoritaire de centre droit et un vote minoritaire de centre gauche.

Une analyse purement politique de l'évolution de l'électorat alsacien serait tout à fait insuffisante. Je partage assez l'avis de Pierre Klein dans son livre *L'Alsace inachevée*[5] lorsqu'il place en l'an 1940 le déclenchement pathologique de ce que j'appelle une « identité schizophrénique ». L'Allemagne avait reconquis l'Alsace, ce qui aurait pu n'être qu'un nouveau retour du balancier, mais l'Allemagne n'était plus seulement l'Allemagne, c'était l'Allemagne nazie, l'Allemagne du « mal ». Et ce « mal » allait fasciner les Alsaciens, tant ceux qui s'y opposèrent que ceux, certes très minoritaires, qui y adhérèrent. Le rejet du nazisme par la très grande majorité des Alsaciens reposait au moins autant sur les agissements des nazis que sur l'idéologie elle-même.

Ces agissements, surtout à partir des années 1940, provoquèrent un sentiment de honte, de culpabilité d'être là, à subir. Deux traumatismes les exaspérèrent : en premier lieu, la déportation d'une partie de la population (400 000 personnes) dans le sud-ouest de la France. Une première moitié de « volontaires » fuit les nazis, l'autre moitié quelques mois plus tard fut expédiée par les autorités allemandes parce que soupçonnée de francophilie ou de simple réticence au régime nazi. En second lieu, l'incorporation des jeunes dans les Jeunesses hitlériennes, des moins jeunes dans le *Reicharbeitsdienst* (sorte de STO, lié à l'industrie de guerre) et dans la *Wehrmacht*. Par ailleurs, les enseignants furent expédiés en stage en Allemagne pour être germanisés. En 1942, le *Gauleiter* Wagner incorpora 135 000 Alsaciens dans la *Wehrmacht*, les fameux « Malgré nous ». La plupart furent envoyés sur le front russe. Près de 40 000 y moururent, 20 000 furent blessés. Ceux faits prisonniers par les Russes furent expédiés en Sibérie.

L'usage de la langue française et le port du béret furent interdits, les noms de famille, de rues et de communes à consonance trop française furent germanisés. Le *Hochdeutsch* devint la langue officielle. Dès 1941, mais surtout en 1942, les récalcitrants étaient déportés dans le camp d'internement de Schirmeck, puis dans des camps de concentration, dont celui du Struthof où des milliers d'entre eux mourront. Parmi eux, des vrais résistants, mais aussi des autonomistes, des juifs, des tziganes et de simples victimes de délations malveillantes. Tout cela provoqua un très grand sentiment antinazi, mais aussi antigermanique. Ce rejet, très fort, tout à fait singulier dans l'histoire alsacienne, fut le véritable déclencheur du comportement des générations actuelles. Selon des sources nazies, 95 % de la population étaient antinazie, même si tous n'étaient pas franchement francophiles. Mais ne nous voilons pas la face : une petite minorité d'Alsaciens furent de véritables nazis tant au plan idéologique que dans l'action politique quotidienne, sans parler des incontournables opportunistes.

La résistance s'organisa, une résistance articulée sur la résistance française, mais aussi sur la résistance antinazie allemande. En 1944 l'Alsace était libérée par les troupes alliées, mais surtout, symbolique et politique obligent, par l'armée française commandée par le général de Lattre et la 2e DB conduite par le général Leclerc, malgré une dernière contre-offensive allemande en 1945.

La Libération, en 1944, et la fin de la guerre, en 1945, n'allaient pas guérir les plaies laissées par l'occupation nazie, loin de là. L'épuration non seulement ratissera large, mais impliquera, à côté des autorités françaises, bon nombre d'Alsaciens, membres des FFI (Forces françaises de l'intérieur). Des collaborateurs, mais aussi des innocents, voire de vrais résistants, furent envoyés au camp de concentration du Struthof qui fonctionnera aux mains des autorités françaises jusqu'en 1948, avec des méthodes dignes des prédécesseurs nazis. Cette épuration, vécue comme un traumatisme, exaspérera le sentiment de culpabilité des Alsaciens vis-à-vis du nazisme et plus généralement de l'Allemagne.

Dans un premier temps, lorsque les soubresauts de l'épuration se calmèrent, l'Alsace plongea dans une grande torpeur. La France devint la seule référence et l'identité alsacienne se transforma en une identité négative, une identité du refus, refoulée comme suspecte de germanophilie. Beaucoup d'Alsaciens cultivèrent alors un véritable culte patriotique dédié à la France. Le conformisme politique qui s'installa est souvent interprété comme l'assentiment à un conservatisme de bon aloi, mais peut aussi se comprendre comme une forme de déni d'une identité sociale et politique. Dans l'inconscient collectif s'installa l'image d'une « Allemagne du mal » qui entraînera le refoulement de la composante allemande de l'identité alsacienne. Le silence, à cette époque, de l'élite alsacienne (intellectuels, hommes politiques, universitaires, hommes d'Église...) est assourdissant. C'est à ce propos que Frédéric Hoffet parlera de la « pitoyable lâcheté alsacienne ». On peut rapprocher ces mots d'une très récente déclaration de Günther Grass: « Comme beaucoup de ma génération, je suis sorti de l'époque nazie dans une sorte d'abrutissement. [...] C'est impossible à comprendre aujourd'hui[6] ! »

S'installe aussi à cette époque une attitude qui perdure encore de nos jours: l'incapacité des Alsaciens d'entendre dire du mal d'eux et d'accepter toute critique. Ils veulent plaire, ils ont besoin d'être reconnus, aimés, ils « surjouent » dans des attitudes de patriotisme, dans le culte du travail bien fait, dans le conformisme social, dans la propreté des villages... Comme s'il fallait conjurer une culpabilité refoulée...

C'est dans ce contexte qu'à partir de 1951, et jusqu'en 1955, reviennent de Sibérie, oubliés de tous, souvent considérés comme morts, les « Malgré nous », prisonniers des Russes. De Gaulle, qui connaissait la situation, les avait abandonnés à leur sort pour ne pas indisposer Staline. C'est aussi en 1953 que tombent les condamnations des treize « Malgré nous » alsaciens au procès d'Oradour-sur-Glane: une condamnation à mort pour un volontaire, des peines de travaux forcés pour les autres. L'émotion en Alsace est à son comble et, dans une région peu sujette aux manifestations de rue, des rassemblements monstres ont lieu dans toutes les villes. C'est le signal fort que, derrière cette torpeur, ce conformisme, ce patriotisme français très volontariste, sommeillait toujours une « alsacianitude » d'autant plus forte qu'elle était inconsciemment refoulée depuis la fin de la guerre, et d'autant plus sensible qu'elle jouait sur l'articulation Alsace / nazisme.

Le gouvernement français ne s'y trompe pas et, tout en votant dans l'urgence, moins de huit jours après les condamnations, une amnistie des condamnés alsaciens pour parer au plus pressé et rétablir le calme, il instaure une politique de francisation très volontariste. L'usage du dialecte est interdit à l'école alors même que, à cette époque, la grande majorité des enfants entrant à l'école ne parle pas un mot de français ! De nombreux fonctionnaires, postiers, policiers, enseignants, employés de banque, sont recrutés à « l'intérieur » et ignorent donc tout du dialecte qui est la langue vernaculaire et, pour beaucoup, la seule langue maîtrisée avec l'allemand. Le slogan « C'est chic de parler français » apparaît sur les murs. La presse, souvent encore éditée en allemand, doit au minimum devenir bilingue, voire entièrement française.

Il était évident à la fois pour les Alsaciens et pour les pouvoirs publics que l'usage du dialecte est un marqueur essentiel de l'identité alsacienne et que le signe le plus simple de l'identité française, du jacobinisme français, était de ne parler *que* le français. Or les Alsaciens voulaient bien apprendre le français comme langue officielle, administrative, un peu à l'instar du *Hochdeutsch* allemand, mais non se le voir imposé comme langue vernaculaire. À partir de là renaîtra une crispation régionaliste et des soubresauts autonomistes.

Les autorités, et aussi les Alsaciens les plus patriotes, continueront d'entretenir l'amalgame entre autonomistes et germanophiles en culpabilisant la population. Cette attitude contenait en son germe l'un des facteurs du futur succès du vote Front national qui saura récupérer en partie la réaction à cette tentative de culpabilisation.

Dans ce contexte, les événements de mai 1968 eurent une coloration particulière en Alsace. Beaucoup plus que l'aspect politico-syndical, ce fut la composante régionaliste qui fut à l'avant-garde. Le courant autonomiste, présent de façon souterraine et inorganisée, réapparaît alors de façon explicite par la mise en place du mouvement « Alsace d'abord ».

La situation religieuse joue un rôle sans doute majeur dans l'apparition de cette crispation schizophrénique. La pratique religieuse, qu'elle soit catholique, protestante ou juive, était très forte et, toute proportion gardée, le reste encore. Jusqu'à une période récente, elle était à la base de la structuration sociale dans une région où la laïcité était plus un concept qu'une réalité. Dans les zones rurales, les villages sont très souvent soit entièrement catholiques, soit entièrement protestants. Et lorsque les deux communautés sont présentes simultanément, chacune affirme nettement son identité. Même dans les bourgs et dans les villes, l'appartenance religieuse est un marqueur social important, au-delà d'une pratique qui peut très bien, par ailleurs, se réduire aux grands moments (mariage, enterrement, baptême, confirmation ou première communion...).

Néanmoins, catholiques et protestants ne sont pas à mettre à la même enseigne. Les villages et les communautés catholiques sont fortement solidaires de leur institution religieuse, et cette intégration institutionnelle les rend moins sensibles aux dérives identitaires, aux états d'âme schizophréniques. Les catholiques sont fidèles, politiquement et socialement, aux valeurs d'une droite modérée et leur vote est caractéristique : il ne s'agit pas d'un vote catholique, mais d'un vote pour des valeurs sociales représentées par cette droite modérée. Simone Veil, juive, Daniel Hoeffel, non seulement protestant mais frère d'un haut dignitaire protestant, sont de classiques bénéficiaires du vote catholique. Il ne s'agit pas non plus d'un vote purement politique : Théo Braun, syndicaliste chrétien, Catherine Trautmann, ancien maire de Strasbourg, tous deux ministres dans des gouvernements socialistes, sont aussi les bénéficiaires du vote catholique.

Plus erratique, le comportement des protestants – 20 % de la population alsacienne, contre 5 % dans l'ensemble de la France – est aussi beaucoup plus intéressant par rapport à notre problématique. Une image convenue des protestants consiste à les situer plutôt du côté d'une gauche modérée, de les voir fortement présents dans la bourgeoisie intellectuelle et dirigeante (en particulier à Strasbourg), de leur prêter sur les questions de société ou d'éthique une attitude plus ouverte que les catholiques, etc. Cette image est restée pertinente jusque dans les années 1980, même si, dès cette époque, existait sans doute un protestantisme silencieux beaucoup plus réactionnaire. Enfin les minorités extérieures anciennes (italienne, espagnole, portugaise, mineurs polonais en Lorraine) sont toutes catholiques, donnant à cette dernière communauté une teinture pluriethnique que l'on ne retrouve pas chez les protestants. Ne parlons pas de l'arrivée de migrants plus récents qui ne sont pas chrétiens! On touche là une autre caractéristique de l'Alsacien : la peur, le rejet de l'Autre, du non-Alsacien, une forme refoulée, « politiquement correcte », de xénophobie. Et il est vrai qu'en cela les protestants sont globalement plus « puristes » que les catholiques.

Le « survote » de l'Alsace pour le FN sera le véritable révélateur de ce mal-être collectif, dans une région qui, rappelons-le, est économiquement riche, moins touchée par le chômage que bien d'autres régions, socialement peu portée aux luttes syndicales ou revendicatives, jusque-là politiquement ancrée dans un centrisme de bon aloi. Les premiers signes d'une crise passent relativement inaperçus : la résurgence du courant autonomiste dans la foulée de mai 1968, l'émergence d'un vote Front national déjà plus important que la moyenne nationale aux élections européennes de 1984 (+2 %) et aux législatives de 1986 (+4 %). Mais ne faisons pas d'amalgame entre ces deux données. L'excellente étude de Bernard Schwengler [7] montre que les électeurs proches de la mouvance autonomiste n'ont pas significativement plus voté FN que le reste de la population.

Le séisme se produit à la présidentielle de 1988, avec 22 % de votes FN et les répliques sont nombreuses, montrant par là qu'il ne s'agit pas d'un épiphénomène regrettable, mais d'une véritable tendance de fond : à la présidentielle de 1995, la barre des 25 % est passée (10 points de plus que la moyenne nationale). Aux élections suivantes, les scores sont à plus de 20 %. Les 23 % obtenus par Le Pen à la présidentielle de 2002 n'ont pas peu contribué à le pousser au second tour où, alors que son score national progressera, il ne recueille plus « que » 21 % en Alsace !

Les explications de ce survote FN sont nombreuses et Bernard Schwengler en a fait une étude très exhaustive. Il y a évidemment en Alsace les mêmes causes d'un vote FN basique qu'ailleurs : vote protestataire, vote extrémiste de milieux défavorisés ou peu reconnus socialement, vote des banlieues des grandes villes, etc. Mais pourquoi ce « plus alsacien » ? Une partie de la réponse tient dans cette nouvelle errance des protestants. Les plus gros scores se trouvent le plus souvent dans les cantons protestants et ruraux du nord de l'Alsace. Cantons certes ruraux, mais d'une ruralité assez riche ! Il suffit de traverser les villages de cette région pour voir des fermes cossues, fleuries, où le niveau de vie n'a rien à envier aux régions viticoles (et pour l'essentiel catholiques) du Haut-Rhin. Il faut d'ailleurs aussi signaler dans ces villages protestants un nombre tout à fait significatif de votes à gauche ou écologistes, ce qui est rassurant mais renforce aussi cette impression d'errance. Bernard Schwengler va jusqu'à conclure que, finalement, le vote FN est davantage le signe d'une errance, d'un mal-être politique, que le signe d'une attirance vers l'extrême droite. Le même auteur souligne que le vote FN est étroitement lié à la pratique du dialecte ; et donc, si ce vote n'est pas uniquement un vote autonomiste, il traduit quand même quelque chose du côté de l'« alsacianitude ». Dans les communes francophones des hautes vallées des Vosges, pourtant durement touchées par la crise économique, on n'a pas noté de véritable survote FN.

Les entretiens que Bernard Schwengler a conduits auprès d'électeurs du FN sont eux aussi révélateurs. Il en ressort l'image d'un Alsacien travailleur, honnête, sérieux, opposé à un Français de l'« intérieur » qui n'est pas globalement porteur de ces qualités ; un Alsacien qui travaillait déjà pour les Marseillais et les Corses et qui, désormais, doit même entretenir des Turcs et des Africains ! Amour de l'ordre, de la propreté extérieure, « comme en Allemagne », « comme en Suisse ». D'ailleurs « lorsqu'on se dirige vers Lunéville, Nancy, on voit bien qu'on sort de l'Alsace : tout est délabré, à l'abandon, sale… L'Alsacien doit travailler, s'écraser, payer pour les autres ».

Toutes ces réactions primaires sont à l'évidence le signe d'une frustration et d'une culpabilité rentrée, d'autant que les courants politiques franchement régionalistes qui pourraient en partie canaliser ces discours sont absents de la scène politique.

Il faut d'ailleurs noter qu'il y a une certaine honte à assumer ce vote FN, surtout au vu des réactions qu'il a suscitées. Et on voit bon nombre d'Alsaciens, y compris parmi ceux qui ont voté FN, critiquer les positions du même FN et en particulier son nationalisme ! C'est dans cette perspective qu'il faut aussi analyser le très profond élan pro-européen de l'Alsace. Le choix de Strasbourg comme capitale de l'Europe et la présence d'institutions prestigieuses comme la Cour européenne des droits de l'homme ont redonné de façon symbolique une certaine fierté à l'Alsace. Il y a dans l'idée européenne une thérapie vis-à-vis des problèmes que nous venons d'évoquer, comme si les Alsaciens trouvaient dans le contexte européen, et en particulier dans l'axe franco-allemand, une « nouvelle légitimité ».

Mais l'Europe est aussi une occasion de redonner corps à l'idée *rhénane*. Le rapprochement avec le Bade-Wurtemberg, le Palatinat, la Suisse alémanique, voire le duché du Luxembourg est un phénomène perçu comme très positif, sans doute plus que le projet de création d'une seule région Alsace-Lorraine « où Nancy dicterait sa loi ».

Un dernier mot sur l'usage actuel du dialecte, marqueur essentiel de l'« alsacianitude ». De nos jours, plus de 60 % de la population parle encore l'alsacien, souvent mâtiné d'expressions françaises. Cette survie du dialecte comme langue vernaculaire est évidemment plus forte à la campagne qu'en ville. Mais avec la disparition des générations les plus anciennes, parmi lesquelles bon nombre de personnes maîtrisaient peu ou pas du tout le français, la tendance est à une baisse d'autant plus rapide que les jeunes générations pensent souvent rendre service à leurs enfants en les élevant dans la langue française. Un autre fait récent qui risque de marquer fortement le paysage est l'arrivée massive d'immigrants tant d'Afrique que de Turquie et des pays de l'Europe de l'Est (en particulier de l'ancienne Allemagne de l'Est) alors que, jusque vers les années 2000, l'Alsace n'était pas du tout une région de forte immigration.

Conclusion

Cette description n'est évidemment pas un miroir fidèle et objectif de l'Alsace, tel qu'un historien ou un sociologue se devrait de le faire, mais plutôt une approche partielle et partiale ayant pour objectif d'éclairer une face cachée, un peu honteuse, d'une Alsace qui a du mal à se situer, à assumer pleinement son passé historique douloureux et agité, qui se sent souvent « victime », « exploitée », tout en étant économiquement et socialement plutôt favorisée. On pourra aussi me reprocher d'avoir pris parfois le contre-pied d'une certaine histoire de France « officielle », où l'Alsace est tout entière francophile, écrasée sous la botte prussienne, puis par le nazisme. Mais je crois, en ces temps de soubresauts nationalistes qui agitent un certain nombre de pays européens, qu'il y a là un exemple assez révélateur de la façon dont peuvent subitement surgir à l'air libre des comportements collectifs « rentrés », même dans un contexte économique favorable et derrière des dehors apaisés et consensuels.

Notes

1 Par Alsace-Lorraine, nous désignerons l'ensemble formé par l'Alsace et la Lorraine germanophone.

2 Cités in A. Chalamet, *Jean Felber, histoire d'une famille alsacienne*, A. Picard et Kaan, 1894.

3 Charles Bigot, *Le Petit Français*, E. Weill et G. Maurice, 1884.

4 Frédéric Hoffet, *Psychanalyse de l'Alsace*, 1951, réédité chez Alsatia Poche en 1978.

5 Pierre Klein, *L'Alsace inachevée*, Jérôme de Bentzinger éditeur, 2004.

6 Cité dans *Le Monde* du 17 août 2006.

7 Bernard Schwengler, *Le vote Front national. L'Alsace : un cas particulier?*, Oberlin, 2003.

Diversité des mœurs en France : passé régional et présent urbain

Hervé Le Bras

En France, la diversité des mœurs, au sens très général de comportements sociaux et d'opinions politiques, peut être envisagée de deux points de vue, selon qu'on la saisit sur de grandes aires ou à une échelle locale. Dans le premier cas, des régions historiques s'opposeront entre elles, dans le second, les lignes de partage s'établiront en fonction de la distance aux grandes villes. En adoptant le premier point de vue, on montrera que, jusqu'à aujourd'hui, les différences régionales ont obéi à une logique anthropologique qui a maintenu l'unité du territoire. En passant au second point de vue, on verra que les grandes villes, qui se sont toujours démarquées des campagnes par leur activité économique, tendent, depuis quelques décennies, à différencier les comportements sociaux et politiques dans des couronnes concentriques tracées à partir de leur centre.

Cette évolution ou substitution de modèle est compréhensible, car l'anthropologie opère sur un territoire relativement homogène, caractérisant des régions traditionnelles et rurales tandis l'activité de commandement économique des agglomérations urbaines sur tout l'espace et la fin de la coupure entre ville et campagne sont plus récentes.

Les trois composantes anthropologiques des mœurs françaises

L'anthropologie fait référence à des attitudes immémoriales, présentes à un degré ou un autre dans toute société humaine. Elles s'observent plus facilement dans des sociétés où la division du travail est peu développée. L'anthropologue américain Marshall Sahlins a bien caractérisé les types de relations humaines à l'intérieur de telles sociétés dans son *Economics of Stone Age*. En étudiant les tribus de la Nouvelle-Guinée, il a distingué trois niveaux d'échanges humains : celui de la famille, du voisinage et du groupe large. Au sein de la famille, les échanges sont déséquilibrés et irréguliers : on ne donne pas en proportion de ce que l'on reçoit et on ne donne pas en même temps que l'on reçoit. Avec le voisinage, les dons et les contre-dons ont la même valeur mais ils ne sont pas effectués simultanément. Dans le groupe large, les échanges se plient en revanche à la double contrainte de la valeur et du temps : ils sont effectués sur-le-champ et portent sur des objets ou prestations de même valeur. Au-delà du groupe large, il n'existe plus aucune règle, ce qui conduit aussi bien à l'hospitalité qu'à la rapine.

Peu importe que ce soient les trois structures de la famille, du voisinage et du groupe large qui définissent le type d'échange ou, inversement, le type d'échange qui serve à caractériser les trois structures; c'est leur existence en tant qu'entités séparées qui compte en tant que niveau d'agrégation de l'activité sociale. La forme ou structure de la famille, celle de l'habitat ou du peuplement et celle du groupe plus large qui les englobe, sont chacune susceptible de plusieurs modalités. Un système anthropologique est défini par la combinaison d'une modalité particulière de chaque niveau. La famille nucléaire au niveau de la famille, l'habitat en villages compacts à celui du voisinage et l'organisation de la tribu en clans à celui du groupe large, par exemple. Un système des mœurs est une entité plus large caractérisée par la coexistence sur un large espace, en général national, de plusieurs modalités de chaque niveau, chacune avec une répartition géographique différente. Autant de systèmes anthropologiques existent alors que de combinaisons possibles des modalités de chaque niveau. Si, par exemple, chaque niveau a deux modalités, il existera huit systèmes différents. L'existence des huit systèmes facilite l'homogénéité du système global qui ne peut pas aisément se scinder en deux. Si, au contraire, la répartition spatiale des modalités de chaque niveau était identique, il n'y aurait, sur tout le territoire, que deux systèmes anthropologiques dont les modalités seraient différentes à chaque niveau, ce qui encouragerait facilement à une séparation (pensons à l'exemple de la Flandre et de la Wallonie). La complexité du système anthropologique est donc une garantie assez forte de sa stabilité.

Dans le cas de la France, où deux modalités au moins existent à chaque niveau, la diversité assure la cohésion du pays. L'existence de huit systèmes, donc une grande hétérogénéité, garantit l'existence du système global de la nation. Pour caractériser la diversité d'un niveau donné, on le désignera désormais comme « composante des mœurs ».

Comment différentes modalités d'organisation apparaissent-elles sur un territoire ? Une rupture de symétrie se produit à l'occasion d'un choc majeur. Une ligne de fracture sépare alors le territoire en deux parties, chacune siège d'une modalité différente de l'un des niveaux. On peut aussi décrire le choc par une bifurcation à l'intérieur d'un niveau donné. Là où, jusqu'alors, le niveau était organisé de la même manière sur tout le territoire, existent désormais deux modalités distinctes couvrant chacune une zone bien définie. Robert Fox place à l'époque de la Renaissance la coupure entre une France maritime, frontalière, libérale, et une France intérieure et étatique. Marc Bloch fait remonter au Néolithique la différence entre pays d'habitat aggloméré (*open field* par exemple) et pays d'habitat dispersé (enclos ou bocage). En Angleterre, la coupure, beaucoup plus récente, remonte à la campagne des *enclosures*, du XVIe au début du XVIIe siècle.

La troisième composante

Au lieu de suivre l'ordre des niveaux, on commence ici par le plus élevé, celui du groupe large ou de la tribu au sens de Sahlins, car la rupture qui l'a transformé en composante des mœurs est facile à trouver. C'est la Révolution française. En 1791, la France se coupe littéralement en deux sur la question religieuse. Une partie du clergé français prête serment à la Constitution civile du clergé imposée par l'Assemblée, et l'autre refuse de le faire, ce qui lui interdit l'exercice du culte. D'un côté les curés jureurs, de l'autre les réfractaires. La carte des régions « jureuses » et « réfractaires » est particulièrement nette (figure 1 gauche). Tout l'Ouest, l'Alsace et la Lorraine, le sud du Massif central, le Lyonnais, le Dauphiné, le pays Basque refusent le serment souvent à plus des deux tiers. Inversement, les autres régions prêtent le serment, parfois aux trois quarts. Une fois instituée, la coupure se perpétue. On la retrouve presque exactement deux siècles plus tard, lors des enquêtes de pratique religieuse des années 1960: ce sont dans les régions « jureuses » que l'on compte le moins de « messalisants », ces fidèles assistant chaque semaine à l'office dominical, et dans les régions « réfractaires » qu'ils sont les plus nombreux (figure 1 droite).

Il serait erroné d'interpréter la coupure en termes de religion. Elle porte sur la soumission au pouvoir central, sur le jacobinisme. Les régions réfractaires ne sont pas le lieu d'une foi plus intense que les autres, mais d'une autonomie plus grande sous l'Ancien Régime: parlements

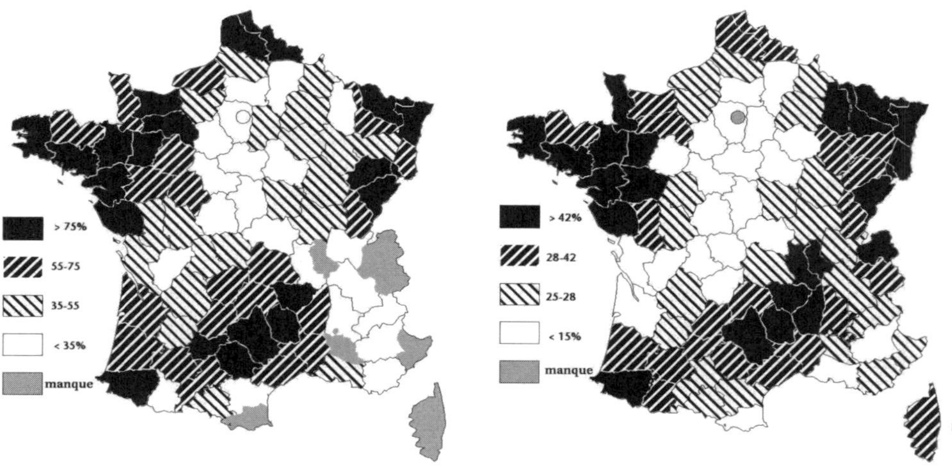

% curés réfractaires en 1791 **% de messalisants vers 1960**

Figure 1 :
À gauche : répartition des refus de voter la Constitution civile du clergé en 1791 (réfractaires). À droite : proportion de la population adulte assistant à l'office dominical catholique (messalisants) vers 1960

provinciaux votant les impôts et assurant des services publics, droits particuliers des régions récemment annexées au Nord et à l'Est, ces provinces « réputées étrangères » ou « étrangères » tout court comme l'Alsace et la Lorraine, encore liées au Saint-Empire. Désormais, deux France vont coexister et marquer leur différence dans une grande variété de domaines, certains liés à la religion (âge plus tardif au mariage, célibat plus élevé des femmes, plus faible proportion de naissances hors mariage puis de familles monoparentales) ou plus largement au sentiment d'autonomie (plus fort engagement dans les services sociaux, plus forte fréquentation de l'école libre et des filières techniques). Progressivement, cette différence trouve son expression politique, d'abord avec le vote Cavaignac de 1848, puis quand la lutte entre l'Église et l'État se développe sous la IIIe République.

À partir des années 1930, la droite occupe presque exactement le territoire des réfractaires et elle en reste proche encore aujourd'hui. Il serait inexact de confondre droite et pratique religieuse. Ce sont deux manifestations historiquement construites de la profonde réorganisation de l'autorité centrale à la Révolution et de ses suites. Une fois apparu, le clivage se maintient à travers ses conséquences de plus en plus lointaines et ne finit plus par exister que comme clivage, vidé de son contenu initial, mais empli de tous ses contenus secondaires, tertiaires et ultérieurs. Parfois même, son intention initiale est inversée, comme dans l'élection de Giscard d'Estaing à la présidence de la République en 1974 : les régions catholiques, issues de la revendication d'autonomie par rapport à l'État central, lui assurent la victoire malgré un programme le plus centralisateur de toute la Ve République.

Revenons aux cartes pour conclure sur cette composante des mœurs : leur extrême ressemblance à deux siècles de distance, malgré les changements survenus en France et le brassage de population, indique la persistance non pas du traumatisme initial, mais de la rupture de symétrie qu'il a opéré et de la divergence ultérieure des mœurs.

La deuxième composante

Le deuxième niveau, celui du voisinage, fournit au système français des mœurs sa deuxième composante. La rupture de symétrie qui est à l'origine de sa bifurcation est vraisemblablement plus récente que ne l'imaginait Marc Bloch. Les découvertes archéologiques postérieures à son travail ont montré une Gaule romaine couverte de grandes fermes auxquelles étaient accolés des hameaux de travailleurs, donc un habitat dispersé. Le regroupement des habitants en villages compacts semble être intervenu durant la période de troubles et d'insécurité du haut Moyen Âge et avoir été facilité par les transformations des manses et de la répartition des droits sur le sol. Dans une moitié de la France, la population est restée dispersée en fermes isolées, comme elle l'est actuellement encore dans le bocage de l'Ouest, en Vendée ou dans le Poitou. Dans l'autre moitié, au nord d'une ligne Le Havre-Genève et sur les rives de la Méditerranée, la population s'est groupée en villages : petits et allongés en Picardie, petits et compacts en Lorraine, plus importants et compacts au Sud. Cette différence d'habitat s'est doublée d'une différence dans la gestion commune des terres agricoles. Aux pays d'habitat aggloméré correspondent les champs ouverts au Nord et à l'Est et les grandes parcelles fermées au Sud, tandis qu'en pays d'habitat dispersé, le bocage domine avec ses petits champs séparés par des haies vives.

La figure 2 gauche montre l'une des plus anciennes répartitions connues de la proportion de population agglomérée, celle que livre le recensement de 1872. La netteté de la fracture entre les deux modalités du voisinage est remarquable. Dans deux départements de population assez semblables, l'Ille-et-Vilaine, avec une grande ville, Rennes, et la Marne avec Reims, les proportions de population agglomérée sont, à cette époque, respectivement de 95 % et de 25 %. La seconde carte (figure 2 droite) représente aussi la proportion de population agglomérée, mais en 1980, plus d'un siècle après la première carte. La frontière entre les deux régimes de voisinage est restée inchangée malgré l'énorme croissance urbaine et la non moins intense diminution de la population rurale. Une

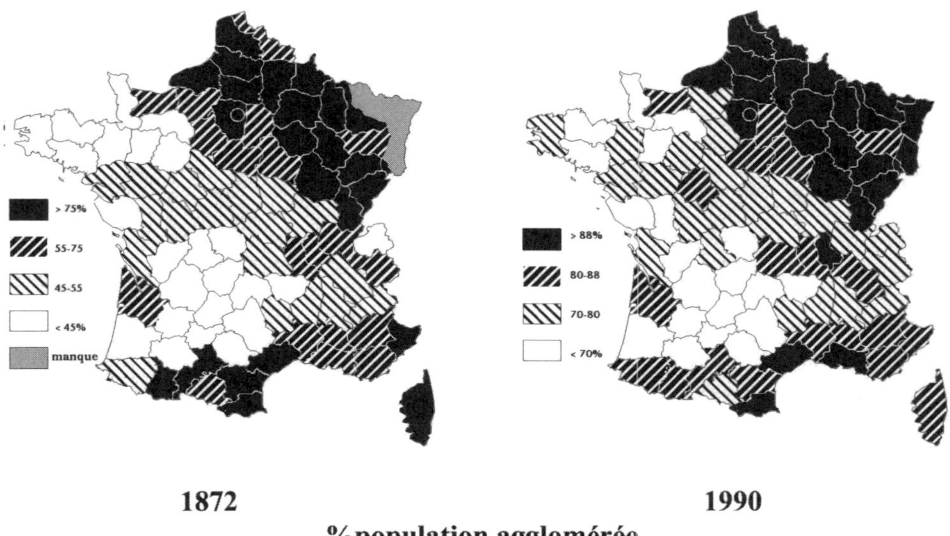

Figure 2 :
Proportion de population agglomérée au chef lieu de la commune
à gauche : au recensement de 1872
à droite : au recensement de 1990

carte plus fine montrerait avec plus de précision encore le tranchant de la coupure qui passe à l'ouest de la plaine de Caen, suit le cours de l'Eure, puis rejoint celui de la Loire et ensuite la vallée de la Saône.

Marc Bloch a fort justement insisté sur la différence sociale qu'entraînait la différence d'habitat, ou plus exactement, la différence de sociabilité. Dans les villages du Nord-Est, on vit avec ses voisins, avec les conflits de mitoyenneté, avec l'organisation commune des travaux agricoles. Les coutumes ont alors tendance à ériger des protections et des barrières entre les ménages et la communauté villageoise, à leur garantir une autonomie minimale. Au contraire, dans les bocages du Centre et de l'Ouest, le problème est d'éviter l'isolement, de rassembler les habitants dispersés. Les cérémonies, les mariages, les enterrements, les moissons et maintes autres circonstances sont ainsi mises à profit pour créer des contacts sociaux. Paradoxalement, les régions d'habitat dispersé sont plus communautaires et celles d'habitat groupé, plus individualistes. Ces deux tendances opposées ont eu, au fil des siècles, de nombreuses conséquences sur les mœurs. Par exemple, depuis un siècle et demi, la zone de population agglomérée a reçu l'immigration étrangère, la violence envers les personnes y est toujours plus élevée (d'où le vieil adage des criminologues selon lequel l'agglomération de population est criminogène), la fréquence de l'activité économique reconnue des femmes plus faible, tant au recensement de 1896 qu'aujourd'hui (dans un habitat isolé, l'homme impose moins facilement sa domination que lorsque, en groupe, il agit pour maintenir les femmes au foyer).

Au plan politique, la deuxième composante a trouvé une expression presque parfaite avec le Front national dont les zones de force sont toutes situées en région de population agglomérée. Comme dans le cas de la relation entre droite et religion catholique, il ne faut pas y voir une conséquence directe de l'agglomération de population, mais l'expression de toutes les conséquences successives depuis mille ans de la coupure des structures de voisinage en deux modalités. On insiste souvent sur le rapport entre la géographie des votes pour le FN et celle de la criminalité et de la présence étrangère, mais cela n'est pas vérifié au niveau communal où de petites communes sans habitant étranger ni criminalité votent massivement pour Le Pen. En revanche, d'autres conséquences lointaines de l'habitat aggloméré sont en cause : la stratification sociale plus développée dans l'habitat aggloméré, ce qui nourrit l'aspiration à la mobilité que contrecarre la crise, la perte de contact avec le voisinage du fait de l'éloignement des lieux de travail, de loisir et de chalandise.

La première composante

La dernière pièce du puzzle anthropologique est constituée par la famille. Il serait plus exact de parler de « ménage » car la famille est un terme assez vague qui mélange des personnes très proches à d'autres beaucoup plus lointaines, parfois même jamais rencontrées. Le ménage, au contraire, est formé par l'ensemble des personnes qui partagent le toit et le couvert, celles qui habitent un même logement dans la définition de la statistique française. Or il existe des différences importantes de structure entre des ménages simples, composés d'un couple avec ou sans enfants ou d'un parent et de ses enfants – on parle de famille « nucléaire » – et des ménages complexes où d'autres membres de la famille coexistent avec un noyau familial, soit isolément (« ménage étendu ») soit, eux aussi, en noyau familial (« ménage multiple »). Cette différence formelle recoupe une différence dans le cycle de vie des ménages: quand ils se marient, soit les enfants quittent le foyer parental, soit le couple de l'enfant qui héritera du logement ou de l'exploitation familiale demeure vivre avec ses parents. Dans le second cas, on parle de « famille souche ». Ces deux modes coexistent en France depuis le milieu du Moyen Âge. Il semble que le haut Moyen Âge connaissait le ménage nucléaire et que la famille souche se soit répandue au sud de la France après la grande peste en raison du manque de main-d'œuvre qui a poussé les familles à retenir leurs enfants. Cela était possible car le Sud était de droit écrit ou romain qui penchait le plus souvent en faveur de l'héritage inégalitaire (désignation d'un héritier préférentiel) alors que le Nord, de droit coutumier ou oral, pratiquait l'héritage égalitaire.

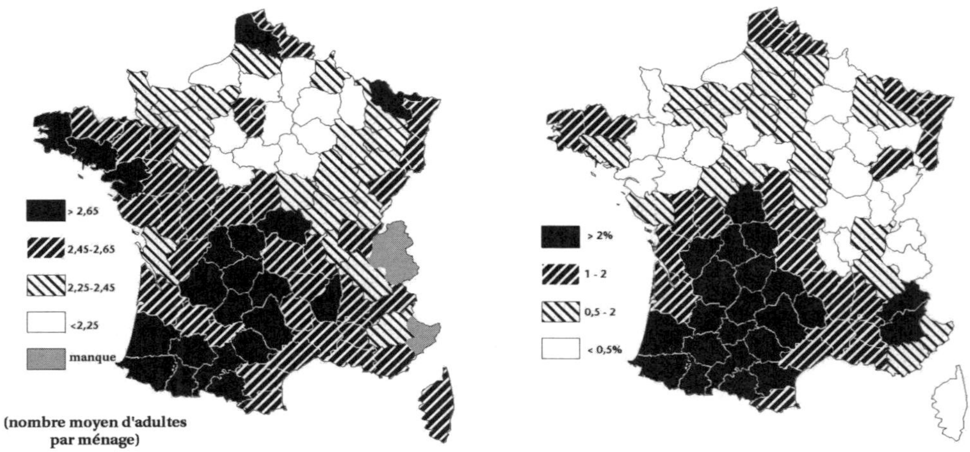

1856 **1982**

% de ménages complexes

Figure 3 :
Ménages complexes : proportion de ménages comptant plus de 2 adultes de plus de 25 ans
à gauche : au recensement de 1856
à droite : au recensement de 1982

On peut vérifier le résultat de cette coupure dès le milieu du XIXe siècle où le recensement de 1856 est le premier à permettre de séparer les ménages nucléaires des autres. On voit sur la figure 3 gauche que la différence entre un Sud-Ouest propice à la famille souche et un Nord-Est dominé par le ménage nucléaire apparaît avec netteté. Elle subsiste encore dans les résultats du recensement en 1982 cartographiés sur la figure 3 droite, bien que la proportion de familles souches soit partout devenue faible. On remarque, à nouveau, la similitude des cartes à plus d'un siècle de distance. Des détails comme la présence résiduelle de la famille souche en Bretagne, en Flandres et en Alsace se remarquent sur les deux cartes. Cette première composante, comme les deux autres, a eu des conséquences dont on trouve des traces nombreuses. Les plus importantes tiennent au fonctionnement de l'héritage inégalitaire et de la famille souche : ainsi, la petite propriété paysanne s'est maintenue dans le sud de la France quand elle disparaissait au Nord par éparpillement des héritages. Soixante pour cent des paysans de la Lozère se définissaient comme propriétaires au recensement de 1851 alors qu'ils étaient moins de 10 % en Île-de-France ou dans le nord de la France. L'inégalité devant l'héritage avait maintenu l'égalité des conditions et l'égalité des héritages avait fabriqué une grande inégalité.

Dans le même registre, la répartition actuelle des artisans, des bacheliers, celle plus ancienne des insoumis ou des locuteurs de patois, ou d'autres langues, est proche de celle de la famille souche. La géographie de la fécondité est l'une des meilleures manifestations de cette histoire ancienne : les régions de famille souche ont diminué leur descendance dès l'adoption du Code civil, au début du XIXe siècle, par crainte de partager les propriétés. Aujourd'hui encore, le sud-ouest de la France est sous-fécond. En conséquence, il accuse la plus forte proportion de personnes âgées.

La structure des ménages a eu moins d'impact sur l'opinion politique que les deux précédentes composantes. Aucune distribution des votes ne suit exactement la géographie de la famille souche. Aucun parti n'est spécialement implanté dans le grand Sud-Ouest même si les radicaux et les socialistes y jouissent traditionnellement d'une faveur un peu plus grande qu'ailleurs. Cela ne signifie pas que cette composante est sans conséquence politique. Elle exerce son effet en combinaison avec les deux autres composantes. Ce point doit être souligné : jusqu'à présent, on a cherché des distributions géographiques proches de l'une ou l'autre des trois composantes. Mais les systèmes anthropologiques et le système des mœurs sont globaux. On doit postuler qu'ils influencent la plupart des attitudes, non pas à un niveau donné, c'est-à-dire sur une des trois composantes, mais toutes simultanément. Si la théorie est correcte, chaque comportement social et chaque expression d'une opinion politique doivent pouvoir être construits par une combinaison des trois composantes, d'où, d'ailleurs, le choix du terme de « composante ».

Les composantes représentent des bases ou des piliers immuables (en l'absence d'une rupture de symétrie comme il ne s'en est produit que trois en un millénaire). Les autres attitudes sociales, plus variables, n'en restent pas moins soumises à l'influence des trois composantes. Leur histoire est alors décrite par les changements de leur composition en termes de ces composantes puisque les composantes n'ont elles-mêmes pas d'histoire, si ce n'est celle du choc qui les a créées.

La conséquence logique de ces considérations est que la géographie de chaque comportement social ou de chaque opinion géographique peut être réduite à une fonction des trois composantes. Quelle fonction ? Le plus simple est de prendre une combinaison linéaire.

Reconstitution des comportements sociaux et politiques à partir des trois composantes

On peut résumer chaque composante par une seule distribution (figure 4) et donner à chacune le même poids en les mettant à une échelle telle qu'elles aient la même dispersion (variance). Dès lors, on cherche à représenter la distribution de tout comportement ou opinion par une combinaison linéaire de ces trois distributions. Soit X la distribution étudiée et x (i) la valeur de cette distribution dans le département i. Si l'on nomme M, A et C les trois composantes (ménage, voisinage, région), on postule donc :

$$X(i) = a(x)M(i) + b(x)A(i) + g(x)M(i)$$

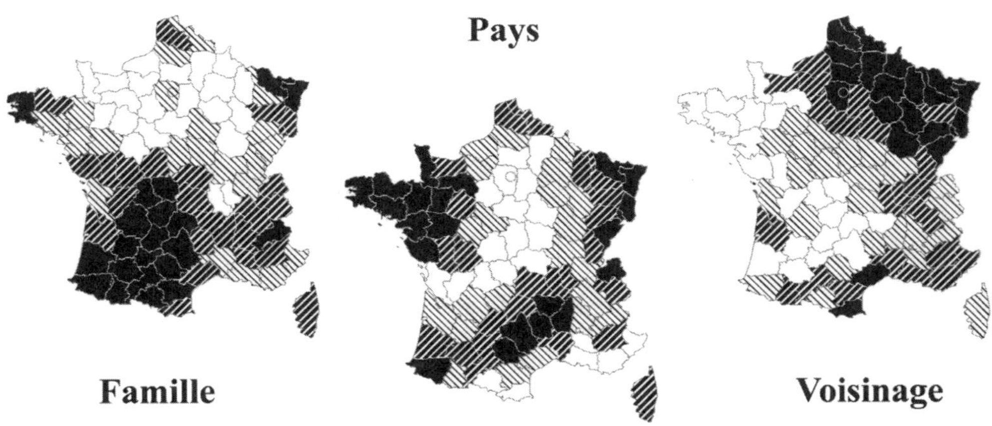

Figure 4 :
3 cartes synthétisant les trois composantes
(les quatre teintes correspondent aux quatre quartiles de chacune des distributions)

Comment déterminer les coefficients inconnus a (x), b (x), g (x)? On a d'abord essayé des combinaisons simples d'addition et de soustraction, donc des coefficients valant +1 ou -1. Le résultat a dépassé les espérances qu'un tel bricolage pouvait nourrir. Sur la figure 5, on montre l'exemple de la fécondité en 1975. La formule est simple:

$$G(i) = -M(i) + C(i) + A(i)$$

où G (i) désigne la valeur de l'indice de fécondité en 1975 dans le département i. On voit que les 3 coefficients valent respectivement -1,1 et 1. Sur la figure 5A, on a représenté les valeurs observées (à gauche) et reconstituées par cette formules (à droite). L'accord est bon. Les quelques désaccords (Bretagne un peu faible, côte méditerranéenne et vallée du Rhône un peu fortes) indiquent la direction prise par l'évolution après 1975, ce qui n'était pas évident. Les coefficients sont pertinents: la famille souche diminue la fécondité, l'agglomération de population et l'autonomie par rapport au pouvoir central la renforcent. On ne peut pas procéder par tâtonnements de ce type pour reconstituer les nombreuses distributions départementales existantes. La définition de X (i) (ou de G (i) dans le cas de la fécondité) définit une régression linéaire. Il suffit donc de chercher les coefficients qui minimisent l'écart entre la variable observée et la formule (en termes de moindres carrés) pour estimer les 3 coefficients. C'est ainsi que nous avons procédé pour les distributions suivantes qui sont représentées sur les figures 4 et 5: suffrages de Mitterrand au second tour de la présidentielle de 1965 (donc par inversion, suffrages de De Gaulle) représentés en 5B, fréquence des divorces par rapport aux mariages en 1975 (figure 5C), fréquence des suicides entre 1885 et 1895 (carte établie par Émile Durkheim dans son ouvrage *Le suicide*) sur la figure 5D. Ce ne sont que quelques exemples parmi une centaine traités. Le dernier cas est intéressant car il résume les observations de Durkheim. Le coefficient le plus important (négativement) est celui de la famille, ce qui est en accord avec la thèse de son ouvrage selon lequel le suicide exprime « la rupture du lien familial ». Le coefficient suivant, lui aussi négatif, est celui de la religion dont Durkheim avait aussi souligné l'influence inhibitrice. Enfin, le groupement de population est légèrement favorable au suicide, ce qui plonge au cœur de la discussion car Durkheim récusait l'influence des grandes villes mais non de l'agglomération de population.

Un dernier exemple est montré avec la proportion d'agriculteurs en 1975 dans la population active (figure 5E). La reconstitution est excellente, ce qui est une pierre dans le jardin de la théorie marxiste « vulgaire » ou économique qui postule l'antériorité de la base productive, de l'infrastructure sur la base idéologique ou sociale, la superstructure. Dans le cas précis, c'est au contraire l'infrastructure qui résulte de la superstructure anthropologique.

Cette reconstitution de la diversité des mœurs en France répond à deux observations courantes. Elle rend compte de la parenté évidente

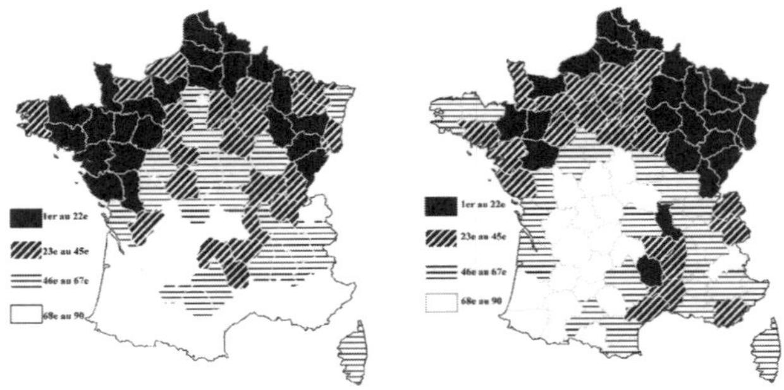

Observé **reconstitué : F = -M+C+A**

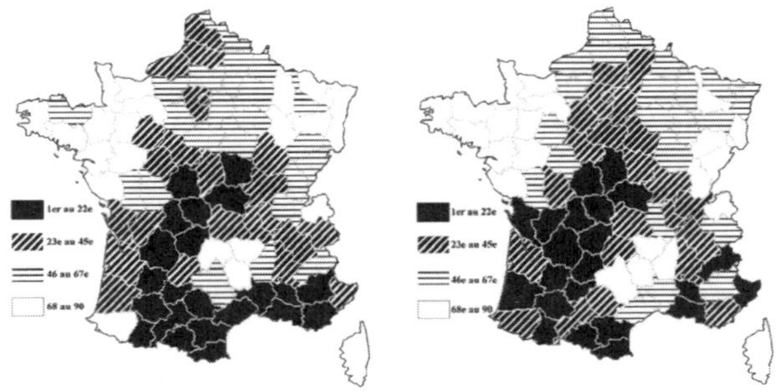

Observé **S = 0,35M-0,5C-0,1A**

Suffrages pour Mitterrand au second tour de la Présidentielle de 1965

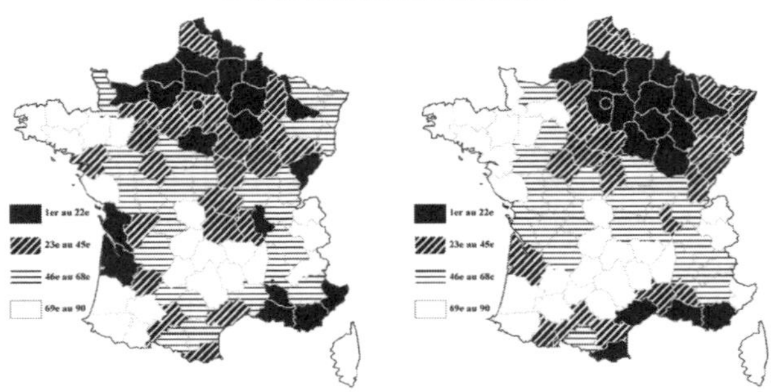

Observé **Div = -3M-2C+4,5A**

Figure 5 :

Cartes des distributions observées (à gauche) et reconstituées à l'aide des 3 composantes (à droite). La reconstitution est exprimée par la formule arithmétique où les scores normalisés des trois composantes sont indiqués par les 3 majuscules : M = famille, A = voisinage et C = pays.

A/ indice conjoncturel de fécondité en 1975

B/ score de Mitterrand au second tour de l'élection présidentielle de 1965

C/ proportion de divorces par rapport aux mariages

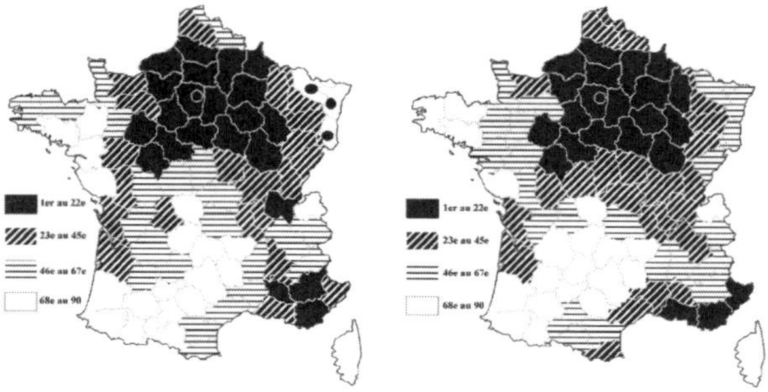

Observé **Sui = -5M-3C+2A**

Fréquence du suicide entre 1885 et 1895

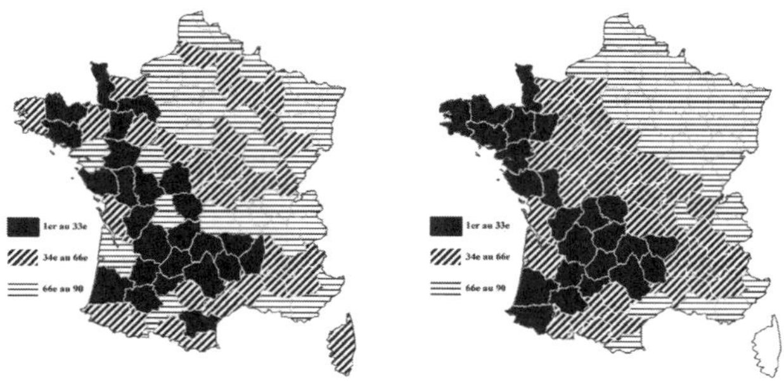

Observé **Ag = -3A+C+2F**

% d'agriculteurs en 1975

D/ taux de suicide entre 1885 et 1895 pour 100 000 personnes)
Carte établie par Durkheim et publiée dans Le suicide.
E/ Proportion d'agriculteurs dans la population professionnelle en 1975

entre de nombreuses distributions géographiques en les faisant dépendre de trois facteurs seulement et elle explique la présence de larges plages homogènes, sur les cartes des indicateurs des mœurs. On pouvait en effet imaginer rencontrer plus souvent des cartes en forme de peau de léopard, mais elles demeurent rares. Une objection tempère cependant l'interprétation des résultats et peut se retourner contre le dernier exemple : en remplaçant les trois composantes par trois autres indicateurs, par exemple, la fécondité, les votes en faveur de Mitterrand et la proportion d'agriculteurs, on pourrait effectuer aussi les reconstitutions. La complexité des familles, l'agglomération de population et la pratique religieuse seraient alors exprimées comme combinaison de ces nouvelles bases. Peut-on privilégier un jeu de bases sur les autres ? Oui, car il existe une différence importante entre les trois composantes anthropologiques et les autres indicateurs. Les premières sont stables au cours du temps comme le montrent les deux cartes espacées de plus d'un siècle, présentées pour chacune sur les figures 1 à 3. Au contraire, la fécondité, les opinion politiques, la proportion d'agriculteurs varient au cours du temps. Elles ne changent pas brutalement, mais évoluent régulièrement, si bien qu'au bout d'un siècle les différences sont importantes et se reflètent dans la variation des valeurs des coefficients de M, A et C.

Mœurs des villes, mœurs des champs

Autre objection, il paraît surprenant que l'influence des grandes villes ne se remarque pas. Le découpage départemental n'est pas le meilleur moyen de la mettre en évidence, mais si leur comportement tranchait avec celui de leur environnement rural, on devrait le détecter dans le cas des plus grandes agglomérations telles que Lille, Lyon, Bordeaux ou Marseille qui constituent la grosse majorité de la population de leurs départements respectifs. Les villes ont été peuplées en majorité par la population rurale de leur voisinage. Il est donc normal qu'elles conservent les comportements régionaux caractéristiques de ce voisinage. Cependant, lorsqu'on passe des mœurs à l'économie, tout change car les villes se démarquent nettement de leur entourage. Sur la figure 6a et 6b, on a représenté la distribution des cadres et des professions intermédiaires au

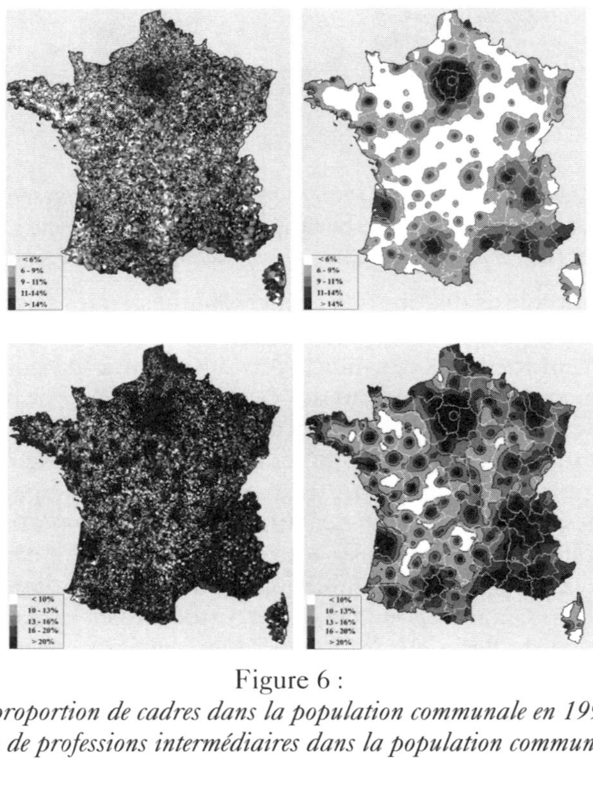

Figure 6 :
a/ proportion de cadres dans la population communale en 1990
b/ proportion de professions intermédiaires dans la population communale en 1990

recensement de 1999. Cette fois, le différences régionales s'effacent devant le contraste entre le centre des grandes villes et le rural profond. Ces deux extrêmes ne sont pas les seuls à être visibles. Entre eux, une série d'espaces intermédiaires en couronnes successives autour des villes apparaissent.

Les plus riches et les plus pauvres se répartissent aussi l'espace en fonction des villes. Sur la carte 7a, on a représenté la proportion d'ouvriers au recensement de 1999. Ils sont désormais les plus nombreux à la campagne et les plus rares au centre des agglomérations. Ils commencent même à déserter les couronnes urbaines pour s'enfoncer dans le périurbain et les zones rurales. La carte suivante s'adresse à l'autre extrémité du spectre social puisqu'elle représente la distribution du revenu moyen des ménages (7b). Les hauts revenus se concentrent dans les grandes villes. Dans la ville ancienne, les classes sociales étaient mélangées. Elles ne se séparaient qu'en hauteur, les artisans et les ouvriers occupant les étages élevés. Dans la ville des XIXe et XXe siècles, un partage en quartiers bourgeois et ouvriers s'est mis en place mais il ne concernait que l'intérieur de l'agglomération encore séparé de la campagne. Maintenant, la séparation s'opère à l'échelle de tout le territoire. Les facilités de circulation

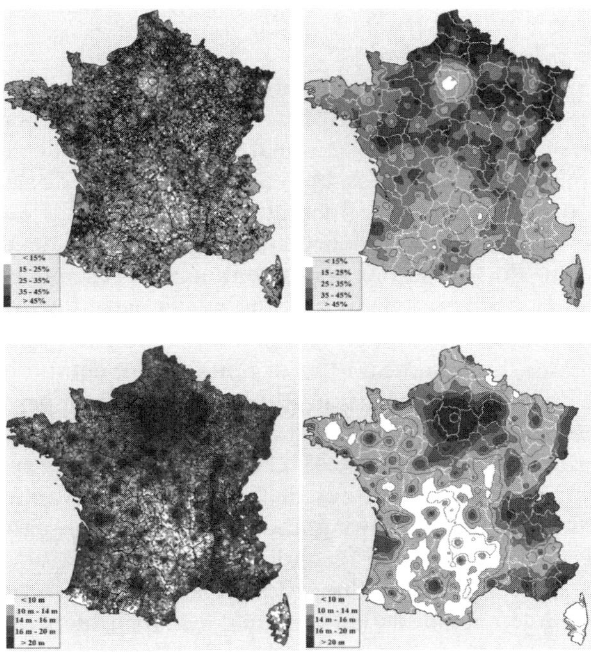

Figure 7 :
a/ proportion d'ouvriers dans la population communale en 1990
b/ revenu moyen net imposable en 1997 par commune

expliquent ces changements de localisation. Moins le transport est cher, plus la ségrégation sociale s'étend. Sur la carte du revenu moyen, l'œil est attiré par quelques zones rurales très riches. Leur énoncé en laisse deviner la raison : Champagne, Alsace, Bourgogne entre Dijon et Mâcon, Bordelais, pays de Cognac : ce sont les grandes régions productrices de vin et d'alcool. André Siegfried avait remarqué que la culture de la vigne engendrait une opinion démocratique aux débuts de la IIIe République. Sous la Ve elle enrichit.

Coexistence de deux géographies : urbaine et régionale

Après avoir vu les mœurs s'organiser selon une logique régionale, on découvre que la stratification sociale obéit à une logique urbaine. Comment ces deux partages de l'espace peuvent-ils exister séparément sans s'influencer l'un l'autre ? Mœurs et économie seraient-ils deux domaines étanches ? En fait, l'impression qu'il existe deux ordres de phénomènes séparés, tient aux instruments utilisés. Les mœurs ont été saisies à l'échelle des départements tandis que les disparités économiques l'étaient à celle de la commune. Quatre-vingt-seize unités dans un cas, 36 700 dans l'autre. Il est possible de montrer sur un exemple, celui de la fécondité, comment les mœurs et l'économie croisent leurs influences.

Fécondité des villes et des régions

La carte de la figure 8a représente la valeur de l'indice de fécondité en 1990 dans chaque commune française. Au premier abord, le résultat est très confus, ce qui n'est pas étonnant car beaucoup de communes ont une faible population et un nombre encore plus faible de naissances dans l'année, ce qui engendre des fluctuations importantes. Pour les réduire, on effectue un lissage spatial dont le principe est le même à deux dimensions que celui du lissage des séries temporelles par moyenne mobile à une dimension. Le résultat est dessiné sur la carte 8b. Autant la carte brute était confuse, autant la carte lissée est claire. La France est coupée en deux régions, un grand Sud-Ouest peu fécond, comprenant tout l'espace au sud de la Loire et à l'est du Rhône, et le reste du pays, plus fécond. On retrouve d'ailleurs la répartition qu'on avait déjà rencontrée au niveau des départements (figure 4). C'est donc la marque typique de l'influence des trois composantes et de l'emprise du système des mœurs. Mais, à l'intérieur de ces deux grandes régions, la plupart des grandes villes se distinguent par une fécondité plus faible, particulièrement en leur centre. Il ne s'agit pas d'un effet de structure puisque l'indice de fécondité est indépendant de la structure d'âge, mais bien d'une différence réelle d'intensité. Quand la fécondité est calculée au niveau des départements, la sous-fécondité des grandes villes est en partie compensée par la surfécondité des zones les plus rurales. En revanche, toujours à l'échelle des départements, la sous-fécondité du Sud-Ouest n'est pas compensée par celle du Nord, car le sud-ouest et le nord de la France ne se rencontrent pas dans tous les départements. On pourrait imaginer que, lorsqu'une grande ville telle que Lyon ou Marseille, contient la majeure partie de la population de son département, sa plus faible fécondité s'impose dans la moyenne départementale. Mais cet effet est secondaire par rapport à la différence régionale, si bien qu'il passe inaperçu sur les cartes départementales que nous avons montrées au début.

Cependant, si les différences entre villes et campagnes reculées s'amplifiaient, tandis que les différences régionales diminueraient, les unes finiraient par supplanter les autres dans les moyennes départementales. Il est vraisemblable qu'un tel mouvement est en cours. Il est difficile à saisir mais on peut le deviner dans les résultats des dernières consultations électorales.

Présidentielles de 2002 et référendum

Chaque candidat à l'élection présidentielle de 2002 ayant ensuite pris position pour le oui ou le non, il est possible de dresser une carte du « oui » en 2002. Ainsi, les électeurs de Besancenot, Le Pen, Chevènement seront-ils comptés du côté du « non », ceux de Chirac, Bayrou, Taubira du côté du « oui ». Les voix du PS constituent le seul cas litigieux puisque Jospin qui s'était prononcé en faveur du oui n'a pas été suivi. On les a comptées à leur proportion dans le vote interne au PS (60 %) et reversé le reste au non (40 %). Avec cette méthode, le non aurait recueilli en 2002, 53 % des suffrages, ce qui est très proche du résultat observé (55 %) au référendum. Les cartes à l'échelle communale de la proportion de bulletins pour le non en 2002, par anticipation, et en 2005, réellement, se ressemblent beaucoup (figures 9a et 9b). Comme dans le cas précédent de la fécondité, on voit le mélange de deux tendances. L'une, régionale et ancienne, oriente le comportement des électeurs sur de larges zones telles que le Grand Ouest ou l'Alsace et la Lorraine pour le oui, le Sud-

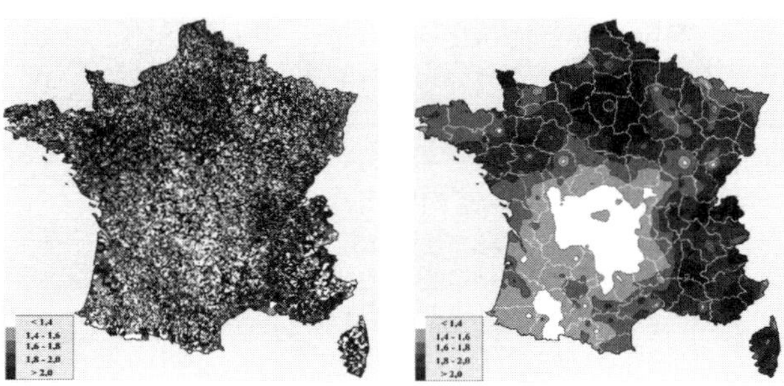

Figure 8 :
Indice conjoncturel de fécondité calculé au niveau communal pour l'année 1994

Ouest et la côte méditerranéenne pour le non. L'autre oppose le cœur des villes qui sont ouistes à leur périphérie noniste. Il est un peu étrange que le non existe avant le non, avant même qu'un référendum ait été envisagé, mais cela prouve la solidité du vote et la persistance des attitudes politiques malgré le bombardement médiatique qui voudrait faire croire que tout est possible à chaque instant.

On n'a pas dessiné ces deux cartes pour glorifier l'indéniable sérieux des comportements électoraux, mais parce qu'un glissement est perceptible entre 2002 et 2005. Même si les deux cartes se ressemblent beaucoup, certains facteurs s'accentuent en 2005, en particulier la différence entre les centres urbains et leur entourage. Pour mieux le montrer, on a cartographié la différence entre des deux cartes (rapport de la proportion de oui comptés en 2005 (seconde carte) au nombres attendus au vu de 2002, représenté sur la première carte). Le résultat (figure 10) fait apparaître deux éléments forts. D'abord, le non a été plus important que prévu dans un ensemble de régions, le nord de la France, le Centre et la partie ouest du Massif central, le Languedoc et la Provence. À l'exception de la région parisienne, c'est la liste des anciens fief communistes,

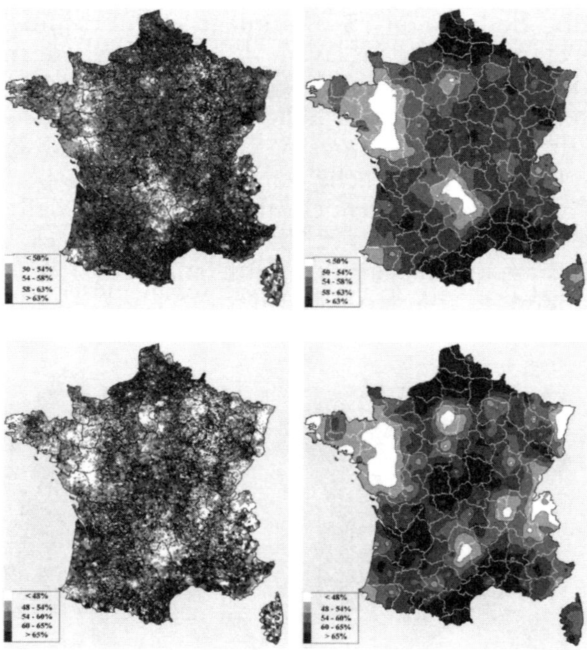

Figure 9 :
a/votes en faveur des candidats partisans du « non » trois ans plus tard, au premier tour de l'élection présidentielle de 2002 (au niveau communal)
b/ votes pour le « non » au référendum sur la Constitution européenne de 2005

des trois pôles du PC pour rependre l'expression de René Rémond. Le non avait une existence avant sa naissance, le PC en a une après sa mort clinique. Une partie de l'opinion a conservé son adhésion à des pans entiers du communisme, en particulier au nationalisme PC qui s'exprimait par le slogan « achetez français » et se manifestait par l'emploi d'un bulldozer contre les logements d'immigrés à Ivry. Mais la seconde différence nous intéresse plus ici : on voit que le oui a progressé dans les grandes zones urbaines et plus particulièrement dans leur centre. Comme ces localités sont très peuplées, c'est une grande partie de la France qui bascule actuellement d'un comportement traditionnel, régional à un comportement moderne, urbain.

On pourrait attribuer ce changement à un rôle croissant des différences de conditions sociales. Ce ne serait pas la position géographique du centre-ville et de sa périphérie immédiate qui compterait, mais le fait que les riches habitent le centre et les pauvres, la périphérie lointaine. Quand on examine à la loupe les grandes agglomérations, il est clair que les quartiers aisés (Ouest parisien, région de Fontainebleau et de Chantilly) ont penché pour le oui et les quartiers populaires pour le non. Cependant, l'accentuation des clivages entre 2002 et 2005 est plus homogène et plus géographique que sociale. On peut alors retourner l'argument : ce sont les avantages de la centralité en termes de temps de transport et de possibilité de rencontres et d'accès à la plus vaste gamme de biens qui attirent les ménages les plus riches. Puisque la centralité est la cause de l'accumulation des richesses et non le résultat d'une évolution historique au cours de laquelle les riches ont colonisé le centre, elle fait sentir ses effets de plus en plus fortement. L'une des preuves du rôle moteur de la centralité est d'ailleurs la reconquête des centres-villes par la bourgeoisie, la *regentrification* des quartiers urbains populaires comme par exemple ceux de l'est et du nord de Paris et maintenant de la petite couronne.

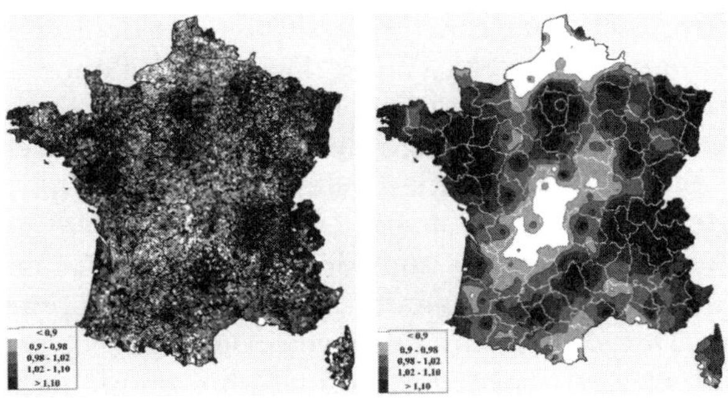

Figure 10 :
Rapport des deux distributions de la figure 9, donc du vote « non » de 2005 à son anticipation en 2002.

Une autre preuve est fournie par le vote pour le « non » des petites villes relativement aisées qui entourent Paris, telles Nemours ou Étampes. On ne peut donc pas dire que les mœurs et les opinions s'alignent sur les différences de richesse mais sur les différences de situation dans l'espace.

Le résultat est cependant le même. Les différences anthropologiques qui ont expliqué la variété des comportements en France depuis deux siècles au moins paraissent destinées à disparaître, supplantées ou gommées par une autre différence plus sommaire entre riches et pauvres. À l'échelle du pays entier, on retrouvera donc une situation que connaissaient les anciens Grecs à l'échelle de la cité. La conjonction entre richesse et position dans l'espace, la ségrégation sociale pour le dire simplement, est en train de progresser. Le phénomène des cités, l'apparition de « gated communities » en sont des signes précurseurs. Cela entraînera une simplification des différences anthropologiques selon les trois critères ou échelles qui ont prévalu jusqu'à aujourd'hui : différences dans le rapport à la famille, au voisinage et à la communauté locale. Toutes les différences se mettront en phase avec la nouvelle répartition sociale et spatiale. Déjà la sociabilité de quartier s'implante au centre des agglomérations tandis qu'elle demeure faible dans les zones périphériques où le brassage est important et où les nouveaux urbains entrent en conflit avec les anciens ruraux. Au moment où les différences de classes sociales deviennent moins simples et moins lisibles du fait d'une société plus complexe et plus diversifiée, la ségrégation par le revenu restaure des différences de comportement et d'opinion. L'opposition entre des Lorrains votant à droite, vivant groupés en village mais en noyaux familiaux éparés et les Limougeots vivant dans des fermes isolées, votant communiste (les « paysans rouges ») et cohabitant à plusieurs générations n'avait pas de conséquences nationales car ils ne se rencontraient pas souvent. En revanche, l'opposition entre ceux de la couronne rurale, ceux du périurbain, ceux de la grande banlieue, ceux de la proche banlieue et ceux du centre est vécue concrètement lors des déplacements journaliers. Chacun a sous les yeux l'autre, l'opposé et l'opposant politiquement. Il est donc vraisemblable que la France se dirige vers une société plus clivée et plus brutale. Elle n'est pas pour autant menace de coupure, comme on l'entend parfois, car les zones concentriques qui entourent les grandes agglomérations ne sont pas contiguës. La ségrégation n'affecte pas des campagnes lointaines sous-développées ou des colonies opprimées mais des lieux voisins que les métros et les bus relient toutes les cinq minutes. Doit-on attendre de ce voisinage une plus grande compréhension, celle de la transparence, ou une plus grande inquiétude, celle de la menace qui a une figure ?

Notes

1 On a utilisé la technique des composantes principales normées : la distribution de chaque composante est donc la première composante princi-

pale normée des variables qui lui sont associées en donnant la moitié du poids aux deux distributions directes principales qui sont représentées sur les figures 1 à 3.

2 Le coefficient de corrélation des rangs des départements sur les deux cartes vaut r = 0,76.

3 Les valeurs des coefficients et de la corrélation sont données dans H. Le Bras : « I costumi in Europa », *Storia d'Europa*, P. Bairoch et E. Hobsbawn éds., Milan, Einaudi, 1987, p. 510-624.

4 Désormais, pour rendre plus claires les cartes des distributions communales (donc sur plus de 36 500 communes), on les accompagnera de cartes lissées obtenues en « étalant » les valeurs dans chaque commune en tenant compte de la population de la commune.

5 Il a été calculé à partir de la structure par âge de chaque commune au moment du recensement et des naissances (domiciliées) survenues dans chaque commune la même année.

II

L'exception française

La France, un pays pas comme les autres ?

Jean Chesneaux

Socrate conseillait de bien se connaître soi-même, *gnôti se-auton* ; exercice salutaire. Notre cher Hexagone, notre « Doulce France », a nourri bien des stéréotypes, qu'il peut paraître irrévérencieux de mettre à nu. J'en prends le risque. La France moderne constitue bel et bien un « cas » – constat qui, à mon sens, n'a rien de flatteur... Je m'en tiendrai à trois aspects de cette singularité française : la posture géopolitique, l'ambition de construire un universel au sens philosophique du terme, et la place de l'État dans la culture politique française.

Les conditions géopolitiques dans lesquelles est placée la France présentent une contradiction majeure ; depuis des siècles, notre pays a œuvré pour s'ancrer au cœur même de l'Europe, tout en prétendant s'ouvrir largement sur l'outre-mer et le monde.

Toute l'histoire des relations extérieures de la France s'est construite sur ce dualisme. D'un côté, la volonté européenne, celle qui poussait François Ier à disputer aux Habsbourg la couronne impériale d'Allemagne ; ou qui menait les armées de Louis XIV et Louis XV à guerroyer outre-Rhin et en Europe centrale ; ou bien sûr qui animait Napoléon. Alors que, sur l'autre versant, une ambition mondiale avait inspiré dès les XVIe et XVIIe siècles les tentatives françaises d'implantation au Brésil, en Louisiane ou au Canada. Ou au XVIIIe les rêves d'une « France antarctique ». Ou au XIXe l'expansionnisme colonial par lequel la IIIe République avait espéré, en Afrique et en Indochine, prendre sa revanche de la désastreuse guerre de 1870.

Contentons-nous de constater que la France a toujours balancé entre son destin européen et son destin mondial. Alors que l'Allemagne, dès le Moyen Âge et plus nettement encore depuis le XIXe siècle, avait choisi la *MittelEuropa* comme champ privilégié d'influence ; son expansion coloniale en Afrique et dans le Pacifique n'avait été que tardive et marginale, et le traité de Versailles y avait mis fin sans beaucoup la heurter. Alors que, en sens inverse, l'Angleterre s'était orientée vers *the seven seas*, très tôt et durablement. Le long chapitre de la présence militaire et politique anglaise sur le continent européen, ouvert avec la guerre de Cent Ans, s'était clos avec l'éviction de Napoléon ; il est très symbolique que Singapour ait été fondé trois ans seulement après Waterloo.

La France, en revanche, ne cessa jamais de vouloir jouer sur les deux terrains. En eut-elle jamais les moyens ? Mais pouvait-elle, du fait d'impératifs à la fois géographiques et culturels, échapper à ce double appel, à cette ambivalence bien française qui est sans doute autant un handicap qu'un atout ? C'est un fait, la France est la seule, parmi les grands États engagés aujourd'hui dans la construction européenne, à conserver parallèlement la lourde charge que représente le réseau des DOM-TOM, que nous allons retrouver. Ces territoires lointains ne sont pas de simples survivances de feu l'empire colonial français ; ils sont l'expression d'un projet d'envergure mondiale que la Ve République persiste à cultiver – à tort ou à raison, ce n'est pas le lieu ici d'en débattre ; alors que, dans le monde actuel, aucune puissance de même rang ne s'en embarrasse.

Deuxième singularité majeure, l'ambition française d'édifier à l'époque moderne un « universel » philosophique, c'est-à-dire un système d'analyses, de valeurs et de références que la France propose au reste du monde, comme si elle détenait une sorte de mandat naturel à cette fin.

Bornons-nous à évoquer ici trois moments majeurs de cette propension française à dire et à définir l'universel : le siècle des Lumières, la Révolution française, l'expansion coloniale sous la IIIe République. Les philosophes du XVIIIe siècle, dont les collaborateurs de l'*Encyclopédie* de Diderot, ne séparaient pas leur qualité d'intellectuels français engagés dans la lutte contre l'Ancien Régime, et la portée universelle qu'ils entendaient donner à ces écrits de lutte. Cela leur semblait aller de soi, et les conditions historiques de l'époque paraissaient très favorables à cet universel « à la française ». Au XVIIIe siècle, le rayonnement des idées françaises était immensément facilité, c'est un fait, par le poids démographique de la France (plus d'un quart de la population de l'Europe), par la position clé, géostratégique, du pays au cœur de l'Europe occidentale, par l'obstination aussi de la monarchie française à perpétuer l'absolutisme et à différer des réformes devant lesquelles ne reculaient pas d'autres pays, sous le drapeau du « despotisme éclairé » ; et tout autant par la prépondérance intellectuelle de la langue française, devenue *lingua franca* pour l'ensemble de la « République des idées », disait-on alors. De cette centralité française objective, propre à l'époque, une illusion d'optique restée vivace nous a fait glisser rétrospectivement vers une centralité française décontextualisée, vers une universalité intellectuelle intrinsèque dont la France serait détentrice ès qualités, par-delà les conditions particulières du XVIIIe siècle.

Nourrie de cet universel des idées, la Révolution française entendit conférer à ses luttes la même légitimité universelle. Alors même que sa radicalité régicide lui aliénait une opinion européenne jusque-là favorable au mouvement philosophique. Les combats des régimes révolutionnaires contre les monarchies européennes coalisées se voulaient des contributions à la cause du progrès humain. « La *Grande Nation* sauvera l'univers », proclamaient orgueilleusement les armées du Directoire patrouillant avec voracité dans toute l'Europe occidentale, de Zurich à Liège et de Naples à Amsterdam.

La politique coloniale de la IIIe République, à son tour, s'est effectuée sous le signe d'un universel à la française. Pour ses grands promoteurs civils et militaires, les Jules Ferry, les Gallieni, les Paul Bert, les Sarraut, les valeurs républicaines à vocation universelle légitimaient la domination autoritaire de la France sur des peuples considérés *a priori* comme inférieurs ; cet universel républicain se réalisait dans l'exercice même du très profitable pouvoir colonial, à la fois comme droit à la conquête et comme devoir d'apporter à ces peuples la Civilisation, leur ouvrant la voie du Progrès.

Le contraste est patent avec la politique coloniale anglaise menée au XIXe siècle en Inde et en Afrique ; politique qui ne faisait guère d'efforts pour habiller d'un quelconque discours idéologique – sinon d'un « utilitarisme » fort bien nommé – son œuvre de conquête et de domination au service des intérêts impériaux de la Grande-Bretagne.

Il vaut la peine de s'étendre un peu plus sur une autre spécialité bien française : la culture politique d'État. Laquelle, à l'époque moderne, a concouru puissamment à faire de la France « un pays pas comme les autres ». Jacques Julliard, un essayiste qui ne manque pas de talent, faisait récemment remarquer que chaque peuple se réalise dans un surmoi, une référence éminente autour de laquelle se réconcilient les pires ennemis. Il citait la langue pour les Allemands, la reine pour les Anglais, la Constitution de 1776 pour les Américains, et pour les Français l'État. La méthode semble pertinente, et on pourrait se divertir à allonger cette liste : le *Quixote* pour les Espagnols, l'empire de Trajan et Hadrien pour les Italiens, le système fédéral des cantons pour les Suisses, les idéogrammes et le pinceau pour les Chinois, et peut-être pour les Russes leur hiver, leur implacable et interminable *zima* comme culture d'endurance infinie sous le poids des épreuves.

Il me paraît légitime de suivre ici Julliard, et de penser que les Français, quant à eux, ont bel et bien fait de l'État leur surmoi. Le « L'État, c'est moi » de Louis XIV ne doit pas être pris à contresens ; cette formule est un hommage à l'État, bien au-delà de la personne du roi. La centralité de l'État traverse en effet toute notre histoire politique. On peut même avancer que, des monarchies aux républiques en passant par les empires, le niveau de priorité accordé à l'État est comme une pierre de touche, qui permet de différencier la très inégale stabilité de la longue chaîne de nos régimes politiques à l'époque moderne.

Les assemblées révolutionnaires de 1789-1799 – originalité rarement soulignée – avaient traité la question de l'État « en profil bas » ; elles avaient donné priorité aux combats sociaux, mort de Louis XVI incluse. Mais l'État et ses pesanteurs refirent vite surface avec Bonaparte, dont les appareils étatiques d'autorité ont survécu durablement au fragile manteau impérial. Emporté dans ses rêves lamartiniens, l'éphémère IIe République n'était pas née, elle non plus, sous le signe de l'État. La longévité de la IIIe République, en revanche, exprime le consensus institutionnel dont celle-ci bénéficiait et la force des « grands corps » qui formaient son substrat étatique. Vichy, quant à lui, chercha à fonder sur l'« État français » sa légitimité défaillante. Et ce furent en 1945 l'héritage de la Résistance et sa volonté de renouveau social qui formèrent l'assise de la non moins éphémère IVe République, mais guère le primat de l'État.

L'affaiblissement manifeste de ce dernier provoqua en mai 1958 le passage brutal à la Ve République, dont la restauration de l'autorité de l'État était – l'est-elle restée ? – la pierre angulaire. Il s'agissait de rien moins qu'un projet global de société, conçu comme une « affaire d'État ». En Angleterre ou en Italie, ce qu'on peut appeler la « mise en modernité » dans les secteurs industriel, tertiaire ou agricole, s'était effectuée sans secousses notables dans les années 1950, par des mesures prises au coup par coup et plutôt bien acceptées. Alors qu'en France le « décollage » vers la modernité (la formule est du Club Jean Moulin) avait requis une saisie brutale du pouvoir d'État et une rupture majeure de légitimité constitutionnelle, avec tanks et parachutistes. La guerre d'Algérie n'avait été qu'un détonateur.

Nous ne mesurons le poids singulier de cette culture française d'État que quand nous sommes amenés à expliquer à des amis et collègues étrangers – et c'est souvent malaisé – des institutions et pratiques qui nous sont familières, mais qui se révèlent intransposables dans un contexte différent. Il ne s'agit pas ici d'un banal problème de transfert lexicologique, mais de toute l'*aura* presque subliminale dont rayonne un terme dans les esprits français. Dans son texte si riche sur le « terroir », notre collègue géographe M. Pitte expose bien tout ce que ce terme a d'évident pour une tête française, mais de quasi insaisissable pour une tête étrangère (voir p. 35).

Pour en revenir à l'État à la française, arrêtons-nous un instant sur deux exemples qui permettent de voir à l'œuvre sa centralité. Soit deux sous-systèmes étatiques très singuliers, « bien de chez nous » : le réseau des DOM-TOM, et le statut privilégié des grandes écoles. Tous deux illustrent concrètement la situation d'une Doulce France dont ces sous-systèmes sont partie intégrante. L'un et l'autre sont quasi inintelligibles à l'observateur étranger, alors que le surmoi des Français s'y trouve parfaitement à l'aise.

Les DOM-TOM sont comme l'assise emblématique de l'horizon mondial, dans laquelle la Ve République entend inscrire son « Grand Dessein ». Assise symbolique, certes, assise fonctionnelle aussi, comme le montre la montée en puissance d'une Guyane longtemps dédaignée, et soudain devenue une vedette technologique. La charge étatique de l'appareil des DOM-TOM est si forte que les bases françaises glacées de la terre Adélie – dont les manchots sont les seuls résidents permanents – ont été symboliquement mais fictivement promues au statut prestigieux de TOM, à égalité avec la Nouvelle-Calédonie, Wallis et Futuna ou la Polynésie. Aucune des autres nations dont les bases d'observation scientifique sont implantées par consensus sur le pourtour du continent antarctique n'a éprouvé le moindre besoin d'une telle sanction d'État. Mais dans la théorie géopolitique de la Ve République, les DOM-TOM sont des « Terres de Souveraineté », vieille expression étatiste qui nous ramène à Louis XIV. Y compris l'Antarctique, y compris le dérisoire atoll inhabité de Clipperton.

Quant aux grandes écoles, elles furent dès l'origine une affaire d'État, sur le modèle de l'École normale supérieure et de l'École polytechnique qu'avaient créées la Convention et Napoléon pour le service de l'État. À son tour, l'ENA, l'École nationale d'administration, conçue dès la Libération par des « grands commis » gaullistes comme Michel Debré, doit, plus ouvertement encore, fournir à l'État des cadres dont celui-ci se réserve la sélection et la formation. On sait que, sous la Ve République, l'ENA est devenue comme un point de passage obligé pour une carrière publique, et assure l'entrée dans ce que Bourdieu appelait la « noblesse d'État ».

Le nombre des grandes écoles s'est aujourd'hui beaucoup gonflé, et la grande majorité d'entre elles répondent surtout à une demande des intérêts privés, qui en contrôlent la gestion. Mais, dans leur principe même, elles restent fidèles aux finalités étatiques qui avaient présidé à leur création, il y a plus de deux siècles; à savoir, confier la direction du pays à des cadres dûment sélectionnés, pour être formés « dans le moule ». Ces institutions éducatives à statut privilégié, dont l'accès prestigieux est très limité, bénéficient à cet effet d'une sorte de délégation d'État. Elles opèrent un tri précoce – mais pour la vie – entre de jeunes esprits encore malléables. Tri qui est considéré comme légitime, encore que bien peu démocratique; les plus fortes personnalités sont rarement celles qui brillent dès leur jeunesse… Ainsi s'est mise en place, dans le secteur de l'enseignement supérieur et à l'écart des universités, une structure rigide chargée du contrôle social et idéologique des futurs cadres, et ceci *dans l'intérêt supérieur de l'État.* S'y ajoutent les solidarités de « promo » qui assurent, à vie, des avantages immenses qu'on a pu comparer à des castes d'État, ainsi les « X ».

Si différents qu'ils soient dans leurs finalités et leurs mécanismes fonctionnels, DOM-TOM et grandes écoles procèdent les uns et les autres d'une « systémique d'État », dont la légitimité s'impose à la nation avec l'autorité d'un en-soi qu'il ne serait nul besoin de justifier.

D'autres exemples peuvent confirmer cette force systémique : le clientélisme international de la France, le volontarisme nucléaire, le fétichisme de l'amiante, les institutions de la francophonie.

Le domaine des affaires dites étrangères est certes régalien dans son principe même ; mais à l'époque moderne, la France est un des très rares pays à avoir, au nom de ses intérêts supérieurs, voulu asseoir son influence hors de ses frontières en s'appuyant sur des « États-clients ». À savoir un réseau d'États moins puissants, docilement soumis à ses directives, et bénéficiant en échange de complaisances politiques autant que financières. Il peut sembler étrange que les historiens n'aient jamais, à ma connaissance, souligné la continuité insolite qui relie, en tant qu'instruments d'État, une série d'épisodes diplomatiques d'apparence bien disparate. Le système remonte à la clientèle des petites principautés allemandes sur lesquelles Louis XIV s'appuyait contre les Habsbourg, en échange d'une substantielle allocation. Puis un siècle plus tard, aux « Républiques sœurs » du Directoire et aux royaumes vassaux des « Napoléonides ». Plus près de nous, aux « États successeurs » issus du démembrement de l'Autriche-Hongrie en 1919, États bien dociles envers les directives de Paris – encore que la France ne sut guère les soutenir ensuite contre Hitler. Il est historiquement incongru, mais parfaitement conforme à la logique française d'État, que ces pratiques de clientélisme international aient refait surface sous la Ve République du côté de la bien nommée « Françafrique »... De l'archevêque de Cologne, prince-électeur du Saint-Empire romain germanique, au potentat Omar Bongo, en passant par l'éphémère République parténopéenne sous le Directoire, par le royaume de Westphalie où trônait Jérôme, le plus jeune des Bonaparte, et par l'allégeance des toutes jeunes Tchécoslovaquie ou Yougoslavie envers le Quai d'Orsay, la continuité est manifeste ; elle appartient à notre « culture d'État ».

Avec le nucléaire, une technologie novatrice bénéficie elle aussi du bouclier étatique français. Ce n'est sans doute pas le lieu ici d'examiner ce dossier si controversé. On sait que les antinucléaires soulignent les risques majeurs propres aux centrales, et invoquent l'insoluble problème de déchets radioactifs dotés d'une redoutable longévité, non maîtrisable, alors que le lobby électronucléaire veut rassurer par ses protocoles de sécurité, et met en évidence la nocivité moindre du nucléaire en termes d'effet de serre. Ce qui doit retenir ici notre attention, c'est que la Ve République – toujours elle – a fait entrer la France dans l'âge nucléaire sous le contrôle direct de la très puissante technostructure d'État, et avec les accents patriotiques d'une bataille où l'État semblait engager l'honneur même du pays. La France-Fille-aînée-de-l'Église devenait la France-Mère-des-centrales-nucléaires. Le plan Messmer de 1974 était bien plus qu'une simple riposte au « choc pétrolier », il faisait partie du même projet d'ensemble que les essais de Mururoa. Contrôler le secteur clé qu'est l'énergie, favoriser l'interactivité du nucléaire civil et militaire, soutenir aussi la présence économique et technique française dans le monde grâce à l'exportation de ces installations nucléaires, tout cela représentait bien un projet d'État. Alors que les centrales nucléaires anglaises ou allemandes s'étaient mises en place sur un mode bien plus discret, sans qu'il ait été besoin d'une telle orchestration étatique.

Quant à la pernicieuse amiante, elle a bénéficié pendant des années d'une sorte de privilège d'État, que dispensait le Comité permanent de l'ambiante (CPA), institué en 1982 par le gouvernement Mauroy. Il était dominé par les grosses firmes de l'amiante, dont les assurances d'innocuité semblaient satisfaire les autres membres du comité. Parmi ceux-ci, les ministères concernés ne ménageaient pas leur complaisance, on comptait sur la docilité des experts scientifiques, et les syndicalistes ne prenaient en compte que la défense de l'emploi. Mais les cancers sont arrivés, par milliers, bientôt par dizaines de milliers, et le CPA s'est discrètement effacé, privant la fibre funeste de son impunité d'État. L'amiante s'est brusquement retrouvée dans l'humiliante position d'un banni de la société, d'un intrus démasqué.

On aurait pu aisément développer cet inventaire. Ainsi, ni à Madrid, ni à Lisbonne, ni à Berlin, ni à La Haye, le souci légitime de cultiver des liens de proximité culturelle et morale avec les autres pays parlant eux aussi l'espagnol, ou le portugais, ou l'allemand, ou le néerlandais, n'a pris l'ampleur, la dignité patriotique, le poids institutionnel de cette solennelle « affaire d'État » qu'est la Francophonie.

La France n'est décidément pas un pays « comme les autres », et sa légendaire douceur de vivre cache bien des rugosités incongrues, bien des failles et des fragilités aussi, qui la singularisent par rapport aux autres pays de même poids. Nous avons pu évoquer les ambiguïtés de sa posture géopolitique, l'envergure un peu irréaliste de son ambition à dire l'universel, et surtout la pesanteur de son « bouclier » étatique, avec des corollaires aussi divers que les DOM-TOM, les grandes écoles, le clientélisme international.

Au terme de ce bilan, je me permets encore de saluer ceux qui, au cours des siècles, ont pris le risque de postures irrespectueuses ou désinvoltes à l'égard d'une culture régalienne qui s'imposerait sans réserves à toute la société française. Ces libres-penseurs de la politique d'État, ces libertins au sens du XVIIIe siècle furent souvent raillés et rejetés. Tel Bussy-Rabutin dont le château bourguignon, non loin d'Auxerre, tournait insolemment son derrière en direction du Versailles louis-quatorzien qu'il exécrait. Tel Paul-Louis Courier, dont le franc-parler défiait dans les années 1820 la componction des gens en place et qui mourut assassiné. Tel Georges Darien, acharné contre la minute de vérité que fut à ses yeux la pitoyable guerre de 1870. Tel Alfred Jarry dont le Père Ubu n'était polonais que par procuration. Tel Octave Mirbeau, et tant d'autres. Ils ne s'étaient pas laissé intimider par la majesté infaillible dont, trop souvent, se réclame une France qui se voudrait « pas comme les autres ». Ils gardaient la tête haute et l'esprit clair.

Tout naturellement, c'est en écho à la belle adresse par laquelle notre ami Bronislaw Geremek a ouvert ces entretiens, que je formulerai quelques brèves conclusions.

La France est fatiguée, nous a rappelé Geremek sans indulgence – je le cite de mémoire; elle est inquiète de la « part d'ombre » qu'elle renferme en elle-même, elle ne se porte pas bien quand elle se regarde de l'intérieur. Merci pour cette franchise, celle d'un véritable ami qui ne s'embarrasse pas de vaines politesses!.... Geremek nous rappelle ainsi – c'est du moins le sens que je donne personnellement à ses fortes paroles – que rien ne serait plus fatal pour notre pays que de s'installer dans le *statu quo* de l'autosatisfaction. Et tout particulièrement –je regrette bien vivement de n'avoir pu solliciter les réactions de notre ami sur ce point –, rien ne serait plus funeste, selon moi, que de considérer comme une garantie (trop souvent verbale) le statut flatteur d'une France qui persiste à se voir en « pays pas comme les autres ». Face aux aléas pourtant inéluctables de la construction européenne, face aux traumatismes inégalitaires d'une mondialisation qui favorise les « battants » et multiplie les perdants, face à une crise écologique mondiale qui, pour la première fois dans l'histoire de nos sociétés, menace le principe même de la vie humaine sur terre, le concours de tous est impérieusement requis; *c'est de concert avec tous les autres peuples du monde que nous devons agir*, pour évaluer avec eux les périls communs et fixer ensemble les priorités –ainsi face aux changements climatiques, si redoutables et désormais incontestés.

Certes, nous n'arrivons pas les mains vides à la table de concertation. Nous disposons d'une expérience riche et ancienne, d'un acquis dynamique dont nous n'avons pas à nous excuser.

Mais ce passé qui nous est propre risquerait fort de devenir un handicap s'il venait entraver notre capacité à agir avec les autres pour nous prémunir ensemble contre des périls communs. Ce passé bien français n'a de sens que s'il se met au service d'un avenir devant lequel nous nous trouverons de plus en plus dans la position – et ce n'est pas dans nos habitudes – d'*« un pays comme les autres »*. D'un pays qui est confronté aux mêmes périls. Sévère injonction, que nous devons pleinement assumer. La Doulce France doit *rentrer dans le lot commun*, afin d'affronter avec les autres les menaces et les contraintes d'une société mondiale dont la douceur n'est vraiment pas la qualité distinctive.

L'idée neuve du bonheur. Lumières et Révolution

Jean Bart

L'expression « douce France », d'emploi relativement récent, évoque le bien-être, la joie de vivre, le sentiment d'être heureux… En un mot, aussi simple que vague, le bonheur. Au XVIIIe siècle, les ouvrages qui cherchent à le définir ou à en trouver les recettes, fleurissent par douzaines chez les libraires[1]. La notion – qui demeure floue – investit incontestablement la pensée des Lumières et apparaît comme un thème de l'idéologie libérale, cependant qu'à la fin du siècle, le bonheur, assorti de l'épithète *commun*, devient une revendication révolutionnaire, bientôt écartée. Toutefois, aussi bien avant que pendant la Révolution, au cours des deux moments que l'on va distinguer, la recherche du bonheur ne s'enferme pas dans les limites d'une nation ou d'un État donnés, ce qui permet de mieux cerner l'évocation de la « douce France » et de distinguer cette tournure d'essence nostalgique, de l'espoir d'un lendemain qui chante. « Tout se réduit au bonheur… Rien n'importe que le bonheur[2]… »

Quel que soit son contenu, ce bonheur est recherché et doit être obtenu ici et maintenant. Ce n'est plus celui qui récompensera les élus dans l'au-delà; ce n'est pas le bonheur éternel promis aux chrétiens après la mort. C'est un état terrestre, laïcisé, dont le principe trouve sa source dans la nature, et qui peut donc être celui de chaque individu, dans la mesure où l'obéissance aux lois naturelles n'est pas entravée. La nature est, en effet, un monde harmonieux déterminé par la raison, dans lequel tout être raisonnable trouve son accomplissement. Pour être heureux, il suffit à l'homme de se soumettre à ses lois que sa seule raison permet de connaître. À juste titre, Robert Mauzi affirmait que « l'idée de nature est une idée *euphorique*[3] ». De même, André Vachet voit dans cette conception une illustration de l'« optimisme rationaliste », ajoutant : « En résumé, l'homme n'a qu'à user de sa raison pour être heureux, et user de sa raison veut dire d'abord l'amener à découvrir ses propres lois qui sont celles du bonheur[4]. »

Dans ces conditions, le bonheur est d'autant mieux assuré que l'individu est éclairé par la raison et qu'il a une perception suffisante des lois de la nature. Aussi la nécessité de l'éducation et le développement de la pensée sont-ils les conditions premières de l'accession à l'état de félicité, rendue inéluctable par le cheminement du progrès. L'idée de perfectibilité de l'être humain que l'on rencontre chez presque tous les « philosophes » – à l'exception notable de Jean-Jacques Rousseau – rejette les conceptions traditionnelles d'une décadence due aux conséquences du péché originel et ouvre largement la voie qui conduit au bonheur terrestre. À partir de Fontenelle, de telles assertions deviennent banales. Condorcet en fait en quelque sorte la synthèse, lorsqu'il dessine, peu avant sa mort tragique, l'*Esquisse d'un tableau historique des progrès de l'esprit humain*, expliquant l'histoire de l'humanité, de l'obscurantisme aux Lumières, par la suite des progrès de la connaissance, débarrassée des entraves de la superstition et du despotisme qui auront, enfin, disparu au cours de la « dixième époque ».

Cependant, pour la quasi-totalité des penseurs des Lumières, le bonheur engendré par les progrès de la raison, même s'il est promis, finalement, à chaque être humain, est un bonheur individuel. Il n'est pas donné à tous en même temps ; pour certains, sinon beaucoup, il n'existe qu'à l'état de virtualité, il se réduit à une promesse. Chacun, en naissant, reçoit de la nature la possibilité d'être heureux, un peu comme chaque soldat a dans sa musette un bâton de maréchal. Autrement dit, ce n'est pas le bonheur qui est offert à l'homme, mais la recherche du bonheur. Ces derniers mots figurent dans la Déclaration d'indépendance américaine qui range parmi les droits inaliénables de l'individu – parmi ses droits naturels – « la vie, la liberté et la recherche du bonheur ». Une telle conception reflète parfaitement les thèses de l'individualisme libéral et n'aboutit, en aucun cas, à la reconnaissance d'un bonheur identique, en d'autres termes, de l'égalité, sinon de l'égalité « en droits », comme on dira en 1789, dans la Déclaration des droits de l'homme et du citoyen. C'est que, à l'évidence, l'égalité réelle ne se rencontre pas dans la nature. En conséquence, l'inégalité et le bonheur ne s'opposent pas, mais se renforcent : « L'inégalité que la nature a mise entre les individus, loin d'être la source de leurs maux, est la vraie base de leur félicité », va jusqu'à affirmer le baron d'Holbach[5]. Même idée chez Turgot, pour qui l'inégalité est « un bonheur pour les hommes, un bienfait de celui qui a fait avec autant de bonté que de sagesse tous les éléments qui entrent dans la composition du cœur humain[6] ». La recherche du bonheur n'est-elle pas un stimulant puissant permettant à chacun, par ses efforts, de s'élever au-dessus de sa condition ?

Bien plus, chaque condition ou état apporte à celui qui s'y trouve des satisfactions et donc un bonheur à sa mesure, quelle que soit la place qu'il tient dans la société. Ce leitmotiv de la pensée des Lumières est exprimé avec plus ou moins de scrupules. Dans son *Dictionnaire philosophique*, à l'article « Égalité », Voltaire, après avoir constaté le caractère inéluctable de la division entre les riches et les pauvres, note que ces derniers ne sont pas tous « absolument malheureux. La plupart sont nés dans cet état et le travail continuel les empêche de trop sentir leur situation.» Mais de tels semblants de regrets sont rares. Pour la plupart des «philosophes», le bonheur est bien partagé au sein de l'espèce humaine, au point que l'on peut être heureux... sans le savoir. Écoutons encore d'Holbach: «Il est un bonheur pour tous les états. La vie la plus malheureuse a ses moments heureux... Nous jouissons dans le cours d'une vie d'une infinité de plaisirs de détail, auxquels l'habitude nous empêche de faire attention: nous sommes heureux à notre insu[7].» D'autant que, nous dit un poète oublié, auteur d'un texte sur le plaisir, «les indigents et ceux qui vivent du travail de leurs mains sont moins à plaindre qu'on ne croit[8]». Ainsi, même s'il convient, dans une saine émulation, de regarder au-dessus de soi pour améliorer sa condition, chacun doit d'abord chercher son bonheur là où il se trouve. D'Holbach, toujours lui, fait de cette attitude le moyen d'assurer que la société tout entière soit heureuse: «La société, de même que la nature, établit une inégalité nécessaire et légitime entre ses membres. Cette inégalité est juste, parce qu'elle est fondée sur le but invariable de la société, je veux dire sur la conservation de son bonheur[9].»

Ajoutée à l'argument pragmatique de l'inégalité fondé sur les nécessités économiques[10], sa justification au nom de la nature et de la raison, qui se rencontre chez la plupart des penseurs des Lumières, peut surprendre si on ne le replace pas dans le contexte historique et idéologique du développement de l'individualisme libéral, lié à la montée de la bourgeoisie. Cette notion de bonheur est un formidable outil, à la fois d'ascension sociale et de préservation des droits acquis. Tout est pour le mieux dans le meilleur des mondes puisque, à terme, les progrès de l'instruction et de la connaissance, comme la reconnaissance des droits naturels feront accéder de plus en plus d'hommes à la félicité temporelle.

De telles idées trahissent cependant une profonde méconnaissance de la réalité sociale, occultant la situation matérielle de la plus grande partie du «peuple», ou, pour le mieux, idéalisant certaines conditions. Caractéristiques, à cet égard, sont la représentation et les images que, au XVIIIe siècle, les lettrés et, plus généralement les dominants, nous transmettent de la vie des paysans qui composaient plus des trois quarts de la population du royaume. Les pastorales qui fleurissent dans la littérature et dans les arts, en écho aux savants traités des agronomes et des physiocrates, pour qui l'agriculture est la source essentielle de la richesse, font du laboureur l'archétype de l'homme heureux. L'image est celle du paysan propriétaire d'une superficie de terre suffisante pour lui assurer l'indépendance économique, donc une vie relativement aisée, rythmée par les cycles de la nature. Mais rien n'est dit sur la misère – qui s'est aggravée au cours du siècle par suite de la réaction seigneuriale – des travailleurs sans terre, petits fermiers ou métayers, ou, à plus forte raison, des manouvriers ou journaliers qui constituaient la plus grande partie de la paysannerie. Et que dire des jeux de la bergère du Trianon, sinon qu'ils traduisent le comble caricatural d'un tel aveuglement ? Notons d'ailleurs, en passant, que beaucoup de ceux qui seront élus aux états généraux partagent cette ignorance des réalités rurales, ce qui explique, en partie, l'échec de la politique agraire des premières années de la Révolution.

Plus généralement, devenus membres de l'Assemblée nationale constituante, ils ne rompent pas avec la notion de bonheur issue de la pensée des Lumières. La mise en évidence des droits naturels de l'homme et du citoyen, et leur respect, suffisent à assurer sa félicité, ainsi que le proclame, *a contrario*, le préambule de la Déclaration votée le 26 août 1789 : « L'ignorance, l'oubli et le mépris des droits de l'homme sont les seules causes des malheurs publics. » Le bonheur doit résulter d'une bonne Constitution, d'une bonne législation et d'une bonne éducation, mais il ne s'agit pas de « déclarer » d'autre égalité que celle des droits. Seules quelques voix discordantes veulent aller plus loin, comme celle de Marat : « Chaque homme apporte au monde en naissant... le désir constant d'être heureux... L'homme reçut avec la vie le penchant irrésistible de la conserver, de la défendre, de la rendre agréable ; il a donc le droit de tout entreprendre pour sa défense, et de s'approprier tout ce qui est nécessaire à sa nourriture, à son entretien, à sa sûreté, à son bonheur... Tant que la nature offre abondamment aux hommes de quoi se nourrir, se vêtir, tout va bien, la paix peut régner sur terre. Mais quand l'un d'eux manque de tout, il a droit d'arracher à un autre le superflu dont il regorge... Il a le droit de lui arracher le nécessaire, et plutôt que de périr de faim, il a le droit de l'égorger et de dévorer ses chairs palpitantes... Pour assurer son bonheur, il est en droit de tout entreprendre[11]. » Par-delà le lyrisme féroce du discours et le caractère précoce de son contenu, celui qui va bientôt lancer *L'Ami du peuple* y dévoile une notion de bonheur qui rompt avec la conception libérale et annonce des formules qui, pendant un moment, grâce à la pression du mouvement populaire, vont triompher.

« Le but de la société est le bonheur commun[12] » : lorsque, après la chute de la royauté et l'instauration de la république, une nouvelle Constitution destinée à assurer le bonheur des citoyens est préparée, de nombreux projets se situent encore dans la ligne des premiers textes de l'époque révolutionnaire. La version définitive, dite montagnarde, reprend d'ailleurs dans son préambule des termes semblables à ceux des Constituants de 1791 : « L'oubli et le mépris des droits naturels de l'homme sont les seules causes des malheurs du monde », alors que ces droits sacrés et inaliénables sont « les bases de sa liberté et de son bonheur... ». Cependant, dans le contenu même de la Constitution, et dans bien d'autres textes contemporains, le substantif est, comme dans la formule de l'article premier cité plus haut, assorti d'un qualificatif qui révèle, à notre sens, une mutation sensible. Mais qu'est-ce, pour les Montagnards et les sans-culottes, qu'un bonheur *commun*? Il ne s'agit certes pas de la communauté des biens chère aux utopistes[13]. La propriété individuelle est toujours considérée comme l'un des droits naturels et imprescriptibles de l'homme, et quiconque le contesterait s'exposerait à la peine capitale. Donc, pour Robespierre et ses amis, point de redistribution générale des terres, ni, à plus forte raison, de mise en commun des choses. La « félicité commune » suppose simplement, mais c'est déjà beaucoup au moment où ces mots sont prononcés, une réduction des inégalités matérielles les plus scandaleuses. Le bonheur commun est un bonheur *partagé*, mais un bonheur frugal, austère, voire spartiate, un peu comme chez Jean-Jacques Rousseau; un bien-être qui, précisément, peut être accessible au plus grand nombre. Telle est également la finalité du projet d'établissement d'un impôt progressif.

Une telle acception éclaire l'affirmation célèbre de Saint-Just qui, isolée de son contexte, est souvent mal comprise: « Le bonheur est une idée neuve en Europe. » Cette phrase a été prononcée dans un court rapport présenté à la Convention au nom du Comité de salut public le 13 ventôse an II (3 mars 1794), période particulièrement sombre de la Révolution, où la République est menacée de toutes parts et où la crise économique rend très difficile la vie des petites gens. Est alors proposé à l'Assemblée le vote d'un décret ordonnant le recensement de tous les indigents et prévoyant d'améliorer leur situation grâce aux biens des suspects, mis sous séquestre depuis quelques jours. Il s'agit donc d'une distribution des « biens des ennemis de la Révolution », au profit des « malheureux ».

Saint-Just termine l'exposé des motifs de la décision avec ces mots: « On trompe les peuples de l'Europe sur ce qui se passe chez nous; on travestit vos discussions... Que l'Europe apprenne que vous ne voulez plus un malheureux ni un oppresseur sur le territoire français; que cet exemple fructifie la terre; qu'il y propage l'amour des vertus et du bonheur. Le bonheur est une idée neuve en Europe ! »

On a pu, bien sûr, se gausser de cette promesse de félicité commune[14], alors que l'application de la Constitution de l'an I a été suspendue, qu'a été institué « le gouvernement révolutionnaire jusqu'à la paix », que la terreur sévit... Reste que les mesures prises s'inscrivent dans la perspective d'un idéal à atteindre, au nom de la « sainte égalité », et qu'elles rejoignent, à cette fin, toute une série de lois votées de 1792 à l'an II. Le droit de la famille a été l'objet de réformes profondes inspirées par ces mêmes idées[15]: la laïcisation du mariage et l'instauration du divorce (20 septembre 1792) doivent permettre à l'homme et à la femme d'établir ou de rechercher le bonheur conjugal, donc de rejeter le malheur qui résultait, pour les couples mal assortis ou en désaccord, de l'obligation de demeurer perpétuellement attachés l'un à l'autre. Le statut des « enfants de la nature » se rapproche de celui des enfants légitimes, sans toutefois se confondre avec lui (12 brumaire an II, soit le 2 novembre 1793). L'égalité est imposée dans les partages successoraux (12 nivôse an II, soit le 14 janvier 1794)..., pour ne citer que les innovations les plus importantes en la matière, qui se retrouvaient d'ailleurs dans le premier projet de Code civil non abouti.

C'est aussi pour réduire les inégalités que, à la même époque, sont votées des lois dites d'« économie sociale[16] ». D'abord, en matière agraire, en faveur des paysans sans terre ou sans superficie suffisante pour vivre, dont on sait qu'ils constituaient une grande partie des ruraux : acquisition moins difficile des biens nationaux issus des confiscations du patrimoine des émigrés (3 juin 1793), possibilité de décider démocratiquement le partage des biens communaux (10 juin 1793), abolition complète et sans rachat des droits féodaux (17 juillet 1793), après quatre ans de luttes paysannes. Toutefois les projets de limitation de la taille des fermes dans le but de multiplier le nombre des exploitants n'ont pas été votés par les Conventionnels qui ont voulu protéger la liberté contractuelle sans contraindre gros fermiers et propriétaires à morceler leurs exploitations. Quoi qu'il en soit, toutes ces mesures venaient en aide aux travailleurs de la terre. Cependant, l'ensemble des citoyens était concerné par la lutte contre la vie chère et les méfaits des « accapareurs » ; le *maximum* général (29 septembre 1793) ou la taxation du prix des produits et services devaient agir en ce sens. Si le montant des salaires est fixé à celui de 1790 augmenté de moitié, le prix des denrées ne peut dépasser celui de 1790 augmenté d'un tiers. Le temps a manqué aux Montagnards pour rendre efficace cette mesure de caractère dirigiste imposée par le mouvement populaire, mais elle était un premier pas – certes timide – vers la réduction des inégalités et donc, à terme, vers le « bonheur commun ». On s'éloignait, en tout cas, de l'individualisme libéral des Lumières[17].

En revanche, l'une des idées fortes des « philosophes » est reprise pendant la Révolution, celle de la perfectibilité de l'être humain et de la nécessité d'instruire le plus grand nombre, ce qui, à terme, doit conduire aussi au bonheur commun. Toutefois, si la Constitution de 1791, dans son titre premier (« Dispositions fondamentales garanties par la Constitution »), prévoit « qu'il sera créé et organisé une Instruction publique commune à tous les citoyens, gratuite à l'égard des parties d'enseignement indispensables pour tous les hommes et dont les établissements seront distribués graduellement... », et malgré la floraison de rapports et projets, dont celui de Condorcet (début 1792), rien n'est décidé par les premières assemblées.

C'est donc seulement en 1793 et en l'an II que la volonté politique se manifeste vraiment en la matière. En témoigne le plan de Lepeletier de Saint-Fargeau – lu à la Convention, après son assassinat le 20 janvier 1793, par Robespierre –, qui doit permettre de « créer un nouveau peuple » ;

tous les enfants sont enlevés aux familles et placés, pendant sept ou six ans selon le sexe, dans des maisons d'éducation commune. Inspiré du modèle spartiate, ce projet est considéré comme tyrannique. Mais l'idée de faciliter et de généraliser une instruction élémentaire de tous les enfants demeure et la Convention vote le 29 frimaire an II (19 décembre 1793) une loi concernant l'enseignement primaire en posant, pour la première fois en France, les principes d'obligation scolaire et de gratuité, principes plus aisés à proclamer qu'à appliquer, en raison des circonstances. Il demeure que, dans l'esprit de ceux qui l'ont préparée et votée, cette loi allait elle aussi dans le sens de l'égalité et, donc, de la félicité commune.

La recherche de celle-ci a ainsi produit tout un arsenal législatif dont l'efficacité a été brutalement annihilée après la chute de Robespierre et de ses amis en thermidor an II (juillet 1794). Alors, les lois les plus contraires à l'individualisme libéral ne sont plus appliquées ou sont abrogées. Le bonheur commun reste cependant une revendication populaire, tout en se radicalisant. Pour Babeuf et les membres de la Conjuration des Égaux, débordant largement les positions montagnardes, « le bonheur général sur la terre » ne peut résulter que de la mise en commun des biens par suite de la suppression de la propriété privée : « Les richesses particulières disparaissent, et le droit de propriété est remplacé par celui de chaque individu à une existence aussi heureuse que celle de tous les autres membres du corps social. La garantie de ce droit sacré... est dans l'obligation imposée à chaque associé de se charger d'une partie du travail..., obligation qui, par suite de la loi naturelle ayant donné à tous un droit égal au bonheur, est égale pour tous[18]. » Cet idéal rejoint ainsi la tradition utopiste des temps anciens et nourrit les thèses du communisme utopique qui seront développées au cours de la première moitié du XIXe siècle. Est-ce à dire pour autant que le bonheur cher aux hommes des Lumières ou le bonheur commun voulu par les sans-culottes ont leur part dans l'élaboration de la « douce France » ? Certes, l'apport des « philosophes » et les avancées révolutionnaires ont amélioré le sort d'une grande partie de la population. Mais il y eut des laissés-pour-compte, nombreux ; d'autre part, le bonheur attendu et la nostalgie de la « douce France » paraissent antinomiques.

De l'espoir au mythe

En effet, sont en présence, à notre sens, deux visions du monde opposées : l'une, dirigée vers l'avenir est porteuse d'espoir, car elle contient un projet ; l'autre, tournée vers le passé, inspire des regrets et engendre des mythes. Pour ce qui est de la première, l'idée de perfectibilité liée à la laïcisation de l'idée de bonheur, en constitue le pivot. Comme l'explique très justement André Vachet, « l'idée de progrès implique simultanément : 1) la valorisation du temporel, du présent et du futur par rapport à l'éternel, au passé et à la tradition : l'élimination d'un âge d'or dont la fin serait marquée par la chute de l'homme dans le temps ; 2) le remplacement de la Providence par la permanence de la nature et le dynamisme efficace de la raison[19] ». Sont rejetées ainsi l'hypothèse d'une chute originelle comme celle d'un paradis perdu qui ne pourrait pas être retrouvé sur terre, ainsi que l'idée d'une décadence irréversible ou du cycle de l'éternel retour. Une telle conception dessine une vision nouvelle de l'histoire, systématisée par Condorcet dans *L'Esquisse d'un tableau historique des progrès de l'esprit humain*, avec la distinction de dix époques dont les neuf premières témoignent des progrès difficiles de la connaissance, encore réservée à un trop petit nombre, et dont la dixième – qui n'est pas encore ouverte mais dont le commencement est proche – doit assurer le triomphe de la raison, grâce aux « progrès futurs de l'esprit humain », ceux-ci permettant de réaliser l'égalité entre les nations, au sein d'un même peuple, et même l'égalité entre les sexes : « Parmi les progrès de l'esprit humain les plus importants pour le bonheur général, nous devons compter l'entière destruction des préjugés qui ont établi entre les deux sexes une inégalité de droits funestes à celui même qu'elle favorise[20]... »

Quels que soient les embûches et les retards subis, en raison des résistances des mœurs anciennes, le mouvement historique est inéluctable et ce ne sont pas les événements tragiques qui vont bientôt entraîner la mort de l'auteur qui peuvent, à ses yeux, en entraver le cours ; malgré les « erreurs », les « crimes » et les « injustices dont la terre est encore souillée », la marche incessante vers la « vérité », la « vertu » et le « bonheur » console le « philosophe[21] ».

Après la Révolution, en dépit de la vigueur des réactions hostiles aux Lumières, la vision d'un avenir heureux reposant sur l'idée de la perfectibilité indéfinie refait surface. Chez Saint-Simon, entre autres, pour qui l'histoire n'est pas une série d'événements sans liens les uns avec les autres, ni un perpétuel recommencement, cher aux tenant des « philosophies circulaires », mais une évolution progressive des sociétés comme des hommes, obéissant à des lois ; ainsi que le résument ses disciples : « L'homme a jusqu'ici exploité l'homme... voilà l'histoire progressive de l'humanité jusqu'à nos jours ; ASSOCIATION UNIVERSELLE, voilà notre avenir... l'homme n'exploite plus l'homme ; mais l'homme, associé à l'homme, exploite le monde livré à sa puissance[22]. » Cette perspective d'un futur heureux est aussi, à la même époque, l'une des idées fortes des utilitaristes qui recherchent « le plus grand bonheur du plus grand nombre[23] ». Quant au bonheur commun voulu par les sans-culottes en 1793, il n'est pas oublié par ceux que la réaction bourgeoise post-thermidorienne, puis les conséquences néfastes de la révolution industrielle, ont plongés dans la misère, et qui attendent la « sociale », une révolution qui fera table rase du passé.

Face à de telles espérances, s'expriment, outre les diatribes des tenants des anti-Lumières[24], les regrets des temps révolus. La nostalgie d'un passé idéalisé remontant avant la Révolution française et même au-delà ressuscite le mythe de l'âge d'or ou, comme on le dira plus tard, de la belle époque. Tel est, en particulier, le sentiment des émigrés qui ont abandonné terres et châteaux dès 1789 et au cours des années qui ont suivi, afin de mieux lutter contre le nouveau régime, mais qui ne se consolent pas d'avoir quitté un royaume où il faisait bon vivre. Significative, à cet égard, est la romance écrite par Chateaubriand sous le titre *Souvenir du pays de France*[25]; en particulier, son premier couplet:

Combien j'ai douce souvenance
Du joli lieu de ma naissance!
Ma sœur qu'ils étaient beaux les jours
De France!
Ô mon pays, sois mes amours
Toujours[26] *!...*

La suite est de la même eau. On peut d'ailleurs remarquer, en passant, que dans cette complainte, comme dans la chanson de Trenet, le regret est celui de l'enfance, voire du sein maternel.

Du désir de retour et de recommencement est révélateur, dans un tout autre registre, le nom qui a été donné au régime instauré en France après la chute de Napoléon: la *Restauration*. Même si Louis XVIII, par nécessité politique, admet dans le préambule de la charte de 1814 devoir « à l'exemple de ses prédécesseurs, apprécier les effets des progrès toujours croissants des lumières [sans majuscule]... », il prend bien soin de préciser qu'il désire « renouer la chaîne des temps, que de funestes écarts avaient interrompue », et « effacer de notre souvenir, comme nous voudrions qu'on pût les effacer de l'histoire, tous les maux qui ont affligé la patrie durant notre absence ». De fait, l'éloge des temps anciens, ajouté au repli à l'intérieur de l'Hexagone, est l'une des constantes de la pensée contre-révolutionnaire et traditionaliste. La Révolution elle-même n'est pas occultée, mais l'histoire dans son ensemble obéit à un ordre providentiel qui n'est pas toujours accessible à l'esprit humain; les événements tragiques manifestent le courroux de Dieu et assurent l'expiation des fautes collectives. On est loin des thèses évolutionnistes issues des Lumières.

Faut-il, en définitive, considérer la notion de « douce France » comme rétrograde et ceux qui la célèbrent ou qui la chantent comme peu progressistes? Lorsque, en 1943, Charles Trenet compose la chanson qui porte ce titre, l'avenir du pays est des plus noir. Était-ce une façon d'exalter les traditions nationales? Était-ce, inconsciemment, adhérer à la glorification d'un passé lointain, chère à ceux qui gouvernaient alors la France et qui voulaient expier les fautes de la défaite et du Front populaire qui en était la cause ?

Notes

1 Cf. Robert Mauzi, *L'Idée du bonheur dans la littérature et la pensée française au XVIIIe siècle*, Armand Colin, 1960.

2 Abbé Charles-Joseph Trublet, *Essai sur divers sujets de littérature et de morale*, Paris, 1735, 6e éd., 1768, t. III, p. 229-230.

3 Robert Mauzi, *op. cit.*, p. 561.

4 Robert Vachet, *L'Idéologie libérale. L'individu et sa propriété*, préf. d'André Lefèbvre, Anthropos, 1970, p. 118 et 119.

5 *La Politique naturelle, ou discours sur les vrais principes du gouvernement, Discours I*, § 11, éd. Josiane Boulada Ayoub, Fayard, 1998, p. 26.

6 *Lettre à Madame de Graffigny sur les « Lettres péruviennes »*, 1751, *Œuvres complètes de Turgot*, éd. Daire, Paris, 1844, t. II, p. 785.

7 *Système social ou Principes naturels de la morale et de la politique, avec un examen de l'influence du gouvernement sur les mœurs*, Londres, 1773, t. I, p. 187-188.

8 Charles-Hector, comte d'Estaing, *Le Plaisir*, rêve, poème, À Otiopolis, chez Daniel Songe-creux, à l'Apocalypse, 1755, p. 88.

9 *La Politique naturelle…*, *op. cit.*, *Discours I*, § 32, *ibid.*, p. 48.

10 « Le genre humain, tel qu'il est, ne peut subsister à moins qu'il n'y ait une infinité d'hommes utiles qui ne possèdent rien du tout », Voltaire, *Dictionnaire philosophique*, article « Égalité ».

11 Marat, *Projet de déclaration des droits de l'homme et du citoyen, suivi d'un plan de constitution juste sage et libre*, août 1789.

12 Article 1er de la Constitution de l'an I (24 juin 1793).

13 Cf. Jean Bart, « Le but de la société est le bonheur commun », *Les Déclarations de l'an I*, colloque de Poitiers, décembre 1993, PUF, 1995, p. 134-143 ; article repris dans *Du droit de la province au droit de la Nation*, Dijon, Publications du Centre Georges-Chevrier, 2003, p. 829-840.

14 Devant « les cris et la fureur de l'aristocratie », Saint-Just, dans son long rapport à la Convention sur les factions de l'étranger (23 ventôse an II, le 13 mars 1794), est amené à préciser ce qu'il entend par bonheur : ce n'est pas « celui des corrupteurs de l'humanité… mais le bonheur de la vertu, celui de l'aisance et de la médiocrité… le bonheur qui naît de la jouissance du nécessaire sans superfluité… la haine de la tyrannie, la volupté d'une cabane et d'un champ fertile cultivé par vos mains… ».

15 Cf. Jean Bart, *Histoire du droit privé de la chute de l'Empire romain au Code civil*, Paris, Montchrestien, p. 473 sq.

16 Cf. Florence Gauthier, « De Mably à Robespierre : un programme économique égalitaire, 1775-1793 », *Annales historiques de la Révolution française*, 1985, p. 265-289.

17 Cf. Jean-Pierre Gross, *Égalitarisme jacobin et Droits de l'homme, 1793-1794. La Grande Famille et la Terreur*, Paris, Arcantières, 2000.

18 Buonarroti, *La Conspiration pour l'égalité, dite de Babeuf*, Paris, Éditions Sociales, *Les classiques du peuple*, t. I, 1969, p. 157.
19 *L'idéologie libérale…*, *op. cit.*, p. 121.
20 *Esquisse d'un tableau historique des progrès de l'esprit humain*, Bibliothèque des textes philosophiques, Vrin, 1970, p. 228.
21 Ces mots figurent dans la dernière page de *L'Esquisse*, *op. cit.*, p. 239.
22 *Doctrine de Saint-Simon, Exposition. Première année*, 1828-1829, 3e éd., Paris, 1831, *sixième séance, résumé*, p. 38.
23 Cf. Georges Gusdorf, *La Conscience révolutionnaire. Les Idéologues*, Payot, 1978, p. 258.
24 Cf. Zeev Sternhell, *Les Anti-Lumières. Du* XVIIIe *siècle à la guerre froide*, Fayard, 2006.
25 Connue aussi sous le nom : *Le Montagnard émigré.*
26 Œuvres complètes de Chateaubriand, nouv. éd. par M. Sainte-Beuve, Garnier, t. 3, 1861, p. 556-557. La romance a été reproduite par Chateaubriand dans les *Aventures du dernier Abencerage.*

Le discours du déclin, la langue française et la diversité culturelle

Claude Hagège

Il est devenu courant, aujourd'hui, d'entendre en France, ou, moins souvent, à l'étranger, un discours désabusé, sinon parfois amer, et même, dans certains cas, ironique, sur le déclin de la France dans de nombreux domaines. En France, ce discours est tenu, d'abord, par les représentants de la bourgeoisie néolibérale, qui ont en vue, notamment, la langue française, considérée par eux comme de moins en moins capable d'exprimer le monde moderne et ses avancées techniques et économiques, alors que l'anglais leur paraît tout à fait adapté aux besoins de cette expression. Le discours du déclin est également tenu par un certain nombre de chercheurs, soit parce que, dans leur pratique, l'anglais apparaît comme le seul véhicule possible pour une large diffusion, espérée, de leurs résultats sous forme de publications, soit même parce que ces chercheurs se sont persuadés que le français ne dispose pas des instruments terminologiques adéquats ou suffisants pour être une véritable langue des travaux scientifiques. Au-delà des chercheurs, une partie de la « classe » intellectuelle française a pris, depuis peu, l'habitude soit de ne pas oser s'identifier comme le produit d'une culture et d'un enseignement français, soit même de les dénigrer ouvertement.

Le discours du déclin est beaucoup plus rare dans les parties politiquement et intellectuellement moins en vue de la population française. Cependant, ces dernières sont travaillées par la pression des médias, parmi lesquels, en particulier à la radio et à la télévision, l'usage quasiment professionnel est de faire écho aux schémas et formulations à la mode, et d'éviter, sauf exceptions, le travail de réflexion qui consisterait à méditer sur ces effets du prêt-à-penser, et à les soumettre à une analyse lucide avant de les servir au public. Celui-ci est, évidemment, d'autant plus malléable que, dans sa majorité, il s'alimente en informations auprès des médias, bien plus souvent qu'à travers la lecture des ouvrages littéraires et savants, ou de la presse soucieuse de rigueur et d'esprit critique.

Pourtant, la diffusion du discours du déclin ne paraît pas avoir atteint certains des domaines qui ont pu accréditer, dans l'esprit des générations antérieures, l'image, naguère cultivée, de la « Douce France ». Il y avait, et il y a toujours, parmi ces domaines, l'impression d'harmonie, ou de choc esthétique, qui se dégage de beaucoup de paysages de France. L'afflux est toujours aussi considérable, sinon même en progression, des touristes, dont le nombre fait de Paris le lieu le plus visité du monde, d'autres lieux célèbres de France occupant, sur cette échelle, une place plus qu'honorable. La gastronomie française, même concurrencée par les talents culinaires qui surgissent et s'affirment dans d'autres pays d'Europe, d'Asie et d'Amérique, demeure, aujourd'hui, un des facteurs, quoique non le seul assurément, de cette image favorable de la France aux yeux de beaucoup d'étrangers, parmi les plus fortunés il est vrai.

Ayant brièvement esquissé certains éléments du cadre dans lequel est proféré le discours du déclin, je voudrais à présent examiner la place que tient l'image qu'on se fait de la langue et de la culture françaises parmi les composantes qui alimentent ce discours. On peut considérer qu'une évolution assez nette est intervenue depuis le milieu des années 1990, c'est-à-dire depuis une dizaine d'années. Il y avait évidemment, avant ce moment considéré ici comme une charnière approximative, bien des signes de l'évolution qui devait conduire à la situation d'aujourd'hui. Pourtant, c'est à partir de ce moment que l'on voit clairement le pouvoir politique français s'écarter progressivement d'une attitude qu'il avait cultivée précédemment. « Précédemment » ne signifie pas ici « dans les années » ni même « dans les décennies précédentes ». Cet adverbe signifie en réalité « depuis au moins cinq siècles ». Pourquoi ? Tout simplement parce que depuis l'ordonnance de Villers-Cotterets (1539) jusqu'à la loi Toubon (1994) en passant par le décret du 2 thermidor an II (20 juillet 1794), la langue française est, en France, une affaire éminemment politique.

Par l'ordonnance de Villers-Cotterets, le roi François Ier stipule que les actes régissant la vie privée seront désormais rédigés en français et non plus en latin ni en langues régionales. Par le décret du 2 thermidor an II, la Convention montagnarde décide que tout citoyen qui aura fait usage d'une autre langue que le français dans ses relations avec les autorités civiles encourt les rigueurs du pouvoir, dans une France en pleine guerre avec plusieurs pays d'Europe, et où les langues régionales, malheureusement pour elles, sont vues comme les vecteurs d'un discours antirépublicain impliquant intelligence avec l'ennemi. Enfin, la loi Toubon proscrit l'emploi d'une langue autre que le français dans la publicité commerciale, les codes du travail, les examens et concours, les marques de fabrique, les notices d'utilisation des produits, les règlements intérieurs des entreprises. On voit donc que les autorités politiques en France, que ce soit sous la monarchie ou sous la république, considèrent depuis fort longtemps la langue française comme un domaine relevant de leurs prérogatives, et par conséquent susceptible d'être le lieu d'une activité législatrice ou décisionnaire.

Lorsque l'on constate que cette conception, sans avoir disparu, s'affirme beaucoup moins aujourd'hui que ce n'était le cas il y a douze ans, on est tenté d'en chercher les causes. Or même si l'apparition simultanée de deux phénomènes ne signifie pas nécessairement que l'un soit la cause de l'autre, on ne peut manquer de relever une corrélation tout à fait frappante : cet affaiblissement de l'effort très ancien de promotion publique de la langue française est à peu près exactement contemporain de l'accélération spectaculaire de la diffusion mondiale de l'anglais, en particulier dans le monde des affaires. Les milieux spécialisés ont assez généralement souligné que l'idéologie néolibérale, guidée par la politique commerciale des États-Unis, est devenue plus que jamais, dans la dernière décennie, le credo des industriels les plus puissants, dirigeants et hauts responsable des sociétés pudiquement appelées « multinationales », et que cette idéologie se répand même dans le monde des petites et moyennes entreprises. Et comme chacun le sait, la langue universelle de cette idéologie est l'anglais. On pourrait multiplier les mentions d'initiatives prises par Bruxelles, et même par la France officielle, sans compter les autres pays d'Europe et en s'en tenant à ce continent, pour promouvoir l'anglais dans tous les domaines [1].

Un exemple peut ici permettre d'apercevoir les enjeux. Le lien de la langue avec la recherche industrielle devrait paraître étroit, dans la mesure où il semble logique de considérer l'usage de leur langue maternelle par les inventeurs comme une pièce maîtresse de leur prestige. Pourtant, l'affaire des brevets démontre que de lourdes menaces pèsent sur le français comme langue scientifique, en dehors même de la situation bien connue, et maintes fois dénoncée, qui conduit les chercheurs français à publier en anglais. Les associations américaines et britanniques de protection de la propriété intellectuelle réclament depuis longtemps l'adoption de l'anglais comme seule langue des brevets, sous prétexte d'épargner aux inventeurs anglophones les frais de la traduction, aujourd'hui encore obligatoire, dans les deux autres langues européennes que sont le français et l'allemand. En réalité, les coûts de traduction sont mineurs si on les compare avec ceux de la rémunération des agents-ingénieurs, des avocats et conseils spécialisés, et avec les frais de dossier, d'examen, de délivrance et de renouvellement. On regrettera d'avoir à constater que l'accord de Londres (juin 2001), qui cède dans une large mesure à cette pression de l'anglais, a été signé par la France même s'il est vrai qu'elle n'a pas encore ratifié cet accord, alors que d'autres pays, qui pourtant ne possèdent pas de tradition de promotion politique de leur langue comparable à celle de la France (Espagne, Portugal, Italie, Grèce, Finlande notamment), ont refusé d'accorder aux ingénieurs et entreprises anglophones ce brevet d'invasion encore plus sûre de leurs marchés, déjà assiégés depuis les années 1950, et de précarisation des langues nationales dans lesquelles ces marchés fonctionnent.

En contraste avec la docilité française dans le domaine des brevets, il existe au moins un domaine dans lequel une politique de défi abolit la docile soumission aux prétendues lois du marché et à la primauté qu'en recueillent les produits des industries américaines et la langue anglaise, qui est le moyen d'expression de leur diffusion. Il s'agit de ce qu'on appelait naguère l'exception culturelle, et qu'on appelle aujourd'hui la diversité culturelle. Nous observons ici une situation très intéressante. En effet, alors que, si on compare la situation d'aujourd'hui à celle qui a prévalu durant plusieurs siècles, le gouvernement français, comme je viens de le rappeler, offre généralement l'image d'un relatif désengagement quant à la promotion du français, ce même gouvernement livre néanmoins sans discontinuer, depuis trois décennies au moins, sinon davantage, un combat opiniâtre pour l'exception culturelle. Les raisons de cette situation sont faciles à comprendre. Plus que les armements, plus que l'industrie lourde, que l'électronique, que les industries nouvelles, plus que les industries alimentaires, plus que les produits de la mode, vestimentaire ou sportive, plus que les articles de vacances et de loisirs, et que bien d'autres domaines commerciaux, les industries culturelles, si étrange qu'il paraisse, constituent le premier poste d'exportation de la production américaine. Cela veut dire que les producteurs américains de films, de programmes télévisés, de musiques de toutes sortes (en particulier rock, techno, variétés), de journaux, revues, magazines et ouvrages littéraires, et de bien d'autres objets généralement imputés aux industries culturelles, considèrent comme vitale une ouverture de la totalité de la planète à leurs produits. En d'autres termes, les produits culturels constituent, dans la doctrine d'outre-Atlantique, des produits commerciaux au même titre que tous les autres, d'où l'effort d'abolition libre-échangiste des entraves au commerce, selon la doctrine inspirée par une vieille tradition britannique. Dès lors, toute politique protectionniste des pays du monde quels qu'ils soient, toutes mesures douanières, tous contingentements, ou plus généralement toutes barrières dressées sur les voies de pénétration des produits américains ne peuvent pas être vus autrement, par les producteurs des États-Unis, que comme d'insupportables obstacles à leur expansion. Ainsi s'explique la relation entre les représentants de la France et ceux du commerce américain. Derrière les façades diplomatiques, il s'agit d'un affrontement permanent, dont le grand public ne mesure pas toujours, sans doute, l'âpreté : d'un côté, des négociateurs essayant obstinément de convaincre leurs partenaires que le libre-échange ne connaît pas d'exception, de l'autre côté, des Français convaincus que les productions de l'esprit ne doivent pas relever des mêmes pratiques économiques que toutes les autres, et que l'on peut à bon droit plaider en leur faveur l'exception culturelle.

La France, dans ce combat, est aujourd'hui de moins en moins isolée. En effet, divers événements ont aiguisé les prises de conscience. Si l'on s'en tient au domaine du cinéma, l'opinion éclairée, dans bien des pays d'Europe, a été frappée par le quasi-naufrage de l'industrie cinématographique dans deux pays au moins, qui durant les premières décennies succédant à la Seconde Guerre mondiale, offraient des films à la fois nombreux et, dans beaucoup de cas, reconnus pour leur qualité. Aujourd'hui, la part de la production nationale dans les salles de cinéma d'Allemagne et d'Italie ne dépasse pas 10 %. La part de la production nationale dans les salles françaises est actuellement de 30 %. Ce chiffre que certains pourront, alors qu'il est trois fois supérieur à celui qu'on vient également de citer, considérer comme encore bien bas, n'est pourtant obtenu qu'au prix d'une lutte sans merci des négociateurs français face à des adversaires qui reprennent périodiquement l'offensive. Notons que seuls peuvent légitimement être considérés comme français des films dont la langue est le français. S'il importe de le rappeler, c'est dans la mesure où des producteurs français, sensibles aux sirènes du profit, acceptent la suggestion d'homologues américains qui leur promettent une vaste diffusion à condition que la langue de leur film soit l'anglais.

Le lien ainsi souligné entre les produits culturels comme les films et la langue qui les porte apparaît encore assez étroit pour légitimer, aux yeux des autorités françaises, l'effort qu'elles accomplissent dans la lutte pour la promotion de la diversité culturelle à travers le refus d'ouvrir les salles à l'intrusion massive des films américains, c'est-à-dire de condamner le cinéma national à l'étiolement. Il s'agit ici d'un acte que l'on doit considérer comme ouvertement politique. Jusqu'ici, cet acte a réussi à maintenir la production française à un niveau qui est le plus haut d'Europe occidentale. Son succès même apporte la preuve du fait que le combat pour l'exception culturelle n'est pas vain et peut connaître des victoires.

On doit caractériser comme un combat d'un type comparable celui que les autorités du Québec ont conduit, non pas seulement pour la promotion d'une production culturelle, mais bel et bien pour l'existence même du français comme langue nationale. Le Parti québécois, parvenu en 1976 au gouvernement de la Province, fait voter en 1977 la fameuse loi 101, qui répute le français langue officielle unique, garantissant sa survie face à deux facteurs redoutables : d'une part, le fait que le Québec est un îlot de 6 à 7 millions de francophones au milieu d'un océan de 250 à 260 millions d'anglophones canadiens et américains ; d'autre part, le fait que le Québec est une terre d'immigration, où les nouveaux arrivés qui cherchaient un emploi étaient tentés de s'adresser aux industriels anglophones, plus dynamiques et plus prompts au recrutement de travailleurs. Ces derniers étaient donc voués à devenir des locuteurs de l'anglais et non du français. Certes, la loi 101 a été souvent amendée sous la pression des adversaires du français, qui coïncident parfois (je ne dis pas « toujours ») avec les milieux hostiles à la gauche antilibérale. Néanmoins, la loi 101 a réussi à donner à la langue française une position solide au Québec. On peut s'inspirer de cet exemple pour considérer que les actes politiques et législatifs sont capables de modifier une situation que l'on croyait inéluctable, comme la domination de l'anglais et sa capacité à se substituer un jour au français en France même, ainsi que le pensent ceux qui assimilent l'anglophonie à la puissance industrielle, et sont donc prêts à sacrifier le français, puisque ils vivent dans le délire de l'anglais comme garantie de modernité économique. Bien entendu, ceux-là ne rêvent que d'américanisation, et ne feront rien pour assurer l'avenir du français, bien au contraire.

Cependant, les positions de cette catégorie de la population française, certes très minoritaire mais aussi très puissante et douée des moyens de façonner l'opinion, se heurtent à l'action dynamique non seulement de ceux qui, en France, sont résolus à promouvoir le français face à ce défi redoutable, mais encore d'autres francophones. Il s'agit de ceux qui veulent promouvoir le français plus que bien des Français ne le veulent eux-mêmes, selon le mot d'Abdou Diouf. Ce dernier, ancien président de la république du Sénégal, est le secrétaire général de l'Organisation internationale de la francophonie, dont la première forme doit beaucoup à l'action du précédent chef de l'État sénégalais, Léopold Sédar Senghor. Senghor fonda au début des années 1960, avec, notamment, ceux qui étaient alors les chefs des États tunisien, nigérien, cambodgien, Habib Bourguiba, Hamani Diori, le prince Norodom Sihanouk, une association de pays qui, ayant négocié leur indépendance avec la France, puissance coloniale, voulurent retenir d'elle ce qu'elle leur paraissait avoir de meilleur, et qu'ils avaient retourné contre elle en s'en servant comme d'une de leurs armes mêmes, c'est-à-dire sa langue et sa culture.

Les autorités régionales du Québec, de la Suisse romande et de la Wallonie devaient plus tard, ainsi que la France elle-même, rejoindre cette association. Le nombre des États membres n'a cessé de croître au long des années. Du 27 au 29 septembre 2006 a eu lieu à Bucarest le XIe Sommet de la francophonie, réunissant dans la capitale de la Roumanie (elle-même pays à vieille tradition francophone bien que l'anglais y progresse fortement aujourd'hui) plus de cinquante délégations, présidées par les chefs d'État ou de gouvernement d'autant de pays. La raison pour laquelle on peut considérer l'Organisation internationale de la francophonie comme une entité politique agissant en faveur de l'exception culturelle est simple : à l'échelle du monde, cette association de plusieurs dizaines de pays et de régions apparaît comme un autre choix face au déferlement de l'anglais, et donc comme une entreprise promouvant cette autre face de l'exception qu'est la diversité. Les esprits lucides ne s'y trompent pas. Cette association s'efforce de promouvoir non pas, comme on le croit souvent, le français en soi, mais plutôt, à travers le français, l'ensemble des langues dont les locuteurs veulent être entendus en se ralliant autour d'une langue autre que l'anglais.

Au cours d'une longue histoire, la politique officielle a souvent servi le français. Deux étapes fameuses de cette histoire sont, d'une part, celle qui s'étend du début du règne de Louis XIV (1661) au congrès de Vienne, qui entend clore, en 1815, l'épisode napoléonien et, d'autre part, la IIIe République, sous laquelle l'expansion coloniale est accompagnée, comme par « compensation » aux violences du profit et de la loi militaire et économique imposée aux populations colonisées, par un effort important en vue de répandre la langue et la culture françaises à travers l'école républicaine.

Ce n'est pas un des moindres paradoxes de l'histoire du français que de le voir servir aujourd'hui, en contraste avec ces épisodes de son histoire, non plus sa propre gloire mais plutôt la promotion de nombreuses langues, notamment celles de pays que la France a colonisés du milieu du XIXe siècle aux années 1960. On observe, chez beaucoup des promoteurs étrangers de la langue française, une attitude intellectuelle qui se retrouve parmi d'autres : ceux qui ont choisi la France, qui ont voulu y vivre, ont une image certes idéalisée du pays et du mode de vie qu'ils ont mis beaucoup d'énergie à souhaiter ; mais cette image galvanise leur dynamisme : pour avoir acquis la citoyenneté française depuis moins longtemps que les familles de vieille souche, ils n'en sont pas moins imbus, et le sont même souvent plus que ces dernières, du rayonnement de la culture et de la langue françaises. Chez eux, point de désenchantement, point de doute quant au rôle de la France, point d'interrogations inquiètes ou moqueuses sur l'avenir de la France. Le discours du déclin est un dérisoire attribut de Français épris d'un ailleurs que répandent les modes. L'image masochiste du déclin ne peut produire d'action susceptible de l'enrayer s'il est avéré. Le ressassement du déclin, la pensée du déclin, n'habitent pas ceux qui ont « une certaine idée de la France ».

Note

1 Tout ce qui est rappelé ici et dans la suite de la présente étude fait l'objet d'un traitement détaillé dans l'ouvrage de Claude Hagège *Combat pour le français. Au nom de la diversité des langues et des cultures*, Odile Jacob, 2006.

De l'exception culturelle à la diversité culturelle : identité française face à la mondialisation

Nobutaka Miura

Qu'est-ce que l'exception culturelle française vue du Japon ? Il convient de préciser d'entrée de jeu qu'il ne s'agit pas de l'« exception française » mais bien de l'« exception culturelle ». Je ne parlerai donc pas de la figure exceptionnelle que représente la France aux yeux des Japonais. Il faut entendre par exception culturelle l'action d'excepter la culture et l'audiovisuel de la règle de libre-échange du commerce international, et par exception française tout ce qui fait de la France un pays exceptionnel, qui la met en dehors du commun des nations depuis la Révolution française.

La notion d'exception française est apparue dans le débat public en France bien avant celle d'exception culturelle qui, elle, a vu le jour en automne 1993, lors des négociations commerciales du GATT opposant l'Europe aux États-Unis. C'est le dossier « Le GATT contre l'Europe » du *Monde diplomatique* de novembre 1993 [1] qui m'a fait comprendre l'enjeu extrêmement important du débat. L'année suivante, j'ai trouvé dans *L'État de la France 1994-1995* une analyse pénétrante de la bataille de l'exception culturelle [2]. Pourtant, la terminologie évoluera petit à petit vers la notion plus positive de « diversité culturelle », qui s'impose au tournant du siècle. L'Unesco adopte ainsi en novembre 2001 la Déclaration universelle sur la diversité culturelle. Mais, le mois suivant, Jean-Marie Messier, le P-DG de Vivendi-Universal, déclare que « l'exception culturelle française est morte ». Son propos suscite aussitôt une tempête politico-médiatique, ce qui montre que la notion n'est pas tout à fait morte.

Pour ce qui concerne l'exception française, citons deux références qui ont attiré particulièrement mon attention. L'une est *La République du centre. La fin de l'exception française* de François Furet, Jacques Julliard et Pierre Rosanvallon, publié en 1988 chez Calmann-Lévy. La deuxième est un article de Régis Debray publié en 1990, dont le titre est « La laïcité, une exception française [3] ? ». L'interrogation paraît tout à fait pertinente, vu que le terme de laïcité n'a pas à ma connaissance d'équivalent dans d'autres langues, sauf peut-être en turc. Ces deux références nous laissent supposer que l'exception française désigne ce en quoi la France n'est pas un pays comme les autres du point de vue de la culture politique ou du modèle d'intégration républicain. Quand les uns essayent de la démystifier, les autres tiennent à la préserver. L'exception française, on l'aura compris, est inséparable de la question d'identité nationale. On pourrait donc avancer dans un premier temps que la défense de l'exception culturelle est un des aspects de l'exception française[4].

La croisade culturelle contre le GATT (1993)

Le *round* de l'Uruguay du GATT aboutit à un accord global le 14 décembre 1993 après sept ans de longues et laborieuses négociations multilatérales. Le GATT, l'Accord général sur les tarifs douaniers et le commerce signé en 1947, a pour mission de définir les règles du jeu du commerce international pour libéraliser graduellement les échanges. Après sept cycles successifs de négociations, dit *rounds*, visant à l'abaissement simultané et réciproque des droits douaniers sur les produits industriels, le cycle de l'Uruguay est lancé en septembre 1986 à Punta del Este, pour aboutir quatre ans plus tard. L'Uruguay Round a ceci de particulier qu'il a voulu libéraliser les échanges non seulement des produits manufacturés, mais aussi des produits agricoles et du secteur des services. La pomme de discorde qui a retardé si longtemps les négociations était la question épineuse du dossier agricole. Pour les agriculteurs français, c'était une question de vie ou de mort, puisqu'il s'agissait de réduire substantiellement les subventions aux produits agricoles auxquelles la Commission européenne consacrait près de deux tiers de son budget total conformément au mécanisme de la politique agricole commune (PAC).

Mais dans la dernière phase du cycle, le dossier audiovisuel a surgi à l'avant-scène des négociations. Les Américains tenaient à inclure l'audiovisuel (cinéma, programmes télévisuels, vidéo) dans le GATS (*General Agreement on Trade in Services*) avant de conclure un acte final des négociations. Ils voulaient saisir l'occasion pour mettre en cause les aides publiques à la production cinématographique et les quotas de diffusion télévisuelle des programmes européens.

En effet, la France a mis en place un système de soutien financier pour permettre au cinéma français de se développer. Ce financement, géré par le Centre national de la cinématographie (CNC[5]), est alimenté par trois sources : les recettes des salles de cinéma, le chiffre d'affaires des chaînes de télévision qui sont de gros consommateurs de films, et les ventes de la vidéo. Ce système a servi de modèle pour la Commission européenne quand cette dernière a élaboré le programme Media, adopté en 1990 afin d'encourager le développement de l'industrie audiovisuelle européenne. Ce programme intervient en amont et en aval de la production cinématographique, avec des aides financières attribuées sous forme d'avances sur recettes remboursables.

Pour ce qui concerne les quotas audiovisuels européens, c'est la fameuse directive « Télévision sans frontières » que les Américains ont voulu faire supprimer dès son adoption en 1989, car elle oblige les chaînes de télévision à consacrer une part majoritaire, c'est-à-dire au moins 50 %, de leurs émissions aux œuvres européennes. En France, ces quotas de diffusion s'élèvent à 60 % dont deux tiers doivent être consacrés aux films tournés en langue française.

Ces pratiques de subventions à la production et de quotas de diffusion vont à l'encontre des principes préconisés par le GATT de libre accès au marché et de concurrence loyale. Par conséquent, les Américains, qui se prétendent défenseurs du libre-échange chaque fois qu'ils critiquent le protectionnisme des autres, voulaient prendre d'assaut la forteresse européenne de l'audiovisuel, déjà assiégée, parce que la balance commerciale euro-américaine de l'audiovisuel était largement excédentaire en faveur des États-Unis. On estime qu'en 1992 les Américains ont exporté en Europe 3,7 milliards de dollars de films et de produits audiovisuels (séries télé et cassettes vidéo) alors que les Européens ne réussissaient à ne leur en vendre que 250 millions de dollars, à savoir un quatorzième de leurs importations. Ce déséquilibre a commencé à s'installer à partir des années 1970 où le cinéma américain a conquis une part de marché majoritaire en Europe. Les films *made in USA* représentaient en 1992 en France 59 % des recettes en salle, 84 % au Royaume-Uni et 92 % aux Pays-Bas. Les chiffres varient d'un pays à l'autre mais, dans l'ensemble, le cinéma américain détient trois quarts du marché européen. Le contraste est saisissant si l'on considère que les cinémas européens ne pèsent que pour 2 ou 3 % du marché américain.

Pour les programmes télévisuels, les produits américains disposaient également d'une part majoritaire du marché européen. Déjà amortis à l'intérieur du grand marché outre-Atlantique, ils s'offraient à l'exportation à un prix défiant toute concurrence. L'audiovisuel arrivait ainsi au second rang des exportations américaines après l'aéronautique, et 60 % d'entre elles étaient destinés à l'Europe des Douze. Ce n'est donc pas un simple titre de noblesse que visait le puissant lobby des compagnies hollywoodiennes (MPAA pour *Motion Picture Association of America*), il cherchait avec acharnement le maximum de gain possible dans la perspective du développement du marché.

Comment les Européens ont-ils réagi à la demande pressante des Américains ? Ils se sont employés à exclure des négociations le cinéma et l'audiovisuel en faisant valoir qu'ils ne sont pas des marchandises comme les autres et qu'ils constituent un patrimoine important pour préserver l'identité culturelle de chaque peuple. Par ailleurs, la France, avocat le plus déterminé de l'exception culturelle, a déployé tous ses efforts pour convaincre ses partenaires européens[6]. Pourquoi était-il nécessaire d'obtenir un consensus au niveau communautaire ? Parce que la France en tant que telle ne participait plus aux négociations du GATT dès lors que la Communauté européenne avait adopté la politique commerciale commune, de sorte qu'elle parlait d'une seule voix dans les négociations multilatérales. Et cette seule voix était, en l'occurrence, celle de Sir Leon Brittan. Ex-ministre du gouvernement Thatcher avant de devenir commissaire européen, Brittan défendait les règles du libre-échange dont il était un héraut au sein de la Commission bruxelloise. Fervent libéral, Sir Leon s'opposait aux dispositions des quotas, préconisant plutôt la « spécificité culturelle » qui consistait à admettre l'application des règles du GATT aux services audiovisuels sous un régime spécifique.

Personne ne sut donc si, fidèle au mandat qui lui était donné, il alla jusqu'au bout de la logique française de l'exception culturelle. Toujours est-il que Mickey Kantor, le négociateur américain[7], céda du terrain au dernier moment, préférant arriver à un accord final avant la date butoir du 15 décembre 1993, fixée par les contraintes de la procédure parlementaire du Congrès américain. Sans aucune offre d'engagements de la part des États européens, les services audiovisuels furent finalement exclus de l'accord final, et ce dénouement fut célébré comme une victoire européenne.

Mais si les Européens avaient remporté une bataille, ils n'avaient pas gagné la guerre, comme le remarqua Jacques Toubon, ministre français de la Culture de l'époque. C'est un simple cessez-le-feu qui fut signé. Mickey Kantor n'avait-il pas déclaré : « We agree not to agree » ? Étant donné l'enjeu du secteur, les Américains devaient repartir, le moment venu, à l'assaut du marché européen. En effet, il était prévu que les nouvelles négociations sur les services devaient être engagées avant le 31 décembre 1999, dans le cadre de l'Organisation mondiale du commerce (OMC) qui entrerait en fonction le 1er janvier 1995 selon l'acte final de l'Uruguay Round signé à Marrakech en avril 1994.

La France a ainsi connu, en automne 1993, une formidable ébullition en s'engageant dans la campagne de l'exception culturelle qui, largement médiatisée, a mobilisé la nation entière au-delà des clivages politiques. La classe politique a soutenu les initiatives prises par les professionnels du cinéma et de la télévision, comme l'association des Auteurs-réalisateurs-producteurs (ARP). Le 15 septembre, une vingtaine de vedettes de cinéma se rendaient au Parlement européen de Strasbourg pour lui faire adopter une résolution en faveur de l'exception culturelle. Jacques Delors qui recevait des professionnels de l'audiovisuel le 13 octobre à Bruxelles, indiquait lui aussi qu'il soutenait la clause d'exception.

François Mitterrand, quant à lui, choisira judicieusement le cinquième Sommet de la francophonie, à l'île Maurice, du 16 au 18 octobre, pour prononcer un plaidoyer puissant devant 47 délégations. « Les créations de l'esprit, déclara-t-il, ne peuvent être assimilées à de simples marchandises. [...] Ce qui est en jeu, et donc en péril dans les négociations en cours, c'est le droit de chaque pays à forger sa propre identité. Une société qui abandonnerait les moyens de se dépeindre elle-même serait rapidement une société asservie. » Belle envolée lyrique marquant un temps fort dans l'épopée de la croisade culturelle orchestrée sous la houlette française[8].

Cependant, si la culture n'est pas une marchandise comme les autres, les produits audiovisuels sont tout de même des marchandises et si la France s'est trouvée à la tête de la campagne, c'est qu'elle est le seul pays qui a su maintenir son industrie cinématographique malgré la domination des produits hollywoodiens. La bataille française s'est menée davantage dans l'ordre du symbolique que dans celui d'un décompte précis des marchandises. Finalement, pour survivre à la concurrence américaine, il faut produire beaucoup de films, et beaucoup de films de qualité qui plaisent à un public aussi large que possible.

Défendre la culture contre la civilisation ?

Ce rapide survol permettra de voir, dans la bataille de l'exception culturelle, l'affrontement de deux logiques opposées : celle de la « civilisation » mercantile qui se globalise d'un côté, et celle de la « culture » qui s'attache à la différence et au singulier, de l'autre[9]. L'argument américain, appuyé sur les principes de marché et de concurrence, passe immanquablement pour universel à côté de la logique française revendiquant le droit à l'identité culturelle qu'il faut protéger contre le rouleau compresseur du marché mondial. Face au libéralisme économique, la thèse de l'exception culturelle prend inévitablement une allure défensive et protectionniste. Et cela d'autant plus que la France a une longue tradition d'État culturel interventionniste.

J'emploie ici les termes de civilisation et de culture aux sens que les Allemands, au cours de l'histoire, leur ont donnés respectivement. Edgar Morin écrit ainsi dans *Penser l'Europe* : « Ces deux termes, qui en français se recouvrent souvent, se distinguent nettement dans la pensée allemande, où la culture désigne ce qui est singulier et spécifique dans une société, tandis que la civilisation concerne ce qui peut être acquis et transmis d'une société à l'autre. Dans ce sens, la culture est générique, la civilisation généralisable. [...] Ces deux termes sont des produits typiques de la culture/civilisation européenne. Ces mots s'imposent à la fin du XVIIIe siècle, d'abord au singulier : la civilisation s'oppose plutôt à la barbarie, la culture plutôt à la nature. Culture et civilisation déterminent deux polarisations : aux termes de singularité, de subjectivité, d'individualité de la première font face ceux de transmissibilité, d'objectivité, d'universalité de la seconde. Ces notions vont devenir plurielles, dans la reconnaissance d'autres cultures et civilisations que les nôtres. Du XIXe au début du XXe siècle, la pensée allemande valorisera le terme de culture, qui exprime le génie spécifique d'un peuple, et la pensée française valorisera celui de civilisation, bienfait qui peut être répandu à tous peuples parce qu'il relève de l'universalité de la raison[10]. »

La rivalité franco-allemande depuis les guerres napoléoniennes jusqu'aux deux conflits du siècle dernier pourrait être décrite comme une histoire de conflits entre la culture et la civilisation. La guerre de 1870 aura été une revanche de la culture germanique sur la civilisation avancée à vocation universaliste. La réaction du romantisme allemand contre les Lumières est bien connue. Le *Volksgeit* est célébré face à la raison universelle. La cause de l'Allemagne engagée dans la Première Guerre mondiale est justifiée par un Thomas Mann en termes de légitime défense de la culture contre la civilisation anglo-française[11].

Si ce schéma d'opposition est justifié, je serai tenté de dire que la bataille de l'exception culturelle marque un tournant du discours français sur la culture/civilisation. Par la clause d'exception, la France a revendiqué le droit à la culture qui lui est propre pour tenir tête à la civilisation dominante américaine, de même que, au cours du XIXe siècle, l'Allemagne réclamait son identité nationale au nom de la culture opposée à la civilisation. Quand ce basculement s'est-il produit? D'abord au lendemain de la Seconde Guerre mondiale. La France est alors placée devant une nouvelle donne. Libérée, mais matériellement diminuée, elle ne se retrouve plus au centre de la civilisation occidentale qui est passé de l'autre côté de l'Atlantique. Elle est obligée de repartir à la reconquête du terrain perdu[12]. De Gaulle achève non sans peine le processus de la décolonisation en s'engageant dans la construction européenne sur la base de la réconciliation franco-allemande. Il dote la France d'une force de frappe pour faire face au monde bipolaire sans subir le diktat de l'hégémonie américaine. André Malraux, ministre de la Culture, accompagnait de Gaulle dans sa poursuite de la politique de « grandeur ».

En novembre 1989, s'effondre le mur de Berlin. L'opposition n'est plus entre les deux rives du Rhin, ni entre l'Ouest et l'Est. Dans le monde de l'après-guerre froide, le fossé est ailleurs. Il se creuse entre l'Occident et l'Islam, mais aussi, quoique à un moindre degré, entre les deux rives de l'Atlantique. Dans l'article désormais célèbre sur « Le choc des civilisations? », publié à l'été 1993[13], Samuel Huntington a bien vu le clivage grandissant entre l'Occident chrétien et le monde islamique, sans remarquer pour autant un clivage émergeant à l'intérieur de l'Occident qu'il considère comme un bloc civilisationnel homogène[14]. La bataille de l'exception culturelle au sein du GATT aura été le premier signe de ce qui deviendra le « fossé atlantique ». La concurrence entre deux visions du capitalisme, telle qu'elle est exposée par Michel Albert dans *Capitalisme contre capitalisme*[15], est certes à l'origine de ce fossé. Mais il ne faut pas négliger le facteur culturel quand il s'agit de la divergence de vues entre la France et les États-Unis, qui culminera au moment de la guerre d'Irak en 2003.

Dans un article de 1992, Pierre Bourdieu remarquait, dans la rivalité franco-américaine, « l'affrontement entre deux impérialismes, entre un impérialisme en ascension et un impérialisme en déclin ». Il va jusqu'à dire que l'antiaméricanisme des Français est donc « l'antiaméricanisme du ressentiment[16] ». Selon lui, il faut voir dans ce clivage entre « deux Républiques sœurs » l'antagonisme entre deux universalismes concurrents plutôt que la guerre entre culture et civilisation. Quoi qu'il en soit, je maintiendrai avec Edgar Morin « le terme de culture pour ce qui appartient en propre aux ethnies, aux provinces, aux nations. [...] C'est ce qui nous aidera à comprendre, au terme du voyage, si *la* culture européenne est devenue civilisation en essaimant sur le monde, *les* cultures européennes sont restées des cultures désormais menacées par la civilisation même issue de l'Europe[17] ». Et cette civilisation issue de l'Europe, qui menace aujourd'hui les cultures européennes, se nomme tantôt la civilisation américaine tantôt la mondialisation, selon l'optique choisie.

Trois spectres qui menacent l'identité française

Examinons maintenant de plus près la bataille de l'exception culturelle de 1993 dans son contexte. Il convient de rappeler avec Stanley Hoffmann[18] que la campagne a été conduite par le gouvernement Balladur[19] avec le concours des médias qui y ont donné un large écho. Le dossier culturel faisant l'objet d'un débat politique passionné en France, l'exception culturelle a fourni un motif tout à fait propice à la formation rapide d'un consensus national. Le dossier de l'audiovisuel a été bien exploité pour renforcer la position française sur le volet agricole du cycle de l'Uruguay que, dès sa nomination, Édouard Balladur a pris en main. Il conteste l'« accord de Blair House » conclu en novembre 1992 entre Bruxelles et Washington, visant à renégocier le dossier agricole avec les États-Unis. La campagne sur l'audiovisuel a bien réussi, puisqu'il s'agit de défendre l'identité culturelle française menacée en s'appuyant sur les sentiments antiaméricains des Français. Un dessin humoristique illustrant la une des journaux en dit long sur l'atmosphère de cet automne chaud : il représente l'affrontement franco-américain en le calquant sur la lutte des Gaulois repoussant les envahisseurs de l'Empire romain.

La bataille de l'exception culturelle est menée par le gouvernement de droite qui a fait voter par le Parlement, au cours de 1993, trois textes connus sous le nom de « lois Pasqua ». La loi du 22 juillet d'abord qui, par une réforme du Code de la nationalité que le gouvernement Chirac n'arrivait pas à faire passer en 1986, a rendu plus difficile l'accès à la nationalité française. Elle n'a pas seulement supprimé le principe de « double droit du sol[20] », mais elle a aussi institué, pour les jeunes étrangers nés et résidant en France, l'obligation de manifester la volonté de devenir français entre 16 et 21 ans. La loi du 10 août ensuite qui facilite les contrôles d'identité par la police. Et enfin la loi du 24 août, complétée par celle du 30 décembre, qui modifie les conditions d'entrée et de séjour des étrangers en France pour mieux maîtriser les flux migratoires et notamment l'immigration clandestine.

On pourrait citer, dans le même paradigme de l'identité française menacée, un autre texte non moins important: la loi Toubon qui rend obligatoire l'usage du français en France, où certains affirment que son emploi serait menacé par l'extension de l'anglais. Simplement, après le débat et le vote au Parlement, la loi a été soumise à la censure du Conseil constitutionnel, de sorte qu'elle a été promulguée le 4 août 1994, une fois tenu compte des modifications qu'il a apportées[21]. Je n'ignore pas qu'un projet de loi de la même teneur avait été proposé juste avant l'alternance de mars 1993 par Catherine Tasca, secrétaire d'État à la Francophonie du gouvernement Bérégovoy. Ajoutez à cela que, lors du débat parlementaire sur la ratification du traité de Maastricht, en juin 1992, la Constitution fut révisée à la quasi-unanimité du Congrès pour reconnaître que « la langue de la République est le français ». On peut donc dire qu'en matière de politique linguistique, il n'y a pas de grande divergence entre la droite et la gauche. La politique d'unification nationale par la langue française appartient plutôt à la tradition jacobine depuis que la Révolution a décrété qu'à une République une et indivisible, il fallait une langue une et indivisible[22].

Pour rendre compte de la loi Toubon, la presse anglo-saxonne adopta un ton sarcastique en l'appelant la loi *Allgood* (« tout bon » en anglais). Elle la présenta comme une loi linguistique xénophobe, une expression désespérée et ridicule du protectionnisme culturel français – dérision mêlée de condescendance de la part de ceux qui n'ont besoin de rien faire pour laisser dominer leur idiome dans le marché mondial des langues. En effet, comme l'a fort bien dit Milan Kundera en 1993, « la francophobie, ça existe ! C'est la médiocrité planétaire voulant se venger de la suprématie culturelle française qui a duré des siècles[23] ». Comme un francophone d'adoption, j'ai immédiatement souscrit à l'analyse de l'écrivain tchèque exilé en France depuis 1975.

Comme chaque peuple a le droit de préserver sa langue, mon intention n'est pas de contester la disposition introduite dans l'article 2 de la Constitution en juin 1992 : « La langue de la République est le français », ni la loi du 4 août 1994 sur la primauté de la langue française en France. Mais ne faudrait-il pas se demander d'où vient ce besoin de légiférer, cette volonté de réglementer la langue qu'on parle librement ? Il est difficile, quand on considère ces législations linguistiques, la bataille de l'exception culturelle et les lois Pasqua, de ne pas y voir un malaise de l'identité française. Or, par quoi l'identité française est-elle menacée ? Je relèverai trois spectres : l'immigration musulmane, l'Europe supranationale et la mondialisation néolibérale.

L'affaire du foulard islamique en automne 1989, la montée en puissance des souverainistes anti-Maastricht[24] lors du référendum de septembre 1992, et la bataille de l'exception culturelle en automne 1993, sont autant d'expressions, à des degrés divers, du malaise de l'identité française croissant. Notons que ces trois débats, d'ordres différents, sont survenus dans un laps de temps très serré.

Pour ausculter l'évolution de la société française à ces trois niveaux, examinons différents moments sur une chronologie un peu plus longue. Comparons, pour la peur de l'immigration, le débat sur le voile islamique de l'automne 1989 et celui sur la loi dite « antivoile » de mars 2004, interdisant le port de signes religieux à l'école. Étudions, pour la peur de l'Europe, le basculement de la victoire étroite du oui du 20 septembre 1992 au non massif au traité constitutionnel du 29 mai 2005. Rapprochons, pour la peur de la mondialisation enfin, la croisade culturelle française contre le GATT de 1993 et l'irruption du mouvement antimondialiste en novembre 1999 à Seattle contre le sommet de l'OMC. On se rend compte alors de l'ampleur des tensions qui se sont développées depuis le tournant historique de 1989. Selon certains, la crise de l'identité française se serait cristallisée dans l'expression de la « République menacée » en 1996 et dans celle de la « République enlisée » en 2005[25]. Pour d'autres, les « intégristes de la République[26] », l'ennemi numéro un de la République devant faire face au danger de la mondialisation serait le communautarisme rampant qui ronge la société française de l'intérieur.

L'affaire du foulard (1989) ou la République au défi du multiculturalisme

Nous sommes ainsi ramenés au tournant de 1989. Au cours de cette année où la France devait consolider son identité nationale par la commémoration du bicentenaire de la Révolution, elle n'a pas seulement assisté, le 9 novembre, à la chute du Mur, qui mit fin au monde bipolaire et ouvrit une perspective nouvelle pour la construction européenne. Mais aussi, elle fut secouée par une affaire qui remettait en question son intégrité en tant que République laïque.

L'affaire naît à la rentrée scolaire de 1989, dans la banlieue nord de Paris, lorsque le principal du collège Gabriel-Havez de Creil interdit l'accès aux salles de cours à trois jeunes filles portant le voile islamique. Largement médiatisé, ce petit incident suscita assez rapidement une vaste polémique dans la classe politique aussi bien que parmi les intellectuels. Les uns, comme Élisabeth Badinter, Régis Debray et Alain Finkielkraut, défendirent le principe de laïcité à l'école, qui interdit toute affirmation de l'appartenance religieuse dans l'espace public[27]. Pour eux, la laïcité n'est pas un principe antireligieux, elle est un fondement de l'unité nationale permettant à chacun de pratiquer son culte (y compris l'athéisme) dans la sphère privée. L'école étant un « lieu d'émancipation », ne pas exclure les jeunes musulmanes voilées constituerait un « Munich de l'école républicaine ». Les autres, comme Harlem Désir et Alain Touraine pour ne citer qu'eux, s'opposèrent au nom du « droit à la différence » à ce que la laïcité serve de prétexte à l'exclusion[28]. Le rejet du foulard étant ressenti comme une humiliation dans la communauté musulmane, l'exclusion ne pouvait que faire le lit de l'intégrisme religieux et du Front national. Ils prônaient ainsi, à l'opposé d'une « laïcité intrinsigeante », une « laïcité ouverte », plus respectueuse des particularismes culturels qu'il faudrait prendre en compte pour mieux les intégrer dans une République tolérante. Ce fut là la première manche d'un débat politico-philosophique qui se développa au cours des années 1990 en France, opposant les républicains aux démocrates, pour reprendre la distinction chère à Régis Debray.

En effet, le philosophe publia dans *Le Nouvel Observateur* du 30 novembre 1989 un texte fondateur sur l'exception française : « Êtes-vous démocrate ou républicain[29] ? » En voici les premières lignes : « La question ne sera-t-elle donc jamais posée ? Celle qui commande à tous les débats du jour l'identité d'une république, par quoi notre pays fait, en Europe et dans le monde, exception. Hier, un Code de la nationalité. Aujourd'hui, un foulard. Demain, n'importe quoi : polémiques écrans, batailles sans raison. On ne guérira pas ces mauvaises fièvres sans en déceler la cause première. » Autrement dit, demander si vous êtes démocrate ou républicain revient à demander : croyez-vous à un particularisme français qui ferait de la République une forme originale, et supérieure, de démocratie ? Ou bien croyez-vous que le progrès passe justement par « la fin de l'exception française » et l'adaptation en France des avancées démocratiques des pays anglo-saxons ? La conviction de l'auteur est bien connue : l'école laïque et républicaine, moteur d'émancipation et d'intégration, appartient aux principes particuliers français opposés à la puissance du marché et de la religion qui caractériserait la société américaine. La France ne devrait jamais devenir une mosaïque de ghettos communautaires où la liberté pour tous cède la place à la loi du plus fort.

Depuis l'affaire du foulard jusqu'aux récentes émeutes des banlieues, rares sont les débats de société qui ne se sont pas inscrits dans le paradigme de la République face au défi du multiculturalisme. Cependant, même si l'on est convaincu des principes fondamentaux de la République, il faudrait être aveugle pour ne pas voir l'écart qui ne cesse de croître entre son idéal et sa réalité. On commence à parler du dysfonctionnement du modèle républicain[30]. Or, certains républicains de gauche se montrent de plus en plus hostiles à l'égard de tout ce qui risque de mettre à mal la République « une et indivisible ». Non seulement ils s'opposent à la mondialisation libérale sous domination américaine, mais ils rejettent une Europe supranationale et dénoncent toutes sortes de droits à la différence : ethniques, religieux, sexuels, linguistiques ou régionaux[31].

Pour ma part, je dois à Michel Wieviorka un regard plus vigilant sur l'évolution des débats intellectuels en France. À côté de l'analyse du débat sur l'exception culturelle, l'ouvrage que j'ai déjà cité, *L'État de*

France 1994-1995, contenait un article concis et éclairant du sociologue sur « Les intellectuels français et l'identité nationale ». Il y proposait, avant qui que ce soit à ma connaissance, le terme de « national-républicain » pour qualifier la dérive nationaliste de certains républicains de gauche, déjà observable dans le débat sur le foulard islamique. À la suite de la publication, en 1996, d'*Une société fragmentée : le multiculturalisme en débat* à La Découverte, le sociologue se faisait désigner par un journaliste comme le chef de file des « casseurs de la République[32] ». Les ouvrages majeurs théorisant le multiculturalisme nord-américain étant publiés au début des années 1990[33], le débat sur le multiculturalisme à la française[34] s'organisa avec un léger décalage. Mais certains républicains, comme Emmanuel Todd[35], n'ont pas tardé à se montrer hostiles au multiculturalisme, qu'ils assimilent vite au communautarisme. C'est en 1997, et pas avant, que le terme de « communautarisme » est entré dans *Le Petit Larousse* qui le définit comme « 1. La tendance du multiculturalisme américain qui met l'accent sur la fonction sociale des organisations communautaires (ethniques, religieuses, sexuelles, etc.) ; 2. Toute conception faisant prévaloir l'organisation de la société en communautés sur l'exigence d'assimilation des individus selon des règles et un modèle équivalent pour tous. »

Pourquoi rappeler l'affaire du foulard de 1989 pour revisiter la bataille de l'exception culturelle de 1993 ? D'abord parce que le débat sur le foulard n'était pas clos en 1993, loin de là. Une nouvelle affaire éclate en 1994, l'année où la circulaire Bayrou sera publiée à la rentrée scolaire, se substituant à la circulaire Jospin de décembre 1989[36]. Entre-temps, les exclusions de porteuses de foulard se multiplient. Il faut donc considérer que cette affaire, un peu comme l'affaire Dreyfus, constitue la toile de fond de tous les débats intellectuels des années qui suivent. Que ce soit la construction européenne, le GATT et la culture, la nationalité et l'immigration, la langue de la République, mieux vaut étudier tous ces débats dans la configuration générale du paysage intellectuel du moment. Or, ce qui saute aux yeux quand on met ces thèmes les uns à côté des autres, c'est que l'opinion publique qui s'est partagée et parfois passionnée sur le foulard, sur Maastricht, ou sur les lois Pasqua, s'est mobilisée massivement en faveur de l'exception culturelle. Pourquoi ce consensus, pourquoi cette unanimité ? Parce que l'exception culturelle, c'était la guerre, au sens métaphorique du terme bien entendu. Pas la guerre civile, mais la guerre contre un ennemi extérieur. En revanche, dans l'affaire du foulard, le voile ne représentait pas à proprement parler l'islam, mais plutôt un corps étranger installé dans la frange de la société française.

Le foulard et l'exception culturelle n'ont rien de commun si ce n'est que ces deux questions touchent également le point névralgique de l'identité française. Régis Debray, un des protagonistes de ces deux débats, nous aide à les lier. En 1989, il s'est opposé catégoriquement au voile à l'école, alors qu'en 1993, il a défendu ardemment l'exception culturelle. En réponse à l'écrivain péruvien ultralibéral Mario Vargas Llosa, qui affirmait que demander la protection par l'État serait un acte suicidaire pour un créateur, le philosophe français en appelait, au nom de la diversité culturelle, à une résistance lucide à la domination aveugle du marché mondial[37]. Dès lors, pourquoi, dans sa défense de la laïcité à l'école, question éminemment hexagonale, Régis Debray a-t-il opposé la République (française) à la démocratie (américaine)? C'est, selon mon hypothèse, parce qu'il avait pressenti le danger du multiculturalisme à l'américaine qui risquerait, une fois introduit en France, d'encourager le communautarisme des ghettos de banlieues. Lorsqu'il avait prédit, au lendemain de la chute du Mur, l'uniformisation du monde sur le plan économique et sa balkanisation sur le plan culturel[38], il avait déjà pressenti que le multiculturalisme serait l'idéologie de la mondialisation[39].

Entre la politique extérieure et la politique intérieure de cet illustre républicain, il y a donc une cohérence logique, ce qui ne veut pas dire qu'il n'y ait pas de contradiction. En effet, la France de 1993 m'a semblé tiraillée entre deux discours contradictoires: si elle plaidait la clause de l'exception culturelle face à la mondialisation mercantile, elle brandissait le principe de laïcité pour intégrer les enfants de familles musulmanes, quitte à exclure ceux qui ne le respectent pas. Tout se passe comme si la France réclamait le droit à la différence vis-à-vis de l'extérieur, tout en refusant le même droit aux minorités vivant sur son territoire.

Le débat sur les langues régionales (1999)

La question des langues régionales fait l'objet, au même titre que celle des religions, d'un important débat sur le droit à la différence et à la diversité culturelle. Il faut rappeler, au sujet du « droit à la différence », que cette notion fut élaborée au début des années 1980 par rapport aux langues et cultures régionales avant d'être associée aux mouvements d'immigrés ou à SOS Racisme. En 1982, un rapport intitulé *Démocratie culturelle et droit à la différence* est remis au ministre de la Culture[40], à qui il recommande une politique de « réparation » des langues régionales dont l'enseignement en option est favorisé par la loi Deixonne de 1951[41]. Mais, à partir de la fin des années 1980, la politique linguistique de la France se décline dans deux directions complémentaires: le plurilinguisme et la francophonie. Or, force est de constater, avec Louis-Jean Calvet, « une certaine contradiction entre la défense affirmée du plurilinguisme en Europe et le peu d'empressement mis à défendre ce principe dans les frontières de la France lorsqu'il s'agit des langues régionales ». Les principes affichés de plurilinguisme, ou de dialogue avec les langues partenaires dans l'espace francophone, le sont souvent de façon purement tactique. La politique linguistique de la France a une « cohérence téléologique profonde» en ce qu'elle est dictée par la volonté de sauvegarder le statut international du français, menacé par une position dominante de l'anglais[42].

C'est dans ce contexte que la France a récemment durci sa législation linguistique contre les langues régionales, d'abord par l'article 2 de la Constitution modifié le 25 juin 1992, stipulant que «la langue de la République est le français[43]», ensuite par la loi Toubon du 4 août 1994. Or, le Conseil de l'Europe adoptait le 25 juin 1992 la Charte européenne des langues régionales ou minoritaires qui consacrait «le droit imprescriptible de pratiquer une langue régionale ou minoritaire dans la vie privée et publique». La Charte entra en vigueur le 1er mars 1998[44]. En mai de l'année suivante, la France la signa comme d'autres États d'Europe mais, troisième coup dommageable aux langues régionales, renonça finalement à la ratifier en raison de la décision du Conseil constitutionnel qui la jugea non conforme à la Constitution de la République.

De même que la bataille de l'exception culturelle était conduite par le gouvernement de cohabitation d'Édouard Balladur, la signature de la Charte européenne des langues fut décidée par celui de Lionel Jospin. Cependant, à l'inverse de 1993, le dossier de 1999 divisa la cohabitation, l'Élysée opposant son veto à l'initiative du Matignon. L'opinion publique aussi, unanime dans la défense du cinéma français, se montra très divisée au sujet des langues régionales.

Pourquoi? La signature de la Charte étant un des objectifs que le gouvernement Jospin s'était assigné depuis l'alternance de juin 1997, le Premier ministre avait pris toutes les précautions nécessaires. Suite au rapport sur «Les langues et cultures régionales» présenté par Bernard Poignant, maire socialiste de Quimper, il chargea Guy Carcassonne d'une expertise juridique sur la compatibilité de la Charte avec la Constitution. Il demanda également à Bernard Cerquiglini d'établir une liste de langues régionales auxquelles s'appliqueraient les articles de la Charte. Le 7 mai 1999, la France signait à Budapest la Charte européenne en souscrivant à 39 engagements parmi 98. Le président Chirac, qui s'était montré favorable à la signature de la Charte, fit soudain volte-face pour «apaiser» les gaullistes, en saisissant le 20 mai le Conseil constitutionnel. Le 15 juin, ce dernier estimait que la Charte comportait des clauses contraires à la Constitution, en ce qu'elle reconnaissait à certains groupes le droit de pratiquer une langue autre que la langue de la République, non seulement dans la vie privée mais aussi dans la vie publique. Reconnaître des droits collectifs à quelque groupe que ce soit, défini par une communauté d'origine, de culture, de langue ou de croyance, portait atteinte aux «principes constitutionnels d'indivisibilité de la République, d'égalité devant la loi et d'unité du peuple français». Comme on pouvait s'y attendre, l'annonce de cette décision souleva une vague d'indignation chez les défenseurs des langues régionales contre cet «intégrisme jacobin[45]». Le 23 juin, Lionel Jospin demandait à l'Élysée une révision de la Constitution de manière à pouvoir ratifier la Charte, ce que Jacques Chirac refusa dès le lendemain. La ratification de la Charte est ainsi bloquée.

Quelle fut la réaction de l'opinion publique ? L'académicien Jean-Marie Rouart écrivait dans l'éditorial du *Figaro* du 25 juin 1999 que, depuis Hugues Capet, « l'identité de la France s'est construite autour du français ». Reprenant Rivarol et son *Discours sur l'universalité de la langue française*, il rappelait le passé glorieux d'une langue française qui « par sa finesse, sa précision et sa beauté a donné vie à tant d'œuvres universelles ». À l'heure où le français est « abâtardi » par l'anglais, « placer le français en position de concurrence avec les dialectes et les langues régionales revient à courir le risque de ronger le français de l'intérieur ». Enfin, il mettait en garde contre une Charte européenne qui ne pourrait qu'ouvrir « la boîte de Pandore » du régionalisme.

Pourtant, l'opposition à la Charte n'était pas l'apanage des conservateurs. Dans son article paru dans *Le Monde* du 3 juillet, Danièle Sallenave demandait la démission du gouvernement Jospin qu'elle accusait d'être le « destructeur de l'unité » nationale pour avoir introduit la parité hommes-femmes dans la Constitution, fait voter le PACS qui instituait l'union des homosexuels, et encouragé la signature de la Charte européenne sur les langues régionales[46]. Selon la romancière, la Charte présentait certes un intérêt pour les pays d'Europe de l'Est qui comportent d'importantes minorités linguistiques. Mais en France, où l'unité nationale a été réalisée un siècle plus tôt, et où les langues régionales sont inscrites aux épreuves du baccalauréat, il est parfaitement inutile de modifier la Constitution pour ratifier un tel texte. L'école républicaine de Jules Ferry avait bien contribué à faire disparaître les langues régionales, mais le français, il ne faut pas l'oublier, avait également libéré les populations de la domination de l'Église et de l'obscurantisme, pour en faire des citoyens libres ayant accès au savoir. La France devait rester une « communauté des citoyens » égaux devant la loi, une république laïque qui transcende les différences ethniques ou religieuses. La Charte européenne des langues régionales n'était finalement qu'une bonne excuse donnée à un « communautarisme » qui ferait de la République une mosaïque de communautés minoritaires en tous genres. Cette prise de position, qui peut paraître réactionnaire, est tout à fait représentative de l'opposition de la gauche républicaine contre la Charte, laquelle favoriserait les particularismes régionaux au détriment de l'unité de l'État national français.

En effet, c'est Georges Sarre, numéro 2 du Mouvement des citoyens, qui prit la tête d'une pétition virulente contre la Charte dont la ratification entraînerait, pour reprendre le terme employé par Jean-Pierre Chevènement, la « balkanisation » de la France. L'allusion à la balkanisation montre combien le ministre de l'Intérieur était préoccupé par la question corse[47] en plein milieu de la guerre du Kosovo déclenchée le 24 mars par les frappes aériennes de l'OTAN sur la Serbie. Régis Debray, compagnon du « Che » de Belfort, publiait au retour du Kosovo une « Lettre d'un voyageur au président de la République » dans *Le Monde* du 13 mai. On l'accusa immédiatement de sentiments pro-serbes, voire pro-Milosevic. Faut-il rappeler que cet « enragé de la République » avait été la tête d'affiche des « nationaux-républicains de gauche » dans la polémique qui les opposait depuis l'automne 1998 aux « libéraux-libertaires » pro-européens[48] ?

À l'autre bout de l'échiquier politique, Charles Pasqua, lui aussi opposé aux frappes aériennes sur Belgrade, a évoqué à titre d'analogie une situation surréaliste où l'OTAN bombarderait Paris pour soutenir les séparatistes alsaciens. Au sujet des langues régionales, l'ex-ministre de l'Intérieur souverainiste a estimé que le président Chirac avait « bien fait de refuser de réviser la Constitution » pour ratifier la Charte. Il y a vu une heureuse conséquence du fait que plus de deux millions, soit 13 %, de suffrages se soient portés sur la liste qu'il conduisait aux élections européennes du 13 juin 1999[49].

Replacée dans le paysage du débat politico-philosophique de l'époque, la question des langues régionales a marqué un temps fort dans l'évolution de la conscience identitaire des Français. Vis-à-vis de la construction européenne, le rejet de la Charte européenne des langues de 1999 aura été un signe prémonitoire du refus massif du Traité constitutionnel européen de 2005, sauf qu'il s'agit, dans le premier cas, du rejet par le Conseil constitutionnel d'une Europe multiculturelle des régions et des minorités, et dans le deuxième, de la peur populaire exprimée par la voie référendaire d'une Europe libérale qui servirait de courroie de transmission de la mondialisation.

Pour aborder le dernier segment de notre odyssée de la croisade culturelle française, il reste à retracer la transition lexicale de l'exception à la diversité culturelle, amorcée justement à l'automne 1999. Le terme de diversité culturelle est apparu au cours des réunions de la Commission européenne préparant le sommet de l'OMC à Seattle du 30 novembre 1999. La réunion ministérielle de l'OMC devait ouvrir un nouveau cycle de négociations dit du Millenium[50].

C'est à Catherine Trautmann, ministre français de la Culture, que revient le mérite de définir l'articulation des deux notions. Dans son intervention du 28 novembre, « Sur le mandat donné à la Commission européenne pour préserver l'exception culturelle », elle déclare que « la notion de diversité culturelle ne se substitue pas à celle d'exception. Il n'y a ni glissement sémantique dissimulant une réalité occulte, ni *a fortiori* abandon. Tout simplement, ces deux notions ne se placent pas sur le même plan. Par diversité culturelle, il s'agit d'expliciter la finalité poursuivie dans la négociation. L'exception culturelle est donc le moyen, à mes yeux non négociable, d'atteindre l'objectif de diversité culturelle. » Le 2 novembre, elle intervenait déjà dans la rencontre des ministres de la Culture organisée par l'Unesco sur « La diversité culturelle face à la mondialisation », une des réunions préparant à l'adoption par l'Unesco de la Déclaration universelle sur la diversité culturelle aux lendemains des événements du 11 septembre 2001. Pour conférer force de loi à la Déclaration de 2001, l'Unesco élabora un projet de Convention internationale sur la diversité culturelle que sa Conférence générale adopta en octobre 2005 malgré l'opposition des États-Unis et d'Israël. La France et le Canada furent les artisans majeurs du projet de convention qui reconnaît aux parties contractantes « le droit souverain d'adopter des mesures et des politiques pour protéger et promouvoir la diversité des expressions culturelles sur leur territoire ».

En dépit d'un manque de cohérence entre sa politique extérieure et sa politique intérieure en matière de gestion de la diversité culturelle, le combat que mène la France pour la diversité culturelle reste exemplaire et méritoire. La question des langues régionales illustre d'ailleurs assez bien ses contradictions. Quand une nation revendique sa souveraineté en matière de politique culturelle et linguistique, mieux vaudrait qu'elle confère des droits culturels aux individus vivant à l'intérieur de ses frontières. On ne peut défendre le droit à la langue française chez les Québécois que si l'on reconnaît le même droit linguistique aux habitants de la Corse. Nous avons tous besoin, à l'ère de la mondialisation, d'une théorie multiculturaliste du vivre-ensemble qui soit valable au niveau supranational aussi bien qu'au niveau infranational. La nation a longtemps été considérée comme l'unique horizon possible de la démocratie. Mais aujourd'hui, la démocratie culturelle doit être pensée au-delà et en deçà des frontières nationales. L'enjeu est de taille. Formons des vœux pour que la pensée française de tradition humaniste relève ce défi, non pas par le repli identitaire, mais par l'ouverture à l'autre.

Notes

1 Le dossier comprenait entre autres des articles de Bernard Cassen, futur président d'ATTAC (1998-2002) et de Serge Regourd qui sera l'auteur de *L'Exception culturelle*, coll. « Que sais-je ? », PUF, 2002 et *De l'exception à la diversité culturelle*, La Documentation française, 2005.

2 Jean-François Godchau, « Le GATT et la culture, protectionnisme contre hégémonisme ? », in *L'État de la France 1994-1995*, avril 1994, La Découverte.

3 In Hubert Bost (éd.), *Genèse et enjeu de la laïcité*, Genève, Labor et Fides, 1990.

4 Cf. Laurent Wirth, *L'Exception française, XIXe-XXe siècle*, Armand Colin, 2000, et « Exception française, mythe ou réalité ? », *Sciences humaines*, Hors-Série, n°46, 2004.

5 Dont la création remonte à 1946.
6 La France a trouvé l'appui de la Belgique et de l'Espagne, la Grande-Bretagne, l'Allemagne et les Pays-Bas restant partisans de la politique libérale.
7 Mickey Kantor a été secrétaire d'État au Commerce de l'administration Clinton.
8 C'est Léopold Sédar Senghor qui a lancé l'idée de la francophonie par sa contribution au numéro de novembre 1962 de la revue *Esprit*. Sous l'impulsion de trois chefs d'État africains (Senghor, Bourguiba et Diori) est créée en 1970, à Niamey, l'Agence de coopération culturelle et technique (ACCT), embryon de la future Organisation internationale de la francophonie. François Mitterrand convoque le premier sommet de la francophonie en 1986 à Versailles.
9 Je dois ce schéma d'analyse à Yônosuké Nagai, politologue japonais. Voir notamment son interview parue dans le journal *Asahi* du 11 septembre 1994.
10 Edgar Morin, *Penser l'Europe*, Gallimard, 1987, p. 82-83.
11 Voir *Considérations d'un apolitique*, 1918. Je dois cet exemple à Yônosuké Nagai.
12 Il est à noter que la première résistance en France contre le cinéma américain a eu lieu dans l'immédiat après-guerre à la suite de la signature des accords Blum-Byrnes en 1946. Ils ouvrent largement l'accès des salles aux films américains en contrepartie d'une remise de dette et de l'octroi d'une nouvelle aide pour la France.
13 « The Clash of Civilizations ? », in *Foreign Affairs*, summer 1993. La publication de l'article précède de peu la bataille de l'exception culturelle. D'où le titre de ma première étude consacrée à ce sujet : « L'exception culturelle dans le choc des civilisations », in *Enseignement du français au Japon*, n° 24, Association japonaise des professeurs de français, 1996.
14 C'est peut-être parce que la France s'est engagée aux côtés des États-Unis dans la guerre du Golfe de janvier 1991.
15 Michel Albert, *Capitalisme contre capitalisme*, Seuil, 1991. Il s'agit de l'opposition entre l'économie sociale de marché du modèle rhénan, et le capitalisme libéral du modèle anglo-saxon ou néo-américain.
16 « Deux impérialismes de l'universel », in Fauré et Bishop (éd.), *L'Amérique des Français*, François Bourin, 1992.
17 Edgar Morin, *Penser l'Europe*, *op. cit.*, p. 83.
18 Stanley Hoffmann, « Quand la France tient la bride à ses vieux démons », in *Esprit*, juin 1994.
19 Édouard Balladur a été le Premier ministre du président Mitterrand pendant les deux dernières années de son deuxième septennat, à savoir du 29 mars 1993 au 16 mai 1995.
20 Le principe selon lequel est français à la naissance l'enfant né sur le sol français d'un étranger lui-même français, principe applicable notamment à l'enfant d'un Algérien né dans l'Algérie française avant 1962.
21 Le Conseil constitutionnel a estimé que le principe de la liberté de pensée et d'expression s'oppose à ce que l'État impose un français codifié

par lui-même aux organismes de télévision ou de radio ou aux personnes privées.

22 Voir le rapport de l'Abbé Grégoire *Sur la nécessité et les moyens d'anéantir les patois et d'universaliser l'usage de la langue française*, présenté à la Convention en l'an II (1794).

23 L'article de Kundera parut dans *Le Monde* du 25 septembre 1993.

24 Charles Pasqua, Philippe Séguin (RPR) et Philippe de Villiers (Mouvement pour la France) pour la droite, Jean-Piere Chevènement (Mouvement des citoyens) pour la gauche.

25 Il s'agit de deux titres évocateurs de Pierre-André Taguieff: *La République menacée*, Textuel, 1996, et *La République enlisée*, Syrtes, 2005.

26 Voir François Gèze, « Les intégristes de la République et les émeutes de novembre », in *Mouvements*, n° 44, mars 2006.

27 Voir « Les profs, ne capitulons pas ! », in *Le Nouvel Observateur* du 2 novembre 1989. L'appel est adressé à Lionel Jospin, alors ministre de l'Éducation nationale, qui déclarait, dans un entretien paru dans *Le Nouvel Observateur* du 26 octobre, que « le port d'un foulard ou de tel autre signe d'appartenance à une communauté religieuse ne peut pas constituer un motif d'exclusion de l'élève ».

28 Voir « Pour une laïcité ouverte », in *Politis*, 9-15 novembre 1989. Harlem Désir a été le premier président de SOS Racisme, entre 1984 et 1992.

29 Repris sous le titre de « République ou Démocratie », in Régis Debray, *Contretemps, Éloges des idéaux perdus*, Gallimard, 1992.

30 Voir, par exemple, Joël Roman, « La fin du modèle républicain », in *Esprit*, septembre 1990.

31 Alain Finkielkraut est une des figures les plus représentatives de l'universalisme républicain depuis sa dénonciation de l'idéologie particulariste d'origine allemande dans *La Défaite de la pensée*, Gallimard, 1987. On peut relire son plaidoyer du 16 octobre 1987 pour la commission Long sur la nationalité, en faveur de la théorie élective de la Nation chez Renan, repris in *Être français aujourd'hui et demain*, tome I, 10/18, La Documentation française, 1998, p. 595-601.

32 Christian Jelen, *Les Casseurs de la République*, Plon, 1997.

33 Citons, entre autres, Arthur Schlesinger, *The Disuniting of America, Refelxion on a Multicultural Society* (Whittle Books, 1991) et Charles Taylor et *al.*, *Multiculturalism, Examing the Politics of Recognition* (Princeton UP, 1993).

34 Voir Joël Roman, « Un multiculturalisme à la française », in *Esprit*, juin 1995 ; « Pour un multiculturalisme tempéré », in *Hommes et migrations*, avril 1996.

35 Voir Emmanuel Todd, *Le Destin des immigrés*, Seuil, 1994.

36 François Bayrou a été ministre de l'Éducation nationale du gouvernement Balladur. La circulaire Bayrou distingua avec plus d'insistance les « signes discrets » des « signes ostentatoires » là où la circulaire Jospin restait floue en matière de critères de sanction disciplinaire.

37 Voir l'article de Régis Debray paru dans *Libération*, 3 décembre 1993.

38 Régis Debray, « Le retour de l'Histoire », *Le Monde* du 17 novembre 1989, repris in *Contretemps, Éloges des idéaux perdus*, *op. cit.*

39 Thèse développée par Loïc Wacquant et Pierre Bourdieu, « La nouvelle vulgate planétaire », in *Le Monde diplomatique*, mai 2000.

40 Henri Giordan, *Démocratie culturelle et droit à la différence*, rapport présenté à Jack Lang, ministre de la Culture, La Documentation française, 1982.

41 La loi visait au départ quatre langues (basque, catalan, breton, occitan) auxquelles furent ajoutés d'autres idiomes (corse, tahitien, etc.) par des décrets ultérieurs. Mais la loi, n'étant pas accompagnée de mesures budgétaires, n'eut que peu d'effet.

42 Louis-Jean Calvet, *Les Politiques linguistiques*, « Que sais-je ? », PUF, 1996, p. 110-111.

43 Au cours du débat parlementaire, l'amendement proposant d'ajouter « dans le respect des langues régionales » a été rejeté.

44 À ce jour, la Charte est ratifiée par 21 pays.

45 C'est le titre de l'éditorial du *Monde* du 19 juin 1999. Olivier Duhamel et Bruno Étienne, pour leur part, utiliseront le terme d'« intégrisme césaro-papiste » (*Le Monde*, 23 juin 1999). Voir aussi Sue Wright, « Jacobins, Regionalistes and the Council of Europe's Charter for Regional and Minority Languages », in *Journal of Multilingual and Multicultural Development*, vol. 21, n° 5, 2000 et Alain Renaut, « Le débat français sur les langues régionales, in revue *Comprendre : Les identités culturelles*, n° 1, PUF, 2000 (repris in *Qu'est-ce qu'une politique juste ?*, Grasset, 2004).

46 À l'approche de l'élection présidentielle de 2002, Danièle Sallenave signa « un appel au rassemblement autour de valeurs fondamentales mais menacées : chevènementistes et fiers de l'être », paru dans *Libération*, 11 février 2002.

47 La situation en Corse était particulièrement dégradée après l'assassinat du préfet Érignac en février 1998, et à la suite de l'affaire de la paillote « Chez Francis » incendiée le 20 avril 1999 sur instructions du préfet Bonnet, successeur de Claude Érignac.

48 Voir Hugues Jallon et Pierre Mounier, *Les Enragés de la République*, La Découverte, avril 1999 et Justine Lacroix, « Les nationaux-républicains de gauche et la construction européenne », in *Le Banquet*, n° 15, novembre 2000. Pour les interventions de Régis Debray, voir comme deux jalons l'appel qu'il a cosigné « Les Républicains, n'ayons plus peur ! » (*Le Monde*, 4 septembre 1998) et « National-Républicain ? Chiche… » (*Le Monde*, 7 novembre 1998), un large extrait de sa conférence prononcée en Sorbonne sur l'invitation de la Fondation Marc-Bloch née le 2 mars 1998.

49 La liste Pasqua-Villiers, quoique devancée par la liste Hollande (PS), a recueilli plus de suffrages que la liste Sarkozy (RPR).

50 Le sommet de l'OMC à Seattle fut mis en échec par des manifestations de groupes altermondialistes comme ATTAC, créé en 1998. C'est au cours de ces manifestations que José Bové, porte-parole de la Confédération paysanne et auteur du démontage de McDonald's de Millau en août 1999, devint une grande vedette des médias.

III

Les colonies, et après ?

Le récit national, le récit des outrages et l'émergence de nouvelles demandes de « droit de cité »

Françoise Vergès

Quels sont les contours imaginaires, géographiques et historiques de cette « douce France » que nous évoquons ici ? Ils se sont construits au cours des siècles, renvoyant à la fois à un album de photos où « terroirs » et habitants de ces terroirs constituent une « communauté imaginée » appelée France, où défilent des images de moissons, de bals de village, de paysages ruraux et urbains évoquant une « douceur de vivre », *et* aux contours de l'État-Nation « France ». La délimitation d'un territoire est fondatrice de l'État-Nation : il faut en tracer les frontières. Ici, les citoyens, là, les étrangers.

Le territoire de l'État-Nation « France » est dessiné au XVIIIe siècle : à l'est Vosges et Alpes, au sud, les Pyrénées, au nord, la Belgique, puis les limites de la Méditerranée et de l'Atlantique. C'est à l'intérieur de ce territoire que s'écrit le récit national et qu'habitent des *citoyens français*. Citoyenneté, récit national et territorialité sont dès lors en relation. Les droits sont accordés à ceux qui sont les habitants légitimes du territoire « France » et le récit national se construit à l'intérieur de ses frontières. Or, la colonie, esclavagiste et postesclavagiste, est conçue comme étrangère à ce territoire, au-dehors des frontières du corps national, et ses habitants – esclaves ou colonisés et leurs descendants – sont comme naturellement expulsés du « territoire des droits » de la communauté historique des citoyens. Ils sont absents du récit national. Cette élision de la colonie se perpétue avec celle de « l'outre-mer » français, ces territoires dispersés dans plusieurs aires géographiques et dont certains sont rattachés à la Nation depuis le XVIIe siècle. En 2006, les statistiques nationales n'intègrent toujours pas ces terres dans leurs chiffres ; la carte du territoire français est essentiellement celle de l'Hexagone, et revues ou ouvrages, qui décrivent le « peuple français », ou « la France et ses habitants », excluent tout naturellement les citoyens français habitant les outre-mers. Cette élision est un des symptômes d'un point aveugle dans la pensée française, comme dans sa conscience nationale et dans son récit : est français ce qui peut se réclamer d'une longue appartenance au territoire hexagonal.

Il est cependant impossible de comprendre ce qui agite notre présent si nous ne nous penchons pas sur l'histoire complexe et conflictuelle des droits et de leur territorialité, sur ce que signifie être membre de la communauté imaginée qui porte le nom de « française ».

L'expulsion de la colonie du territoire France (et des droits qui en découlent) a produit une cécité à la *présence* dans le corps national de *citoyens* français, descendants d'esclaves ou de colonisés. L'objectif n'est pas seulement de « faire place » à cet outre-mer mais de croiser les histoires, et de comprendre comment se constitue la catégorie « outre-mer », comment elle évolue dans le regard « métropolitain », et comment la métropole elle-même se construit à la fois attachée et indifférente à cet outre-mer. L'histoire de la colonie et de sa métropole est cependant intimement liée, et la posture qui expulse la colonie de la constitution de l'identité française, du récit national, de la réflexion sur la citoyenneté et sur le politique, conduit à des impasses méthodologiques.

En 2003, je publiais avec deux historiens, Nicolas Bancel et Pascal Blanchard, un essai intitulé *La République coloniale. Essai sur une utopie*[1] qui se voulait une critique de cette posture. Notre propos était de montrer que l'approche de la colonie comme espace et temps clos, aux frontières étanches avec sa métropole, avait trouvé ses limites. Pour reprendre les termes de notre introduction : « La République ne fut pas "bafouée", trahie, trompée aux colonies, elle y imposa, bien au contraire, son utopie régénératrice, l'utopie d'une *République coloniale*. [...] Ne surestimons pas certes la prégnance de la *République coloniale* et ne cherchons pas à la trouver partout, dans les banlieues, la politique de la ville, la politique étrangère, la politique culturelle... Il serait ridicule de réduire la République, comme projet évolutif et comme réalité historique changeante, soumis à des transformations, à un projet exclusivement colonial. Il s'est agi de faire apparaître dans notre présent les traces vivantes de cette histoire, de cette culture coloniale. Il s'est agi de redonner à la colonie son rôle dans la construction de la Nation, de l'identité nationale et de la République française. Non plus simplement redistribuer les responsabilités et les blâmes, mesurer les montants d'une réparation, enfermer dans le vocabulaire du remords et du repentir toute référence à ce passé, mais être capable de montrer comment et combien la *république* et la *colonie* se sont soutenues. Se sont confrontées aussi l'une à l'autre et l'une contre l'autre, et surtout comment et combien la République est encore et toujours marquée, modelée par le colonial dans sa politique nationale et internationale... Sans prétendre donc faire de ce passé colonial l'épicentre de nos tourments contemporains, il faut bien admettre que l'héritage n'est pas sans séquelles. »

Nous proposions une lecture critique de la manière dont l'histoire coloniale, dans son ensemble, continuait à fabriquer la colonie comme espace externe à la France. Cette approche n'était pas neuve en elle-même, elle s'adossait à des travaux de colonisés sur cette relation – citons, de manière non exhaustive, Aimé Césaire, Frantz Fanon, Albert Memmi, sans compter les révolutionnaires haïtiens et toute la tradition américaine et anglaise –, et à des travaux plus récents comme ceux de Benjamin Stora, Jean-Pierre Dozon, Achille Mbembe… L'ouvrage ne se voulait pas « universitaire », mais ouvert aussi aux non-spécialistes. Une lecture littérale du titre par certains historiens ou commentateurs a depuis transformé notre propos en accusation : nous aurions cherché à faire un procès en repentance à la République, en associant de manière absurde un régime basé sur l'égalité avec un régime d'exception. Mais, c'est justement ce que nous cherchions à faire : comprendre comment et pourquoi la République désira un empire colonial sur lequel régner, comment et pourquoi des républicains sincères justifièrent la conquête.

Qui dit colonie dit régime d'exception comme *norme*. Comment les républicains concilièrent-ils le discours universaliste avec le discours des races, c'est ce que nous voulions comprendre. Pouvait-on repérer des traces de ce passé dans le présent ? Nous le pensions. Analysant l'état des recherches sur l'histoire coloniale, nous constations qu'un paradigme s'essoufflait, qu'il y avait peu de travaux d'histoire dite « culturelle », peu d'analyses féministes du fait colonial. Nous suggérions que les études postcoloniales offraient de nouvelles approches.

Depuis cette publication, de nombreux ouvrages ont montré un renouveau dans le champ de l'histoire coloniale. Le terrain s'est aussi élargi à un débat sur les commémorations, sur des projets controversés de mémoriaux et autres musées. Cependant, on est loin d'un accord autour d'une méthode et la controverse autour de la théorie postcoloniale ou autour du différend mémoire / histoire révèle que le champ du « colonial / postcolonial » est toujours conflictuel. Au-delà d'une approche comptable, où l'on oppose à un bilan globalement positif un bilan entièrement négatif et vice-versa, il s'agirait de revenir sur les héritages complexes de l'esclavage et de la colonisation : rencontres inattendues, pratiques métissées, circulation d'idées, de croyances… On ne peut cependant mettre au compte du projet colonial ces conséquences imprévisibles. Aucun négrier, aucun maître ne projetait d'inventer une culture créole comme cela s'est produit dans de nombreuses colonies à sucre. Le colonialisme n'espérait pas contribuer à l'échange interculturel. Esclavage et colonisation se sont appuyés sur une vision du monde racialisée, faite d'oppositions binaires, et se sont maintenus grâce à un système d'exception, mais ces deux systèmes n'ont jamais été hégémoniques. À leurs marges, dans des entre-deux constitués par ceux qui recherchaient la rencontre, ou qui se sont rencontrés par accident, se sont créées des langues, des musiques, des pratiques, des formes de résistance à un système inégalitaire et binaire. Ces zones de contact où se sont élaborées, et continuent à s'élaborer, une pensée métisse, interculturelle, transnationale, et des pratiques de solidarité constituent un réservoir de stratégies alternatives à l'hégémonie d'une pensée unique. C'est ce que les études postcoloniales ont voulu mettre en lumière, à la fois en attirant l'attention sur ces espaces de rencontre ou en proposant des relectures d'événements, de textes, d'expressions artistiques. M'appuyant depuis de nombreuses années sur l'approche postcoloniale, tout en ayant suivi et contribué aux débats critiques autour de plusieurs de ses hypothèses, loin donc d'être une « adepte orthodoxe » de cette théorie, je continue cependant à reconnaître ma dette. Je reprends sa méthode de lectures croisées des événements dans la colonie et sa métropole, sa proposition de provincialisation de l'Europe, certaines propositions des *subaltern studies* et des *cultural studies*. J'y ai gagné une attention aux itinéraires de circulation d'idées, d'images, de concepts qui n'obéissent pas à la logique Nord / Sud, une attention aux autres cartographies de pouvoir, d'échanges et de conflits qui révèlent, plus que toute déclaration idéologique, une multiporalité des mondes à travers les âges, où les centres bougent, organisant des périphéries, elles-mêmes aux frontières hétérogènes, et où les rapports de pouvoir, politique, économique, culturel, suivent des logiques propres.

En France, la controverse depuis 2005 autour du différend mémoire / histoire ou autour des études postcoloniales, a été pour moi révélatrice. D'une part, le refus de comprendre pourquoi et comment les mémoires de l'esclavage émergeaient comme référents dans le débat, en les renvoyant à une incapacité psychologique à tourner la page, à une excuse pour éviter de la réalité, m'a interpellée. De l'autre, l'émergence de revendications autour d'une « égalité » des récits (il ne saurait y avoir de hiérarchie, pas de « deux poids, deux mesures ») m'a interrogée sur cette demande d'égalité et ce qu'elle apportait (ou non) à la notion du *commun*. Le renvoi des études postcoloniales au monde « anglo-saxon » m'a surprise, comme la critique portant sur le fait que cette théorie était portée par des personnes des diasporas indiennes ou africaines établies aux États-Unis. Que signifiait le terme « anglo-saxon » alors que de nombreux textes étaient écrits en *langue anglaise* par des Africains, des Indiens, des Chinois, des Latino-Américains, sans parler des études postcoloniales en langue espagnole ? Pourquoi être membre d'une diaspora et travailler dans une université des États-Unis vous disqualifiait-il ? Pourquoi ces propositions suscitaient-elles tant de résistance, provoquant disqualifications, remarques ironiques et acerbes sur le côté « mode », « découverte de l'eau tiède », et attaques sur l'aspect « apolitique » de ces études ?

Mais aussi, au nom de quelle souveraineté les voix de milliers de citoyens français descendants d'esclaves étaient-elles négligées ? Au nom de quelle conception étroite de la citoyenneté et des limites géographiques et historiques du récit national, présentée comme immuable, fermée à tout questionnement, des questions étaient-elles écartées ? Il faut étudier ces résistances sans négliger les déclarations et actes d'intimidation qui font apparaître depuis quelque temps un « afrocentrisme » à la française. Il faudra tracer les sources et les routes de ce discours, en repérer les filiations, les « écoles ». Il faudra se demander pourquoi certaines des formes extrêmes de ce discours viennent des Antilles françaises, pourquoi sont-elles tenues par quelques intellectuels antillais qui rejettent violemment le retour à l'Afrique, rendant finalement impossible le terme « afrocentrisme » pour désigner ces émergences, et exigeant la création d'un nouveau néologisme[2].

Dans leurs déclarations, ils se distinguent fortement des Africains et puisent dans le passé esclavagiste de leur société la source de leur refus de « n'avoir de leçon à recevoir de personne ». Avoir eu des ancêtres victimes de la traite négrière et de l'esclavage, et des parents du colonialisme, ne donne cependant en rien un crédit moral ; et déclarer n'avoir de leçon à recevoir de personne démontre une étrange conception du débat démocratique. On ne peut alors décrire en France *une* « communauté noire » qui parlerait d'une seule voix, et la plainte déposée par le « Collectifdom » pour la suppression du CRAN (Conseil représentatif des associations noires[3]) montre encore une fois que la catégorie « communauté » est trop simpliste pour analyser l'émergence de certains groupes. « Les problèmes des Antillais ne peuvent pas se superposer à ceux des autres populations issues des colonies », déclarait, en 2005, Serge Romana, président du comité Marche du 23 mai. « Nous, Antillais, sommes nés dans l'esclavage. Bien sûr l'esclavage s'inscrit dans la période coloniale, dans la colonisation. Mais c'est cette fabrication dans et par l'esclavage qui génère notre situation particulière. »

Pour Patrick Karam, alors président du Collectifdom en 2005 : « Les Africains et les Antillais n'ont pas les mêmes combats. » Le « monde noir » est donc loin d'avoir acquis en France un quelconque terrain d'entente. Les différences sont revendiquées, affirmées. L'effort d'analyse requis pour comprendre ces émergences est entravé par le recours paresseux au terme de communautarisme.

On observe donc une multiplicité d'expressions qui puisent vocabulaire et références dans une multiplicité de sources. On s'est focalisé sur les manipulations de la mémoire, les formes inquiétantes de repli sur des identités blessées, les expressions d'une xénophobie profonde et d'antisémitisme. Certes, une certaine hargne règne, l'envie de choquer, de cracher sur ce qui est perçu comme sacré, sur ce qui se veut « respectable » et « honorable », de faire preuve d'irrespect, d'être celui qui « dit tout haut ce que les gens pensent tout bas ». Penser tout bas et dire tout haut, c'est un programme politique qui s'exprime là : celui de ceux qui oseraient exprimer ce que la masse des *méprisés* ne pourrait pas. Le ressort en serait le ressentiment contre un mépris qui n'est cependant pas entièrement fantasmé, il existe. Mais les fantasmes narcissiques d'individus et de groupes fixés à des blessures et pour lesquelles ils réclament des réparations ne s'attaquent pas à ce mépris, ils s'en nourrissent. « En interconnexion avec d'autres forces destructrices, la production et la communication de scénarios de disqualification de tous par tous semblent bien nous engager dans l'époque de l'outrage global », écrit Fethi Benslama[3].

À la lecture des forums de certains sites[4], se dessine une revendication qui justifierait toute cette hargne : aucun récit, aucune souffrance ne devrait avoir précédence sur d'autres. Pour justifier cette revendication, l'attaque se concentre sur ce qui se serait voulu unique, le génocide des Juifs d'Europe. On met en rivalité chiffres et souffrance, et on souligne le déficit de reconnaissance : « Pourquoi *eux* auraient-ils obtenu ce que *nous* n'avons pas obtenu ? » La réponse s'imposerait d'elle-même : c'est parce qu'*ils* contrôleraient tout. Ainsi s'alimente une rivalité où l'antisémitisme trouve une place privilégiée. Comment y répondre politiquement ? Il faudrait déjà ne pas confondre ces « rivalitaires » faussement égalitaires et les demandes d'une nouvelle écriture de l'histoire, comme les nouvelles émergences politiques. Un terrain s'est ouvert, où des légitimations se font et se défont, et où il faut comprendre les luttes de pouvoir en jeu (qui *représentera* ces demandes aux yeux de la société, des partis politiques ? Qui en deviendra le porte-parole légitime ?). Savoir distinguer les demandes, ne pas tout mettre sous le vocable « communautaire » pour ne pas reconduire la dichotomie universel / particulier, vérité / mensonge, intérêt général / intérêt égoïste, République / communauté.

« La » souffrance, celle qui résumerait toute l'expérience d'un peuple, d'un groupe, est devenue, pour beaucoup, l'étalon avec lequel on mesurerait sa légitimité à parler et son exigence à être entendu. Il faut alors, pour « exister », montrer et démontrer les signes de cette souffrance. Mais le recours systématique à cette « grande » souffrance tend à faire oublier les « petites » souffrances, celles de la pauvreté, du non-développement, de l'angoisse devant un futur qu'on pense ne pas pouvoir maîtriser. Les inégalités sociales, le racisme, l'école comme lieu de production des inégalités, le chômage, coexistent avec le sentiment de ne pas « compter », d'être les habitants « invisibles » d'une « douce France » qui les ignore et ne les entend pas.

Les demandes de reformulation du récit national sont à comprendre dans ce sens : respectueuses de l'idéal démocratique républicain mais tout en exigeant la reconnaissance d'une différence. Elles sont à distinguer des expressions de hargne, de haine, où des alliances se font sur une base précise : celle qui rallie ceux qui ne cherchent pas à transformer, à ajouter à la démocratie, mais qui cherchent à la réduire au plus petit dénominateur commun, celui de l'envie meurtrière. Si la demande d'égalité des récits peut être entendue, elle doit s'appuyer sur une réflexion qui porte sur l'exploitation féroce des êtres et des corps, et non sur la « souffrance ».

On ne peut réduire à ces expressions *toutes* ces nouvelles émergences de demandes de révision du récit national, d'un débat sur la citoyenneté, sur ce que signifie être « français », sur ce que peut être la République aujourd'hui.

D'une part, le discours rigide, où des notions comme « repentance » et « guerre des mémoires » viennent masquer les enjeux, renvoie toute demande à une régression politique. Or, entendre ces demandes comme des demandes *politiques* permettrait de dépasser le champ émotionnel (qui a sa légitimité) ou « rivalitaire », et d'analyser la crise de la citoyenneté et de la démocratie. S'indigner parce que des groupes ou des associations prennent la parole, parfois de manière brouillonne, et les renvoyer systématiquement aux dérives, révèle une étrange conception du débat démocratique : il y aurait ceux qui auraient droit à la parole et ceux qui doivent écouter.

Ici et là, on observe le retour du vocabulaire de la mission civilisatrice : éduquer et civiliser des masses arriérées et dangereuses. On s'indigne des mots qu'elles utilisent, de leur prétention à manier des concepts. On a opposé les valeurs « universelles » des Lumières aux valeurs « communautaristes », et ces valeurs ne seraient pas seulement « universelles » mais aussi les « nôtres », c'est-à-dire celles de l'Europe. Elles deviendraient « non négociables », fondamentales, mais comme le fait remarquer Ian Buruma, un des fondements des Lumières est d'admettre que *tout*, particulièrement ce qui est dit « universel » et « fondamental », doit être ouvert à la critique, excepté le recours à la violence[5]. Ces « gens » qui parlaient, seraient-ils sortis de leur rôle, se permettant d'intervenir, d'interpeller, provoquant une nostalgie pour un temps où la conversation se tenait entre gens bien ? Cette nostalgie ne tient pas compte du fait que la « conversation » sur l'esclavage ou le colonialisme n'a jamais été ouverte, démocratique, mais toujours assujettie à des rapports de force, des violences, des tensions. L'appel à l'universalisme, à des « valeurs fondamentales », se doit d'écouter, de reconnaître ces émergences sans transiger sur les extrémismes.

D'autre part, envie et ressentiment se sont cristallisés et ont nourri les termes d'une hiérarchie des crimes ; la « rivalité de victimes » masque une *rivalité sur la nature du crime* : quel crime fut-il le plus horrible, le plus monstrueux ? Il faut avoir été *victime du crime le plus monstrueux*. Or, disent certains groupes, si le génocide des Juifs d'Europe est un crime, il ne peut être le plus monstrueux car il a été reconnu et ses victimes seraient aujourd'hui choyées, protégées. Une forme d'antisémitisme surgit alors, menaçant une alliance contre *toutes* les formes de racisme qui s'était historiquement faite et où Juifs, musulmans, Blancs et Noirs, se retrouvaient (ces catégories, qui doivent être maniées avec précaution, sont ici utilisées par facilité, bien que l'argument de facilité soit lui-même très problématique). Un processus similaire s'est produit aux États-Unis qui a fortement affaibli des associations qui luttaient contre toutes les formes de racisme et d'antisémitisme. Nous ne sommes pas au bout de nos peines.

Le terrain hétérogène, pluriel, de ces expressions exige donc un surcroît d'attention et de rigueur. Il y a ceux qui puisent dans ces émergences un vocabulaire de la victime et de la haine (ces deux éléments sont souvent mis en parallèle : au « je suis victime » s'ajoute un « pourquoi on écoute seulement ceux-là et on ne m'entend pas ? » qui entraîne une haine envieuse de celui qui paraît favorisé). Il y a ceux qui y trouvent un terrain de légitimation politique en se revendiquant représentants d'un groupe victime. Il y a ceux qui enferment les individus dans une définition ethnique et raciale. Mais il y a aussi ceux, et j'en fais partie, qui pensent qu'il est temps de se confronter aux héritages de l'esclavage et de la colonisation à partir de la critique de *deux* promesses, celle de la « mission civilisatrice » (tendance assimilation ou intégration), et celle du nationalisme anticolonial.

L'outre-mer est toujours un absent du débat, or l'outre-mer français, celui d'aujourd'hui, est symptomatique de cette relation ambivalente et ambiguë entre le « national » et le « colonial » : un colonial qui fait partie du national mais en est tout à la fois exclu. Dans sa lettre de démission du conseil scientifique du Mémorial de l'outre-mer, présidé par l'historien Jean-Pierre Rioux, l'historien Daniel Hémery y critiquait l'absence de représentants de cet « outre-mer » suggérant que : « La notion d'*outre-mer* n'a été que la version néocoloniale de l'empire colonial. Qui, aujourd'hui, peut se reconnaître en elle ? Qui, aujourd'hui, peut en ignorer le sens et l'idéologie sous-jacente ? Qui peut sérieusement aujourd'hui s'en réclamer scientifiquement[6] ? » L'outre-mer, c'est aujourd'hui des territoires aux économies fragiles, aux taux de chômage élevés, aux environnements maltraités, où règne encore toute une série de règles d'exception (salaires et retraites des fonctionnaires, par exemple), mais aussi où les règles européennes sont souvent imposées sans tenir compte de leur « ultra-périphérie ». En quelques années, cet outre-mer a définitivement disparu de la conscience nationale. En effet, s'il intéresse encore quelques chercheurs et gens de « gauche » dans les années 1970, il s'est transformé essentiellement en champ du terrain électoral, ou rangé dans la catégorie de territoires d'assistés ingrats. Simultanément, l'indifférence paternaliste envers les mutations de ces sociétés a entraîné une tendance à la déresponsabilisation de celles-ci, à des expressions de dépendance agressive.

Les situations sont cependant très diverses et il est difficile de parler d'*un* outre-mer, mais la présence de ces territoires interpelle qui veut comprendre la République aujourd'hui. La « décolonisation » des relations entre le gouvernement français et ses outre-mers passe notamment par une relecture critique des attentes déçues, des promesses non tenues, des évitements de part et d'autre, et à une éthique de responsabilité et de solidarité. Cette absence de l'outre-mer, comme espace révélateur de la présence masquée du passé colonial et de ses traces présentes, révèle-t-elle un repli sur une « renationalisation » de la pensée française qui redessinerait les frontières de la France, ce qui lui appartient, ses noms, ses dates, ses idées, excluant alors des noms (Delgrès, Cimendef, Dimitile, Fanon, Tjibaou), des dates (1802, 1848, 1946…), des idées (sur la citoyenneté, l'égalité des espaces)? Ainsi, à la Réunion, il est impossible d'oublier l'environnement de l'océan Indien, son temps long et complexe, son espace multipolaire où l'Europe est un acteur parmi d'autres. Décentrer le récit national, en déconstruire les frontières, cela peut se faire aussi à partir de cet outre-mer. Plusieurs territoires existent sur le territoire national, et je ne me réfère pas aux territoires « régionaux » mais à ceux produits aussi par l'urbanisation, l'industrialisation, les crises économiques et les migrations. Repenser ce qui est « commun » devrait se faire en tenant compte de cette multiplicité des territoires.

Sur toutes ces questions *La République coloniale* se voulait un ouvrage de propositions à débattre. Au lieu de faire un résumé de ces propositions, j'ai choisi ici de revenir sur le débat autour de la théorie postcoloniale ou autour du différend mémoire/histoire, où cet ouvrage joue un rôle. Cité directement ou de manière oblique, *La République coloniale* se retrouve souvent associé à d'autres ouvrages comme *La Fracture coloniale* de Pascal Blanchard, Nicolas Bancel et Sandrine Lemaire, *Coloniser, Exterminer* d'Olivier Le Cour Grandmaison, *La République mise à nu par son immigration*, publié sous la direction de Nacira Guénif-Souilamas ; ces ouvrages sont eux-mêmes associés à des interventions comme la pétition des « Indigènes de la République », ou la plainte déposée contre l'historien Olivier Pétré-Grenouilleau par le collectif DOM-TOM. Ces ouvrages et ces interventions apparaissent comme constituant déjà un « corpus », qui aurait comme axe une critique de la République à partir de la colonie, ou de la « postcolonie », mais qui ferait cette démonstration au prix d'une simplification des catégories, en les essentialisant. Je vais essayer de décortiquer quelques-uns des arguments contre ce corpus, tout en restant prudente car on est loin d'un terrain où les différentes positions seraient clairement définies. Terrain hétérogène, réponses hétérogènes : d'une certaine manière, cela démontrerait que les choses changent.

Le débat sur la colonie connaîtrait donc un renouveau. Je parle de la « colonie » dans son temps long, de la période esclavagiste à la période postesclavagiste et jusqu'aux indépendances ou autres formes de fin du statut colonial, sans confondre ces deux temps bien sûr, et sachant que les colonies ont connu des destins singuliers, à cause de leur passé précolonial, de leur localisation et de leur temporalité. Les spoliations, l'esclavage, les révoltes d'esclaves, le travail forcé, l'organisation spatiale de l'espace colonial, le racisme… ne se déclinent pas de manière linéaire et inchangée à travers le temps et l'espace. Je ne me réfère donc pas à un continuum aux formes inchangées, mais j'utilise le terme « colonie », en tenant compte du risque de transformer cette notion en catégorie essentielle, pour signaler une *présence*. La colonie, comme territoire attaché à sa métropole (ces taches roses sur la carte de l'empire français), n'existe plus, mais la colonie comme référent politique, comme réservoir de mémoires, de représentations, existe toujours. Elle reste une idée puissante, encore capable de susciter émotions et passions. Quand on veut comprendre comment ce qui appartient au passé – esclavage, colonialisme – intervient dans le présent, dans le débat culturel et politique, l'accusation d'aliénation ne suffit pas, c'est un évitement.

Au cours de l'année 2005, une série d'éléments hétérogènes a cristallisé le débat : les controverses sur les déclarations de Dieudonné ; la loi du 23 février 2005 ; les émeutes de novembre 2005 ; la disruption de ventes d'archives relatives à la traite et l'esclavage ; l'annulation des festivités autour de l'anniversaire de la bataille d'Austerlitz ; la publication de l'ouvrage de Claude Ribbes argumentant une filiation entre Napoléon et Hitler ; les différentes pétitions des historiens ; les explications culturalistes sur les émeutes ; les déclarations sur l'impossible « intégration » de certains groupes ; le refus d'Aimé Césaire, dans un premier temps, de recevoir le ministre de l'Intérieur ; la pétition des « Indigènes de la République » ; le débat autour de la commémoration de l'esclavage, sans oublier le procès intenté à l'historien Olivier Pétré-Grenouilleau qui a produit une réaction particulièrement médiatisée d'historiens.

Parallèlement, l'Université française a découvert la théorie postcoloniale, en en faisant un sujet de colloques et de séminaires (encore que, dès 1997, un numéro spécial de la revue *Dédales* portait sur le « postcolonialisme »). Un colloque lors de l'exposition *Africa Remix* au Centre Pompidou, des séminaires, des numéros spéciaux de revues ont cherché à répondre à la question : pourquoi cette théorie est-elle arrivée si tard en France ? Est-elle toujours pertinente ? Une première collection d'essais en langue anglaise – langue dans laquelle une grande partie des textes de la théorie postcoloniale sont écrits – a été publiée aux éditions d'Amsterdam en 2006 (le fait que ces essais soient introduits par un penseur d'inspiration marxiste, très critique de la théorie postcoloniale, est-il un hasard ou un signe ?). Dans cette nouvelle configuration, la notion de « République coloniale » est devenue un signifiant flottant, souvent sans relation avec le contenu du livre lui-même. La notion est devenue expression, condensant une série de représentations. Sur le livre lui-même ou plutôt sur ce qu'on pourrait appeler *son ombre*, car le contenu est rarement discuté point à point, c'est *l'esprit* qui est visé.

Ceux qui voient dans la demande de révision une célébration de la mémoire contre l'histoire reconstruisent une séparation où la mémoire est renvoyée au subjectif, à l'impensé, à l'hystérie, à l'irrationnel et à la parole, et l'histoire à la Raison, l'objectivité, l'archive écrite. Je ne reviendrai pas ici sur les relations troublées et tendues entre mémoire et histoire, de nombreux philosophes, sociologues, psychologues, historiens l'ont très bien fait. Mais la reconfiguration d'une frontière étanche entre mémoire et histoire me paraît constituer un recul méthodologique. Elle s'appuie sans doute sur une profonde méconnaissance des faits qui portent nombre d'historiens estimables à rejeter la présence de l'esclavage : méconnaissance des langues créoles, de la culture immatérielle, des archives orales, des rituels, des pratiques, des imaginaires des sociétés créoles issues de l'esclavage, méconnaissance aussi des travaux d'historiens « ultramarins ».

Ces sociétés, où vivent des citoyens français, appartiennent si peu au monde des chercheurs français qu'ils les oublient en toute sincérité. Or, pour ces sociétés, « le travail historique n'est pas l'évocation d'un passé mort, mais une expérience vivante dans laquelle l'historien engage la vocation de sa propre destinée [7] ». Peut-être alors que cette reconfiguration d'une frontière étanche entre mémoire et histoire ne peut se comprendre que si l'on analyse les enjeux culturels, sociaux et politiques, qui sous-tendent le débat. En effet, ce dont il est question, c'est de la traite négrière, de l'esclavage et de la conquête coloniale, toutes choses que l'on voudrait mettre au compte d'un passé entièrement révolu. Conseils psychologiques (il faut savoir faire le deuil, disent Jean-Pierre Rioux et René Rémond), ou politiques (vous oubliez le social, disent Romain Bertrand et Daniel Lefeuvre) renvoient toute une série d'interventions à un mal-être ou un aveuglement. Chercherait-on à préserver une image de la France qui serait garante de l'unité nationale (conception nationale de l'histoire qui va de la gauche à la droite) et qui serait menacée par l'irruption de voix venant d'un monde oublié ? Dans ce récit où l'image d'une France de progrès serait intimement liée à l'unité nationale, esclavage, abolition, conquête coloniale, décolonisation existeraient comme événements mais s'inscriraient dans une linéarité où l'histoire se diviserait entre « pages d'ombre et de lumière », cette expression creuse qui transforme l'histoire en un paysage où quelques ombres planent, mais où la linéarité indique un inévitable progrès. Ces zones d'ombre, si l'on veut poursuivre la métaphore, sont cependant habitées de spectres et de vivants, ce ne sont pas des zones vides où il suffirait d'apporter la lumière pour rendre le paysage plus riant. Ces spectres et ces vivants ne sont pas « hors » territoire national, ils l'habitent tout aussi légitimement que ceux qui s'en autoproclament les citoyens autorisés. Il ne suffira pas d'éclairer ces zones d'ombre mais aussi de comprendre comment elles ont été constituées, comment et pourquoi ceux qui les habitent y ont été menés, comment et pourquoi ceux qui les habitent en viennent à réclamer de rejoindre la cité, ou d'en construire une nouvelle.

Si progrès il y a eu, et si progrès il y a, il est le résultat de luttes dans la colonie et en métropole, et de colonie à colonie, dans des itinéraires de solidarité contre les injustices et les inégalités. L'histoire de ces alliances et de ces résistances est une histoire transnationale et transraciale où les catégories essentialistes proposées par un discours colonial racialisé sont battues en brèche.

La question serait alors celle-là, et les débats sur les lois dites « mémorielles », la « repentance » et le « fait colonial » en France l'ont relancée de manière singulière : quel a été le poids de la colonie dans l'organisation du monde (« poids » dans le sens où il a infléchi le politique, le culturel, l'économique, le droit) ? L'enjeu, cependant, ne consiste pas seulement à revendiquer la prise en compte d'« histoires mineures », de démocratiser de manière « multiculturelle » l'histoire ou de jouer *des* histoires contre *l'H*istoire. Il n'est pas non plus de restituer de manière complète la voix des subalternes. Il faut accepter une absence. La disqualification des travaux et de celles et ceux qui les écrivent s'appuie sur les axes que j'ai déjà signalés. Plus qu'un désaccord de méthodes, j'analyse cette campagne comme une tentative de refuser de comprendre comment et pourquoi s'est constitué un *point aveugle* dans la pensée française, comment et pourquoi la question coloniale (esclavagiste et postesclavagiste) fait nœud dans la conscience nationale. Il n'y a pas complot, il y a conflit, conflit autour d'une approche du politique. Il n'y a pas complot – des livres sont publiés, des recherches entreprises –, il y a divergence entre des manières d'appréhender ce que fut la colonie et ce qu'est la postcolonie.

Quand je parle de conflit, je parle de la façon même de concevoir l'écriture de l'histoire et la formation de concepts tels que citoyenneté, nation, colonie, décolonisation, luttes pour l'indépendance… C'est ce *mouvement de constitution* qui fait l'objet spécifique de la recherche historique. L'étude de ce qui constitue la colonie en tant qu'espace externe au sol national, et dans le même mouvement la « décolonisation », éclaire le mouvement de constitution, de *production* de cet espace. La théorie postcoloniale nous invite à « problématiser les *frontières* qui organisent les cartes mentales des historiens[8] ». Ces frontières sont rarement remises en question, révélant un nationalisme culturel qui conduit à négliger des espaces-temps, spécifiquement celui de la colonie. L'ordre *du discours et des silences* organise le champ historique : voir par exemple le silence sur la révolution haïtienne dans les récits historiques du XVIIIe siècle[9].

Plusieurs ouvrages sont parus en 2006 avec, comme raison d'être, la critique de ce mouvement (encore une fois ce terme est loin d'être juste car il n'y a ni mouvement concerté ni école, mais conjoncture) : Daniel Lefeuvre, *Pour en finir avec la repentance coloniale*, Romain Bertrand, *Mémoires d'empire. La controverse autour du fait colonial*, René Rémond, *Quand l'État se mêle de l'histoire*, Pascal Bruckner *La Tyrannie de la pénitence. Essai sur le masochisme occidental*, Jean-Pierre Rioux, *La France perd la mémoire. Comment un pays démissionne de son histoire*. Ces livres n'ont pas pour cible *La République coloniale* mais l'émergence de revendications dans le domaine de l'histoire, du culturel et du social, qui ont produit les lois dites « mémorielles », menaceraient le corps national, feraient du colonial la grille unique de lecture du monde, et favoriseraient une identité victimaire. Leur critique porte soit sur l'oubli du social, soit sur la pression de l'« actualité » et des groupes « mémoriels » sur les chercheurs, soit sur la complaisance dans le masochisme, et beaucoup insistent sur la nécessité d'une opposition forte et claire entre mémoire et histoire. Tous critiquent ce qu'ils désignent par le terme de « repentance », terme dont aucun ne donne une définition précise. Bertrand parle de la « naissance des diplomaties de la repentance », de « discours de la repentance », Bruckner de la « tyrannie de la pénitence ». Le lecteur finit par comprendre qu'il s'agirait d'*attitudes* fondées sur une méconnaissance du fait colonial et donc d'une manipulation de ses aspects émotionnels à des fins, soit de dépolitisation, soit de complaisance narcissique dans la victimisation, soit à des fins de justification de repli communautariste. Pour tous, le danger est sérieux. Pour Bertrand, historien de la colonisation en Indonésie, « assigner à la matrice coloniale l'origine de l'ensemble des discriminations administratives et policières qui s'exercent dans les quartiers populaires, c'est finalement se dispenser à bon compte de penser, dans le renouvellement permanent de leur fonctionnalité sociale, les fabrications contemporaines des racismes ordinaires[10] ». Aucune étude scientifique ne vient étayer, dit-il, l'équivalence entre « immigrés » et « ex-colonisés »[11]. Cette équivalence sert aussi bien des défenseurs que des détracteurs de la loi du 23 février, écrit-il, car pour tous le « colonial » est derrière le « social »[12]. Pour Jean-Pierre Rioux, historien, la « fracture ou le hiatus que nous vivons aujourd'hui à propos de la colonisation et de l'esclavage dans le cours de la mémoire française procèdent plutôt des "trous" de mémoire en métropole et chez les descendants de victimes, tant ils rameutent des souvenirs souvent confus et disparates, parfois reconstruits, toujours exigeants et même vindicatifs, mais dont la somme ne fait pas une mémoire[13] ». S'il reconnaît la légitimité des demandes pour « affirmer leur fierté collective : pour affermir la chaleur communautaire dont ils rêvent ou qu'ils veulent retrouver ; pour débattre de l'autonomie sociale et culturelle que la République pourrait mieux leur réserver », Rioux conclut que « rien, en tout cas, ne nécessite de convoquer en priorité un passé dont, tout au contraire, il faudra bien songer un jour à entamer le deuil[14] ». Le « passé colonial est un argument et un habillage pour mettre en cause le pays d'accueil ou sa nationalité », écrit encore Rioux. Le lecteur ne trouve aucune preuve à ce désir de « chaleur communautaire » ni au fait que les souvenirs seraient disparates et confus.

Pour ce qui est de l'esclavage, les souvenirs disparates ont peut-être pour cause l'absence de récits (surtout en langue française), de témoignages directs d'esclaves, et l'indifférence de la nation et des historiens à recueillir les témoignages des centaines de milliers d'esclaves, devenus citoyens, le jour de leur émancipation. Entamer le deuil du passé est un conseil que se donnaient les affranchis eux-mêmes, mais ce deuil s'appuyait non pas sur l'oubli mais sur une inscription qui permettait un dépassement de la catastrophe. Finalement, le lecteur peut être surpris d'entendre parler de « pays d'accueil » pour les descendants d'esclaves et de colonisés, citoyens français depuis 1848. Plus loin, Rioux suggère que ces revendications s'appuient sur une déception sociale car, pour les populations des DOM, l'échelle sociale serait en panne. La crise est effectivement profonde dans les DOM et leurs diasporas ne s'en sortent pas toujours très bien, des études sociologiques le montrent[15]. Mais cela suffit-il à écarter tout héritage de l'esclavage et du colonialisme ? Est-il possible que des représentations, des cadres d'inégalité fondés sur des idées racistes aient entièrement disparu en quelques années ? En d'autres termes, est-il possible de traiter cette « expérience vécue du Noir », comme l'appelait Frantz Fanon, comme un seul fantasme ? Fanon voulait se libérer de cette assignation à la couleur mais il était conscient de sa force, de son influence autant chez le « Blanc » que chez le « Noir ». Son appel à un « nouvel humanisme », dans la lignée d'Aimé Césaire, se voulait être l'horizon d'une nouvelle « fraternité ».

Romain Bertrand, dont les critiques tendent à s'appuyer sur une simplification des arguments de ceux qu'il dénonce, réfute « l'origine ou la nature coloniale des discriminations contemporaines » car la « définition “ethnique” d'identités victimaires [tend] à se substituer à la définition sociale d'identités politiques[16] ». Mais on peut aussi suggérer qu'une identité ne mène pas à une substitution ou une disparition d'autres identités, mais que celles-ci se condensent, permutent. La pluralité ne brouille pas inévitablement la compréhension des phénomènes, elle peut au contraire lui donner un autre éclairage, et le sujet n'est plus soumis à l'hégémonie d'une seule « identité ». Sans exagérer la fluidité du jeu entre ces identités, on peut remarquer que tout le travail des féministes, des colonisés, des « Noirs », a été justement d'échapper à l'assignation à résidence imposée par un seul cadre d'identifications et de réclamer la possibilité de se situer à la frontière de plusieurs catégories identitaires. On n'est jamais simplement une femme, une ouvrière, ou une descendante de colonisée.

Pour Bertrand, ces chercheurs font preuve d'une « effarante banalité[17] » car leur « transgression » est encore prisonnière du système politique. Pour moi, c'est un travail en effet assez banal : penser l'intersection des identités, le jeu de permutation entre elles, ce que les expériences, pratiques et discours des Noirs américains, des colonisés, des féministes, nous ont appris. Cette fascination pour la « transgression » mène à mettre en place une échelle de valeurs des propositions favorisant la figure de l'« homme libre », du « rebelle » à tout système. Cette figure romantique, certes très attrayante, renvoie aux marges des formes moins visibles des résistances.

L'historien Daniel Lefeuvre s'indigne contre les « repentants », un groupe où se retrouvent Gilles Manceron, Olivier Le Cour Grandmaison et Catherine Coquery-Vidrovitch, qui jetterait « aux orties la fracture sociale », oublierait « la lutte des classes » et ferait du passé colonial la seule grille de lecture du présent[18]. Lefeuvre cite les discriminations contre les Italiens et les Espagnols en France pour démontrer combien les « repentants » ont tort, qui « veulent à tout prix prouver que seuls les coloniaux sont stigmatisés ». Cette accusation de simplification s'adresse sans doute à quelques groupes mais les chercheurs cités n'ont jamais commis cette erreur. Ils ont signalé le « plus » que constitue la catégorie raciale ou ethnique dans les discriminations. L'argument de la crise sociale comme cause principale du désenchantement revient souvent et signale une faiblesse associée aux études postcoloniales qui attribueraient au seul terrain de l'identité les causes d'un malaise.

Mais si certaines de ces études ont glissé vers une approche qui privilégie l'analyse du discours et des représentations, oubliant toute matérialité, d'autres ont poursuivi ce que, dans les années 1980, aux États-Unis, en Angleterre ou en Espagne, tout chercheur étudiant des « minorités » se voyait enjoint de faire : intégrer les interactions entre « *class, race and gender* » (classe, race et genre). Ainsi, la séparation historique entre les féministes blanches et les Noirs américains – après le 14e amendement (1866) qui donnait le droit de vote aux hommes noirs – ne pourrait se comprendre si on excluait l'analyse de la race ; ainsi, l'analyse de la situation des femmes africaines-américaines ne pourrait être complète sans tenir compte de l'un des aspects ; ainsi, l'analyse du racisme d'une partie de la classe ouvrière ne pourrait se comprendre sans inclure l'histoire de la colonie. Cette trilogie, devenue bientôt incontournable, avait ses faiblesses, mais elle poussa nombre de chercheurs à tenir compte de situations qu'ils avaient systématiquement négligées, au nom d'un universalisme hégémonique. Peut-on par exemple comprendre les problèmes du foncier aujourd'hui dans les DOM sans tenir compte de l'héritage de la société de plantation ? Si l'on aborde ce sujet sans tenir compte du racisme, du non-accès au crédit des banques des personnes non blanches, et ce jusqu'aux années 1970, et finalement du rapport à la terre dans une société qui fut esclavagiste, on aura du mal à comprendre tous les aspects du problème. De même, Nacira Guénif-Souilamas souligne qu'il est impossible d'analyser la construction du « garçon arabe » comme catégorie sociologique sans tenir compte de la conception d'une masculinité « arabe » fortement influencée par les représentations raciales issues du colonialisme.

Pour sa part, Daniel Lefeuvre développe l'argument comptable : la colonie n'aurait rien rapporté à la France en termes économiques, elle lui aurait même coûté très cher, ce qu'il démontre sur plusieurs pages. « Il n'est pas exclu, écrit-il en citant l'économiste Paul Bairoch, que l'entreprise coloniale ait nui au développement économique de la France plus qu'il ne l'aurait favorisé[19].» La France n'aurait rien gagné aux colonies et, si ses armées ont commis quelques exactions, celles-ci ont rapidement été compensées par les progrès apportés[20]. Mais si justement la France n'a rien gagné économiquement aux colonies (ce qui reste controversé), c'est bien qu'il y avait d'autres *bénéfices* au colonialisme, que ces derniers relevaient moins de l'économique que du psychologique, du culturel ou du politique.

Que des groupes voient aujourd'hui dans le colonialisme la source de tous leurs maux est évidemment réducteur, mais il n'en reste pas moins que toute analyse de la colonisation devrait être accompagnée d'un avertissement sur ce que de telles aventures entraînent inévitablement: des inégalités, des spoliations, des justifications idéologiques à l'inégalité raciale ou ethnique *et* des résistances, qu'elles viennent du peuple colonisateur ou de peuples colonisés. L'argument comptable masque une incapacité à analyser le phénomène colonial français. Pourquoi être parti aux colonies? Pourquoi y être resté s'il y avait si peu de bénéfices à y faire? Pourquoi s'être engagé dans des répressions et des guerres sanglantes? Pourquoi cet attrait pour la «vie coloniale», sa «façon de vivre», toujours présentée comme sophistiquée – une expérience esthétique –, alors qu'il suffit parfois de lire les coloniaux eux-mêmes pour découvrir souvent une vie d'ennui?

Dans l'histoire nationale, l'esclavage constitue un chapitre qui appartiendrait au passé à tel point que, dans le débat actuel sur la loi du 21 mai 2001 (dite loi Taubira), on peut entendre que, s'il est légitime de vouloir en étudier l'histoire, en évoquer la mémoire témoignerait d'un attachement névrotique au passé, d'une confusion entre passé et présent, et d'un désir de manipuler l'histoire. C'est bien mal connaître cette histoire. Mais c'est aussi, pour des buts révisionnistes, consciemment négliger des contributions qui ajoutent au savoir, qui militent pour la recherche scientifique. Ainsi, tous les historiens qui s'en prennent à la loi du 21 mai 2001 ignorent délibérément le rapport du Comité pour la mémoire de l'esclavage, mis en ligne dès mai 2005 et paru sous forme d'ouvrage à la fin de la même année. Ils reviennent sans cesse à la demande de poursuites judiciaires par le Comité des Antillais, Guyanais et Réunionnais, début 2005, d'Olivier Pétré-Grenouilleau, auteur du livre *Les Traites négrières. Essai d'histoire globale*, publié chez Gallimard et primé plusieurs fois. La plainte, retirée début 2006, est systématiquement utilisée comme référence à la nocivité de la loi de mai 2001. Cette plainte permet de cibler cette loi dans les attaques contre les lois dites mémorielles et d'éviter d'aborder la manière dont ces questions devraient être étudiées. Pourquoi, chaque fois que l'«affaire Pétré-Grenouilleau» est évoquée, aucune référence n'est-elle faite à des travaux critiques sur la traite et l'esclavage (dont l'esclavage en Afrique) et seulement au procès?

L'affaire est utilisée pour mettre en scène une guerre de valeurs où les camps seraient clairement définis : d'une part, la science, l'universalisme, la liberté ; de l'autre, le communautarisme, le recours à la force, l'obscurantisme. Le choix du démocrate est simple, sinon simpliste. Cette mise en scène où la peur d'une régression est brandie, où le pouvoir de divers groupes est exagéré, ne permet pas une ouverture au débat critique. Le terrain est divisé en deux camps, deux pensées ; la voie est étroite.

Deux grands reproches sont faits à la loi sur la traite et l'esclavage : d'abord de ne parler que de la traite européenne, ensuite d'encourager les obstacles à la recherche. Pascal Bruckner résume bien le premier argument : « N'est-il pas étonnant que les premières nations qui ont aboli l'esclavage, après en avoir grassement profité, soient aussi les seules qui fassent l'objet d'accusations et de demandes de réparation[21] ? [...] Ni les Africains, ni les "arabo-musulmans" n'ont fait leur *mea culpa*. » Certes, mais cet argument est-il digne d'un pays qui se dit démocratique ? Il s'agit plutôt, comme le recommandent de nombreux chercheurs sur ces thèmes, de travailler d'une part sur la longue histoire de la servitude, et d'autre part sur les formes et conséquences de chacun des systèmes d'asservissement.

Le monde où nous vivons aujourd'hui est encore modelé par l'esclavagisme colonial européen (constitution de l'« Atlantique noir », de cultures créoles, de problèmes raciaux, d'inégalités raciales...) et la *présence* de cette expérience est à prendre en compte. Cette loi était certes imparfaite, mais elle a eu au moins le mérite de rompre un silence qui durait depuis plusieurs siècles et que rien ne semblait entamer. Les études sur les manuels scolaires montrent qu'après la loi on passe de deux lignes sur ces événements à plusieurs paragraphes. Mais surtout, je le répète, le rapport 2005 du Comité pour la mémoire de l'esclavage, émanation de cette loi, faisait des propositions dans les domaines de l'éducation et de la recherche qui allaient dans le sens d'une histoire comparée. Sa proposition d'un Centre national de recherche cherchait à répondre au flou dans lequel s'engouffrent demi-vérités et simplifications par la diffusion la plus large d'études sur tous les aspects de ces événements. Il est frappant de constater qu'aucun des auteurs s'exprimant contre cette loi n'ait publiquement soutenu ces propositions.

Michel Winock, qui, dans un entretien à *Télérama*, revient sur la plainte déposée contre Pétré-Grenouilleau, énonce assez clairement l'objet de la mobilisation des historiens. Dans les lois « mémorielles » qu'ils attaquent, la loi Gayssot, bien qu'elle soit citée, n'est pas leur cible principale : « C'était déjà le cas de la loi Gayssot, mais celle-ci avait le mérite de reposer sur un immense travail juridique et historique issu du tribunal de Nuremberg ; c'est bien différent pour les lois suivantes, dont la formulation est sujette à caution. Ces lois issues de lobbies n'ont pas grand-chose à voir avec l'Histoire. Il s'agit de la revendication d'une reconnaissance, souvent légitime, mais la mémoire n'est pas l'Histoire.

Les parlementaires qui votent ces lois ne mesurent pas le danger d'éclatement qu'elles font courir à la société. Ce n'est pas en limitant la liberté d'expression qu'on pourra soigner les blessures de la mémoire. Que l'on comprenne notre position : l'histoire écrite n'est jamais "définitive" ; elle a des trous qu'il faut combler, et les mémoires particulières y contribuent. Mais la sacralisation de ces mémoires, étrangères les unes aux autres, risque de transformer la société en une mosaïque d'identités s'ignorant les unes les autres. Comme le dit Pierre Nora, "les mémoires divisent, l'histoire rassemble[22]". » L'argument est difficile à saisir : reconnaissance légitime d'une mémoire mais qui ne renvoie pas à l'Histoire ? Il n'y aurait pas d'*histoire* de la traite négrière, de l'esclavage et de leurs abolitions ? Sur quoi s'appuie cette crainte d'une « sacralisation » des mémoires et « d'une mosaïque d'identités s'ignorant les unes les autres » qui menaceraient la France ?

Ces émergences sont perçues sous la forme d'une menace contre l'unité nationale, transformant des associations et des parlementaires d'outre-mer (qui ont soutenu la proposition de loi tendant à reconnaître traite et esclavage comme « crimes contre l'humanité ») en « lobbies ». Mais il suffit de relire les débats autour de la proposition de loi pour comprendre que ces « lobbies » imaginaires ont eu peu de poids. Il faut savoir raison garder et s'il faut s'interroger sur les mutations profondes de la société – mutations étudiées par les sociologues, géographes, anthropologues, dont les causes ne répondent plus aux vieux cadres d'analyse –, il faut aussi ne pas céder à la tentation de l'explication par le complot, les actions de lobbies mystérieux et menaçants.

La loi du 21 mai 2001 doit être *dépassée*, c'est-à-dire qu'il faut encourager *toutes* les formes de discussions et de débats contradictoires, toutes les formes de diffusion pour que ces événements entrent dans le « bien commun », et ne soient plus appréhendés dans le cadre de la seule morale, ou rattachés à des groupes « ethniques », et que la loi ne soit plus qu'une étape parmi d'autres. Les travaux sur la traite et l'esclavage (notamment ceux entrepris par le tout jeune laboratoire du CNRS qui est consacré à ces études) montrent que la focalisation sur les dérives contribue à obscurcir le débat et minorer les contributions qui cherchent justement à en renverser les termes : victimisation, dénonciation, remords, accusations... Les critiques « postcoloniaux » – certains seraient étonnés d'être associés à cette catégorie – sont aussi accusés de « continuisme[23] » : ils lieraient de manière trop linéaire discriminations coloniales et contemporaines comme étant le « produit d'un racisme inchangé[24] ».

Le reproche de « continuisme » n'est pas fondé pour ce qui est de *La République coloniale*. Les avertissements y sont nombreux : il faut résister à la tentation de ne voir dans le présent que le reflet du passé. Pour le reproche de linéarité, il faut préciser ce que l'on entend par cette notion. On peut ainsi argumenter que le fait de voir des ruptures nettes entre précolonial, colonial et postcolonial, induit une linéarité fondée sur l'idée de phases progressives de l'Histoire.

La conversion du colonialisme en histoire qui aurait pris corps « là-bas », dans l'« outre-mer », sans rapport avec l'histoire nationale, a récemment conduit de nombreux historiens et sociologues à une cécité sur de nombreuses émergences de revendications culturelles et sociales dans l'espace public. Ces revendications sont rejetées à la marge, qualifiées de demandes « communautaristes. » Cette conception de deux temporalités qui s'excluraient s'ajoute à une conception territorialisée de l'histoire nationale; sa géographie serait à jamais fixée. C'est une des raisons de l'omission que l'on pourrait qualifier de systématique du colonial dans le national.

Que je sois claire: *la colonie est présente*, mais ce sont les liens entre colonial et national qui sont marginalisés. « L'héritage matériel de cette histoire refoulée, écrit Homi Bhabha, s'inscrit dans le retour des anciens colonisés en métropole. Leur présence même transforme la politique de la métropole, ses idéologies culturelles et ses traditions intellectuelles, dans la mesure où – ayant fait à leurs dépens l'expérience de la colonisation – ils bousculent certains des grands récits métropolitains sur le progrès et l'ordre public, et mettent en question l'autorité et l'authenticité de ces récits[25]. »

C'est peut-être du côté des luttes pour les droits civiques, avec leurs contradictions et leurs limites mais aussi leurs ouvertures, qu'il faudrait regarder pour appréhender de manière nouvelle les questions posées à la France et sa conception du citoyen. Frantz Fanon insistait sur la nécessité de déconstruire le discours de la « race » pour échapper à l'assignation à résidence (la prison construite par la « race ») tout en construisant de nouvelles solidarités. Les luttes anticolonialistes se situaient dans la perspective développée dans *Peau noire, masques blancs*: celle de construire un « nouvel humanisme ». Mais aujourd'hui, ce n'est pas le désir de rompre et de construire une nation indépendante qui fait question. Observer les formes de demandes de révision de cet idéal depuis l'outre-mer apporte un éclairage singulier sur cette interrogation. Dans les colonies esclavagistes, le questionnement de l'idéal universaliste existe depuis longtemps. Il s'est exprimé dans un conservatisme colonial qui résistait à l'application des principes universels à *tous*. La résistance conservatrice à l'idéal universel de l'égalité des droits est souvent venue des colons « blancs », mais pas toujours cependant des grands propriétaires. Le communautarisme « petit blanc » s'accordait mal des principes d'égalité républicaine qui promettait une société sans hiérarchie raciale, hiérarchie qui leur garantissait un statut social dans la société. Mais l'idéal universel républicain a joué le rôle de rassembleur de mouvements contre le monopole des « sucriers », les usiniers et propriétaires qui tiraient leur richesse de la canne à sucre. La longue histoire du monolinguisme colonial sourd aux autres langues, redoutant le contact, refusant la créolisation, ne doit pas faire oublier l'histoire de l'appropriation par l'esclave, le colonisé, de la langue de l'Autre, et de sa transformation, l'histoire de la traduction en situation des mots qui disaient la liberté et l'égalité.

La loi esclavagiste prévoyait d'arracher la langue à l'esclave pour le punir, de le bâillonner, de le museler, de lui interdire la parole en public. Cependant, les esclaves comme les colonisés se sont emparés de la langue française et l'ont « dénationalisée ». Elle est devenue, avec eux, une langue transcontinentale, transnationale, déracialisée, qui rejetait un quelconque lien entre langue et droit du sang et faisait circuler, à travers l'empire, idées et représentations d'une citoyenneté débarrassée d'une complicité honteuse avec la pensée raciale. Il ne s'agissait pas d'une simple « tropicalisation » des termes, mais d'une réappropriation qui rejetait l'ethnicisation opérée par le discours colonial qui a instauré une analogie entre « Blanc » et « libre », entre « Blanc » et « citoyen ». Les colonisés s'emparent du vocabulaire de la Révolution française et des Lumières pour attaquer les privilèges exorbitants de la classe possédante. Les colonisés utilisent le vocabulaire républicain en le *dénationalisant*, en lui redonnant son caractère universel.

Dans un article intitulé « Malaise dans l'identité historique », Pierre Nora dit avec justesse que « l'histoire n'est qu'une longue suite de crimes contre l'humanité[26] ». Il critique avec force des « groupes de mémoire intéressés à faire prévaloir leur lecture particulière ». On est passé, écrit-il, « d'une mémoire modeste, qui ne demande qu'à être reconnue, respectée, intégrée au grand registre de l'histoire collective et nationale, à une mémoire essentiellement accusatrice et destructrice de cette histoire ». L'auteur n'explicite pas en quoi la mémoire des femmes, des ouvriers, l'histoire rurale, ouvrière, était plus « modeste » que celle des descendants d'esclaves, citoyens français, et revisite ces émergences avec une nostalgie qui ne tient pas compte des tensions conflictuelles qui les ont accompagnées. L'histoire des femmes n'a pas été accueillie à bras ouverts dans la maison « Histoire » : elle a été disqualifiée, ridiculisée, marginalisée. Elle reste discrète.

Pierre Nora n'explicite jamais clairement pourquoi il pense que ce sont particulièrement *ceux-là*, les descendants de colonisés et d'esclaves, qui chercheraient par des « moyens peu regardants » à imposer leur vérité. Prenons la remarque au sérieux et la question serait alors celle-là : seraient-ils, ces citoyens, moins « prêts » à affronter l'Histoire, plus enclins à jouir du statut de victime ? Mais alors pourquoi ? Est-il vrai que la commémoration du 10 mai fut « d'ordre expiatoire, pénitentielle et repentante[27] » ? La liste des manifestations ce jour-là, consultable sur plusieurs sites, ne semble pas justifier ces qualificatifs : des élèves de lycée dessinant la cale d'un bateau négrier et s'y entassant pour démontrer les conditions de transport; des associations célébrant les résistances des esclaves et le courage des abolitionnistes; des festivals de films... Toutes ces manifestations semblent plutôt avoir cherché à faire œuvre d'ouverture.

À qui fait allusion l'auteur quand il parle des « humanités incomparables à la nôtre et qui n'étaient ni pires ni meilleures, mais *différentes* » ? Qui sont ces « humanités » et quelle est la « nôtre » ? Qu'est-ce qui la distingue des « autres » ? Pourquoi la « récente remontée du refoulé colonial » aurait-elle « un potentiel particulièrement destructeur », et pourquoi la mémoire de la traite et de l'esclavage est-elle qualifiée d'« énigmatique » ?

Les travaux sur la mémoire orale de la traite et de l'esclavage en Afrique, aux Amériques et aux Caraïbes, ne mettent pas en lumière une énigme. L'énigme se situe autre part: dans l'impossibilité de comprendre la traite d'êtres humains et la mise en esclavage sinon sous des catégories morales. L'économie de prédation est rarement analysée, l'économie étant comprise toujours comme un échange, égal, libre ou inégal, mais jamais avec sa dimension de prédation. Les récits nationaux sont interrogés aujourd'hui, non seulement en « Occident », mais aussi dans les États nés de la fin des empires coloniaux et des indépendances. C'est sans doute cela qui étonne et inquiète. Mais tout en restant conscients des dangers, mobilisés contre le récit des outrages comme métarécit, on peut aussi accueillir cette mutation comme riche pour l'écriture de l'Histoire. Ces histoires demandent « droit de cité », quelle cité alors imaginer? Quel bien commun recréer?

Notes

1 Albin-Michel, 2003.

2 Voir à ce sujet le débat *via* Internet entre Jacky Dahomay et Raphaël Confiant.

3 www.collectifdom.com, 10 décembre 2006: « Le Collectif des Antillais, Guyanais, Réunionnais et Mahorais (Collectif DOM) a décidé de charger son avocat, Me Gilbert Collard, de demander au tribunal de grande instance de Paris la dissolution du CRAN (Conseil représentatif des associations noires) en application des articles 3 et 7 de la loi sur les associations du 1er juillet 1901 qui disposent que toute association fondée sur une cause illicite est nulle et de nul effet. Outre le fait que le CRAN se dit « représentatif » – alors qu'il ne l'est pas et ne saurait l'être –, le fait de fonder une démarche associative sur un principe ouvertement racial lié à la couleur de peau est manifestement discriminatoire et contraire aux principes clairement affirmés dans notre législation et notamment dans l'article premier de la Constitution. »

3 Fethi Benslama, « L'outrage global, » *Lignes*, novembre 2006, p. 102-113, p. 112.

4 www.ogres.com

5 Ian Buruma, *Murder in Amsterdam. The Death of Theo Van Gogh and the Limits of Tolerance*, Londres, Atlantic Books, 2006, p. 34.
6 www.ldh-toulon.com.
7 Henri-Irénée Marrou, cité par Pierre Vidal-Naquet, *L'Histoire est mon combat. Entretiens avec Dominique Bourel et Hélène Monsacré*, Albin Michel, 2006, p. 48.
8 Sandro Mezzadra, « Temps historique et sémantique politique dans la critique post-coloniale », *Multitudes*, automne 2006, n° 26, p. 75-94, p. 84.
9 Voir à ce sujet, Françoise Vergès, *La Mémoire enchaînée. Questions sur l'esclavage*, Albin Michel, 2006, et Michel Rolph Trouillot, *Silencing the Past. Power and the Production of History*, New York, Beacon Press, 1995.
10 Romain Bertrand, *Mémoires d'empire. La controverse autour du fait colonial*, éditions du Croquant, 2006, p. 118.
11 *Ibid.*, p. 126.
12 *Ibid.*, p. 130.
13 Jean-Pierre Rioux, *La France perd la mémoire. Comment un pays démissionne de son histoire*, Perrin, 2006, p. 141.
14 *Ibid*, p. 147.
15 Voir les études de Claude Valentin Marie par exemple.
16 Romain Bertrand, *Mémoires d'empire, op. cit.*, p. 204.
17 *Ibid.*, p. 207.
18 Daniel Lefeuvre, *Pour en finir avec la repentance coloniale*, Flammarion, 2006, p. 219.
19 *Ibid.*, p. 134.
20 *Ibid.*, p. 64-65 et 169-170.
21 Pascal Bruckner, *La Tentation de la pénitence. Essai sur le masochisme occidental*, Grasset, 2006, p. 179.
22 *Télérama*, 4 novembre 2006, n° 2964.
23 Emmanuelle Saada, « Un racisme de l'expansion. Les discriminations raciales au regard des situations coloniales, » in Didier Fassin et Éric Fassin, *De la question sociale à la question raciale ? Représenter la société française*, La Découverte, 2006, p. 55-71.
24 *Ibid.*, p. 70-71.
25 Homi Bhabha, « Le tiers-espace. Entretiens avec Jonathan Rutheford », *Multitudes*, automne 2006, p. 95-108, p. 104.
26 Pierre Nora, « Malaise dans l'identité historique », *Le Débat*, 2006, p. 9.
27 *Ibid.*, p. 50.

L'autochtone et l'indigène : la fin de l'exotisme dans la France postcoloniale

Nacira Guénif-Souilamas

La rencontre entre ce texte et son lectorat se joue sous le signe de l'emprunt, de l'appropriation et du détournement de la chanson de Charles Trenet « Douce France » par le groupe lyonnais Carte de Séjour. En reprenant en 1986 cette chanson, si typique d'une certaine France, les fils d'immigrants qui avaient fondé ce groupe chantaient pour la première fois la façon dont l'autochtonie était fécondée par ses nouveaux indigènes. Ils résonnaient tout près d'une actualité devenue depuis quelques années un sujet récurrent des pages « faits divers et société », et faisaient apparaître dans un paysage encore familier des reliefs, des altérations et des plis résistant à toute définition connue des changements. Inéluctables, les glissements de terrains enregistrés alors allaient s'amplifier avec le temps et susciter un désarroi, une incompréhension mais aussi une curiosité et un vertige quant à leurs causes profondes.

Une génération plus tard, les petits-enfants de cette douce France-là, qui n'existe plus que par bribes et fragments, cèdent aux émotions émeutières que l'on sait et ceux qui croyaient encore à son existence se laissent aller à une sidération qui ne les a toujours pas quittés. Pourtant, si alors rien n'était joué, tout semble avoir pris une inflexion que ni les politiques publiques ni les imaginaires partagés ne sont parvenus à freiner. Cette inflexion éloigne irrésistiblement des principes que l'universalisme abstrait républicain avait jusqu'alors professés sans être tenu de les mettre en œuvre. La devise républicaine constituait un horizon plus qu'un objectif à atteindre pour chaque individu. L'ère de son application effective et générale par un État redistributeur et solidariste est inaugurée sous les pires auspices : la désindustrialisation.

Ainsi rétrospectivement, les années 1980 apparaissent comme le pire moment pour la démocratisation individualiste de la société française ainsi mise à l'épreuve de sa capacité à tenir le choc face à l'entrée en égalité des classes populaires, parmi lesquelles se comptent des immigrants et leurs enfants de plus en plus visibles. Pour les premières comme pour les seconds, les espoirs vont être déçus : le chômage pour tous, le déni de citoyenneté pour les nouveaux venus. Cette brutale entrée en scène de changements voire de dégradations se traduit par une rhétorique des grands nombres et de l'ampleur des mouvements qu'ils traduisent.

Nombre croissant d'élèves, de lycéens, d'étudiants, de chômeurs, de femmes actives, de femmes au chômage, d'immigrants, d'immigrants et de leurs descendants au chômage, de citadins, de banlieusards, de sans-papiers, de mal-logés. Une accumulation qui a de quoi donner le vertige à ceux qui en étaient restés à une vision tempérée, modérée, pour tout dire moyenne de la réalité nationale.

Cette fuite en avant des chiffres et de leur interprétation prend les contours contrastés de la décomposition de régulations ou de la trahison des principes qui les fondaient. À ces causalités récurrentes s'ajoute le constat de tendances au séparatisme de plus en plus favorables à l'affaiblissement des garde-fous garantissant les toutes relatives protections institutionnelles contre l'extrémisme capitaliste. Ainsi, les habitants de la douce France ne sentent plus les effets apaisants de leur État-providence parce que certains groupes ou collectifs ont ruiné la subtile alchimie du vivre-ensemble. Qu'il s'agisse des entrepreneurs du capitalisme exponentiel, des classes protégées érigeant les barrières financières de leur auto-ségrégation, ou des immigrants qui simultanément se jouent de toutes les frontières, en subissent de nouvelles et, dans une minorité de cas, en créent d'autres, les partitions et leur légitimité sont objet de controverse. Les ségrégations économiques sont-elles plus acceptables que celles qui suivent des tracés ethniques ou religieux ? Les unes n'ont-elles pas contribué aux autres ? En se télescopant avec l'anniversaire houleux de la loi de la séparation de l'Église et de l'État, la visibilité croissante, certes de l'islam, mais aussi des minorités postmigratoires a provoqué un séisme identitaire et symbolique dont la France n'est toujours pas remise.

Face à un tel paysage, il est nécessaire de combiner les causalités économiques et sociales avec des dimensions inédites et souvent occultées telles que l'ethnicité, la race, le genre, et ainsi faire émerger un continent qui a été englouti au tournant historique de la postcolonie. Sans cette terre ferme arrimée à celle que nous observons, comment comprendre que près de trois si ce n'est quatre générations après l'installation en France d'immigrants venus des colonies ou d'États devenus indépendants, les anciens indigènes et leurs descendants, devenus français par la force des choses et du droit, ne sont toujours pas reconnus comme tels et continuent d'être considérés comme des citoyens de seconde zone, en une troublante analogie avec des temps révolus ?

Si, aujourd'hui, les frontières internes entre individus et collectifs sont si étanches, c'est qu'elles obéissent à une logique certes matérielle, mais plus clairement ethnique qui s'enracine dans une société postcoloniale inapte à prendre la mesure des mécanismes ségrégatifs et hiérarchiques rapatriés des colonies qu'elle a acclimatés sous des cieux républicains. Ainsi, il est nécessaire de penser les conditions d'émergence d'une république séparatiste qui constitue en soi un paradoxe préoccupant pour l'ensemble des membres de la société française. La pointe avancée de ce séparatisme qui veut s'ignorer peut se formuler dans l'opposition naguère encore évitable entre autochtone et indigène. Loin d'appartenir au passé, cette confrontation est aujourd'hui attisée et entretenue par des pratiques, des représentations, des imaginaires et des phantasmes, agités par un groupe majoritaire tenté par la ségrégation et que rien ne semble pouvoir contrecarrer.

Le rendez-vous manqué avec les premiers descendants de migrants, à l'aube des années 1980, et le déni de reconnaissance qui leur fut opposé lorsqu'ils s'invitèrent dans une dramaturgie nationale où aucun rôle ne leur avait été attribué, ont ouvert l'ère des malentendus et des reproches qui a culminé lors des révoltes de 2005 et des manifestations contre le CPE du printemps 2006. La colère et la violence sont devenues le répertoire d'action fondant des rapports contrariés et tendus. L'intermède de la réhabilitation des « indigènes » morts pour la France à la faveur d'un film salutaire n'aura été qu'un divertissement devant l'âpreté des conflits encore en suspens. Il est donc temps de se départir de ce qui n'est plus pour tenter de comprendre ce qui advient.

Le caractère binaire du titre de ce texte propose une réponse, la fin de l'exotisme, qui s'efforce de lire la France telle qu'elle est façonnée depuis le démantèlement de son empire. Pour guider cette lecture, une question inédite s'impose : que font le genre et l'ethnicité à cette nouvelle France ? Une réponse se profile : ils lui font à la fois du bien et du mal parce qu'ils lui sont nécessaires. Du bien, car ils l'éclairent d'un jour nouveau, du mal, car ils en révèlent par contraste la face sombre et incertaine. Ainsi, il n'est plus possible d'ignorer les interactions entre genre et ethnicité, récemment acclimatées au cœur du monde français par ses marges géographiques et symboliques : les nouveaux Français d'ascendance migrante et coloniale.

Pour comprendre les modalités d'être et d'action du genre et de l'ethnicité, il ne suffit pas seulement de définir les termes utilisés, il importe d'en situer l'actualité, non pas comme une tendance, une mode, une polémique, mais comme une inflexion majeure qui irrigue profondément le monde francophone partout où il se voit et résonne, notamment dans l'Hexagone. Dès lors, la démarche à impulser est hasardeuse, incertaine ; elle propose un point de vue qui combine ubiquité et pluralité. L'ubiquité que connaissent de plus en plus d'individus multipliant les lieux de leur circulation et de leurs interactions. La pluralité des perspectives et des perceptions dont ils font l'expérience et se sentent auteurs et dépositaires. Ainsi, le genre sera pensé comme la construction d'une asymétrie et d'une hiérarchie entre des individus ou des collectifs fondée sur une nature sexuée fictive, à des fins de confiscation du pouvoir par lesdits hommes. Quant à elle, l'ethnicité sera comprise comme un processus, universel et non particulier, continu et mouvant, de construction sociale et subjective de références, d'attachements et de facettes identitaires qui empruntent à des registres multiples, plus ou moins combinés, pouvant faire l'objet d'une stigmatisation ou d'une appropriation plus ou moins durables.

Pour tenter d'aborder à nouveau frais la réalité de la France d'aujourd'hui et de demain, je propose une scénographie qui redistribue les rôles de l'autochtone et de l'indigène. Cependant, la distribution de ces rôles est une tâche délicate car elle revient à regarder différemment les Français tels qu'ils deviennent et à discerner les figurants visibles dont ils se sont entourés, au point de prendre leurs concitoyens pour des étrangers. Remettre au goût du jour ces mots, qui sonnent périmés par leur désuétude ou leur obsolescence au regard d'une certaine histoire, ne procède pas d'une nostalgie mal assumée ou d'un goût pour la provocation. Il s'agit d'éprouver la validité d'une lecture où l'un et l'autre, le semblable et le différent, « eux et nous » ont besoin de se dire pour être dépassés en revisitant des catégories qui ont longtemps servi à décliner une même matrice de l'ethnicité longtemps cachée sous la rhétorique républicaine, universaliste, abstraite : l'ethnicité française [1].

La modernité tardive dans la France postcoloniale : la fin de l'exotisme

L'exotisme est un traitement parmi d'autres de l'altérité ; il en opère une mise en forme et en dessine les contours afin de la rendre acceptable et supportable. Dès que des atomes d'une différence inattendue et incompréhensible apparaissent dans les rapports humains, il leur faut trouver place dans la cosmologie qu'ils convoquent. De même que la transcendance, la démonologie ou la barbarie ont été et continuent pour beaucoup d'être les ressources de mise en ordre d'un monde qui déborde l'humain pour l'englober, l'exotisme a été une figure puissante d'ordonnancement du monde et de pacification de ses confins le rendant supportable. L'exotisme a cependant été une modalité ambiguë d'agencement du monde, car il était empreint de douceur et de violence à la fois. Une douceur mêlée de fascination pour les représentations de ces paysages et de leurs personnages se retrouve dans les vestiges de ces contrées aujourd'hui disparues par leur inclusion dans la mondialité, signant les limites géographiques du globe. Une douceur où couve la violence et le désir de destruction qu'exauce l'exploration du monde et que parachèvent les ordres esclavagistes et colonialistes. Comme le note Edward Saïd mettant au jour l'écheveau de l'orientalisme et ses profondes racines occidentales, l'exotisme a toujours su rassurer ses inventeurs sur leur puissance et leur centralité, les soulageant de la crainte d'être vains et exposés à toutes les vicissitudes de leur univers incertain.

L'exotisme procure par contraste une certitude identitaire qui s'est évanouie avec sa disparition. La fin de l'exotisme et de l'altérité rassurante, distante et subalterne, qu'il incarnait, ne sonne pas seulement le glas de la superbe des Occidentaux, elle marque le démantèlement d'une hégémonie exclusive à l'Occident. Dans les décombres d'un certain Occident provincialisé, dont parfois la France offre les contours les plus calcifiés, les signes de l'hégémonie se sont mués en un ritualisme civilisé mimant les survivances d'un monde perdu et en une arrogance frileuse et désorientée. Ces postures ne sont pas sans rapport avec le surgissement de fragments d'exotisme au cœur du monde familier, encore désigné par les mots désuets de nation et de pays, qui a revêtu les traits des migrants et des descendants des anciens colonisés et esclaves pour susciter une inquiétude inédite et grandissante que les mondes lointains et indigénisés n'avaient jamais autant inspirée.

Mais ces fragments d'exotisme se désintègrent aussitôt qu'ils pénètrent l'atmosphère où ils furent inventés, ils y sont transformés en autant d'atomes d'altérité de l'intérieur. Une altérité dont la proximité vécue comme un étouffement prive de ses atours rassurants ses nouveaux dépositaires et rend menaçante leur proximité. N'étant plus contenue dans les cadres et les fresques où elle devait s'exposer au regard et au pouvoir de ses maîtres, l'altérité a perdu son caractère exotique pour endosser le rôle du fauteur de trouble qui fait irruption sans y être invité au banquet républicain. De féminine, elle est devenue masculine, de docile elle est devenue violente, de loyale elle est devenue retorse. Ce retournement n'est pas sans relation avec les traits sous lesquels l'altérité apparaît aujourd'hui dans la rhétorique de mise au ban, au prétexte qu'elle serait un véritable cheval de Troie visant à miner les fondements du pacte républicain. Ainsi, les figurations qui lui sont attachées empruntent tour à tour la diabolisation, la perversion, la barbarie et la déloyauté. Chacune de ces déclinaisons correspond à un air du temps et trouve son usage approprié selon les moments et les utilités. Il est aussi des moments où elles convergent toutes et se trouvent convoquées simultanément pour neutraliser l'ennemi de l'intérieur que serait cette altérité incarnée trop nettement et de trop près. Il en est ainsi de la figure du « garçon arabe » qui sera abordée ci-après.

La fin de l'exotisme est la trace que l'empire colonial est révolu, que la mise en ordre et en hiérarchie du monde qu'il permettait est abolie et que les frontières qui érigeaient la distinction entre eux et nous, entre le familier et l'étrange, entre le semblable et le différent, entre les lieux de l'opulence et leurs confins de la pauvreté et l'inculture, se sont érodées. Ne reste que le souvenir brouillé d'un monde bercé par l'image d'un autre, entre le bon sauvage et le barbare incivilisable, qui à eux deux balisaient l'horizon des possibles des peuples civilisés ou aptes à le devenir. Dès lors, les partitions binaires n'ont plus cours et c'est sans doute dans leur obsolescence qu'il faut chercher l'explication de leur récent usage inflationniste.

Cette abolition des frontières de l'exotisme, de ses lieux et attributs, emprunte sa dynamique et sa substance aux abolitions qu'a déjà connues la France, avec lesquelles elle entretient plus qu'un cousinage lointain : abolition de l'édit de Nantes, abolition de la monarchie et du régime des privilèges, abolition de l'esclavage. Illustrant le rapport ambivalent que la France entretient avec son passé abolitionniste, la seule loi en France qui, depuis les indépendances, fait état de la colonisation est la piteuse loi du 23 février 2005. Elle entend réhabiliter, dans une veine nostalgique de l'exotisme colonial, et dans un même mouvement, les œuvres et les exactions qui ont été commises sous couvert de la légitimité d'un État-Nation qui se vivait selon le régime schizophrénique de la Nation française métropolitaine et de l'empire colonial français ultra-marin. Parallèlement, le ressort schizophrénique de cette loi est sans doute ce qui l'inscrit durablement dans le passé et en fait une résurgence réactionnaire d'un temps révolu. Mais ce temps peut-il être réellement révolu tant que ses traces, ses survivances, ses réminiscences, ses résonances ne sont pas localisées et relevées pour être mieux comprises ? Si le recours à la loi n'est pas toujours opportun, il semble être devenu superflu tant ce qui se donne à voir indique la fin d'un séparatisme purificateur, l'émergence d'une société d'hybridation, de contamination désirée et résolument inventive, contre laquelle le droit est impuissant. Pour répondre à cette question, je propose d'utiliser la double lecture genre/ethnicité pour nous guider dans les méandres d'une France à l'œuvre, au travail sur elle-même, et qui peine à comprendre ses nouveaux modes de gestation, sa nouvelle physionomie, et à se reconnaître dans le miroir d'une postérité indéfectiblement liée à sa gloire déchue.

Pour introduire cette double lecture, il importe d'abord d'opérer une échappée hors de la souveraineté nationale, désormais bien fragile, pour comprendre comment les mouvements multicentrés de la mondialisation ont saisi dans leur accélération la France sans qu'elle n'y puisse rien. Certains de ces mouvements se dessinent au confluent d'une approche postcoloniale et d'une analyse de la modernité tardive. Le désenchantement qui affecte la modernité au lendemain de la Seconde Guerre mondiale est le produit des traumatismes consécutifs à l'usage de la bombe atomique et à la découverte du génocide nazi, qui arriment durablement le risque et la destruction au cœur d'une humanité jusqu'alors tendue vers le progrès de sa condition. Aux confins du génocide, considéré comme moment fondateur d'une humanité déshumanisée, les luttes anticoloniales viennent entériner le désenchantement en le prolongeant jusque dans les périphéries les plus inaccessibles. Même si cette rupture de la décolonisation ne trouve pas place dans les relevés cosmologiques et anthropologiques de la modernité tardive, elle s'y trouve par la vertu d'un rappel des faits établi par les intellectuels décentrés venus des anciennes colonies, dont certains ont lu Frantz Fanon et Albert Memmi, deux parmi les rares auteurs francophones, si l'on excepte Sartre et Camus, ayant écrit sur cette question au moment où ils la vivaient.

Les pionniers comme leurs successeurs établissent un lien entre les barbaries et les exactions, qu'elles soient collaborationnistes, colonialistes ou génocidaires, d'un État jouant avec les bases démocratiques de sa légitimité et la vie de ses administrés et sujets. Lorsqu'il lui faudra expliquer son engagement auprès des militants indépendantistes algériens, Pierre Vidal-Naquet ne manquera pas d'insister sur la continuité entre résistance, dénonciation des déportations vichystes et soutien aux luttes anticoloniales. Ainsi, la postcolonie constitue un motif supplémentaire de désenchantement de la modernité. Pour trouver la place qui lui revient, il faut suivre les trajets de sa dissémination dans l'ensemble des mondes occidentaux qui, tout en prétendant en avoir fini avec ce type d'hégémonie, ne manquent pas d'en alimenter les nouvelles formes réticulaires et fragmentées. Le lien entre ces expériences fondatrices, qui usaient de la terreur et de l'horreur, et celles qui aujourd'hui jouent sur le même registre de la guerre mondialisée contre le terrorisme pour légitimer une politique de la peur qui mobilise les registres du rejet et de la surveillance, est établi par Arjun Appadurai dans un livre où « la géographie de la colère » rejoint tous les points du globe où elle est activée. La France trouve sa place dans cet écheveau de la colère attisée et de la violence engrangée comme un butin à monnayer politiquement.

L'auteur rappelle que l'obsession de l'autre et son décompte compulsif alimentent à tous les niveaux cette nouvelle étape de la modernité du risque[2]. Cette peur alimentée par les chiffres a trouvé à se renouveler dans une guerre dénombrant les clandestins, les viols collectifs, les mariages forcés, les polygames, les excisées, les femmes violentées. Le tableau horrifique que nous dressent les chiffres jamais vérifiés, agités par les entrepreneurs d'autochtonie, n'a pas vocation à traduire la réalité ; il est là comme une oraison funèbre rappelant le temps révolu et regretté où les civilisés étaient protégés contres ces pratiques proliférantes d'une altérité incivilisée.

Car, en un mouvement inattendu pour les myopes de la mondialisation, les anciennes colonies, naguère sorties de l'horizon national, s'invitent de nouveau dans son périmètre en la personne de leurs ressortissants qui ressemblent parfois à des revenants. De là à penser qu'ils surgissent du passé pour venir hanter le présent, il n'y a qu'un pas franchi par les plus réticents à voir changer la couleur et les sonorités de leur monde familier. Pourtant, les migrants participent bien de la modernité tardive, prise entre aspirations à la réalisation individuelle et impuissance à réduire les risques identitaires et sociétaux inhérents à une entreprise de plus en plus hasardeuse. Ils en sont sans doute l'expression la plus aboutie. Ils en illustrent les paradoxes, en connaissent les impasses et en repoussent les limites. À tel point que, souvent à leurs dépens, ces nomades d'un nouveau type incarnent la pointe avancée de la modernité en pleine mutation, sa part insaisissable, celle d'une mobilité invisible et aléatoire, certes échappant à tout contrôle, mais faisant la démonstration désordonnée de la victoire d'un individualisme en régime de rareté et de son redéploiement par une solidarité familiale et un investissement différé de faible amplitude.

Contrairement aux groupes balisés, localisés et répertoriés, dont la mobilité est strictement organisée et accompagnée comme celle des futurs « émigrés choisis » ou des cadres expatriés pour le bénéfice de la multinationale vers le sommet de laquelle ils se frayent un chemin, les migrants pratiquent une mobilité incertaine et dérangeante qui ne correspond à aucun des critères d'un cosmopolitisme bon teint. Ils se jouent des frontières, transgressent les barrières du droit et des normes économiques qui encadrent les mouvements et les flux. Ils contournent les obstacles et les barrières de plus en plus élevés qui prétendent leur barrer la route et offrent au regard médusé des vacanciers sur les plages du sud de l'Europe, la vision misérable, loin de l'imagerie du surpassement, d'une prise de risque et d'une mise en péril de la vie, que les bouleversements du XXe siècle ont placée au cœur de l'existence individuelle et collective.

De surcroît, les migrants présentent l'inconvénient de ne pas être « traçables » et de constituer donc un danger que le principe de précaution est censé circonvenir. Ce dernier apparaît ainsi comme l'ultime travestissement du principe pérenne de la protection contre le danger et la souillure, finement analysé par Mary Douglas[3]. Par bien des aspects, les migrants postcoloniaux et leurs descendants devenus français incarnent ce danger qui ne menace pas tant la sécurité économique ou matérielle des autochtones, comme le prétend pour faire diversion un fonds de commerce souverainiste, qu'il ne clôt le chapitre phantasmatique et raciste d'un être national pur et indemne de toute contamination. Là encore, la fin de l'exotisme inaugure l'entrée dans une ère de contacts multipliés, de mélanges inopinés et d'hybridations indésirables, qui semblait impossible tant que l'absorption par dilution avait conforté la politique assimilationniste, qui n'avait rien de métaphorique, appliquée prioritairement aux immigrants.

Ainsi, les lois sur l'im/migration, qui nomment bien leur souci premier de l'intériorité, prétendent aujourd'hui protéger les individus légitimes de la modernité et de la République qui ne feraient qu'une contre ceux qui en chahutent l'ordre tout relatif. De même, les centres de rétention internes, en Europe, et externes, dispersés dans les États de la rive sud de la Méditerranée, dessinent les nouveaux espaces frontières selon une cartographie qui renonce à la ligne plus ou moins droite pour user du cercle qui enclave et exclut. Non loin de Paris, le Mesnil-Amelot, une ville proche de l'aéroport international de Roissy-Charles-de-Gaulle, « accueille » un centre de rétention censé optimiser la reconduite à la frontière des étrangers entrés illégalement dans l'espace Schengen *via* le territoire français. Or, le périmètre ainsi circonscrit constitue une enclave, un non-lieu, une zone de non-droit définie par sa stricte fonction de privation de liberté et donc de punition de ceux qui ont abusé d'un droit à la mobilité qui demeure un privilège et leur est donc objectivement interdit. Les personnes qui y sont retenues vivent une expérience proche de celle des incarcérés en prison et des Noirs des bantoustans sud-africains. Elles subissent un espace frontière, clos sur lui-même, carcéral et total, qui n'interagit ni avec l'environnement local, si peu avec les institutions du pays où il se trouve, ni surtout avec les autochtones qui passent devant sans connaître le sort des indigènes qui s'y trouvent trop longtemps, et sans comprendre la finalité des lieux.

Les protagonistes involontaires de ce nouvel ordre mondial de la mobilité n'ont plus rien d'exotique, même si pour certains ils ont quitté les lieux qui le furent un jour. Les hommes faméliques qui échouent sur les plages des Canaries ou les illégaux qui attendent, dans la crasse et la puanteur, d'être expulsés vers un pays où ils ne veulent plus rien avoir à faire ne sont pas les icônes d'un ailleurs rassurant et fascinant. L'altérité de l'intérieur qu'ils incarnent est insupportable et inopportune ; elle est trop proche, trop physique, trop charnelle, pas assez diaphane et déréalisée, pas assez évanescente pour être malléable et manipulée afin de répondre de ce qui est attendu d'elle : conforter l'obsession, nécessairement partiale, d'un rappel à l'ordre, fût-il injuste, voulant avoir raison de ce qui est perçu comme un péril.

Ainsi, les descendants d'un exotisme révolu font les frais de la réduction et la transgression des distances dans le monde nécessairement limité de la modernité tardive. Le récit qu'ils portent finit par surdéterminer le destin de tous les migrants, qu'ils viennent des anciennes colonies ou pas, en ce que leur figure emblématique réactive des images et des imaginaires sédimentés, et ainsi dicte les règles réprimant toutes les incursions dans l'espace de l'intériorité de ceux qui n'ont pas respecté les formes d'un droit restrictif. Si tous les immigrants aujourd'hui sont postcoloniaux, ce n'est pas qu'ils viennent tous des anciennes colonies, tant il est vrai que les Turcs, les Chinois, les Pakistanais ou Sri-Lankais récemment venus en France, n'ont aucun lien avec le passé colonial français. C'est se contenter de causalités mécanistes que de se défausser ainsi sur la question de l'origine des flux et de faire des migrants, encore une fois, les responsables de leur sort si, d'aventure, ils charriaient, outre leur pauvreté, les relents mal apaisés de l'oppression passée. Les immigrants sont postcoloniaux parce qu'ils arrivent dans un pays postcolonial.

Plutôt que d'indexer cette appellation sur l'origine nationale de ceux qui sont en mouvement, il serait plus exact de l'indexer sur leur expérience dans le pays où ils vivent ou passent et qui, dans le cas de la France, est encore profondément travaillé par des stéréotypes et des pratiques héritées du moment colonial et sédimentées dans des usages qui se veulent républicains. Ce sont donc les migrants d'où qu'ils viennent et leurs descendants, devenus les minoritaires, qui mettent en lumière le moment postcolonial français, comme ce fut le cas des minorités en Grande-Bretagne et le cas des Noirs descendants d'esclaves et les peuples natifs aux États-Unis. La postcolonie n'est pas réductible aux pays ou aux groupes qui ont vécu sous l'ordre colonial ; elle offre, une fois le récit national achevé ou du moins dépassé, une grille de lecture de la refondation postnationale. Elle parle autant sinon plus des États que de leurs citoyens, des institutions que des flux qui les activent, elle met en contraste les aspects statiques et fluides des collectifs dans lesquels nous nous déplaçons. Elle parle à tous et de tous. En opérant un déplacement du regard et un renversement du centre de gravité qui conduit à considérer le point mouvant plutôt que le point fixe, le moment post-colonial tente d'ouvrir le champ d'observation pour quitter la ligne étroite d'une définition ethno-nationale et rétablit une symétrie que les sciences sociales bien de leur temps postcolonial tentent de cerner dans des objets insaisissables et pourtant proliférants.

Ainsi, les conditions de vie et surtout les représentations qui sous-tendent les interactions de Moldaves ou de Pakistanais avec les Français ne sont pas différentes de celles de ces derniers avec des Sénégalais ou des Marocains, tous arrivés en ordre dispersé. En cela, tous les migrants sont soumis à un point de vue et à un traitement qui est façonné par la centralité des migrants venus des anciennes colonies et surtout par la forte visibilité de leurs descendants. Devenus Français, ces derniers affectent à leur corps défendant, d'une part la perception de migrants récemment arrivés qui pourraient être demain les pourvoyeurs de Français, et d'autre part l'image de l'État dont ils affaiblissent et brouillent par leur présence visible et leur expérience de relégation la grammaire républicaine. Considérés comme des Français paradoxaux, contre nature puisqu'ils ne peuvent pas représenter adéquatement et fidèlement une « francité » à laquelle ils ne ressembleront jamais, ils sont tenus pour responsables des mutations identitaires d'une France longtemps tendue vers une unification qui n'a pas su résister à la tentation de l'homogénéisation. Si ces Français d'un nouveau genre ne peuvent pas disparaître du paysage qu'ils façonnent désormais au même titre que les Français d'origine française, il reste encore la possibilité d'activer des procédés de « visibilisation » négative. Contraires aux principes de l'universalisme abstrait censé être aveugle aux différences dont se réclament ceux qui se prêtent au jeu de l'essentialisation des intrus, ces procédés fonctionnent comme autant d'assignations à des différences et à une origine considérées comme indélébiles voire littéralement génétiques. Ces presque-pas-Français se voient stigmatisés pour les problèmes insolubles et inédits qu'ils généreraient, problèmes définis en termes sociaux et sociétaux, pour ne pas dire civilisationnels, afin de dissimuler le ressort mobilisé : celui du racisme opposé aux nouveaux Français, d'une xénophobie qui se défend de l'être.

La montée en puissance du discours de suspicion est concomitante de la fin de l'exotisme qui prémunissait contre toute proximité indue. Les migrations postcoloniales n'ont pas seulement alimenté et entretenu des flux migratoires, attestant que la France est un pays dépendant de cette « ressource humaine » et de ses ventres pour sa postérité et sa prospérité, elles ont surtout mis en présence des protagonistes qui étaient voués à ne jamais se rencontrer. Autochtones et indigènes n'avaient rien à faire ensemble et rien à se dire tant l'ordre colonial avait pris soin de maintenir leurs ascendants à bonne distance spatiale et hiérarchique par le droit, indigène, et par des partitions symboliques rarement transgressées. L'ordre ancien défait, ses barrières légales et symboliques réduites en poussière, rien n'empêche plus un contact dont les effets se déploient de toute part.

Face à ce mélange, trop souvent encore vécu comme une transgression majeure, une souillure insupportable, la réponse répressive, qui consiste à bannir et à excommunier d'un espace de plus en plus sacralisé, trouve une résonance inédite dans des discours où ethnicisme et sexisme se renforcent mutuellement. L'inadaptation ethnique et sexuée reste une des dernières armes pour endiguer ce qui est vu comme une vague irrépressible alors qu'il s'agit, quoi de nouveau à cela, d'un groupe mis en minorité qui entend réclamer son droit à l'indépendance : une citoyenneté pleine et entière. Les maux sociaux mais surtout civilisationnels imputés à ces citoyens minoritaires renouvellent le répertoire de l'illégitimité, stigmatisant ceux qui sont venus se poser trop près d'un groupe majoritaire détenant l'exclusivité de privilèges et de prérogatives qu'il n'entend pas partager.

L'intégrationnisme et ses armes : genre et ethnicité

Par ailleurs, la postcolonie en France doit aussi être comprise comme le signe de l'obsolescence de la vulgate intégrationniste : fin du régime séparé des immigrants et leurs descendants qui les destine à l'assimilation et inutilité d'un régime d'exception indexé sur une origine nationale particulière. Voici donc le moment de son épuisement, aussi bien normatif en raison d'un individualisme démocratisé et pluralisé, que social en raison de son inadaptation au monde désajusté des flux culturels et économiques. En effet, l'idée d'une inscription définitive des acteurs dans des statuts et des rôles ne correspond plus à aucune réalité vécue individuellement ou collectivement tant l'ère de l'évasion identitaire et de la recomposition statutaire bat son plein. Les individus ne cherchent plus à correspondre à ce qui est attendu d'eux, ils s'efforcent plutôt de ne pas se laisser enfermer dans des contraintes normatives que la norme individualiste se charge précisément d'affaiblir en offrant les moyens de la contrecarrer et de la façonner. Ainsi, la fin de la norme intégrationniste qui vaut pour les autochtones devrait valoir pour les migrants qui ont été longtemps tenus pour comptables de l'échec du modèle d'intégration devenu une stricte machine à les conformer, ignorant leur proximité avec l'ancienne métropole. Pourtant, alors que Carte de Séjour chante « Douce France », le discours intégrationniste devient particulièrement virulent et opposable aux migrants venus d'anciennes colonies qui constituent la majorité visible des flux, comme un droit de *réserve* exercé par les autorités françaises face à des nouveaux venus, entrés sans invitation.

Depuis plus de deux décennies, ce droit exorbitant vise à rendre les migrants et surtout leurs enfants responsables d'une inadéquation, jamais avérée, au modèle français présenté comme un parangon de civilisation et de sophistication auquel ils resteraient hermétiques. Ce droit s'appuie sur la mobilisation d'un assimilationnisme d'autant plus puissant qu'il ne dit pas son nom et utilise des artifices pour se travestir. Toujours en avance d'une métamorphose discursive et administrative, l'assimilation livre toute sa puissance en appliquant la métaphore digestive aux questions ethniques et sexuées. Parce que certains d'entre eux ont parfois réalisé la prophétie autocréatrice de l'inadéquation avec zèle voire excès, tous les descendants de migrants postcoloniaux se voient dénier cette possibilité d'échapper à leur sort de subalterne importun et illégitime, et sont condamnés à demeurer les indigènes d'une nouvelle scénographie hégémonique.

Pour l'heure, la France postcoloniale continue d'imposer un même label à tous les migrants qui y viennent ou y passent parce que ses élites et ses gouvernants n'ont pas renoncé aux structures inégalitaires et hiérarchisées qui ont fondé la France colonisatrice dont le discours de l'intégration est l'ultime avatar. Se doter de schémas de pensée et d'action adaptés aux changements qui s'imposent à l'œil nu apparaît soit comme une abdication face aux menaces internes, soit comme une tâche qui, aussi pressante soit-elle, doit être remise au lendemain. Pour certains partisans racistes de la France qu'aucun sursaut humaniste ne vient contrecarrer, les immigrants sont une bénédiction qu'il convient de faire passer pour une malédiction. Sans eux, ils ne sont rien, ils n'ont ni surface médiatique ni espoir d'accaparer le pouvoir. Mais ce n'est qu'après avoir été défigurés et dégradés que les immigrants deviennent propres à l'emploi qui leur est dévolu : le bouc émissaire.

Devenus des migrants de génération en génération et contraints de jouer le rôle du « mauvais » sauvage, les descendants des anciens colonisés ou des migrants tout court permettent par le recueil de leur défaillance étroitement mesurée de justifier différemment d'un égalitarisme demeuré formel. Les partisans d'une France droite dans ses bottes républicaines, fermement plantées sur une conception racialiste qui s'ignore, veulent voir dans ces immigrants et surtout dans leurs enfants les fauteurs de trouble au sein d'une société désormais lue selon un clivage autochtone et indigène hexagonal. Ainsi, si l'altérité des immigrants incommode, celle de leurs descendants déclenche de véritables paniques morales en ce qu'elle combine visibilité indigène et autochtonie réinventée. Cette hybridation inédite brouille les repères et leur perte est usuellement reprochée à ceux qui s'aventurent à de tels bricolages.

En réaction quasi viscérale à cette hybridation transgressive, la ressource la plus aisément mobilisée est celle du rétablissement des frontières, de la purification par le tracé de deux lignes de démarcation qui se superposent: le genre et l'ethnicité. Ainsi, les différences attribuées aux nouveaux Français sont qualifiées d'irréductibles, d'indélébiles, et les situent dans un lieu problématique de l'espace public et politique. Qu'elles soient linguistiques, langagières, comportementales, vestimentaires, culinaires, religieuses ou simplement physiques, ces traits vus comme saillants du fait de la différence qu'ils signalent sont retenus à charge, quels qu'en soient la teneur et le ton, ne serait-ce que parce qu'ils dépassent de la parfaite linéarité universaliste républicaine et déparent dans son parfait ordonnancement. Toute lecture de l'altérité de l'intérieur suit prioritairement le sillon du sexe et de l'origine et doit donc marquer et rétablir la partition entre l'autochtonie et l'indigénat.

Les mots de mixité (sexuée) et de culture (d'origine) euphémisent un discours de stigmatisation et de disqualification qui réduit l'appartenance à une culture d'origine et la persistance d'un sexisme originel aux seuls migrants et à leurs enfants français. Ainsi, le sexisme ne serait plus qu'ethnique comme sa variante « macho » le dit en cherchant à situer le lieu, les banlieues, et le corps viril, Arabe et Noir, d'où il s'exerce. De même, l'ethnicité serait l'exclusivité de collectifs grégaires soumis à un patriarcat obscurantiste, rétrograde et donc sexiste, dont la localisation recoupe celle du « machisme ». La réversibilité de l'énoncé en révèle l'efficacité non pas argumentative, mais performative. Comme le rappelle la théorie de la prophétie autocréatrice détournée par les analyses de la performativité discursive ou corporelle, le mot et les jeux sur les mots inventent l'objet incarné et sexué d'un jugement de valeur qui peut aller jusqu'à l'anathème ou la condamnation, symbolique voire judiciaire.

La mobilisation de cette rhétorique de dénonciation n'a donc plus rien d'anecdotique: elle permet de confiner les questions de sexisme aux pages faits divers relatant les « tournantes » ou les mariages forcés pour mieux occulter le sexisme structurel et ses survivances patriarcales. Ainsi occulté, ce dernier ne fait ni la une des journaux, ni la priorité des agendas politiques et prête le flanc face aux questions complexes du sexisme. Depuis que la seule détention de la nationalité française ne permet plus d'assurer efficacement le tri politique et symbolique entre les autochtones résistant à toute dénaturation et leurs nouveaux indigènes dénaturés, le test par le genre et l'ethnicité remplit efficacement et spectaculairement cet office. Ainsi, la nature devient l'objet d'un phantasme clivé. Désirable et objet de protection tant qu'elle est écologique et menacée, à l'instar de la fusion entre terroir et authenticité, gage de survie de la tradition française. Détestable et condamnable dès lors qu'elle se logerait dans le corps d'hommes incapables d'en contenir les effets supposés délétères pour eux et surtout pour les femmes qu'ils contrôlent.

Le sexisme doublé de racisme exprimé par les « jeunes de banlieue issus de l'immigration » est devenu l'objet d'une cristallisation civilisatrice qui entend rééduquer ces mutants inaptes à comprendre les règles policées de la galanterie. L'inconvénient avoué de leur supposé manque de discernement est qu'ils se mettent au ban d'une société policée qui serait toute prête à les accueillir s'ils montraient les signes d'une domestication même balbutiante. Au-delà de cet aveu peu crédible, les hommes jeunes auxquels est imputé ce type de comportement d'hétérosexuel violent se privent vraisemblablement de la faculté consciente de maintenir une position hégémonique masculine par l'exercice d'un sexisme acceptable comme il existe un racisme vertueux. Tout étant question de dosage et de forme, le degré de sexisme supportable serait outrepassé par ces jeunes gens qui ne savent pas se tenir, alors qu'ils seraient parfaitement acceptables dès lors qu'ils sauraient y mettre les formes de la galanterie et y adjoindre le vocabulaire d'un féminisme de façade. En n'atténuant pas leur comportement forcément sexiste, ils risquent d'alerter l'ensemble de la société sur le fait que celui-ci est encore une forme d'oppression démocratisée et que, en dépit de ses travestissements, il n'est pas l'apanage des Français les plus basanés et colorés. D'où la puissance des diversions qui tentent de détourner le regard et l'attention en inventant le danger exogène et brut d'un « machisme » bien plus puissant et nocif que celui pratiqué par les Occidentaux et les Français durablement acculturés au « doux commerce des sexes ». À moins que ces jeunes « imbéciles incivilisés » ne soient précisément utiles dans la position du repoussoir qu'ils sont contraints d'occuper dès lors qu'ils continueraient de jouer le rôle du « roi de la maison » que leurs mamans étourdies et inconséquentes leur auraient appris sans changer une virgule au script patriarcal et obscurantiste qu'elles portent en elles comme une scarification. Les mères étant incapables de se réformer, les fils sont inamendables.

De telles allégations, dont certaines variantes confinent au délire, se sont muées en jugement définitif et viennent allonger la liste déjà longue des procès en inquisition dont la France postcoloniale s'est faite la spécialiste ces dernières années. De la même manière que les migrants, surtout s'ils sont clandestins, sont une bénédiction pour tous les croisés de l'autochtonie en danger, certains de leurs descendants mal élevés sont une véritable aubaine pour les tenants de la civilisation en péril qui n'ont pas l'intention de lutter demain, ni après-demain, contre les dénis de droit et les discriminations dont beaucoup trop d'entre ces nouveaux Français, sinon les mêmes, sont victimes. Le débat sur le racisme enkysté dans la France postcoloniale prend la tournure absurde d'une scène répétée jusqu'à la nausée où un État arrogant et ses laudateurs somment les immigrants de tenir, en laisse s'il le faut, leurs enfants, s'ils ne veulent pas subir l'impossibilité de lutter contre les discriminations, les en tenant ainsi explicitement pour responsables. Dans bien des échanges aujourd'hui, il y a comme un bruit de fond, un bourdonnement qui vient parasiter et court-circuiter le débat. En tendant bien l'oreille, on pourrait distinguer quelque chose d'approchant à cela : « S'ils ne traitaient pas leurs femmes comme ils le font, ils ne susciteraient pas le rejet parmi des concitoyens, à bon droit exaspérés et indignés, qui du coup peuvent se laisser aller à exprimer avec un excès, certes regrettable, des sentiments et des opinions parfaitement condamnables. » Mais qui en l'état du rapport de forces ne trouvent que rarement matière à condamnation.

Dans cette nouvelle alliance improbable entre « ethnicisme » et sexisme, l'origine comme le sexe de celui ou celle qui en est dépositaire s'est transformé en une arme de disqualification *a priori* qu'il revient au destinataire de l'attaque de désamorcer. S'il/elle s'en révèle incapable, les mots ou l'éloquence lui manquant dans le cours de la joute oratoire, exercice injuste s'il en est auquel est réduit aujourd'hui le débat démocratique, ou parce que les faits l'accusent, le/la voilà condamné(e) à porter cette marque identitaire non pas comme un surplus de fierté, mais comme un objet d'opprobre, de suspicion, de commisération. L'accusation combinée et symétriquement renforcé entre ethnicisme, fait d'être prisonnier volontaire d'origines forcément répréhensibles, et sexisme, fait d'être un oppresseur des femmes en raison d'une nature inférieure et plus faible qui leur serait indûment attribuée, constitue un mélange explosif qui pour l'heure affecte prioritairement ceux qu'elle désigne. D'une part, elle hypothèque l'avenir des jeunes hommes français d'ascendance migrante et coloniale, les contraignant sans cesse à faire la preuve de leur bonne volonté civilisée et de leur parfaite domestication. D'autre part, elle gage l'avenir des femmes partageant la même origine, prises en otage par des hommes et des femmes occidentaux fiers, eux, de leurs traditions car désaliénés, émancipés et éclairés, prétendant les sauver d'un régime oppressif qui ne s'est jamais aussi bien porté que depuis que la chasse aux immigrants, prioritairement ceux que la fin de l'exotisme a conduits sous nous cieux jusqu'alors tempérés, s'est ouverte voici près de vingt ans.

Occupant le point nodal de cette dramaturgie, qui serait grotesque si elle n'était nocive, se dresse, et c'est peu de le dire, le garçon arabe, l'hétérosexuel violent, le refoulé de sa propre histoire coloniale et postcoloniale, le prisonnier de sa nature, le fils amnésique de son père. Il est l'invité surprise de toutes les mises en scène médiatiques des ghettos livrés à la sauvagerie des déviants sexuels, l'épouvantail de tous les simulacres de débats radiophoniques ou parlementaires censés avoir raison des parasites incultes qui terrorisent leurs frêles professeures d'histoire-géographie ou de littérature, le spectre de tous les discours millénaristes accommodés à la sauce virtuelle. Avec une recrue comme celle-là, qui joue contre son camp, la bataille de la civilisation est sur le point d'être gagnée, ou peu s'en faut. En effet, tout se passerait pour le mieux dans le meilleur des mondes divisé et polarisé s'il n'y avait un problème majeur: le garçon arabe n'existe pas. Il est le stéréotype, l'indigène dont avaient besoin les autochtones les plus virulents, ceux qui n'entendent rien céder à la diversité sur le terrain de la mixité. Le langage vernaculaire de ces autochtones mérite que l'on s'y arrête pour en comprendre la sémantique. Ainsi, il faut entendre par mixité, comme celle des écoles ou des piscines, une nouvelle version euphémisée, voire vidée de sa charge subversive, d'un féminisme tenu en respect, auquel il faudrait retrancher les revendications d'égalité et de démantèlement du genre pour le rendre acceptable. Car, si le féminisme doit être revendiqué pour les femmes occidentales qui, étant bien nées, en font bon usage, la mixité suffira bien aux immigrantes et à leurs descendantes, tant il est vrai qu'elles ne sauraient quoi faire de toutes ces libertés que la République généreuse veut bien mettre à leur disposition, sous réserve qu'elles parviennent à s'en montrer dignes. De même, à force d'être utilisée sans modération, la diversité est devenue un mot vertueux, un cache-sexe qui dissimule élégamment les saillances qui ne sauraient être exhibées devant une République pudibonde, même si la Marianne qui la symbolise est souvent représentée par les courbes d'une bombe sexuelle...

Ce qui ne saurait être vu, c'est la société française pluriethnique, multiconfessionnelle et polyglotte, dont les plis et les reliefs ne cessent de saillir chaque jour un peu plus et dont les artifices les plus sophistiqués ne semblent plus pouvoir venir à bout. Combinés, ces deux mots servent à atténuer les effets de mixages et de mélanges qui continuent d'être vus comme un désastre civilisationnel conduisant inéluctablement à la destruction de l'art de vivre français. Ils s'appliquent au mieux comme un pansement à l'âme blessée des autochtones qui craignent l'hémorragie culturelle, ou au pire comme un mouchoir protégeant le nez des odeurs nauséabondes d'un cloaque identitaire qui insupporte. Ils servent en fait à justifier l'équarissage, l'abrasion, le rabotage identitaire, ethnique et sexué, qu'il faut imposer aux indigènes qui prétendent accéder à l'autochtonie.

En résumé, la France, longtemps patrie des droits de l'homme, est devenue en l'espace de quelques années la patrie des droits de la femme alors que son Parlement reste désespérément monocolore et monosexué. Omettant de le mentionner, les nouveaux zélateurs de l'universalisme républicain, devenu féministe par la magie de la conjoncture, se piquent de donner des leçons en la matière à tous ces pays obscurantistes qu'on pourrait aisément, et c'est là un fait troublant, englober dans un cercle d'exclusion qui compte d'anciennes colonies ou pays sous influence de l'Occident allant de la Somalie exciseuse, à l'Afghanistan « voileur », ou au Sénégal polygame. Si l'on s'en tient à ces procédures de triage ethnique et sexué qui attisent la concurrence entre descendants de migrants des deux sexes, entre anciens et nouveaux venus, comme entre Français revendiquant des récits postcoloniaux différents, la mission civilisatrice à la française, comme les jardins du même nom, a encore de beaux jours devant elle. Acceptera-t-elle que cela se fasse au prix de dommages collatéraux qui se paient en vies détruites et en espoirs volatilisés ? Seuls ceux qui se prennent à ce jeu dangereux détiennent la réponse. Mais sans doute faut-il ne pas les laisser seuls avec la boîte d'allumette ethnicisme/sexisme, car ils auraient tôt fait d'embraser de nouveau les cieux de la douce France qui n'aspirent qu'à être cléments.

Autochtones et indigènes : les protagonistes et les auteurs mis en *présence* [4]

Croire que les autochtones et les indigènes, ce sont les autres, comme naguère il était facile de penser que l'ethnicité, c'est les autres, est aujourd'hui caduc. Nous avons tous en nous quelque chose de l'indigène et de l'autochtone. Nous sommes traversés par ces controverses identitaires et elles nous façonnent autant que nous les façonnons. Vouloir en rejeter la faute sur certains, vouloir se disculper ou s'exempter de certaines responsabilités ne suffit plus à dissimuler le fait que nous sommes les auteurs et les protagonistes de cette dramaturgie républicaine catastrophiste qui mêle en un élixir empoisonné colère, violence et peur. Nous inventons notre partie et la jouons chaque jour, que nous le voulions ou non. Nous témoignons, par nos actes et nos paroles, de la solidité, de la faiblesse ou de l'inconsistance du réquisitoire de ce procès panoptique inédit dans l'histoire de la France postcoloniale. Car c'est bien en raison de son présent postcolonial que ce pays, qui s'est cru tempéré, est aujourd'hui atteint de fièvres récurrentes et endémiques. Le réchauffement climatique n'est pas qu'une question de température atmosphérique, il se mesure aussi aux embrasements des désespoirs et à une écologie de la peur qui s'en joue nonchalamment.

C'est pour comprendre cette écologie aberrante que ce texte a exploré la combinaison inédite du genre et de l'ethnicité comme résultante du moment postcolonial. Moment politique de la fin de l'empire colonial, moment historique du reflux de l'ancien exotisme et moment épistémologique incarné par les migrants (mutants, hybrides, médiateurs) venus en France depuis cette époque, vers le lieu de l'autochtonie qui reste à revisiter pour comprendre comment il s'est constitué contre une nouvelle forme d'indigénat. Les Français méconnaissables prolifèrent. Il fallait donc comprendre pourquoi l'ethnicité n'est pas pensée en tant qu'expérience universelle mais comme expérience particulière, localisable et logeable dans le corps de certains figurants tenus hors du cercle des « élus », cercles électifs où il faut plus que des affinités pour se faire admettre.

L'indigène de la République comme pur produit d'appellation contrôlée d'un terroir français de moins en moins pur et de plus en plus hybride est parmi nous : pas d'égarement dans cette formule, juste une intuition qui anticipe ou prélude à des situations déjà là, notamment à travers les figures contrastées et antithétiques de Adjani, Zidane, Thuram, Begag ou Debbouze ; une femme et beaucoup d'hommes, comme s'il fallait se garantir d'abord contre ces derniers et que, dans cette entreprise qui a usé trop d'énergie, les femmes avaient payé le prix d'une égalité réduite à la promesse toujours différée de son avènement.

À l'ombre ou à distance de ces visages en pleine lumière, d'autres s'invitent et se forgent une existence à bas bruit, en vivant leurs tensions dans la lumière tamisée d'un colloque intérieur qui ne doit pas être ébruité. Une conquête incertaine de soi vient remplir le vide laissé par le tumulte des procès en désintégration que personne ne peut gagner. Silence, on tourne !

Notes

1 Les travaux pionniers de Vincent Geisser sur l'ethnicité républicaine et de François Lorcerie sur l'ethnonationalisme sont à cet égard décisifs pour comprendre comment cette dimension cachée est devenue centrale aujourd'hui dans le débat politique, symbolique, notamment à travers les leurres du communautarisme et de l'islamo-gauchisme qui jouent précisément sur des ressorts ethnico-genrés.

2 Arjun Appadurai, *Fear of Small Numbers, a Geography of Anger*, Durham, Duke University Press, 2006, (traduction prévue en mars 2007 chez Payot sous le titre : *La Géographie de la peur*).

3 Mary Douglas, *De la souillure*, La Découverte, 1998.

4 Je pense précisément ici à l'usage que Françoise Vergès fait de ce terme dans ses travaux et dans sa contribution à ce volume.

Le paysage français des différences culturelles occupé par l'expérience du racisme ?

Alexandra Poli

Pendant longtemps le racisme en France a été pensé de façon globale, prenant plus la forme d'un spectre à repousser, que celle d'un ensemble de logiques fonctionnant au cœur même de la société. La mesure du phénomène s'est d'abord cantonnée à son ampleur en tant qu'opinion. « La France est-elle raciste ? », « Sommes-nous racistes ? » sont alors des questions centrales pour envisager le phénomène. Des années 1970 aux années 1990, le racisme renvoie essentiellement à ses formes idéologiques, à un ensemble de croyances et de préjugés. En dehors d'un raisonnement guidé par la question sociale, perçue comme la principale cause du phénomène, rares sont les démonstrations permettant de l'envisager à travers les pratiques et les comportements discriminatoires qu'il met en jeu ou les perceptions des individus directement concernés.

Cette perspective traduit l'ambivalence du traitement français du racisme qui, tout en assurant une vigilance et une condamnation exigeantes du phénomène, a fait peser une sorte de déterminisme sur les victimes en les maintenant de diverses manières à distance du problème. Les acteurs associatifs et institutionnels de la lutte contre le racisme se sont presque exclusivement adressés aux auteurs potentiels ou réels du phénomène par des campagnes de sensibilisation et le développement d'un arsenal juridique condamnant ses diverses formes d'expression [1]. Les modalités du combat antiraciste ont de ce point de vue ménagé l'image d'une Douce France, « patrie des droits de l'homme », soucieuse de dénoncer et de résister au racisme en vertu même de sa culture politique fondée sur le principe d'égalité devant la loi de tous les citoyens sans distinction d'origine, de race, ou de religion.

Dans l'esprit républicain, lutter contre le racisme signifie non seulement lutter contre les préjugés qui se fondent sur ces aspects pour discriminer, inférioriser un individu ou un groupe, mais également contre les affirmations identitaires se réclamant de ces formes d'appartenance. Dès lors, l'usage des catégories de la différence culturelle ou ethnique dans l'espace public éveille le soupçon de racisme. Le champ des conceptions des différences dans le débat public s'est en grande partie constitué autour des discours racistes, en particulier ceux du Front national et du traitement de la question de l'immigration, affichant dans les deux cas de façon problématique le rapport à l'expérience de l'altérité et des particularismes. L'immigration est en effet plutôt tenue, dans bien des perceptions communes, comme un élément dévalorisé s'il s'agit du passé, et comme une menace s'il s'agit du présent. À l'approche essentiellement sociale du débat sur l'immigration – d'abord associée au travail et construite autour de la figure de référence du travailleur immigré, puis aux problèmes sociaux propres aux quartiers défavorisés ou aux « banlieues » – se sont imposées de plus en plus fortement des thématiques que l'on pourrait appeler identitaires, à commencer par celle, religieuse, de l'islam à travers, entre autres, le retentissant débat sur le voile mais également l'émergence de mémoires collectives, comme par exemple celles liées à l'esclavage ou au passé colonial de la France[2]. Ce qui amène d'ailleurs à souligner le caractère relativement extensible du terme d'immigration dans le débat français qui permet de faire état de trajectoires individuelles et collectives, de logiques de déplacement, autant que de la présence des différences culturelles, religieuses et ethniques dans notre société. Bien souvent les débats axés sur les différences en France s'accompagnent d'un raisonnement qui met assez largement l'accent sur la dimension négative, doublement « victimaire », du sort des descendants d'immigrants : dans cette perspective, en effet, leurs « blessures historiques », selon l'expression de Chakrabarti[3], sont occultées, ou mal traitées, et leur expérience actuelle est dominée par le racisme ou l'exclusion. Si, dans un premier temps, la question de l'immigration s'est greffée à celle de l'intégration, on observe ainsi, de plus en plus nettement, un changement majeur dans les approches de l'immigration, qui se développent en liaison avec des demandes de reconnaissance de l'expérience vécue du racisme et des discriminations. Il est tentant de voir là une conséquence de la prégnance, en France, du modèle républicain, réticent, on l'a dit, à reconnaître des identités collectives dans l'espace public, mais peut-être plus ouvert à celles qui se présentent en mettant en avant leurs souffrances, historiques ou actuelles ; et il est possible que ce modèle ne laisse à ce type de mobilisation guère d'autre choix que celui de se constituer uniquement ou principalement à partir des représentations négatives de la différence.

Toujours est-il qu'une spécificité de l'expérience française dans le traitement politique des différences culturelles tient à ce que leur affirmation dans l'espace public semble plus légitime lorsqu'elle passe par une position victimaire, une identité douloureuse, que lorsqu'elle s'affiche comme une conscience fière. Cependant, en l'espace de quelques années, la figure de la victime a considérablement changé. De la dénonciation à la prise en charge de son expérience vécue, les grandes étapes de l'action antiraciste en France révèlent les processus de construction et de déconstruction du tabou qui entourent la reconnaissance du racisme, largement influencés par la culture politique nationale. Celle-ci ne suffit plus à contenir la lutte contre le racisme, laquelle se déploie dans un espace traversé par de multiples lignes de tension s'échafaudant du global au personnel qui mettent en jeu de nouvelles conceptions et catégorisations des différences culturelles, ethniques et religieuses dans l'espace républicain.

Des formes spectaculaires du racisme

Au lendemain de la Seconde Guerre mondiale, le recours à l'immigration devient un objectif politique prioritaire pour les pouvoirs publics : il faut, d'une part, augmenter le volume de population active pour la reconstruction et, d'autre part, organiser une immigration de peuplement pour pallier le déficit démographique. La figure de l'immigré en tant que victime avérée ou potentielle du racisme apparaît uniquement dans l'espace public à travers des épisodes ponctuels et spectaculaires. Tel est notamment le cas de la flambée raciste de 1973 qu'Yvan Gastaut considère comme le phénomène où les Français furent confrontés pour la première fois depuis l'entre-deux-guerres à l'immigration comme un phénomène négatif[4]. Outre les conséquences de la crise économique de 1972, cette flambée raciste aurait été « une forme de rancœur liée à la guerre d'Algérie, apparue dans une partie de l'opinion ». À travers l'écho des médias et de la presse, le racisme dévoilé de certains Français devient un véritable problème de société. Bien qu'on ne puisse réduire la question du racisme aux conséquences de la guerre d'Algérie, les campagnes racistes repérables dès la fin des hostilités font du travailleur immigré algérien la principale cible du racisme.

Les événements marquants qui s'échelonnent tout au long des années 1970 – on parle alors d'attentats racistes – sont rapportés aux séquelles du colonialisme, à une « violence néocolonialiste contre les immigrés[5] ».

Benjamin Stora considère ainsi que « les Maghrébins, en fait principalement les Algériens en France, peuvent d'autant plus être objets de répulsion qu'ils rappellent par leur présence la dernière guerre que la France a livrée (et perdue), cause d'une blessure nationale jamais refermée[6] ».

Au tournant du mois de juillet 1974, la suspension officielle de l'immigration en France met fin à la demande de main-d'œuvre qui caractérisait et justifiait la venue et la présence de populations étrangères. L'installation définitive des populations immigrées transforme alors le regard sur l'immigration et donne lieu aux premiers discours sur la « nécessaire intégration » des intéressés et de leurs descendants. En 1976, le gouvernement décide de reconnaître aux étrangers installés légalement en France le droit au regroupement familial. La mutation qui s'opère dans le passage d'une immigration de main-d'œuvre, perçue comme provisoire, à une immigration définitive, familiale et de peuplement, devient un enjeu majeur sur la scène politique. Elle transforme la figure du travailleur immigré qui, de la fin de la guerre d'Algérie au milieu des années 1970, a organisé la perception de l'immigration.

Au début des années 1980, la montée du chômage et les crises urbaines mettent en relief la précarité de la cohésion sociale et la marginalisation de la jeunesse issue de l'immigration. Ce mouvement, qualifié de « beur », signe dans cette période l'émergence de formes d'expression associées à l'immigration jusqu'alors essentiellement définie comme une force de travail.

L'entrée de l'expérience vécue liée à l'immigration dans le débat politique à partir de celle de la deuxième génération brouille les pistes entre la figure de l'immigré et celle de sa descendance, dont la situation, les revendications et les attentes, demeurent pourtant bien distinctes. De façon décalée, la prise en compte de la question de l'immigration, définie en tant que telle, a commencé à devenir centrale dans les politiques publiques à partir des mobilisations des descendants d'immigrés tout en renvoyant dans les mesures prises à cette époque à l'expérience des premières générations.

Le racisme du ghetto

Au début des années 1980, la montée du chômage et les crises urbaines mettent en relief la précarité de la cohésion sociale et la marginalisation de la jeunesse issue de l'immigration. Des incidents fortement médiatisés dans les zones urbaines à problèmes, où sont concentrées ce que nous appelons dans un langage maladroit les populations immigrées, ont conduit « la priorité de l'action publique à se focaliser sur ces lieux d'habitation[7] ». Toujours est-il que la problématique de l'insécurité urbaine et de la délinquance croise largement le débat sur l'immigration, regroupant dans une seule et même expression les immigrants et leur descendance que certains discours comme ceux du Front national rendent responsables de tous les maux de la société.

En 1983, un mouvement conduit par les jeunes de la deuxième génération s'attaque alors frontalement à ces confusions en articulant la dénonciation du racisme à l'hypocrisie du modèle d'intégration. En 1983, la Marche pour l'égalité et contre le racisme (également appelée « Marche des Beurs ») est l'occasion de montrer l'inconsistance des promesses de la République à l'égard des descendants d'immigrants maghrébins. Les parents sont présentés comme les victimes passives d'un racisme que les jeunes générations somment de regarder désormais en face tout en faisant valoir leur droit à la différence.

Tout au long des années 1980, se développe dans l'espace public français le thème de la montée du racisme. En 1985, la création de l'association SOS-Racisme va entraîner une médiatisation croissante de la question.

Cette nouvelle force antiraciste, à laquelle s'ajoutent Radio Beur, France Plus et bien d'autres, se démarque des canaux plus traditionnels de la lutte contre le racisme en affirmant l'implication de toute une génération qui s'organise dans un premier temps autour du débat sur le droit à la différence.

Cette tendance fait ressortir un mouvement de « victimisation positive » qui consiste à faire du racisme un enjeu de société tout en construisant une nouvelle image des jeunes de la seconde génération, déterminés à prendre la parole, à se donner une visibilité dans l'espace public en mettant en avant le multiculturalisme et le métissage de la France. Plus encore, il s'agit de remettre en question les représentations concernant l'égalité des droits telle que portée par les principes républicains.

Cependant, si la question du racisme est revisitée un temps par ces nouvelles revendications, le mouvement qui leur est associé s'effrite progressivement et le débat s'ankylose rapidement sur ce qui devient le « problème de l'immigration ». La lutte contre le racisme se poursuit certes sur le plan associatif, notamment par le biais de SOS Racisme, mais se range du côté du thème de l'intégration et se détache du volet identitaire. Tout au long des années 1980, les acteurs politiques et associatifs définissent les tensions racistes comme la manifestation des problèmes sociaux dans les quartiers d'exclusion.

Le racisme est alors considéré comme une espèce de virus ou de symptôme, provoqué par le chômage et la dégradation des conditions sociales[8]. En d'autres termes, il n'est jamais qu'un effet ou une variable et non une cause des problèmes sociaux rencontrés par les personnes. Dans les débats intellectuels et politiques, les conceptions du racisme comme celles de l'immigration sont essentiellement définies à partir de la figure et des discours du Front national autour duquel s'organise, pour beaucoup, la lutte contre le racisme.

Jusqu'à la fin des années 1990, les mesures pour combattre le racisme en France ne s'inscrivent qu'en pointillé dans l'agenda public, qui reste dominé par le thème phare de l'intégration. La figure de la victime du racisme se retrouve la plupart du temps mise en balance avec celle du délinquant, ou encore est recouverte par l'idée d'une « crise du modèle d'intégration ». Une telle approche a non seulement porté à penser le racisme comme la manifestation du sentiment d'abandon, de désarroi, des populations les plus démunies, mais a également construit une image bien particulière de la victime. L'image sociale des jeunes de banlieues – en grande partie incarnée par les jeunes Maghrébins, figure à laquelle s'est longtemps référée de façon plus ou moins avouée l'analyse du racisme – a considérablement limité la reconnaissance du racisme vécu.

Tout au long de ces années 1980 et 1990, la lutte contre le racisme s'organise en dehors d'une mobilisation puissante des individus concernés, marquant une relative extériorité du regard sur l'expérience de ceux qui le subissent.

L'expérience vécue des discriminations

Ce n'est réellement que vers la fin des années 1990 que les choses commencent à bouger, notamment avec le lancement d'un programme gouvernemental de lutte contre les discriminations raciales qui, selon les termes du rapport Belorgey, « déplace l'accent d'une réflexion sur les carences des candidats à l'intégration vers une réflexion sur les raideurs de la société d'accueil[11] ». Certes, l'expression de « société d'accueil » souligne une fois encore un rapport d'extériorité pour penser toutes sortes d'expériences reliées de façon confuse à l'idée d'immigration. Mais le changement est important, puisqu'on considère que le racisme est produit dans le fonctionnement même de la société, en particulier dans le monde du travail[9]. Deuxième inflexion, la reconnaissance des discriminations raciales passe par l'expression de l'expérience vécue des victimes impliquant un passage à l'action. Sur le plan associatif, plusieurs initiatives témoignent de nouvelles logiques d'action. Les campagnes de *testing*, organisées par SOS Racisme à partir de 1999, illustrent de nouvelles formes d'actions fondées sur l'expérience des individus face aux obstacles qu'ils rencontrent dans l'accès à différents domaines de la vie sociale. En 2001, le Mouvement pour le rassemblement et l'amitié entre les peuples (MRAP) ouvre près de cinquante permanences d'accueil pour encourager les victimes et les témoins de discrimination à réagir et à entamer des démarches.

L'action publique, largement influencée par l'agenda de l'Union européenne, a déployé une politique spécifique de lutte contre les discriminations raciales. L'aide aux victimes est alors définie comme un des axes majeurs de cette politique à travers la création d'un dispositif permettant de recueillir leurs plaintes[10]. Plus récemment, la création de la Haute Autorité de lutte contre les discriminations et pour l'égalité (Halde) a prolongé ce processus d'institutionnalisation du combat contre le racisme[12].

D'une condamnation unifiée du racisme, centrée sur ses manifestations les plus spectaculaires et longtemps cantonnée à un message moral, nous sommes passés à la lutte contre les discriminations raciales engageant dans ses réalisations à prendre en compte l'expérience vécue des victimes. Cette perspective fait sortir de l'ombre ces dernières et pose l'enjeu de la compréhension et de la place de leur subjectivité. Cette mutation représente notamment un enjeu de taille pour la culture politique républicaine de la France. D'inspiration philosophique égalitaire et universaliste, la lutte contre les discriminations œuvre pourtant, dans sa mise en pratique, à une visibilité accrue des différences. D'une part, à travers la construction de catégories que l'on peut qualifier d'ethno-raciales et sur lesquelles s'appuie l'action publique, d'autre part, à travers l'émergence de revendications spécifiques. Si, dans un premier temps, la question de la mémoire de l'immigration s'est greffée à celle de l'intégration, on observe de plus en plus nettement un changement majeur dans les approches de l'histoire de l'immigration, qui se développe en liaison avec des demandes de reconnaissance de l'expérience vécue du racisme et des discriminations.

Longtemps, l'immigration s'est présentée comme dissociée de toute référence mémorielle dans la sphère publique. On en parlait en termes de processus, de phénomène, de problème, bien plus qu'en référence à des personnes singulières. Le manque de reconnaissance et de débats sur l'histoire et la mémoire de l'immigration a été souvent rapporté au déni, voire à la dénégation de l'expérience migratoire, de la part de ceux qu'elle concerne et dans leur refus ou leur incapacité à transmettre cette histoire à leurs enfants. Cette perspective a notamment donné un poids considérable aux explications culturalistes et cantonne le parcours de l'immigration à une douleur, une souffrance, qui apparaît comme une seconde nature.

Contrairement à l'Angleterre, où le thème de l'immigration – affilié au processus de décolonisation – a très tôt été pensé comme inscrit au cœur du fonctionnement de la société, et en termes de relations entre des individus, la France y a vu essentiellement la réponse aux besoins de main-d'œuvre qu'imposait son développement économique, en particulier durant les « Trente Glorieuses ». Ce n'est que tardivement que diverses initiatives ont pu donner corps et sens à cette expérience.

On peut penser, plus précisément, que c'est avec la sortie de la société industrielle et la mutation déjà évoquée de la figure de l'immigré qu'a commencé réellement à se mettre en place un processus de reconnaissance de l'immigration comme phénomène historique. Et dans ce processus, la sensibilité croissante aux récits individuels, à la vie personnelle, à la subjectivité des acteurs, a tenu une place importante – ce qui s'observe d'ailleurs dans d'autres domaines de la vie collective, où la poussée de l'individualisme implique qu'une place de plus en plus centrale soit accordée à la subjectivité des individus. Une partie des dénonciations actuelles par lesquelles transitent l'affirmation des identités postcoloniales, ainsi que les revendications construites autour de la mémoire de la traite et de l'esclavage, lance un défi aux politiques de reconnaissance et ouvre un immense chantier pour reconsidérer le rapport entre le racisme vécu au présent et au passé.

De l'immigration à la diversité

Ces débats soulèvent l'enjeu des formes d'identification à différents types d'appartenance et de leurs expressions qui mettent en tension les formes de catégorisations personnelles, politiques, institutionnelles, associatives et médiatiques de la différence. L'ouverture sur les témoignages et les attentes des individus et des groupes discriminés donne une nouvelle épaisseur aux images de la diversité au sein de la communauté nationale.

Nombre de situations d'injustice dans le traitement social et politique d'un public s'abordent désormais comme des situations de discrimination vécue, notamment dans le monde du travail, mais aussi du logement, de l'éducation ou de la culture, pour n'en donner que quelques exemples. La lutte contre les discriminations en France tire son originalité de la juxtaposition de deux préoccupations qui étaient traitées jusque-là de manière autonome, tant par les pouvoirs publics que par les acteurs militants et associatifs: celle des inégalités socio-économiques et celle des préjugés fondés sur une race, une ethnie, une couleur de peau, etc. Cette perspective tend à refondre la problématique des discriminations dans celle de l'inégalité.

Le fait que certaines dimensions de l'identité statutaire (sexe, âge, origine...) ne doivent pas interférer sur la perception d'autrui est légitime, en référence au principe central de l'égalité des chances. Ce principe n'a pas pour objectif de produire une société dont les membres seraient égaux dans leur existence, il vise à créer les conditions permettant à chacun de pouvoir mettre en valeur son identité et ses ressources personnelles[13]. Cependant, si pour certains cet objectif doit passer par une logique d'anonymat, c'est-à-dire par l'annulation de tout effet de sélection sociale, fondée sur le genre, l'ethnicité, la culture, l'âge ou le lieu de résidence, selon d'autres, il ne peut être atteint que par le développement d'une autre procédure, celle de la discrimination positive. Sur ce plan, les initiatives autour de ce qu'on appelle aujourd'hui « la gestion de la diversité », associée à la lutte contre les discriminations, semblent prendre la voie d'un compromis entre ces deux logiques à travers une notion qui pose la question des différences tout en les neutralisant dans les termes d'un universel abstrait.

Bien que la lutte contre les discriminations n'est pas, dans ses principes, une politique de promotion de la diversité culturelle ou de « reconnaissance », elle oscille sans cesse entre la reconnaissance de la singularité (avec la personnalisation) et la reconnaissance de l'égalité (avec l'impersonnalisation). C'est la réalité et les modalités de cette articulation sur lesquelles l'action contre les discriminations doit aujourd'hui s'appuyer. Du point de vue du respect de l'individu, ces deux modalités ne sont ni bonnes ni mauvaises, tout dépend du sens qu'elles prennent pour les personnes et des circonstances. Par exemple, une personne peut demander à être traitée de façon anonyme dans certaines situations, à se délier d'une appartenance et affirmer, dans d'autres, une identité particulière. Ainsi, un même individu peut revendiquer le droit d'être traité de façon anonyme dans la procédure de l'embauche et affirmer une appartenance relevant d'une origine dans l'espace public, en demandant la prise en compte d'une mémoire collective liée à l'esclavage.

Le thème de la reconnaissance des discriminations comme critère de l'injustice est d'autant plus présent que les nouvelles formes d'organisation du travail mobilisent de plus en plus la subjectivité des travailleurs et que la modernité culturelle fait de l'autonomie, de l'authenticité et de la réalisation de soi, des valeurs fondamentales[14].

La montée en puissance du thème des discriminations dans le débat public français questionne en permanence notre approche des différences. Après avoir été longtemps tenu à distance des conceptions que nous avons du phénomène, la subjectivité des personnes est non seulement devenue centrale pour analyser les discriminations et les combattre mais également et de façon plus générale pour lire les inégalités. Cette perspective ouvre certes le débat sur la place des différences culturelles mais ne nous donne qu'une vue partielle de l'espace de leurs significations en cantonnant la reconnaissance de diverses formes de mobilisation identitaire à l'expérience de la disqualification. En ce sens, un des risques de l'approche française des discriminations est que la figure de la victime occupe le champ des logiques d'affirmation des différences que l'espace républicain résiste bien souvent à reconnaître autrement. C'est pourquoi un des enjeux majeurs pour l'analyse des discriminations aujourd'hui est de s'attacher à comprendre les modes d'articulation qui s'opèrent entre la dénonciation des discriminations raciales et l'affirmation de l'identité personnelle. Il y a là le défi, immense, de sortir de l'évidence d'une appartenance nationale commune pensée dans les canons du mythe républicain. Cette perspective plaide notamment pour une autre approche de l'immigration, la prise en considération des différentes formes de parcours, de significations, d'expériences qu'elle implique, en les inscrivant au cœur du récit national.

Notes

1 Michel Wieviorka, *Le Racisme, une introduction*, La Découverte, 1998.

2 Voir notamment Marc Ferro, *Le Livre noir du colonialisme*, Robert Laffont, 2003 ; Gilles Manceron, *Marianne et les colonies*, La Découverte, 2003 ; Françoise Vergès, *La Mémoire enchaînée. Questions sur l'esclavage*, Albin Michel, 2006.

3 Dipesh Chakrabarti, « History, Memory, Globalization », in Michel Wieviorka (dir.), *Les Sciences sociales en mutation*, Auxerre, Sciences humaines, 2007.

4 Yvan Gastaut, « La flambée raciste de 1973 en France », *Revue européenne des migrations internationales*, vol. 9, n° 2, 1993, p. 61-75.

5 Jean Weber, « Racisme pas d'âge », *L'Humanité*, 17 octobre 1978.

6 Benjamin Stora, *Le Transfert d'une mémoire. De « l'Algérie française » au racisme anti-arabe*, La Découverte, 1999, p. 91.

7 Patrick Weil, *La France et ses étrangers, l'aventure d'une politique de l'immigration, 1938-1991*, Calmann-Lévy, 1991.

8 Didier Lapeyronnie, « L'ordre de l'informe. La construction sociale et politique du racisme dans la société française », *Hommes et Migrations*, n° 1211, janvier-février 1998, p. 68-82.

9 Philippe Bataille, *Le Racisme au travail*, La Découverte, 1998.

10 Un groupe d'étude (le Groupe d'études et de lutte contre les discriminations, GELD) et un dispositif sont prévus à cet effet. En 1999 sont créées les Commissions départementales d'accès à la citoyenneté (Codac). Implantées dans chaque préfecture et composées de référents à la fois institutionnels et associatifs, leur mission consiste dans un premier temps à inscrire les problèmes spécifiques rencontrés par les jeunes issus de l'immigration et plus généralement par l'ensemble des personnes issues des quartiers en difficulté dans les grandes politiques contractuelles de l'État, tels que les emplois jeunes. En devenant par la suite le relais départemental du 114, plate-forme téléphonique nationale gratuite, mise en place en mai 2000 (Circulaire du Premier ministre du 2 mai 2000), les commissions départementales deviennent « un lieu d'écoute, de réflexion, d'impulsion et de mise en œuvre des actions destinées à lutter contre les discriminations ».

11 Jean-Michel Belorgey, *Lutter contre les discriminations*, La Documentation française, 1999.

12 La loi du 30 décembre 2004 a installé cette nouvelle autorité.

13 François de Singly, *L'Individualisme est un humanisme*, L'Aube, 2005.

14 François Dubet, *Injustice, l'expérience des inégalités au travail*, Seuil, 2006.

De l'Atlantide à la Kasbah. L'imaginaire colonial français dans le cinéma de fiction des années 1930

Guy Gauthier

« J'ai connu des paysages
Et des soleils merveilleux
Au cours de lointains voyages
Tout là-bas sous d'autres cieux
Mais combien je leur préfère
Mon ciel bleu mon horizon
Ma grande route et ma rivière
Ma prairie et ma maison. »
Douce France, deuxième couplet.

Le tour du monde dans un fauteuil : une archéologie du cinéma colonial

Entre 1860 et 1940, la France a connu un véritable engouement pour les récits et les images exotiques. Les romans d'aventures, dits « pour la jeunesse » ; les récits de voyages de découverte et d'exploration écrits par des explorateurs, diplomates, marins, militaires, missionnaires, aventuriers, solitaires ou en mission pour une institution militaire, civile, religieuse, universitaire ; les relations des écrivains voyageurs attirés par l'Orient ; l'imagerie orientaliste relayée par la photographie, puis par la bande dessinée et le cinéma, ont captivé des millions de lecteurs et de spectateurs.

Les œuvres monumentales de la littérature de jeunesse (Louis Boussenard, Paul d'Ivoi, Gabriel Ferry, Gustave Aimard, Arnould Galopin, Albert Bonneau), chauvines, souvent racistes, à la recherche d'horizons lointains, témoignent en fait d'un colonialisme frustré. Le héros d'élection, le « gamin de Paris », avatar itinérant (et vieilli) de Gavroche, est doté de toutes les vertus de belle race française : gouaille, courage, débrouillardise, générosité, intégrité, paternalisme teinté de racisme. Il ne manque jamais de célébrer la France et son œuvre, et de fustiger l'odieux colonialisme anglais. « L'univers est égal à son vaste appétit », et le petit empire français un peu étroit.

Le « tour du monde » est l'itinéraire de base, depuis le magasin du même nom (1860), et surtout depuis l'ouverture du canal de Suez en

1869 (*Le Tour du monde en 80 jours* date de 1874). Un titre résume l'esprit de cette littérature : *Le Tour du monde d'un gamin de Paris*, de Louis Boussenard. Le terrain d'aventures par excellence, c'était l'Amérique, ses Indiens, ses cow-boys, ses villes gigantesques et surtout ses vastes espaces (Gabriel Ferry, Gustave Aimard, Albert Bonneau, épaulés par des écrivains étrangers comme Fenimore Cooper, Mayne Reid, Karl May, Emilio Salgari). L'œuvre de Jules Verne lui-même ne fait qu'effleurer les colonies françaises, anciennes ou en cours de conquête (Algérie, Tunisie sur le tard), sans se priver de critiquer l'Empire britannique. En résumé : une invitation au voyage et à l'aventure, mais dans le monde entier.

La propagande coloniale au sens strict fut assurée au début du XXe siècle par les écrivains militaristes et colonialistes convaincus (Barrès, Bordeaux, Dorgelès, les Tharaud, Bazin, Farrère), surtout au Maroc, puis, à partir des traités de Sèvres et de Lausanne, dans les territoires sous mandat du Levant. Dans l'entre-deux-guerres, les conférences scolaires se multiplièrent, sous les auspices en particulier de la Ligue maritime et coloniale. La machine finit même par tourner sur sa propre lancée : en 1943, sous le gouvernement de Vichy, la propagande coloniale se poursuivait, alors que le seul moyen de partir aux colonies consistait… à rallier la France libre.

Cette passion pour les terres lointaines, entretenue par certains manuels scolaires, aurait dû logiquement faire des Français un peuple de marins, de voyageurs et d'émigrants. Or, à part quelques personnages poussés par la vocation, le besoin de gloire, ou plus sûrement la déportation criminelle ou politique, les Français, qui dévoraient les histoires d'Indiens et de pionniers, ne s'aventurèrent guère, sauf contrainte, au-delà de l'Hexagone, pas même vers l'Amérique mythique : la grande émigration vers les États-Unis, phénomène majeur du XIXe siècle, n'a pas affecté la France. Entre 1820 et 1920, 530 000 émigrants ont quitté la France pour l'Amérique (Irlande : 4 400 000 ; Grande-Bretagne : 3 145 000 ; Allemagne : 5 500 000 ; Autriche-Hongrie : 3 700 000 ; Italie : 4 190 000 ; Suisse : 258 000).

Auteur prolifique de romans d'aventures en Amérique du Nord, Gustave Aimard, a tracé, en 1862, des rares Français qu'il a réussi à intégrer dans ses romans, un portrait qui confirme ces chiffres : « Les émigrations françaises, en Amérique ou ailleurs, ont rarement, ou plutôt, pour être plus vrai, n'ont jamais réussi. D'où cela provient-il donc ? […] le Français n'est pas colonisateur, c'est-à-dire qu'en tout, pour tout et partout, il est et demeure français et ne veut pas être autre chose. L'émigrant français, lorsqu'il quitte son pays […], se considère toujours comme voyageur et non comme habitant ; quelle que soit la position qu'il parvienne à se faire, ses yeux se fixent incessamment vers la France, le seul pays dans son opinion où l'on puisse mourir et vivre heureux. »

L'Exposition coloniale de 1931 (36 millions de billets vendus, soit 7 à 8 millions de visiteurs) témoigne d'une grande ferveur coloniale… à Vincennes. Colonies à domicile, comme le cinéma. Crépuscule anticipé. Les Français regardaient de loin, sincèrement colonialistes, à condition de rester chez eux. Le Français moyen, comme le Douanier Rousseau, n'avait pas besoin de voyager pour rêver en images de jungles et de déserts.

Même les hommes politiques, très attentifs au cinéma éducatif et à l'image que le cinéma français donnait de la France à l'étranger, ne se sont pas vraiment intéressés aux vertus coloniales du cinéma de fiction : il n'en est pratiquement pas question dans les longs débats de la commission parlementaire présidée par Jean-Michel Renaitour, député de l'Yonne (1937), qui reste une étape importante pour l'organisation future du cinéma français[1].

Le roman d'aventures, le récit de voyage (superbement illustré de gravures sur bois depuis 1860), la bande dessinée (américaine jusqu'en 1940), et bien entendu le cinéma à partir de 1900, nourrirent le plus casanier des imaginaires d'Occident.

Faute d'organisation, la production cinématographique de l'avant-guerre est mal connue. La recherche est en cours. Raymond Chirat, qui fait autorité, recense 1305 films dans les années 1930, 85 déroulant leur intrigue hors d'Europe, et 53 en Afrique, dont 47 pour le Maghreb[2]. Par rapport à la période muette, très prolifique, les années 1930 marquent bizarrement, en dépit du succès de l'Exposition coloniale de 1931, un recul. À titre d'exemple, sur les 430 films passés en France en 1934[3], on compte 31 films de version française tournés à l'étranger, 103 films exclusivement français, et moins de 10 films « coloniaux », parmi lesquels, pour le seul Maghreb, trois succès : *Tartarin de Tarascon*, de Raymond Bernard et, un cran nettement au-dessus, *Itto*, de Jean-Benoît-Lévy et Marie Epstein et *Le Grand Jeu*, de Jacques Feyder.

L'Empire est présent dans l'imagerie coloniale par quelques films importants dont l'action se situe en France. *Gueule d'amour* est l'histoire tragique d'un spahi ; le marsouin déserteur de *Quai des brumes* revient du Tonkin avec « des brumes dans la tête », d'où le titre. *Goupi Mains Rouges*, réalisé en 1942 par Jacques Becker, a pour personnage un ancien colonial, dont le sobriquet est Tonkin, et qui doit à son séjour en Indochine les « brumes » qui encombrent son cerveau. Mais la lointaine et brumeuse Indochine est reléguée loin derrière les déserts éclatants et la lumière d'Afrique.

De l'orientalisme méditerranéen à l'orientalisme algérien

Pour esquisser le personnage du héros « africain » dans le cinéma, il faut remonter loin en arrière, au moment de la conquête de l'Algérie, quand ce territoire à la fois proche et lointain a renouvelé pour la France le discours « orientaliste [4] ».

L'Algérie conquise, les Français, implantés depuis le XVIe siècle au Sénégal avec la traite négrière, avaient entrepris en 1854 leur progression vers le désert. Un rêve prit forme : réunir l'Algérie et le Sénégal (plus tard le bassin du Congo) pour que la France devienne une puissance africaine. Il fallait pour cela traverser le Sahara, terre de mirages, et donc se tourner vers l'Afrique dont Victor Hugo disait : « L'Asie a son histoire, l'Amérique a son histoire, l'Australie elle-même a son histoire ; l'Afrique n'a pas d'histoire[5]. » On allait lui en trouver une. L'idée d'une liaison à travers le désert se focalisa sur le projet d'une ligne de chemin de fer à travers le Sahara. Émile Zola, fervent partisan du projet nécessaire à l'expansion française, ne se cachait pas les difficultés, et, entre autres, « le fanatisme religieux, aggravant la grande difficulté de notre conquête, ce terrible problème de l'Islam, contre lequel nous nous heurterons, tant qu'il ne sera pas résolu[6] ».

Le transsaharien suscita une littérature technique ou poétique aujourd'hui oubliée. Le gouvernement de Vichy maintint les tentatives de prospection. La recherche d'un tracé est à l'origine des missions Flatters, dont la dernière se termina par un massacre. Le transsaharien participa, comme l'automobile, à la légende du Sahara, le désert par excellence. Certes, le désert n'est pas une spécialité mythologique française. Les Anglais ont retenu les épopées orientales (Kitchener, et surtout Lawrence, plus tard Wilfred Thesiger) ; les Américains ont assez de désert sur leur territoire (même s'ils donnent l'impression d'en chercher ailleurs) pour en avoir fait un décor de western. Le désert hante les origines des grandes religions monothéistes, islam inclus, mais c'est l'autre face du mythe.

Une Atlantide française. Le méhariste et le Targui

En 1919, Pierre Benoît publia un roman appelé à un grand retentissement : *L'Atlantide*. S'inspirant d'un texte inachevé de Platon, qui évoquait une brillante civilisation engloutie par une montée de la mer, il imaginait, transposant le site au cœur de l'Afrique, que la capitale, protégée par son altitude, avait continué d'exister dans un désert encore inaccessible, mais français. Une reine continuait de régner sur une ville dépositaire des secrets de l'Antiquité, attirant, grâce aux Touareg de sa garde, les explorateurs et militaires passant à l'entour pour en faire ses amants avant de les intégrer, son caprice satisfait, dans sa collection de cercueils d'orichalque.

Les voyageurs en chambre, dans leur passion pour les explorations, appréciaient particulièrement la découverte des civilisations disparues, surtout si elles survivaient sous le règne d'une reine, une beauté évidemment fatale (Henry Ridder Hagard, *Elle*, 1886). Au deuxième tome de ses aventures (1912), Tarzan, de retour en Afrique, découvre en pleine jungle une cité disparue, Opar, poste avancé de l'antique Atlantide, coupé de son continent par la catastrophe devenue légendaire[7].

La cité perdue à la française ne pouvait se trouver que dans le désert, le désert des mirages, des militaires, des missionnaires, et de la Société de géographie, intermédiaire avec le monde politique. Cette fascination se retrouve dans un sonnet, « La leçon du désert », dédié au lieutenant Ernest Psichari[8], petit-fils d'Ernest Renan, fervent colonialiste, mort au combat en 1914 alors qu'il était prêt à entrer chez les dominicains… comme le capitaine Morhange. Dernier tercet :

Le silence éternel des êtres et des pierres
T'accorderont tout loisir pour la méditation ;
Ta foi sera le fruit d'inconscientes prières[9].

Pierre Benoît s'empara comme d'autres du vieux récit de Platon mais, à la française, il en assura la continuité en soignant les détails, en s'abritant derrière une érudition maniaque, bref, en évitant tous les délires fondés sur le mysticisme ou les sciences occultes. Ce fut *L'Atlantide*, un mythe universel nationalisé. Une femme fatale qui pousse un de ses soupirants jaloux à tuer son meilleur ami : voilà pour le mélodrame. Une référence à Platon et à une avalanche de manuscrits anciens : voilà pour l'érudition. Un cataclysme expliqué avec des arguments géologiques : voilà pour la vraisemblance. Pour décor, le désert, mieux : le Hoggar, mal connu, plaque tournante idéale entre les possessions françaises d'AOF et le Sud algérien : voilà pour la légitimité française. Un officier vertueux et érudit, voué à entrer dans les ordres, synthèse de Foucauld et de Laperrine, digne successeur de Psichari : voilà pour la figure du héros de l'épopée. Ajoutons les Touareg actifs et silencieux, stimulants pour l'imagination. Maupassant, bien avant Pierre Benoît, anticipait dès 1888 sur la résurgence du mythe antique en voyant dans les Touareg des « guerriers d'Homère ».

L'Atlantide avait tout pour cristalliser les aspirations romanesques de cette époque de lendemain de guerre : rêves de lointains, de mystères, de recentrage français dans le monde. Il ne manquait plus que l'image, d'où le succès de l'adaptation de Jacques Feyder. Le personnage et les décors du dernier réduit des Atlantes viennent directement du bazar orientaliste de la peinture du XIXe siècle, mais, transition vers la nouvelle mythologie, la moitié des trois heures de film sont faites d'images de dunes, de défilés abrupts, de silhouettes de méharistes sur fond de ciel éclatant de lumière, de la vie dans les postes avancés, d'évocations de liaisons entre AOF et territoires du Sud algérien. Mirages, puits à sec, marche harassante, présence ambiguë du Targui mystérieux, constituent une partie d'autant plus documentée que Feyder, résistant aux conseils de ses producteurs, décida de tourner les extérieurs à Touggourt.

La légitimation était double : la France occupait un territoire qu'aucune population sédentaire ne revendiquait ; elle prenait en direct l'héritage des civilisations de l'Antiquité méditerranéenne, seul précédent d'envergure. L'histoire intermédiaire n'était faite que d'invasions successives, ayant constitué par strates une population cosmopolite.

Le film connut un immense succès, popularisant la silhouette emblématique de l'officier saharien à la tête des troupes indigènes ralliées. Malgré l'évolution de la situation, les guerres d'indépendance, la décolonisation, la figure d'Antinéa, inspirée d'une reine des Touareg, Tin-Hinan ou Tin-Hea, dont on a retrouvé le tombeau (le prénom des héroïnes de Pierre Benoît commençait toujours par « A ») garda longtemps son prestige : on compte à ce jour environ 25 adaptations du livre (cinéma, théâtre, opéra), et quelques chansons, comme celle-ci, que chantait Mistinguett :

Dans l'immense Sahara,
Je cherche Antinéa
Je crois voir son visage
Mais ce n'est qu'un mirage…

Les films permettent d'apprécier l'évolution des mentalités : la seconde adaptation cinématographique, réalisée en 1932 par un grand cinéaste allemand, G.-W. Pabst, en trois versions (française, allemande, anglaise, avec des acteurs différents, sauf Antinéa qui garda le visage de Brigitte Helm) prit une plus grande distance avec le mythe, ramenant l'aventure de Saint-Avit à un délire, et l'Atlantide à une mystification de Targui astucieux, ayant, sur la base d'une vague légende, recruté pour reine une danseuse de French Cancan (de Clémentine à Antinéa). En 1960, une version franco-italienne, réalisée par l'Américain Ulmer, saluait malicieusement les essais atomiques français en imaginant la destruction de l'Atlantide au cours d'une explosion. À chaque époque son Atlantide.

Au-delà du rêve colonial en perte de vitesse, le désert continue d'exercer sa fascination. Après les précurseurs (Honoré de Balzac), les écrivains du Sud algérien (Eugène Fromentin, Isabelle Eberhardt, Guy de Maupassant, André Gide, Ernest Psichari), les écrivains explorateurs (Henri Duveyrier, Fernand Foureau), le travail de pionnier du géographe E.-F. Gautier et du prospecteur Conrad Killian, les publications à l'occasion du centenaire de la conquête de l'Algérie, les écrivains, reporters et préfaciers des raids de l'entre-deux-guerres (Joseph Peyré, Joseph Kessel, Jean d'Esme, Antoine de Saint-Exupéry, Frison-Roche, Diego Brosset, Émile Henriot, André Armandy, Pierre Mac Orlan), souvent adaptés au cinéma, ou cinéastes eux-mêmes, prolongent la légende. Côté « légende noire », il faut y ajouter les écrits contre les bagnes militaires (Georges Darien, Aristide Bruant, avant Albert Londres). Plus récemment, malgré l'irruption du pétrole, d'autres écrivains, hors du rêve colonial, ont réactivé la mystique du désert (Balzac concluait sa nouvelle *Une passion dans le désert* par ces mots : « Le désert, c'est Dieu sans les hommes »), refuge des anachorètes de jadis (Théodore Monod, Le Clézio), ou ravivé les fantasmes par leurs découvertes archéologiques : Henri Lhote a presque regretté d'avoir nommé « Antinéa » une superbe figure de femme dans les fresques du Tassili, suscitant un courrier de lecteurs excités[10]. Quant aux organisateurs de « méharées » ou de voyages organisés, ils n'oublient pas de mêler à leur argumentaire de routine le nom d'Antinéa. J'allais oublier le pire : le « Dakar ».

André Citroën, prophète et constructeur, lance en 1922 des véhicules spécialement étudiés pour une traversée du nord au sud (« La première traversée du Sahara en automobile – De Touggourt à Tombouctou par l'Atlantide »). L'expédition fit beaucoup de bruit, il en sortit un livre, puis un film[11]. Les auteurs, aventuriers, ingénieurs, géographes plutôt que poètes, ne purent s'empêcher d'invoquer la nouvelle déesse du Sahara[12] : « Nous reconnaissons la grande Koudia et le pic Illiman, dont l'altitude est d'environ 8 000 pieds. [...] On songe ici à l'étrange destin de Morhange et de Saint-Avit ; mais qui donc oserait le dire cruel, ce destin symbolique par lequel l'art d'un romancier a su si bien exprimer l'envoûtement du Sud ? [...] Les fantômes de Morhange et de Saint-Avit s'estompent et disparaissent, pour laisser la place au souvenir des grands morts dont il n'est pas possible de ne point vénérer les noms, quand on a le bonheur de goûter, après eux, aux lèvres de l'enchanteresse. Nous vous saluons très bas, devant le Hoggar qui se dresse ici comme s'il était votre cénotaphe, ô vous qui fûtes les vrais amants d'Antinéa, Duveyrier, Flatters, enseigne de vaisseau Aube, lieutenant-colonel Bonnier, marquis de Morès, commandant Molle, Camille Douls, colonel Leboeuf, général Laperrine... »

Manque à l'appel le père de Foucauld, mais comment oser en faire, malgré sa jeunesse libertine, un amant de la dévoreuse ? Morhange, c'est à la fois Laperrine et Foucauld, portrait contrasté du héros saharien – le sabre et le goupillon, ricanaient les journaux satiristes. Pour achever l'épopée, il fallait les Touareg, les « guerriers d'Homère » selon Maupassant, réputés tièdes envers l'islam, de l'avis des explorateurs, en particulier le géographe Émile Gautier.

Tandis qu'Arabes et Kabyles sont souvent traités en silhouettes (ou perdent leur identité du fait d'être interprétés par des acteurs européens), les Touareg, visage dissimulé, intensité du regard soulignée, ont droit à des plans autonomes. Même rebelles, ils ont une autre présence que les « salopards », ombres furtives et lointaines réduites à leur burnous.

Face au Targui, l'officier saharien devint le héros de l'armée coloniale d'Afrique. Sur les confins du désert syrien, à Palmyre, Henri Bordeaux fait de lui le « dernier croisé ». Fringant sur son dromadaire (même s'il marche le plus souvent à pied), il incarne la gloire sans échapper aux pièges du destin. Les spahis, fringants cavaliers, partagent cette gloire

(*Gueule d'amour,* Jean Grémillon, 1937; *Itto,* de Jean-Benoît Lévy, 1934, tentative isolée de mêler les destins français et indigènes; *Le Roman d'un spahi,* Michel Bernheim, 1935; *Baroud,* Rex Ingram, 1933). Les Arabes sont nos Indiens, les spahis notre cavalerie.

Ces films sont les seuls à souligner la présence des autochtones autrement qu'en silhouettes lointaines anonymes ou hostiles. En raison de la difficulté pour recruter des acteurs, et surtout des actrices, qui puissent s'adapter au jeu très spécifique du cinéma (passons sur d'autres réticences), les premiers ou seconds rôles étaient tenus par des Européens, souvent peu plausibles. Ceci facilitait les rares histoires d'amour mixte: *L'Occident* (Henri Fescourt, deux versions en 1927 et 1938), ou, version pessimiste, *Bourrasque* (Pierre Billon, 1935).

Figures légendaires ou gratteurs de sable

Après la convention du 5 août 1890, Lord Salisbury se vanta d'avoir donné à la France « des terres légères où le coq gaulois trouverait de quoi gratter ». Même pour gratter le sable, il faut des conquérants dont s'empare la légende… et le cinéma participe de la légende.

Léon Poirier fut le chantre le plus convaincu des grands hommes à l'ombre (si l'on peut dire) desquels marchent les héros collectifs. Il accompagna *La Croisière noire*, la seconde aventure automobile africaine frétée par André Citroën à travers l'Afrique du nord au sud, et jusqu'à Madagascar. Le film qu'il en tira (1926) eut un immense succès, surtout après sa sonorisation au début du parlant, et fut à l'origine des représentations françaises sur l'Afrique noire pendant une vingtaine d'années[13].

Dix ans plus tard, Poirier réalisait un hommage au père Charles de Foucauld (*L'Appel du silence*), une biographie qui rappelait sa vie militaire (et dissolue), son amitié avec celui de l'autre héros du Sahara, Laperrine, créateur des premières compagnies sahariennes (« Les armes de Laperrine, c'est l'apprivoisement et l'épée; celle du père de Foucauld, la prière et la charité, par où l'on conquiert les âmes et les cœurs[14] »). Produit par souscription (100 000 souscripteurs), le film obtint le Grand Prix du cinéma français en 1936.

En 1940, au début de la guerre, sortit un nouveau film dédié par Poirier aux héros de la France coloniale en Afrique centrale: *Brazza ou l'épopée du Congo.* L'explorateur y était célébré pour ses méthodes pacifiques, opposées à l'Anglais Stanley, plus expéditif[15]. Il est étonnant que Brazza ait attendu si longtemps pour entrer dans le cinéma autrement que par des courts-métrages pédagogiques ou de propagande. Pacificateur prestigieux du Maghreb, autant administrateur que conquérant, Lyautey fut la figure tutélaire d'un film (deux versions) de Marcel L'Herbier, d'après un roman célèbre de Claude Farrère. Le titre résumait les ambitions coloniales du début du XXe siècle: *Les Hommes nouveaux.* Après le missionnaire et le militaire, voici le colon, qui eut moins de succès : on ne le trouve que dans quelques films d'avant 1930, dont *Le Bled*, de Jean Renoir, pour le centenaire de la conquête (1929).

Sur les confins sahariens : le légionnaire et le salopard

Le méhariste et le missionnaire en avant, l'administrateur et le colon à l'arrière, furent les héros de la colonisation. L'anti-héros en est le légionnaire, le romantique sans passé, l'homme de nulle part, qui méprise la vie et la mort.

Ce fut à l'origine un produit d'importation : c'est un cinéaste américain, Hubert Brennon, qui en fit avec *Beau Geste* (1926) un héros africain. Tourné en Arizona, transposant grossièrement la lutte de la cavalerie américaine contre les Indiens, le film fut mal accueilli et même censuré au Maghreb. Une seconde version de *Beau Geste*, plus militairement correcte, fut tournée en 1939 par William A. Wellman, avec Gary Cooper dans le rôle central.

Les Bat'd'Af'(*Les Réprouvés*, Jacques Séverac, 1936), autres proscrits, moins glorieux, se recrutaient parmi ces « mauvais garçons », malfaiteurs confirmés, ou pauvres types poursuivis par la poisse, dont Jean Gabin fut l'interprète emblématique. Une célèbre chanson des années 1930 pleurait sur son destin :

C'est un mauvais garçon
Il a des façons pas très catholiques.
On a peur de lui
Quand on le rencontre la nuit…

Le choix de tels personnages prolonge une tendance lourde des années 1930 : le roman, le film, la chanson « populistes », un mot qu'il faut remettre dans son contexte, celui de l'« école populiste » lancée en 1929 par un manifeste des écrivains André Thérive et Léon Lemonnier, dont les intentions étaient claires : « La littérature populiste n'est pas nécessairement faite par le peuple. Elle n'est point non plus pour le peuple. […] Il faut peindre les petites gens, les gens médiocres qui sont la masse de la société et dont la vie, elle aussi, comporte des drames. »

On passa ensuite du prolétariat selon Marx au lumpenprolétariat[16]. Fascination des bas-fonds, des « classes dangereuses », cette population souterraine appréciée du roman et du film « populaires » (*Fantômas*[17]) va avoir un destin militaire. La Légion, un cran au-dessus (Cendrars, citoyen suisse, s'engage pour participer à la guerre), accueille tout le monde, mauvais garçons, nobles désargentés, amoureux déçus, bandits en cavale, débris des armées vaincues, officiers russes en fuite, qui se rachetaient en combattant les « salopards », leur double inversé. En dehors des combats, le légionnaire fréquente les bars louches et les filles perdues, noie sa nostalgie dans l'alcool, trouve le réconfort dans l'amitié virile. Il se perd, ou, plus rarement, comme son ancêtre, le « Surineur » (Eugène Sue, *Les Mystères de Paris*, 1842), il devient un autre homme.

Pour *La Bandera* (1935), Duvivier, d'après Mac Orlan, situe l'intrigue dans la Légion espagnole. Mais la Légion, c'est la Légion. Dans ce film, pas d'autochtones hors lupanar ; un désert hostile, loin du Hoggar mythique. Le légionnaire n'est plus qu'un personnage incarnant la malédiction du passé et l'inexorabilité de l'avenir écrit d'avance. Son destin français, éphémère, n'a pas survécu aux années 1930, malgré les chansons et le sable chaud (*Mon Légionnaire*, 1935, popularisé par Édith Piaf).

À part *Un de la Légion* (Christian-Jaque, 1937, avec Fernandel), les films n'offrent guère d'issue au héros : *Les Hommes sans nom* (Jean Vallée, 1937), *Le Chemin de l'honneur* (Jean-Paul Paulin, 1940), *Bar du Sud* (Henri Fescourt, 1938), *Le Sergent X* (Wladimir Strichensky, 1932, avec une équipe de Russes immigrés). Le légionnaire devint le personnage moderne marqué par le destin (*Le Grand Jeu*, de Jacques Feyder, en 1933). Le côté « desperado » du personnage séduisit au contraire des cinéastes américains, une occasion pour eux de retrouver ailleurs l'Ouest légendaire. En France, la légion étrangère reste… étrangère.

Dans la jungle de la ville arabe : le proscrit et le métèque

Pépé le Moko, de Julien Duvivier (1936), dont le succès fut immense, classique fréquemment rediffusé, peut être considéré comme caractéristique jusqu'à la caricature des rivages méditerranéens, loin du Sahara légendaire. Morhange et Pépé ont un point en commun : ce sont des victimes de l'amour ; mais à distance, deux mythologies s'affrontent. *Pépé le Moko*, à l'opposé de *La Belle Équipe* (1936), c'est la fuite, l'exil des mauvais garçons, qui n'ont plus que les colonies pour trouver un refuge. *La Bandera*, en 1935, utilisait déjà le filon, celui du fortin assiégé où les héros, au prix de lourdes pertes, tiennent jusqu'à l'arrivée des secours[18].

Tourné presque complètement en studio, le film délimite clairement les espaces : au loin le paradis parisien, auprès du port l'Algérie française, protégé des malfaiteurs, le fort encerclé mais inexpugnable de la kasbah. Impossible de pénétrer la kasbah ; seul l'inspecteur, issu du cosmopolitisme indigène, fin connaisseur du terrain, coutumier des manœuvres tordues, pourra extirper l'homme traqué de sa dernière planque (lors de la guerre d'Algérie, la kasbah sera encore le repaire des nouveaux salopards : voir *La Bataille d'Alger*, de Pontecorvo).

La kasbah, c'est l'espace sauvage, irréductible à la colonisation. Au bled, l'armée ; à la kasbah, espace urbain, la police. Le prologue du film rapporte la vision convenue de l'auteur : « Vu à vol d'oiseau, le quartier d'Alger qu'on nomme la kasbah (musique arabisante), profond comme une forêt, et grouillant comme une fourmilière, est un vaste escalier dont chaque terrasse est une marche qui descend vers la mer. Entre ces marches, des ruelles tortueuses et sombres, des ruelles en forme de guet-apens, des ruelles qui se croisent, se chevauchent, s'enlacent, se désenlacent dans un fouillis de labyrinthe [...], des escaliers, des montées abruptes comme des échelles, des descentes vers des gouffres sombres et puants, des porches suintants envahis de vermine et d'humidité [...], des rues désertes qu'habitent le silence, des rues aux noms étranges. Ils sont quarante mille là où ils ne devraient être que dix mille. Quarante mille venus de partout, ceux d'avant la conquête, ceux du passé barbaresque, et leurs descendants honnêtes, traditionalistes, et pour nous mystérieux. Des Kabyles, des Chinois, des Gitans, des Heitmatlos, des Slaves, des Maltais, des Nègres, des Siciliens, des Espagnols [...]. Colorée, vivante, multiple, hurlante, il n'y a pas qu'une seule kasbah, il y en a cent, il y en a mille. »

La caméra alors filme de l'extérieur: c'est le regard distant, colonial, ici impuissant. Cette vision d'une Algérie cosmopolite vient de loin, comme en témoigne une longue lignée de voyageurs. Déjà, arrivant à Alger le 7 mai 1841, Alexis de Tocqueville remarquait: « Premier aspect de la ville: je n'ai jamais rien vu de semblable. Prodigieux mélange de races et de costumes, arabes, kabyles, maures, nègres, mahonnais, français. Chacune de ces races qui s'agitent ensemble dans un espace beaucoup trop étroit pour les contenir, parle un langage, porte un habit, accuse des mœurs différentes[19]. »

Constatation banale chez tous les voyageurs en Orient depuis Chateaubriand. Louis Bertrand, dans *Le Sang des races* (1900), justifiera ainsi la domination latine qui prend au Maghreb, par-dessus les invasions successives, le relais légitime de l'Empire romain.

À l'opposé, à partir de cette même mosaïque, les manuels scolaires rêvent d'une « intégration » qui feraient de bons Français: « Il y a là, dans cet espace restreint (le lycée français) d'un hectare et demi, des Nègres de l'Afrique occidentale, des Marocains, des Tunisiens, des descendants d'Italiens et d'Espagnols, des Maltais, des Mahonnais, des Levantins de tout l'Orient, des Annamites, des Algériens des trois départements, du Tell et de l'Extrême Sud, avec des petits Français de toutes nos provinces. Oui, là, toutes les races voisinent... Les maîtres et les professeurs créent là des Français, sans musique ni tapage. Ils travaillent pour la France, obscurément[20]... »

Vieux dilemme: communautarisme ou intégration? Revenons à *Pépé le Moko*. La kasbah, labyrinthe impénétrable à l'Européen, où grouille une foule anonyme d'hommes en burnous et de femmes voilées, est le lieu d'exil par excellence. Dans cette nasse médiévale, Pépé est à la fois protégé et prisonnier. Il est l'anti-héros, comme la kasbah est l'anti-utopie par rapport à l'utopie, l'Atlantide. Face à lui, non plus le noble Targui, mais Slimane, le policier onctueux, ni arabe, ni européen, parfait bâtard de ce monde cosmopolite. Fin d'Empire: Saint-Avit ne pensait qu'à retrouver Antinéa au fond du désert; Pépé ne songe qu'à retourner à

Paris, comme l'exprime la chanson chantée par Fréhel, une gloire vieillissante des années folles: « Où est-il mon moulin d'la place Blanche? »

En 1938, déjà, l'emblématique Gabin fuit toujours plus loin, dans le Pacifique: c'est *Le Récif de corail* (Maurice Gleize), le vrai paradis, les mers du Sud. Avant les Tristes tropiques.

Notes

1 La revue spécialisée *Pour vous Cinéma*, au cours des années 1930, s'attarde peu sur le cinéma colonial. Les directeurs de salles de banlieue, interrogés sur les préférences de leur public, n'y font aucune allusion. Le mélodrame et le comique recueillaient les suffrages du public populaire (le cinéma du sam'di soir).

2 Voir Geneviève Nesterenko, « L'Afrique de l'Autre », p. 127-177, in *Générique des années 30*, Presses universitaires de Vincennes, 1986.

3 Source: Commission parlementaire présidée par Jean-Michel Renaitour (1938).

4 Edward Saïd, *L'Orientalisme: l'Orient créé par l'Occident*, Seuil, 1980.

5 Victor Hugo, *Discours sur l'Afrique*, 18 mai 1879.

6 Émile Zola, *Fécondité*, 1900.

7 Pour apprécier la force du mythe, voir, entre autres, Olivier Boura, *Les Atlantides*, 1993, Arléa.

8 Auteur de *Le Voyage du centurion*, *Terres de soleil et de sommeil*

9 Dans les impressions des touristes du Sahara, on retrouve une littérature de même inspiration.

10 Henri Lhote, *À la découverte des fresques du Tassili*, Artaud, 1958, chap. 17.

11 Georges-Marie Haardt et Louis Audouin-Dubreuil, 1923, pour le livre. Film de Paul Castelnau.

12 La découverte du tombeau de Tin-Han, en 1925, va évidemment relancer la légende.

13 Voir aussi Georges-Marie Haardt et Louis Audouin-Dubreuilh, *La Croisière noire – Expédition Citroën Centre Afrique*, avec les dessins d'Alexandre Iacovlieff, et les photos de Poirier.

14 José Germain et Stéphane Faye, *Le Général Laperrine, grand Saharien*, 1922.

15 En 1939, le cinéaste américain Henry King proposait de Stanley un portrait de quasi-pacifiste, sans dire qu'il deviendra l'agent impitoyable de l'exploitation du Congo par Léopold de Belgique… et le rival de Brazza.

16 Critiquant violemment *Les Mystères de Paris* d'Eugène Sue, Marx dénonce la falsification des types et des rapports sociaux à travers l'évolution et la rédemption du personnage du Surineur. Pour « donner au monde incrédule le vivant spectacle salutaire du repentir », Rodolphe expédie la brute en phase de reconversion… en Afrique (Marx et Engels, *La Sainte Famille*).

17 Dans *Les Bas-Fonds*, de Jean Renoir d'après Maxime Gorki, on trouve côte à côte, loin de la Légion, l'aristocrate ruiné (Louis Jouvet) et le mauvais garçon (Jean Gabin, toujours).

18 *La Patrouille perdue* (John Ford, 1934), qui se passe en Mésopotamie,

fournit le schéma du fortin assiégé dans le désert. *Les Réprouvés* (Jacques Sévérac, 1935) transporte l'intrigue au Sahara, tout comme *La Bandera* (1935), et *Sahara* (Alexandre Korda, 1943), dans le cadre de la Seconde Guerre mondiale. On retrouve à plusieurs reprises cette situation dans le western des guerres indiennes (*Le Sabre et la Flèche*, André de Toth, 1953).

19 Alexis de Tocqueville, *Mélanges-voyages*, 1865.

20 Suzanne Martinon et Paul Despiques, *Paul Defrance, Histoire d'un petit citoyen français*, Delagrave, 1927.

Paul Bert, race et culture

Patrice Decormeille

Puisque nous sommes à Auxerre, dans la ville de Paul Bert, il semble difficile d'aborder la question du colonialisme sans évoquer la figure de celui qui, à côté de Gambetta et de Jules Ferry, fut l'un des artisans de cette nouvelle phase de l'expansion coloniale qui marque les débuts de la IIIe République. Rappelons en effet que, bien qu'il fût très critique à l'égard de bien des aspects de l'action coloniale telle qu'elle fut menée en Algérie et au Tonkin, Paul Bert était acquis à la cause de l'expansion coloniale, de telle sorte qu'après la chute de Ferry, désavoué pour ses échecs, il est monté en première ligne pour défendre cette cause au moment où une coalition de la droite et de la gauche radicale était toute proche d'obtenir l'évacuation du Tonkin.

L'intervention enflammée de Paul Bert à la Chambre, le 22 décembre 1885, fut décisive pour obtenir que des crédits fussent votés (à une très faible majorité) pour organiser le protectorat de l'Annam et du Tonkin. Paul Bert s'est montré si déterminé et si persuasif que Freycinet, alors président du Conseil, l'a aussitôt nommé Résident général en Annam et au Tonkin. Il s'embarque donc dès le début de l'année 1886 pour l'Indochine où il exercera ses fonctions jusqu'à sa mort prématurée à Hanoï, le 11 novembre 1886.

Il n'est pas question ici de faire un bilan comptable du « positif » et du « négatif » à l'intérieur de l'entreprise coloniale française. Disons tout net que rien ne pourra jamais justifier les crimes étroitement liés à l'expansion coloniale et que l'issue des luttes menées par les peuples soumis au joug colonial en vue de s'en libérer atteste assez clairement du verdict qui est celui du jugement de l'histoire. Il est donc seulement question de creuser la connaissance qu'on peut avoir du fait colonial, et plus précisément ici de tenter de mieux comprendre, à travers l'examen du cas particulier de Paul Bert, dans quel horizon de pensée s'est inscrite l'action coloniale des fondateurs de la IIIe République.

Le but de la Société Paul Bert est de dégager de son œuvre tout ce qu'il y a de pérenne et qui peut nous aider à nous orienter dans des problèmes qui sont encore les nôtres. En examinant l'approche que Paul Bert a pu faire de l'expérience coloniale[1], on s'aperçoit vite qu'elle pose déjà, à sa manière, l'un des problèmes qui va devenir l'un des plus aigus de notre temps : dans quelles conditions la rencontre entre des cultures différentes peut-elle prendre une direction qui ne soit pas celle de l'affrontement, et comment concilier la diversité des cultures avec l'universalité de certaines valeurs ?

Toute la difficulté qu'il y a à comprendre le colonialisme français tient à ce qui fait en même temps sa singularité. Si tous les grands empires ont été colonisateurs, l'exception française tient à ceci que la France fut la seule à présenter son entreprise coloniale comme essentiellement animée par le souci de propager les valeurs de la République, de contribuer aux progrès de l'humanité en diffusant les Lumières, de faire triompher les principes de la raison et de la liberté, en bref de se faire partout dans le monde le champion des droits de l'homme. L'œuvre coloniale se présente comme un prolongement de l'œuvre scolaire puisqu'il s'agit, tout au fond des plus lointaines conquêtes comme au cœur des campagnes françaises, d'éveiller les consciences endormies dans les préjugés ancestraux pour les faire accéder à l'exercice autonome de la raison. En effet, si on examine les raisons avancées par Jules Ferry pour justifier l'expansion coloniale[2], il concède bien un argument économique, ouvrir de nouveaux débouchés, doublé d'un argument géostratégique, constituer un réseau d'escales et de ravitaillement pour ses navires, mais il met surtout l'accent sur l'argument politique qui vise à rendre à la France son rang de grande puissance et d'exalter les énergies après l'humiliation de la défaite de 1870. À quoi il ajoute l'argument proprement moral qui investit notre pays d'une « mission civilisatrice » en répandant dans le monde entier les Lumières qui constituent le véritable levier de l'émancipation de l'humanité.

Il serait abusivement réducteur de croire que l'argument politique et l'argument moral ne servent que d'habillage idéologique à une entreprise foncièrement motivée par la recherche de profit. Dans le contexte des années 1880, et en ce qui concerne le Tonkin au moins, les milieux d'affaires se montrent très réticents tant ils jugent l'entreprise peu rentable, et le monde rural, jugeant l'entreprise aussi inutile que coûteuse, y est très hostile. En fait, la campagne du Tonkin est très impopulaire et seuls quelques hommes à la fois très convaincus de la mission dont la France est porteuse et soucieux de mobiliser les énergies sur autre chose que la revanche contre l'Allemagne vont soutenir le projet.

Il est d'ailleurs remarquable que, dans les écrits de Paul Bert, l'argument politique et l'argument moral se conjoignent et se renforcent mutuellement[3].

Dans la conscience collective qui fait l'identité nationale française, les héritiers de la Révolution de 1789 se pensent volontiers comme investis d'une mission historique : faire triompher partout dans le monde l'idéal du droit et de l'émancipation. Bien entendu, il s'agit là d'un phénomène purement subjectif, une façon pour une communauté nationale de se penser elle-même, de s'identifier dans une image spéculaire à travers laquelle elle cimente son unité. La question ne se pose donc pas de savoir si les Français furent effectivement plus que d'autres respectueux des droits de l'homme ou s'ils ont su réellement les illustrer et les défendre sur la surface de la planète. Il est trop clair que non, et encore moins, bien entendu, à l'intérieur de l'empire colonial. Mais qu'ils n'agissent pas comme tels est un argument sans force contre ce fait irrévocable qu'ils se pensent comme tels. Au nationalisme défini par la valorisation des particularités nationales, les fondateurs de la IIIe République opposent un patriotisme qui marie la fierté de l'appartenance à une communauté nationale avec l'adhésion à des valeurs qui ont vocation à s'universaliser. En d'autres termes, l'originalité du patriotisme français est d'avoir pour particularité de ne pas se vouloir particulier mais de se représenter comme porteur de valeurs universelles.

Tout cela nous amène à ce singulier paradoxe qui caractérise l'idéologie coloniale française: assujettir, mais pour émanciper; se réclamer des droits de l'homme, mais en les bafouant dans des guerres de conquêtes; recourir à la force, mais au nom des principes qui font primer le droit sur la force; civiliser, mais « à coup de canon » comme le fera ironiquement remarquer Camille Pelletan[4]. Ce paradoxe s'illustre de façon significative dans l'usage contradictoire que partisans et adversaires de l'expansion coloniale font des principes de 1789 puisque c'est au nom des mêmes droits de l'homme qu'ils vont justifier ou au contraire critiquer la politique coloniale.

Ce paradoxe du colonialisme à la française qui, à l'encontre de tous les principes de 1789, justifiait son droit à la conquête par sa « mission civilisatrice », va donner l'impression que les fondateurs de la IIIe République soumettent l'humanité à un clivage discriminatoire en distinguant le monde civilisé, blanc et européen, qui bénéficie des droits de l'homme, du monde barbare et sauvage qui n'en bénéficie pas[5]. Il semble même s'établir une véritable hiérarchie entre les différentes « races humaines » en fonction de leur niveau de civilisation, comme le laissent entendre les célèbres déclarations de Ferry dans lesquelles il affirme qu'« il y a pour les races supérieures un droit, parce qu'il y a pour elles un devoir, qui est de civiliser les races inférieures[6] ». N'est-ce pas mettre en cause l'unité même du genre humain et, partant, l'universalité des droits de l'homme ? En confortant l'idée d'une supériorité de certains groupes humains sur d'autres, Ferry donne même à penser que c'est un véritable racisme qui sous-tend la domination coloniale. Faut-il s'arrêter à une telle lecture ?

Il est vrai que, dans la seconde moitié du XIXe siècle, la théorie de la hiérarchie des races va connaître un succès grandissant. Elle trouve son origine dans un darwinisme schématique et vulgarisé qui va servir de caution à un racisme pseudo-scientifique, moins par le jeu des concepts de « lutte pour la vie » ou de « sélection naturelle » que par l'idée d'un déterminisme biologique selon lequel l'homme s'enracine de manière absolue dans sa nature biologique et organique, laquelle le détermine non seulement dans son être physique, son affectivité et ses modes de réflexion, mais dans tous ses comportements, y compris dans sa vie sociale. Dans le prolongement de ce détournement idéologique du darwinisme, le professeur Broca, fondateur de l'anthropologie française, établit toute une hiérarchie des races sur la base de critères anatomiques tels que la forme ou le volume de la boîte crânienne[7]. L'angle facial – dit angle de Camper – ou la capacité crânienne sont alors censés donner la mesure du degré d'intelligence et, partant, vont l'amener à distinguer entre « races supérieures » et « races inférieures ».

La Société d'anthropologie de Paris qui, à la suite de Broca, sera dirigée par Paul Topinard, va multiplier à la fin du XIXe siècle les publications tendant à accréditer un véritable racisme biologique, qui va trouver son expression la plus achevée dans les théories racistes et eugénistes de Georges Vacher de Lapouge.

Cependant, le fait qu'ils usent d'un vocabulaire très voisin ne doit pas laisser entendre que les fondateurs de la IIIe République souscrivent à ces théories. C'est ici qu'il est utile de se pencher sur les écrits de Paul Bert puisqu'en tant que savant naturaliste, membre de l'Académie des sciences depuis 1881, il était certainement le mieux placé de tout le personnel politique de la jeune République pour formuler avec compétence la conception anthropologique dont les républicains pouvaient se réclamer.

Or, à bien examiner les textes dans lesquels il se prononce sur cette question, on y trouve en effet la trace d'une distinction entre « races supérieures » et « races inférieures », mais il apparaît très vite que les différences entre les civilisations sont moins imputables à la nature qu'à l'histoire, de telle sorte que les différences anatomiques relevées et mesurées par les anthropologues sont moins la cause que l'effet du progrès des civilisations. « La capacité du crâne dans une même race augmente avec le temps, à mesure que l'instruction se répand et que la civilisation progresse : en effet, le crâne des Parisiens d'aujourd'hui est plus spacieux que celui des Parisiens du XIIe siècle[8]. »

Paul Bert opère donc exactement le même renversement que celui qui avait permis à Rousseau de faire la critique de l'esclavage quand ce dernier cherchait à se justifier en nature : « Aristote… avait dit aussi que les hommes ne sont point naturellement égaux, mais que les uns naissent pour l'esclavage et les autres pour la domination. Aristote avait raison mais il prenait l'effet pour la cause. Tout homme né dans l'esclavage naît pour l'esclavage, rien n'est plus certain. Les esclaves perdent tout dans leurs fers, jusqu'au désir d'en sortir… S'il y a donc des esclaves par nature, c'est parce qu'il y a eu des esclaves contre nature[9]. »

Il est remarquable que cette position de Paul Bert soit en pleine conformité avec un principe méthodologique qu'il s'était fixé depuis longtemps et qui réfutait explicitement la formule « structure anatomique, donc fonction» en montrant le danger qu'il y a à assigner étroitement un rôle physiologique aux structures anatomiques[10]. En refusant l'idée que le substrat organique fixe de manière permanente les possibilités et les limites d'une fonction, Paul Bert valorisait le rôle de l'éducation et ouvrait la possibilité d'une modification ou d'un développement d'une faculté au gré des circonstances, possibilité largement confirmée par la neurophysiologie contemporaine.

À l'encontre des formules où il semble souscrire à l'idée d'une hiérarchisation des races, Paul Bert ruine donc au contraire le déterminisme naturaliste qui est au fondement des théories raciales en même temps qu'il renoue avec la notion qui est au cœur de la pensée de Rousseau, la notion de *perfectibilité*, laquelle suppose une impermanence et une malléabilité de la nature humaine en fonction des changements historiques. Si toute l'énergie de Paul Bert est en permanence tendue vers l'effort d'éducation[11], comme ce fut aussi le cas pour Rousseau, c'est bien parce que, au regard de chacun d'eux, toutes les différences entre les hommes – et elles sont immenses – sont le fait de la culture et non de la nature.

D'un autre côté, on comprend mieux par ce biais ce qui amène Paul Bert à une conception linéaire de l'histoire qui, bien plus qu'un prétendu racisme, est la véritable cause de l'aveuglement des républicains emportés dans l'aventure coloniale. Cette conception s'exprime clairement dans les développements que Paul Bert consacre à l'homme préhistorique et aux progrès de la civilisation dans les *Éléments de zoologie*. Il y montre qu'avant même les premiers âges de barbarie dont l'histoire nous parle, l'homme avait existé sur terre, dès l'époque du quaternaire. Un perfectionnement continu de l'espèce a lentement fait apparaître les premiers outils, les arts, la révolution néolithique et ses techniques métallurgiques, jusqu'à ce que «l'homme s'élève par degrés à une civilisation supérieure[12]».

Il apparaît alors, en poursuivant l'examen du texte, que le privilège de l'Européen serait d'avoir eu un développement plus rapide que celui des autres peuples, lesquels seraient restés fixés à des stades antérieurs d'un processus unique, processus conçu comme *la* marche de *la* civilisation. «Il existe donc actuellement encore des races humaines dont le degré de civilisation est à peu près le même que celui de l'Européen à l'aurore de la période néolithique. Par des exemples bien choisis et en étudiant les diverses peuplades répandues à la surface de la terre, on pourrait trouver à peu près tous les intermédiaires entre cet état primitif et le degré de civilisation et de haute culture intellectuelle auquel est parvenu l'Européen, en sorte qu'il est possible d'assister encore aujourd'hui à toutes les étapes du développement de l'humanité[13].»

Il est facile de reconnaître dans cette vision d'un progrès linéaire le pur héritage de la pensée des Lumières. Enivrés par les progrès des sciences et des mœurs qu'ils venaient de connaître, les Européens du

XVIIIe siècle ont inventé la notion de *civilisation* dite au singulier, en même temps qu'ils se sont convaincus que leur modèle ne pouvait être que l'unique but assignable au développement de l'humanité tout entière. C'est la vision grandiose d'une ascension continue entièrement commandée par les progrès de la raison qui s'est ainsi imposée à eux. Au regard de ce modèle d'un vecteur orienté vers un but unique et dont les Occidentaux étaient en quelque sorte le fer de lance, les autres peuples n'apparaissaient plus que comme des stades ou des étapes d'un développement qui, à partir d'un point d'origine commun, devait inscrire tous les hommes sur une même ligne ascendante. Les peuples dits « primitifs », « archaïques » ou encore « sauvages », en raison de leur relative proximité du point d'origine, ne feraient alors qu'illustrer dans l'espace ce que les Européens auraient été dans les temps éloignés.

Encore très perméables à cette vision du progrès dont le XIXe siècle hérite, les fondateurs de la IIIe République vont ressaisir cette distinction entre le sauvage et le civilisé comme une distinction imputable au temps beaucoup plus qu'à la nature. Conception abusivement ethnocentrique, sans aucun doute, mais que les connaissances trop rudimentaires en matière d'ethnographie ne permettaient pas encore de démentir. Ainsi, quand ils évoquent une « hiérarchie des races », ce qu'ils hiérarchisent en vérité, ce sont les degrés d'avancement des différents peuples dans la marche unique de la civilisation. D'ailleurs, il est très courant à l'époque d'employer indifféremment les mots *race*, *ethnie*, *peuple* ou *nation*.

À cet égard, il est significatif que, dans les débats de 1885 qui vont être décisifs pour la poursuite de la politique coloniale, les opposants à cette politique usent souvent de la même terminologie que leurs adversaires, donnant par là l'impression qu'ils cèdent eux-mêmes aux préjugés racistes qu'ils combattent. « Vous oubliez, lance Frédéric Passy à Mgr Freppel, qu'il y a d'autres peuples, moins avancés peut-être en civilisation, [...] mais où l'homme tient aussi à son sol natal[14]... »

En réalité, les opposants républicains à la politique coloniale ne sont pas moins que leurs adversaires prisonniers de la même logique ethnocentrique qui est celle des Lumières. Aussi, quand ils font valoir la nécessité de respecter les droits de l'homme, ils s'opposent beaucoup plus au droit de conquête que les coloniaux veulent s'accorder qu'à la légitimité d'une « mission civilisatrice ». Ce qui pourrait bien expliquer que, après la phase de conquête et une fois la présence française bien établie dans les colonies, tous les républicains finissent par se rallier sans trop d'états d'âme à l'existence d'un empire colonial.

De la même manière, une idée récurrente court à cette époque dans de nombreux écrits républicains, l'idée selon laquelle il y a plus de différence d'homme à homme que d'animal à homme. Larousse pourra écrire sans ambages dans son Grand Dictionnaire : « Il y a plus de différences entre certaines races sauvages et certaines races civilisées qu'entre ces races sauvages et les anthropoïdes[15]. » Or, s'il est vrai qu'on va aussi retrouver ce thème dans la littérature proprement raciste, on ne doit pas oublier qu'il peut aussi s'entendre tout différemment si jamais cette distance était l'effet du temps, de l'éducation et de la culture, et encore moins oublier que cette idée a sa source chez Rousseau, dans l'*Émile*. « Je ne sache point qu'aucun philosophe ait encore été assez hardi pour dire : Voilà le terme où l'homme peut parvenir et qu'il ne saurait passer. Nous ignorons ce que notre nature nous permet d'être ; nul de nous n'a mesuré la distance qui peut se trouver entre un homme et un autre homme[16]. » Encore une fois, c'est l'aptitude de l'homme au progrès par l'éducation qui est en cause. D'ailleurs, la notion même de *sauvage* n'est pas moins présente chez Rousseau, en tant qu'elle figure un état intermédiaire entre l'état de nature et l'état civil. Il faut donc prendre acte de l'existence d'une filiation entre la notion de *perfectibilité* qui va inspirer aux révolutionnaires de 1789 leur projet central de *régénération* – c'est-à-dire rien de moins que l'ambition de faire surgir un peuple neuf – et l'idée d'une *mission civilisatrice* qui va inspirer tout autant la deuxième que la troisième génération de républicains.

C'est donc forts de cette certitude que des hommes comme Gambetta, Ferry et Paul Bert, se sont convaincus de la légitimité de l'œuvre coloniale : la conquête a pu être pensée comme le moyen de faire avancer les civilisations dont la progression s'était arrêtée, de faire entrer des « retardataires » dans le chemin de la civilisation.

On s'explique un peu mieux le paradoxe colonialiste en se représentant que l'aveuglement à la diversité culturelle était tel que c'est certainement en toute bonne foi que les initiateurs de l'élan colonial de la fin du XIXe siècle ont pu croire à la mission qui incombait aux nations évoluées : hâter la marche des autres peuples vers l'instruction et le bien-être. Il fallait, face à ces peuples primitifs et pour leur bien, résorber leur différence due à leur « arriération » en les faisant entrer dans le chemin universel du progrès.

On voit donc bien, au total, qu'il y a de la part de ces républicains beaucoup moins de trahison face aux principes hérités des Lumières que de conformité à ce qui constitue certainement la moins bonne part de cet héritage. Mais qu'ils soient restés fidèles, sur ce point comme sur bien d'autres, aux principes des révolutionnaires de 1789 ne rend pas pour autant leur système de légitimation de la politique coloniale le moins du monde recevable. Placer les différents peuples sur une échelle de valeurs dont on occupe soi-même le sommet est aussi intenable scientifiquement, aussi pernicieux pratiquement, que la division du genre humain en entités biologiques distinctes. Même si l'un est tout entier culturel et l'autre tout entier naturel, l'ethnocentrisme ne vaut pas mieux que le racisme. Cela ne retire donc rien à la légitimité d'une critique de la brutalité du régime colonial ni à celle de la dénonciation des crimes dont il s'est rendu coupable. Cela permet plutôt de mesurer à quel point une certaine conception du progrès peut être dangereuse et potentiellement génératrice de violences.

Simplement, en taxant les républicains des débuts de la IIIe République de « racistes », on se trompe d'erreur : ils n'ont pas cherché à fonder une domination sur des différences biologiques, ils ont cédé à la croyance naïve en une histoire linéaire qui aurait été celle de *la* civilisation[17].

Or, ce n'est pas sans incidences sur la manière d'aborder la question de savoir comment se libérer de l'idéologie coloniale si jamais il devait en rester trace dans les mentalités d'aujourd'hui, si jamais devaient persister dans le présent de nos sociétés des modes de représentation et de comportement directement hérités du passé colonial. Dans ce cas, en effet, il faudrait conclure des analyses qui précèdent qu'il y aurait plus à gagner à pourfendre l'idée de progrès qu'à s'en prendre aux préjugés raciaux, compte tenu du fait que la première est peut-être encore plus tenace que les seconds.

D'ailleurs, la gauche anticoloniale qui, au lendemain de la Seconde Guerre mondiale, a apporté son soutien aux luttes des victimes du joug colonial ne s'y est pas trompée : donnant reconnaissance à la diversité des cultures, ce qu'elle attaque en premier lieu c'est l'idée même d'une discrimination entre peuples *évolués* et peuples *retardés*. Lorsque, fin 1945, les fondateurs de l'Unesco se donnent pour mission de pourfendre les doctrines qui donnent un alibi à la haine et aux atteintes à la dignité de l'homme, ils orientent très vite les conférences sur la critique de la notion même de civilisation telle qu'elle fut léguée par les Lumières. La commande que l'Unesco passe à Claude Lévi-Strauss en 1951 et qui devait aboutir au texte intitulé *Race et histoire*[18] est significative à cet égard. L'ethnologue met en valeur la complexité des traditions et des modes de vie qui caractérise les sociétés dites primitives, montre que chaque communauté humaine suit une voie qui lui est propre et souligne la nécessité de sortir de cette ère marquée à la fois par la colonisation et la guerre imputables à la superbe de l'Occident qui nie les autres versions possibles de l'humanité. Pour rompre avec la mégalomanie du progrès incarné par l'homme blanc, il faut donc compléter la critique du racisme biologique par celle de la notion de civilisation. Pour Lévi-Strauss en effet, fonder en nature la variété des modes d'existence ou les fondre dans un processus général de développement est strictement équivalent en ce que cela exprime le même ethnocentrisme. D'où la formule célèbre : « Le barbare, c'est d'abord l'homme qui croit à la barbarie[19]. »

Tel pouvait donc être le système de représentation censé légitimer la présence coloniale, système dans lequel Paul Bert a pu s'inscrire aussi longtemps qu'il s'est tenu à un point de vue très théorique, c'est-à-dire, en fait, très éloigné de la réalité coloniale elle-même. Mais ce point de vue pouvait-il résister à l'épreuve de sa mise en pratique ? Le positiviste Paul Bert qui rejetait tous les *a priori* pour ne se laisser instruire que par l'expérience pouvait-il s'en tenir aux vues réductrices de l'idéologie ethnocentrique dès lors qu'il se trouverait personnellement engagé dans l'action et dans l'expérience vécue de la présence coloniale ? En réalité, la pratique et la connaissance du terrain vont l'amener à apporter de sensibles inflexions à la théorie de la « mission civilisatrice ».

Avant même de prendre ses fonctions de Résident général à Hanoï pour y organiser le protectorat de l'Annam et du Tonkin, Paul Bert, passionné par les questions coloniales, avait fait un séjour en Algérie durant l'été 1885, grâce auquel il eut l'occasion de préciser ses vues sur le sens qu'il convenait de donner à la présence coloniale.

Il les exprime à son retour dans les *Lettres de Kabylie*, opuscule rédigé pour le journal *Voltaire*. Deux idées fortes s'en dégagent : premièrement, il n'y a de véritable pacification qu'en substituant à l'administration militaire une administration civile organisée en collaboration étroite avec la population locale. Deuxièmement, Paul Bert se montre très sensible aux différences de climat, de modes de vie et de culture, qui séparent la métropole des colonies et il se déclare, pour cette raison, hostile à une politique d'assimilation, celle qui prévaut dans les colonies d'administration directe où domine en même temps l'idée qu'il faudrait élever les « sauvages » à la civilisation. Paul Bert pense au contraire qu'il faut respecter les coutumes, la langue et la religion des indigènes. Il fait partie en cela des quelques rares colons qui, ethnologues avant la lettre et découvrant sur le terrain la pluralité et la richesse des cultures locales, s'y intéressent assez pour respecter cette diversité, l'étudier et la mettre en valeur, comme Faidherbe l'avait fait au Sénégal.

Aussitôt installé au Tonkin, Paul Bert met ses principes en application. Très rapidement, il réorganise l'administration en destituant les militaires au profit d'une autorité civile et en s'appuyant sur les pouvoirs locaux, à l'intérieur desquels il s'efforce de maintenir un équilibre. Il modère les prétentions tutélaires de l'empereur d'Annam sur le Tonkin, renforce le pouvoir des mandarins tonkinois, fait appel aux notables locaux et aux chefs de villages, en même temps qu'il invite les agents français à collaborer étroitement avec ces pouvoirs locaux : « La législation annamite a pourvu les communes d'une organisation forte et rationnelle, ce qui est un gage excellent de sécurité intérieure et de bonne administration. Vous vous garderez d'y apporter le moindre changement. Vous vous préoccuperez, au contraire, d'en assurer le fonctionnement régulier en vous mettant en communication avec les conseils et notables dont vous fortifierez ainsi l'autorité morale[20]. »

Sur un plan plus politique, il va intégrer la population indigène à l'armée régulière chargée de la pacification, au point qu'elle va rapidement compter plus d'indigènes que d'Européens. De la même manière, des milices locales vont être chargées d'une fonction de gendarmerie à l'encontre des bandes de pillards. Toutes ces mesures de conciliation, en rupture avec la politique brutale qui avait été jusque-là celle des militaires, vont en quelques mois restaurer la paix et la confiance des populations locales.

Sur un plan culturel, dans les grandes proclamations faites à son arrivée à Hanoï, Paul Bert déclare aux populations indigènes que, de même que les Chinois leur avaient apporté autrefois leur civilisation, de même les Français aujourd'hui veulent élever leur condition matérielle et intellectuelle par l'instruction mais, précise-t-il, « rien ne sera changé dans vos rites et dans vos usages ».

Ce rapport à la culture éclaire en même temps l'attitude que Paul Bert va adopter à l'égard des missionnaires en Indochine. D'un côté, et malgré son anticléricalisme notoire, il tempère beaucoup son animosité à l'égard du clergé auquel il laisse les mains libres. Cela tient foncièrement à ce que le cléricalisme, entendu comme prétention d'une religion à user de moyens politiques pour s'imposer à toutes les consciences, ne fait pas problème aux colonies. Mais d'un autre côté, Paul Bert ne prend pas non plus les mesures urgentes que les missionnaires attendent de lui, en particulier qu'il les arme pour assurer leur sécurité. De la même façon, il refuse de les exempter d'impôts, de leur accorder un statut privilégié, pas plus qu'aux convertis. En effet, mettant toutes les religions sur le même plan, il ne compte pas l'évangélisation au nombre des devoirs de la colonisation. À ses yeux, le seul devoir de la France est d'assurer partout, y compris aux colonies, la liberté de conscience et de culte. À ce titre, les chrétiens ne doivent être ni persécutés ni favorisés. Il n'y a donc pas deux poids deux mesures entre la métropole et les colonies en ce qui concerne les libertés fondamentales et en particulier la liberté de conscience.

Sur le plan éducatif, enfin, il va bien sûr multiplier les écoles mais l'œuvre la plus intéressante et la plus significative sur le plan de la rencontre entre les cultures est sans aucun doute son projet de création d'une Académie annamite. La question est de savoir comment concilier le respect d'une culture locale avec l'apport d'un enseignement scientifique qui pourrait être pensé comme un modèle proprement occidental artificiellement plaqué sur une culture orientale. Le règlement rédigé par Paul Bert pour cette Académie annamite y répond: « Le but de cette Académie est de faire revivre dans ce pays depuis si longtemps troublé le goût des sciences et des lettres, et soucieux de conserver la nation tonkinoise, les vestiges de son passé glorieux, comme aussi de réunir les témoignages dispersés de son antique splendeur... cette Académie aura pour tâche de rechercher, de réunir tout ce qui intéresse à un point de vue quelconque le pays tonkinois, de veiller à la conservation des monuments, d'initier le peuple à la connaissance des sciences modernes et des progrès de la civilisation, en faisant traduire et publier en langue annamite des résumés pratiques de livres européens; traduire et publier en langue française les extraits les plus importants des annales dynastiques tonkinoises ainsi que les autres ouvrages qui auront été désignés par une commission d'études; concourir à la formation de bibliothèques publiques, etc.[21]. »

Paul Bert indique donc clairement la possibilité de distinguer deux niveaux dans la culture: en premier lieu, la culture au sens ethnographique du terme qui désignerait l'ensemble des mœurs, traditions, habitudes et croyances appartenant en propre à un peuple et dont il faudrait respecter l'existence et la diversité; en second lieu, la Culture au sens noble du terme, entendue comme l'ensemble des œuvres artistiques, littéraires et scientifiques qui contribuent au patrimoine universel de l'humanité et qui sont l'objet d'un partage et d'une communication possibles entre les hommes, par-delà les frontières qui séparent les peuples, les époques et les cultures. Or autant la culture au premier sens du terme ne se partage pas – ce qui va justifier un respect des diversités culturelles et permettre d'écarter l'idée selon laquelle civiliser serait donner aux sauvages les mœurs de l'homme civilisé –, autant sur le plan de la Culture, se ménage la possibilité de rencontres, d'enrichissements et de fécondations réciproques à travers le partage dont sont capables des hommes qui n'ont pourtant aucune culture en partage.

Paul Bert souligne cette réciprocité en mettant en regard le projet de traduire en annamite des livres de science et celui de traduire en français les trésors oubliés de la civilisation tonkinoise. Sans doute n'y a-t-il pas ici une exacte symétrie à l'intérieur de ces rapports dans la mesure où s'y échangent une œuvre du présent et une œuvre du passé. En cela, Paul Bert reste prisonnier d'une vision linéaire de l'histoire et du progrès puisqu'il considère en effet la civilisation européenne comme plus « avancée » sur le plan scientifique, mais il est vrai que la notion de progrès ne s'applique ici qu'au domaine proprement scientifique, c'est-à-dire au plan où elle est certainement le moins contestable.

Paul Bert n'a malheureusement pas eu le temps de mettre en œuvre tous ses projets. Son intense activité, les déplacements incessants dans ce vaste empire et les rigueurs du climat eurent rapidement raison de sa santé. Il meurt de dysenterie à Hanoï à peine un an après son arrivée. Trop peu de temps pour engager toutes les réformes envisagées, mais assez pour se rendre très populaire auprès des Tonkinois et surtout très impopulaire auprès des militaires destitués de leurs prérogatives et des missionnaires déçus dans leurs attentes. Les plus hostiles furent les fonctionnaires français en poste en Cochinchine qui craignaient la contagion de ses idées et ironisaient volontiers sur « sa rage à infuser des idées abstraites et scientifiques à des gens pétris de servilisme et de duplicité[22] ». Les administrateurs de Saïgon se sont même ouvertement réjouis à la mort de Paul Bert d'être débarrassés de celui qu'ils jugeaient plus dangereux encore que « Schœlcher, avec son négrophilisme ». Ces jugements abrupts permettent de mesurer le gouffre qui pouvait séparer la réalité coloniale « ordinaire » de celle que Paul Bert voulait instaurer. L'impulsion qu'il parvint à donner ne fut cependant pas sans effet puisque, quelques années plus tard, Jean-Marie de Lanessan[23], antiraciste notoire, succédera à Paul Bert comme gouverneur de l'Indochine et poursuivra cette politique qui tend à étendre toujours davantage le pouvoir des cadres locaux.

En conclusion, il est vain d'opposer à Paul Bert certains énoncés isolés du contexte et abusivement assimilés à des énoncés racistes, alors que lui-même s'inscrit plutôt dans une conception historiciste de la nature humaine, conception dont il a su aussi, en bonne part, se libérer. Le premier enseignement à tirer de l'expérience coloniale de Paul Bert peut donc être dégagé des inflexions significatives qu'il a fait subir à la théorie de l'histoire linéaire. En donnant reconnaissance à la diversité culturelle, il brisait la notion de civilisation comme modèle unique.

Le second enseignement, qui est peut-être le plus fécond pour nous aujourd'hui, c'est d'avoir indiqué la possibilité d'une disjonction à l'intérieur de chaque culture entre des pratiques et des valeurs particulières d'un côté et des pratiques et des valeurs légitimement universalisables d'un autre côté. C'est d'avoir, en d'autres termes, implicitement récusé la conception de la culture comme un bloc. Sur un plan proprement culturel, l'une des erreurs de la colonisation est d'avoir tout mêlé sous la notion de civilisation occidentale. Ce qu'on nommait à cette époque *la* civilisation, mais qu'on retrouve encore aujourd'hui sous les notions de « modernité » ou d'« Occident », englobait tout à la fois les modes de vie, l'idéal prométhéen avec son cortège de technologies, les mœurs, les sciences, la religion chrétienne, les œuvres artistiques et littéraires, les droits de l'homme et la démocratie, comme si tous ces registres étaient solidaires les uns des autres alors qu'ils sont loin de l'être[24].

Convaincus de cette unité, c'est ce modèle tout entier que les colonisateurs ont voulu imposer aux populations indigènes dans les colonies soumises au régime d'assimilation, tout en se montrant d'ailleurs fort oublieux sur les exigences de la démocratie ! Comment s'étonner dans ces conditions, que les peuples colonisés aient voulu rejeter en bloc la culture d'un occupant qui prétendait tout vouloir généraliser de son modèle, comment s'étonner de ce que toute une philosophie de la décolonisation ait cherché au contraire à solidement arrimer les peuples libérés à leur culture d'origine, à renouer les liens d'enracinement dans les traditions séculaires tout en exprimant une extrême défiance à l'égard de tout ce qui pouvait prétendre à l'universalité[25] ? Une telle attitude, loin de corriger les erreurs du colonialisme, ne pouvait en reproduire que l'image inversée : celle de l'impossible dialogue entre les cultures. On mesure alors tout l'intérêt de la direction indiquée par Paul Bert et de la brèche qu'il ouvre en montrant qu'il n'y a pas d'un côté des cultures particulières archaïques destinées à s'effacer, et d'un autre la culture occidentale moderne destinée tout entière à s'universaliser, mais au contraire à l'intérieur de chaque culture une part de particulier et une part d'universel.

Les particularités peuvent et doivent être respectées. C'est ce que Paul Bert a fait au Tonkin. Mais il ne suffit pas de faire coexister des cultures diverses dans un respect mutuel de leurs différences. S'en tenir là, c'est s'exposer aux risques de cloisonnement et de développement séparé[26]. Encore faut-il jeter des ponts entre elles en exploitant ce qui surplombe leur diversité, ce qui à la fois procède de chacune d'elles et n'appartient plus à personne parce que appartenant à tous. Si toutes les œuvres naissent dans des conditions historiques et culturelles bien particulières, certaines ont ce privilège de n'être pas entièrement réductibles à leurs conditions historiques d'émergence, et ont donc ce privilège de les transcender en s'inscrivant dans le registre supérieur de ce qui devient un patrimoine commun. On touche alors à ce que les cultures peuvent se léguer les unes aux autres[27]. En mettant en avant les sciences, les arts, la littérature et les droits fondamentaux attachés à la dignité humaine, Paul Bert jette les bases de ce qui peut amorcer un véritable dialogue entre les cultures. Sur sa tombe, le monument dû au célèbre sculpteur Bartholdi, figure le mot « science ». Voulait-il une humanité tout entière de savants ou pensait-il plus simplement que les croyances divisent les hommes alors que la science les réunit ?

Par ses écrits, mais plus encore par son action, Paul Bert fournit le modèle d'un universalisme qui évite les deux écueils du refus de la diversité culturelle et de la résignation à un pur relativisme culturel : aveuglement ethnocentrique d'un côté, scepticisme qui équivaut pour Paul Bert à un « suicide de la raison » d'un autre côté. La voie médiane n'était pas si facile, elle n'en est que plus méritoire.

Il reste que tout ceci n'autorise d'aucune façon une réévaluation positive du passé colonial français car l'approche du fait colonial par un Paul Bert était l'exception quand la violation de la souveraineté, le massacre des indigènes, l'aliénation des populations et l'humiliation érigée en système de gouvernement étaient la règle. Mais, s'il faut rappeler qu'il s'est trouvé quelques hommes d'exception pour jouer un rôle très différent à l'intérieur de l'aventure coloniale, c'est parce que leur exemple et les chemins qu'ils tracent font également partie de ce qu'il faut appeler l'identité française.

Notes

1 Probablement pourrait-on interroger dans le même sens l'approche faite par un Faidherbe, un Lyautey ou un Brazza, autres grandes figures de « pacificateurs » au sein de l'aventure coloniale.

2 Jules Ferry, discours du 28 juillet 1885.

3 Conférence de Paul Bert à Lyon du 7 décembre 1884.

4 Séance de la chambre des députés du 25 juillet 1885.

5 C'est ce que Gilles Manceron cerne sous la notion de « paradoxe républicain », à savoir l'invention d'un « universalisme truqué » qui distingue les hommes blancs civilisés des indigènes sauvages. Cf. Gilles Manceron, *Marianne et les colonies*, La Découverte, 2003, chap. 6 et 7.

6 Séance de la Chambre des députés du 28 juillet 1885.

7 Broca et Jacquard, et à leur suite Topinard, mettent en rapport les parties de la tête avec les fonctions de l'esprit et inventent les instruments de mesure de l'angle facial de Camper. Pierre Camper, médecin anatomiste hollandais du XVIIIe siècle eut le premier l'idée d'établir une relation entre l'intelligence des animaux et l'ouverture de l'angle facial appelé depuis lors « angle de Camper ».

8 Paul Bert et Raphaël Blanchard, *Éléments de zoologie*, Masson, 1885, p. 49-50.

9 Jean-Jacques Rousseau, *Du contrat social*, Livre I, chap. 2.

10 Paul Bert, *Leçons sur la physiologie comparée de la respiration*, Paris, J.-B. Baillière, 1870, p. 576-577.

11 Rappelons que Paul Bert fut, à côté de Jules Ferry et même probablement davantage que ce dernier, le véritable artisan de l'école publique.

12 Paul Bert et Raphaël Blanchard, *op. cit.*, p. 60-68.

13 *Ibid.*, p. 70

14 Séance de la Chambre des députés du 22 décembre 1885.

15 Pierre Larousse, *Grand Dictionnaire universel du XIXe siècle*, tome XIII, Paris, 1875, art. « Race », p. 599.

16 Jean-Jacques Rousseau, *Émile*, Garnier, Livre I, p. 41.

17 Dire qu'il y a là deux logiques différentes n'exclut aucunement que le racisme biologique et l'ethnocentrisme culturel puissent se rencontrer dans la réalité, laquelle est toujours complexe et composite, de telle sorte que les deux principes de hiérarchisation se conjuguent et se renforcent mutuellement. Autant dans l'esprit des responsables politiques de l'élan colonial des débuts de la IIIe République et dans celui de Paul Bert en particulier, c'est la logique paternaliste et condescendante à l'égard des peuples « arriérés » qui prévaut, autant sur le terrain de la mise en œuvre de l'expansion coloniale, c'est-à-dire chez les militaires, les colons et les administrateurs coloniaux, cette logique « généreuse » va se mêler à une logique haineuse inspirée par un racisme vulgaire, au point de faire prévaloir une morgue humiliante de la part des colons à l'égard des indigènes.

18 Claude Lévi-Strauss, *Anthropologie structurale*, vol. II, Plon, 1973, chap. XVIII, p. 377 sq.

19 *Ibid.*, p. 384.

20 Paul Bert, circulaire générale du mois d'août adressée aux résidents secondaires. Il est remarquable que cette conception du protectorat annonce celle que prônera Lyautey au Maroc un peu plus tard.

21 Rapporté par Raoul Girardet dans l'article « Paul Bert, la politique coloniale », in Léo Hamon (dir.), *Les Opportunistes*, éd. de la MSH, 1991.

22 Lettre du 5e bureau de la direction de l'Intérieur à Saïgon au député Anatole de la Forge. Document conservé à la Société des sciences historiques et naturelles de l'Yonne.

23 Voir Claude Nicolet, *L'Idée républicaine en France*, Gallimard, 1982, p. 305-306.

24 À l'intérieur de la culture occidentale, par exemple, il faut non seulement *séparer* mais souvent *opposer* les valeurs particulières et les valeurs universelles, ces dernières se reconnaissant précisément à ceci que nous sommes rarement en règle avec elles et que c'est justement en leur nom qu'on peut mener une critique légitime des valeurs particulières.

25 L'œuvre de Frantz Fanon est très représentative de ce mouvement de rejet total et massif de tout ce que peut représenter l'Occident. Cf. *Les Damnés de la terre*, Maspero, 1961.

26 Pierre-André Taguieff a bien montré ce risque d'une dérive vers un néoracisme culturel et différentialiste dans *La Force du préjugé*, La Découverte, 1987.

27 Comme les Grecs nous ont légué la géométrie ou les Arabes, l'algèbre. Dans le même sens, les pays francophones d'Afrique ont pu dire que la langue française ou les droits de l'homme furent leur « butin de guerre » de la décolonisation.

« Réparations » : le tabou de l'Histoire...

Louis-Georges Tin

« Le Beau Temps des colonies », tel est le nom d'un CD mis en vente dans les magasins au mois d'octobre 2006. Rassemblant des chansons et des rengaines de l'époque coloniale, le coffret proposait la vision nostalgique des époques bénies où la grandeur de la France s'étendait sur tous les océans. Cette vision était-elle naïve, odieuse, ou les deux à la fois ?

Elle rejoignait en tout cas l'article 4 de la loi du 23 février 2005, qui faisait mention du « rôle positif de la présence française outre-mer ». Cet amendement fut introduit par le député UMP Christian Vanneste, voté par la droite, confirmé deux fois par le gouvernement avant d'être finalement aboli sous la pression des associations et d'une partie de la société civile. Qu'il y eût au Parlement un député capable de proposer pareille loi, ce n'était pas merveille. Mais qu'elle fût votée par une majorité, c'était de fait un scandale sans précédent sous la Ve République. Ce fut là sans conteste la plus détestable des lois adoptées en France depuis 1945.

Or, plus grave encore, un sondage publié le 2 décembre 2005 dans *Le Figaro* révéla que 64 % des Français approuvaient cette loi. La colonisation n'avait-elle pas permis de construire des routes, des écoles, des hôpitaux ? À cette question, Aimé Césaire avait apporté une réponse éclatante, dès 1955, dans son *Discours sur le colonialisme* : « À mon tour de poser une équation : colonisation = chosification ; j'entends la tempête. On me parle de progrès, de vies élevées au-dessus d'elles-mêmes. Moi je parle de sociétés vidées d'elles-mêmes, de cultures piétinées, d'institutions minées, de terres confisquées, de religions assassinées, de magnificences artistiques anéanties, d'extraordinaires possibilités supprimées. On me lance à la tête des faits, des statistiques, des kilomètres de routes, de canaux, de chemins de fer ? Moi, je parle de milliers d'hommes sacrifiés au Congo-Océan. Je parle de ceux qui, à l'heure où j'écris, sont en train de creuser à la main le port d'Abidjan. Je parle de millions d'hommes arrachés à leurs dieux, à leur terre, à leurs habitudes, à leur vie, à la danse, à la sagesse. Je parle de millions d'hommes à qui on a inculqué savamment la peur, le complexe d'infériorité, le tremblement, l'agenouillement, le désespoir, le larbinisme. »

En quelques mots choisis, Aimé Césaire avait su expliciter et dépeindre la réalité dramatique de la présence française outre-mer. Cinquante ans plus tard, ce texte demeurait donc, malheureusement, d'une surprenante actualité. Comme si en cinquante ans, les discours colonialistes en France avaient gardé toute leur vitalité, et qui plus est, toute leur légitimité.

Quoi qu'il en soit, la loi du 23 février fit couler beaucoup d'encre. Des milliers d'articles furent publiés sur cette question. Tout et le contraire de tout fut dit à ce sujet. Sauf peut-être… l'essentiel. Car peu de commentateurs comprirent l'enjeu réel de l'amendement Vanneste. Cet enjeu résidait en un mot tout simple, mais quasiment tabou : *réparations*.

Le débat escamoté

Peu de gens le savent, mais la question des réparations figurait au départ dans la proposition de loi déposée par Christiane Taubira. Or, après lecture en commission des lois, l'article fut immédiatement supprimé, et la question ne fut pas débattue à l'Assemblée nationale. Le vote de la loi Taubira fut unanime, certes ; mais unanime aussi fut la décision de supprimer l'élément central de cette loi[1].

Par ailleurs, même si ce fait a été peu noté, la loi du 23 février 2005 était clairement une machine de guerre contre la loi Taubira votée en 2001. Celle-ci disqualifiait la colonisation et l'esclavage, qualifié de « crime contre l'humanité », et exhortait les enseignants à donner à cette histoire la place qu'elle mérite ; celle-là requalifiait le rôle de la « présence française outre-mer », et voulait obliger les professeurs à dire que ce rôle était « positif ». On voit que, sur la question de l'enseignement, Vanneste était l'anti-Taubira.

Mais la dialectique et l'opposition entre les deux lois se jouaient aussi sur un autre terrain, plus fondamental encore, celui des réparations. Certes, la question avait été supprimée de la loi Taubira, mais la reconnaissance d'un crime contre l'humanité laissait planer quelques inquiétudes. Qui dit « crime » dit « victime », « coupable », et potentiellement « dommages et intérêts ». Il fallait donc pour M. Vanneste introduire un amendement pour dissiper tout risque. En affirmant que la colonisation fut bénéfique, il entendait montrer qu'il n'y avait rien à *réparer*, au contraire, et que les peuples colonisés ne pouvaient que se féliciter de cette expérience historique.

L'amendement Vanneste fut finalement aboli et la loi Taubira maintenue – malgré la pétition des historiens favorables à l'abrogation des lois mémorielles. Cependant, la question des réparations fut totalement escamotée en France. Ou plus exactement, seuls en parlèrent ceux qui s'y opposaient. Dans le débat public, des intellectuels comme Alain Finkielkraut, Pascal Bruckner, Daniel Lefeuvre et plusieurs autres réagirent de manière véhémente contre l'idée d'une éventuelle réparation. Par ailleurs, Nicolas Sarkozy prit lui-même position, le 25 juin 2006, à Agen, en dénonçant « ceux qui, au lieu de se donner du mal pour gagner leur vie, préfèrent chercher dans les replis de l'histoire (*sic*) une dette imaginaire (*resic*) que la France aurait contractée à leur égard et qu'à leurs yeux elle n'aurait pas réglée, et qui préfèrent attiser la surenchère des mémoires pour exiger une compensation que personne ne leur doit plutôt que de chercher à s'intégrer par l'effort et le travail[2] ». Mais étonnamment, jamais la parole ne fut donnée à ceux qui justifiaient les réparations. Le débat fut mené de manière unilatérale. Il fut escamoté dans le champ politique, il fut escamoté dans le champ intellectuel.

Il est donc temps de le poser de manière effective. Cependant, le but de cette réflexion n'est pas de justifier les réparations, et encore moins d'expliquer comment il faudrait les mettre en œuvre ; son objectif est plutôt de déconstruire les rhétoriques qui s'y opposent, de mettre en lumière un enjeu mal connu et pourtant essentiel, et de lever un tabou qui pèse sur les débats historiographiques et politiques en France. Examinons donc les arguments avancés par ceux qui critiquent l'idée même de réparation. Pour disqualifier cette revendication, plusieurs stratégies rhétoriques sont possibles.

Les argumentaires « antiréparations »

La stratégie la plus ordinaire consiste à justifier le crime. Justifier le crime, on l'a vu, c'est affirmer le « rôle positif de la colonisation », comme autrefois, lorsque les leaders de la IIIe République parlaient de « la mission civilisatrice de la France », ou lorsque les *conquistadores* se rendaient en « mission » aux Amériques[3]. Loin d'être un crime, la colonisation est un bienfait. On ne saurait demander aux colons de réparer ; au contraire, il faudrait les remercier, etc. Inutile d'insister sur ce point. Tout cela est bien connu.

À défaut de justifier le crime, on peut du moins chercher à le minimiser, ce qui peut se faire de plusieurs façons. On peut le faire avec des mots. Ainsi, l'historien Pétré-Grenouilleau, dans l'entretien qu'il donna dans le *Journal du dimanche* le 12 juin 2005, affirma à propos de l'antisémitisme contemporain : « Cela dépasse le cas Dieudonné. C'est aussi le problème de la loi Taubira qui considère la traite des Noirs par les Européens comme un “crime contre l'humanité”, incluant de ce fait une comparaison avec la Shoah. Les traites négrières ne sont pas des génocides[4]. » Certes, l'esclavage n'est pas un génocide, tout le monde en convient, car on ne saurait exterminer des esclaves jusqu'au dernier, et ensuite leur demander de travailler. Il n'y a jamais eu de solution finale envisagée contre les esclaves. Mais cela ne signifie pas pour autant que l'esclavage ne soit pas un crime contre l'humanité – l'esclavage fait clairement partie des crimes contre l'humanité reconnus par le droit international – et qu'il serait un épisode moins tragique que la Shoah. Cette distinction et, implicitement, cette hiérarchie que semblait établir Pétré-Grenouilleau suscita évidemment le scandale, car sa position fut perçue, à tort ou à raison, comme une stratégie sémantique de minoration.

Mais minimiser le crime, cela peut se faire aussi avec des chiffres. Ainsi, dans les débats sur l'esclavage, on donne ordinairement le chiffre de 12 millions. Or, 12 millions d'esclaves transportés d'Afrique en Amérique, c'est possible. Mais cela ne concerne que la traite. En réalité, il faudrait compter tous les hommes tués au cours du processus de capture, et surtout tous les esclaves nés aux Amériques, et tous leurs descendants, sur plusieurs générations. Additionner les chiffres relatifs aux cargaisons, c'est ne traiter qu'une petite partie du sujet. En réalité, si l'on s'avise de faire une véritable histoire globale, on arrive à plusieurs dizaines de millions d'êtres humains. Ce n'est pas tout à fait pareil. On voit ainsi comment fonctionnent les stratégies numériques de minoration.

De même, pour relativiser l'esclavage, certains spécialistes d'histoire économique expliquent, chiffres à l'appui, que la traite n'était pas si rentable que cela. Les navires faisaient souvent naufrage, le transport était coûteux et, somme toute, la marge de profit de ces courageux armateurs n'était pas si extraordinaire. C'est à se demander pourquoi ils s'acharnaient ainsi ! On voit très bien où veulent en arriver ces historiens. Il s'agit de suggérer que, le bénéfice n'étant pas si grand, les réparations, si réparations il y avait, ne seraient pas très importantes. Cette argumentation est évidemment ridicule et choquante. Les réparations subies se justifient moins par les bénéfices engrangés par l'Europe – et ils sont colossaux – que par les dommages – tout aussi colossaux – subis par l'Afrique et l'Amérique. Mais nous sommes toujours là dans les tentatives de minoration avec des chiffres.

Or minimiser le crime, c'est toujours prendre le risque d'apparaître comme un méchant. Une autre stratégie, peut-être plus payante, consiste à dire le contraire pour aboutir au même résultat. Au lieu de dire : « Le crime n'est pas si grave, il n'y a presque rien à réparer », mieux vaut dire : « Le crime est tellement énorme qu'il est impossible de réparer quoi que ce soit. » Voire : « Ce serait faire outrage aux victimes que d'y songer un seul instant. Car le crime est au-delà de toute réparation possible. » Ce faisant, loin d'apparaître comme un horrible colonialiste, on peut ainsi se présenter en humaniste profond, tout en justifiant des positions tout à fait similaires à celles des colonialistes les plus cyniques.

Cette position est parfois défendue de bonne foi, il faut le reconnaître, ou de manière naïve. Mais elle ne résiste pas à l'analyse. Dans l'histoire, de nombreuses réparations furent exigées, et obtenues. Ainsi, pendant la Révolution française, la nationalisation des biens du clergé fut exigée et obtenue pour que le peuple soit dédommagé de la dîme qui avait été encaissée depuis des siècles par l'Église. C'était clairement une logique de réparation. De même, la France n'hésita pas à exiger des réparations à l'Allemagne après la Première Guerre mondiale, et même à occuper la Ruhr lorsqu'elle constata que l'ennemi vaincu tardait à payer ce qu'il devait. Jamais personne ne songea à dire que ces réparations étaient un outrage à la dignité des morts et des anciens combattants français. Après 1945, l'Allemagne dut payer des réparations qui servirent en bonne partie à financer l'installation de l'État d'Israël. Pareillement, les États-Unis payèrent des réparations aux citoyens américains d'origine japonaise, enfermés dans des camps pendant la Seconde Guerre mondiale.

En revanche, lorsque, après le génocide qu'ils subirent en Namibie au début du XXe siècle, les survivants du peuple Herero réclamèrent des réparations à l'Allemagne, on trouva leur demande tout à fait déplacée, et ils n'obtinrent rien. En France, on va même souvent plus loin. En matière de colonisation, non seulement on estime d'ordinaire que les coupables sont innocents, mais c'est à ces mêmes coupables que sont versées les réparations, quand il y en a. Ainsi, en Martinique et en Guadeloupe, les anciens colons exigèrent, et obtinrent, des réparations, qu'ils justifièrent par le dommage que leur causait l'abolition de l'esclavage. À l'inverse, les esclaves ne reçurent jamais rien, évidemment. Aux États-Unis, même s'il ne fut guère appliqué, on formula le principe fameux: « Quarante acres et une mule », mesure qui était à la fois une politique sociale de redistribution et une politique morale de réparation. En France, rien de tel. Les réparations de la colonisation furent pour les colons.

De même, ayant perdu Haïti en 1804 sous Napoléon, la France menaça de revenir quelques années plus tard, sous la Restauration, et réclama des réparations, compte tenu du dommage que lui avait causé la perte de sa colonie et de ses esclaves. Pour éviter une guerre qu'ils risquaient fort cette fois de perdre, les Haïtiens furent forcés de payer un tribut énorme de 90 millions de francs-or sur plus de cinquante ans. Depuis lors, Haïti n'a cessé de réclamer cette somme. En vain.

On voit par là que ceux qui disent que le crime est trop grand pour une éventuelle réparation se trompent. Les réparations sont tout à fait possibles; d'ailleurs, dans l'histoire, elles ont été mises en œuvre, et ont pu avoir lieu dans des contextes divers. Mais quand il s'agit des victimes de la colonisation, les réparations semblent en effet impossibles. La France se distingue en cela que les réparations coloniales sont possibles, certes, mais uniquement au bénéfice des coupables.

Un autre argument fréquemment invoqué consiste à dire qu'il est trop tard pour payer quoi que ce soit. Qu'il n'y a plus de victimes, plus de coupables, que tout le monde est mort depuis longtemps (on voit par là que la colonisation, et l'esclavage en particulier, seraient des crimes parfaits). En somme, si l'on peut envisager une réparation pour les victimes directes, les descendants de la deuxième, de la troisième ou de la quatrième génération, etc., ne sont pas fondés à demander réparation.

Cet argument semble *a priori* raisonnable. Cependant, il est, quand on y regarde de plus près, assez faible lui aussi. Le cas d'Haïti le montre assez bien. Depuis le XIXe siècle, le gouvernement haïtien n'a cessé de réclamer le tribut qui lui avait été imposé. Les gouvernements français ont toujours refusé. Qu'ils s'y refusent, passe encore. Mais se retrancher plusieurs décennies plus tard derrière l'argumentation de la prescription relève la mauvaise foi la plus totale. Dire pendant cent ans : « Nous ne voulons pas », et dire à partir de la cent-unième année : « Nous voudrions bien, mais c'est trop tard, hélas, il y a maintenant prescription », constitue une manœuvre assez grossière.

L'argument n'est pas simplement ridicule, il est également dangereux. Il ne peut que légitimer les gouvernements comme celui de la Turquie, dans son entêtement coupable. Les Arméniens exigent reconnaissance et, pour certains, réparation, en raison du génocide qu'ils ont subi il y presque cent ans. Si cet argument de la prescription est recevable, les Turcs ont donc bien raison d'agir comme ils le font ; voilà au fond ce que nous leur disons tous les jours du fait de notre attitude postcoloniale : « Encore un effort ! Pendant quatre-vingt-dix ans, vous avez résisté aux revendications des Arméniens concernant les réparations. Encore dix ans, et il n'y aura plus aucun survivant. Vous pourrez alors légitimement, comme nous autres Français, vous retrancher derrière le fait qu'il n'y a plus de descendants directs. Courage, tenez bon ! » Que comprendront alors les futurs auteurs de génocide ? En somme, ils se diront : « Quand on fait un génocide, si par malheur il reste des survivants, il faut et il suffit de jouer la montre. Pendant cent ans, on ne lâche rien, ni réparation ni repentance, et ensuite, on invoque la prescription, puisqu'il n'y a plus de descendants directs. Le temps travaille pour nous. »

On le voit, l'argument de la prescription n'est guère recevable. Il est même, quand on y pense, particulièrement périlleux et effrayant. Par ailleurs, pour ce qui est de l'esclavage, il est tout simplement invalide : étant un crime contre l'humanité, comme le reconnaît la loi Taubira, l'esclavage est par définition un crime imprescriptible.

Que conclure de tout cela ? Premièrement, que la question des réparations a jusqu'ici été escamotée en France, mais que, dans le reste du monde, elle a acquis une place de plus en plus importante, comme le montre la conférence mondiale de Durban de 2001, où cette problématique a été au cœur des enjeux internationaux. Deuxièmement, il n'est pas certain que la France puisse rester indéfiniment à l'écart de cette question épineuse, et il convient de réfléchir au sujet de manière rationnelle. Troisièmement, si la question des réparations demeure complexe à formuler, les arguments qui s'y opposent sont pour la plupart tellement naïfs, odieux ou méprisants, qu'ils ne peuvent que justifier *a contrario* tous ceux qui les réclament.

Notes

1 Voir à ce sujet le remarquable recueil, *Esclaves noirs, Maîtres blancs*, sous la direction d'Agée Lomo, Bassidiki Coulibaly et Ze Belinga, Strasbourg, 2006.

2 Ce discours ne fut guère commenté; il était pourtant remarquable à bien des égards, d'une part parce que, pour la première fois, un ministre d'État, susceptible de devenir président de la République française, prenait position dans ce débat (ce qui ne fut pas noté), d'autre part parce que cette position s'exprimait en des termes d'une violence inouïe. Les Noirs et les Arabes dont il était implicitement question étaient présentés comme des paresseux, selon le stéréotype ordinaire. La colonisation, qui dura quatre siècles, qui concerna peu ou prou tous les pays du monde, qui occasionna des millions et des millions de morts, qui réduisit à l'état d'esclaves des dizaines de millions d'hommes et de femmes, tout cela était évoqué comme un repli de l'histoire! Quant à la « dette imaginaire », cette formule donnait l'impression que le crime était lui aussi « imaginaire ». Nicolas Sarkozy était déjà dans le révisionnisme le plus abject, il s'arrêta au bord du négationnisme pur et simple.

3 En matière de colonisation, il faudrait d'ailleurs s'interroger sur le lien entre la rhétorique religieuse et la rhétorique laïque, comme le montre la thématique si fréquente autour du terme de « mission ».

4 Ces propos furent durement ressentis par les descendants d'esclaves, et pour cause puisque M. Pétré-Grenouilleau établissait un rapport tout à fait inattendu entre l'antisémitisme vrai ou supposé de certaines figures de la communauté noire et la loi Taubira elle-même, présentée comme un « problème ». Fallait-il pour autant intenter un procès à l'historien? Je ne le crois pas. La discussion démocratique eût été selon moi une meilleure solution.

Vers une France en paix avec sa mémoire coloniale ?

Gilles Manceron

La France a du mal à assumer la page coloniale de son histoire et cela lui pose d'autant plus de problèmes que de nombreux citoyens français descendent de populations qui ont vécu la situation de colonisés et qu'ils se heurtent dans la société française d'aujourd'hui à la persistance de préjugés coloniaux. Entre la situation coloniale d'hier, où on distinguait deux catégories d'habitants, les citoyens français, européens, et les indigènes, sujets français mais non citoyens, et la France d'aujourd'hui, où on constate un certain nombre de phénomènes discriminatoires dont sont victimes majoritairement des personnes originaires des anciennes colonies, des rapprochements ne manquent pas d'être opérés, qu'ils soient fondés ou abusifs, qui interpellent la République. Alors même qu'on a l'impression que le passé ne cesse d'empoisonner les relations présentes avec les anciennes colonies françaises du Maghreb et du reste de l'Afrique.

Du point de vue du regard qu'elle porte sur son passé colonial, la société française se trouve à une sorte de croisée des chemins. L'avancée indiscutable du travail historique de ses universitaires et chercheurs sur cette page d'histoire, à travers la diversité de leurs travaux, tout comme la forte demande de connaissance et de compréhension de celle-ci exprimée par les jeunes générations, et tout particulièrement par ceux que leur histoire familiale rattache au passé des colonisés, sont autant de facteurs qui font évoluer la société française vers un regard lucide et souvent critique sur la colonisation passée. L'enseignement et les manuels scolaires ont progressivement pris en compte les acquis de la recherche historique, y compris des travaux récents comme la thèse de Raphaëlle Branche sur la torture et l'armée française pendant la guerre d'indépendance algérienne[1], ou celle de Sylvie Thénault sur la « drôle de justice » à l'époque coloniale en Algérie[2]. Mais il y a aussi en son sein d'importants phénomènes de résistances et d'inertie que l'épisode de la loi du 23 février 2005 – qui invitait les enseignants a présenter « le rôle positif de la France outre-mer » – a révélés. On a pu constater à cette occasion que, bien au-delà des groupes activistes et nostalgiques qui l'avaient demandée et promue, une grande partie des hommes politiques et de l'opinion publique a eu tendance à ne rien avoir à redire face à une loi qui reprenait comme une évidence les illusions d'hier sur le caractère légitime et positif de la colonisation.

D'une manière générale, les Français d'aujourd'hui ne savent pas trop quoi penser de l'époque coloniale. À l'époque de la colonisation, toutes ses institutions officielles tenaient un discours permanent de justification et de glorification de « l'œuvre accomplie outre-mer », mais, à la chute de l'empire colonial, elles ont préféré ne plus rien en dire, ce qui a laissé les Français dans une sorte de trouble ou d'expectative. Le colonialisme était condamné par les Nations unies, mais l'absence de retour explicite des institutions républicaines – y compris de l'école – sur le discours qu'elles avaient tenu auparavant a laissé comme en sommeil l'idéologie ancienne, toujours défendue par quelques groupes nostalgiques et extrémistes, et à laquelle certains partis ou hommes politiques ont continué à adhérer de manière diffuse, de même que, par inertie et faute d'une déconstruction suffisante de ce discours antérieur, une large majorité de l'opinion publique.

Les sondages effectués entre novembre 2005 et janvier 2006, c'est-à-dire dans la période où la loi du 23 février 2005 était pourtant la plus contestée et sur le point d'être modifiée, sont, de ce point de vue, éclairants. Ils ont montré la persistance dans les profondeurs de l'opinion française du mythe de « l'œuvre coloniale positive ». En janvier 2006, 60 % des Français se disaient favorables (et 33 % seulement opposés) « à ce que soit indiqué dans la loi que les programmes scolaires reconnaissent le rôle positif de la colonisation française[3] », cette opinion majoritaire se retrouvant non seulement chez les sympathisants de droite (70 %) mais aussi chez les sympathisants de gauche (53 %).

Certes, le débat engagé faisait rapidement évoluer l'opinion, puisque, un mois et demi plus tôt[4], davantage encore de Français y étaient favorables (64 %) et moins encore opposés (29 %). Différents indices, comme les fortes disparités constatées selon les catégories d'âge – le taux d'adhésion le plus élevé se trouvant dans la catégorie de la population la plus âgée – et selon que les personnes avaient ou non suivi des études – 59 % des Français ayant suivi au moins deux ans d'études après le baccalauréat y étaient opposés début 2006 – confirmaient que l'opinion était nettement en train d'évoluer sur cette question – le président de la République ne s'y est pas trompé. Mais ces chiffres indiquent bien la persistance de la vision ancienne de la colonisation chez les Français, qu'ils se disent sympathisants de droite ou de gauche.

Ce trouble, cette expectative vis-à-vis du passé colonial, avec leurs conséquences possibles quant à la remise en cause de l'égalité véritable de tous les citoyens, sont porteurs de menaces sur la paix civile et le vivre ensemble dans la France d'aujourd'hui. Ils sont aussi incompatibles avec des relations apaisées avec un certain nombre de nations qui ont été ses colonies et dont l'opinion publique a une perception de la colonisation en net décalage avec les résultats de ces sondages. En ce qui concerne la colonisation française de l'Algérie, une contradiction persiste, en particulier, entre deux récits et deux visions de la colonisation et de la guerre qui y a mis fin. Pour les uns, l'Algérie française aurait pu durer si des fanatiques n'avaient déclenché dans un ciel serein un cycle absurde de violences barbares. Pour les autres, les injustices et les violences commises au nom de la France, en contradiction avec ses propres valeurs, rendaient inévitable une lutte d'indépendance. Tout indique que la première vision des choses prévaut encore majoritairement dans la société française et dans sa représentation politique – à l'exception, peut-être, des plus jeunes et des plus diplômés – et qu'elle explique cette opinion dominante sur la loi du 23 février 2005.

La loi du 23 février 2005

Cette loi est emblématique du malaise français quant à la colonisation d'hier. Certes, elle était due au travail d'un lobby minoritaire d'associations pieds-noirs proches de l'extrême droite qui avaient réussi à faire croire aux partis politiques et aux gouvernants qu'elles parlaient au nom de l'ensemble des personnes d'origine pied-noir, mais le fait est que leur demande de reconnaissance de « l'œuvre positive de la France outremer » a trouvé dans l'ensemble une oreille favorable de leur part.

Ces groupes extrémistes, qui avaient protesté, par exemple, contre la venue du président algérien à l'Assemblée nationale française et à Verdun en juin 2000, puis aux cérémonies de commémoration du débarquement de Provence en août 2004, n'avaient cessé de réagir aux progrès des connaissances historiques et du contenu de l'enseignement qui ne correspondaient pas à leur vision du passé, tout comme aux gestes symboliques d'un certain nombre de collectivités locales (concernant, par exemple, la reconnaissance de la répression de la manifestation parisienne du 17 octobre 1961) ainsi qu'à certaines prises de conscience récentes d'une partie de l'opinion concernant la torture pratiquée par l'armée française dans la guerre d'Algérie[5]. Ce sont ces groupes nostalgiques qui ont frappé à la porte des parlementaires pour les pousser à réagir en votant une telle loi dont l'article 4 portait sur « l'œuvre positive » de la colonisation[6].

Au moment où le président Chirac voulait préparer un traité d'amitié avec l'Algérie auquel ce lobby était hostile, probablement a-t-il voulu accorder à celui-ci une sorte de compensation, en répondant à sa demande concernant le contenu de l'enseignement, ne se doutant pas que cela pourrait susciter tant de réactions de la part des historiens, des enseignants et d'une bonne partie de l'opinion française, et pensant que cela ne compromettrait pas la perspective même d'une normalisation des rapports avec l'Algérie, ce en quoi il s'est trompé.

Les choses ont commencé en mars 2003, avec, à l'initiative d'une centaine de députés UMP dont Philippe Douste-Blazy, qui deviendrait ensuite ministre des Affaires étrangères, la proposition d'une loi relative à « la reconnaissance de l'œuvre positive des Français en Algérie ». Elle ne fut pas votée, mais cette idée a été reprise et développée, l'année suivante, au sein d'une loi portant sur les questions d'indemnisation des rapatriés et qui est devenue celle du 23 février 2005. Dans le rapport préparatoire à cette loi, demandé en septembre 2003 par le Premier ministre à un député[7], on peut lire, par exemple, à propos de l'œuvre de la France outre-mer, dans le plus pur style des discours d'avant l'indépendance : « Les terres ont été mises en valeur, les maladies ont été combattues, une véritable politique de développement a été promue. » Et ce rapport reprenait aussi la revendication de ce lobby selon laquelle le ministre de l'Éducation nationale devrait exercer dans ce sens un « droit de regard sur le contenu des manuels mis entre les mains des élèves et des maîtres ».

Dans le même esprit, le ministre des Anciens combattants Hamlaoui Mekachera affirmait, dans *Le Figaro* du 11 mars 2004 : « L'Éducation nationale devra se mettre au diapason. » Ce qui s'est aussitôt traduit par des consignes du ministère de l'Éducation nationale (le ministre étant alors M. Luc Ferry) aux éditeurs scolaires. Ainsi, par exemple, dans un manuel d'histoire et géographie de classe de cinquième des collèges publié par Nathan en 2005, on trouve dans un chapitre sur la géographie sur l'Afrique un petit texte de quatre paragraphes consacrés aux « effets positifs de la colonisation » et un dernier paragraphe qui se veut plus nuancé, mais se borne à mentionner comme effet négatif de la colonisation le fait que ses bienfaits… n'ont pas été également répartis sur tous les territoires ! Ces pressions officielles sur le contenu de l'enseignement, mises en œuvre sous le second mandat du président Chirac (2002-2007), indiquent bien une volonté, largement déterminée par des préoccupations électoralistes, de donner des gages à ce lobby extrémiste.

Une autre disposition de la loi du 23 février 2005 a répondu à cette préoccupation, celle accordant (par l'article 13) un complément de retraite aux anciens activistes de l'OAS qui n'étaient pas rentrés en France avant la loi d'amnistie de 1968 parce qu'ils risquaient d'y être poursuivis pour leurs crimes, préférant vivre en Espagne, en Amérique latine ou ailleurs, certains d'entre eux s'y mettant au service de dictatures militaires. Cette loi prévoit que l'État leur verse une indemnité exonérée d'impôt en compensation des années d'exil où ils n'ont pas pu cotiser pour leur retraite, une disposition d'autant plus choquante que les familles des victimes de l'OAS, enseignants, avocats, fonctionnaires de police, militaires du contingent, etc., ont été laissées sans aucune aide de l'État ni aucun hommage officiel de la nation[8].

Cette loi a été adoptée grâce à la connivence des députés de divers partis politiques. On a parlé à gauche d'un « manque de vigilance », mais c'est bien plus grave que cela, puisque le responsable du Parti socialiste en charge de ces questions a soutenu lors des débats parlementaires que la loi en discussion allait dans le bon sens, mais n'allait pas assez loin… Une fois la loi votée, la gauche n'a pas saisi le Conseil constitutionnel, de sorte que le président de la République l'a signée et qu'elle a été publiée au *Journal officiel* sans qu'aucun parti politique n'alerte l'opinion. Il a fallu que des historiens, des enseignants et des associations comme la Ligue des droits de l'homme réagissent et crient au scandale pour que l'affaire soit portée devant le pays où elle a suscité la colère, particulièrement des personnes issues de l'immigration venue des anciennes colonies et des habitants des départements d'outre-mer.

Devant l'ampleur des protestations, le président de la République a fini par dire, au début de janvier 2006, que l'article 4 de la loi du 23 février 2005 devait « être réécrit ». Trois semaines plus tard, la protestation continuant, il a renoncé à le faire réécrire et à le présenter de nouveau devant le Parlement : peut-être n'était-il pas sûr que sa majorité accepte de lui obéir, elle qui avait non seulement voté cette loi, mais avait aussi refusé de l'amender en novembre 2005, quand l'opposition, enfin réveillée, lui avait demandé de retirer l'article 4… Il a demandé au Conseil constitutionnel de « se prononcer sur le caractère réglementaire de cet article en vue de sa suppression », de manière à faire retirer de la loi cet article, ce qui lui a permis finalement de l'abroger par décret, le 15 février 2006.

Pour tous ceux qui s'étaient mobilisés contre cet éloge implicite de la colonisation, c'était un succès incontestable, malgré le maintien de l'article 13, ainsi que d'un autre article qui risque d'avoir des conséquences plus graves encore. Cet article, l'article 3, crée une « Fondation pour la mémoire de la guerre d'Algérie et des combats d'Afrique du Nord » qui ne serait pas un cadre pour une recherche historique autonome et libre, mais, *via* certaines associations, serait aux mains du lobby nostalgique de l'Algérie française. Il ne s'agit pas d'une institution universitaire où seraient centralisées les recherches historiques, mais d'une Fondation contrôlée par ce lobby et disposant de crédits pour financer des travaux de recherche allant dans le sens de la vision « positive » de la colonisation. À l'heure où la recherche universitaire en France souffre d'une réduction dramatique de ses budgets, des moyens seraient ainsi donnés à une Fondation sans aucune indépendance scientifique et aux mains de groupes qui veulent imposer au pays leur vision de l'histoire.

Il n'a certes pas été, à ce jour, mis en œuvre – puisqu'il n'a été suivi d'aucun décret d'application –, mais c'est une menace permanente contre l'histoire universitaire puisqu'il constitue un cadre légal, prêt à servir, qu'un président de la République ou un gouvernement qui voudrait relancer cette politique pourrait utiliser instantanément. Or une Fondation pour la mémoire n'est pas une Fondation pour l'histoire. Le rôle des historiens n'est pas d'entretenir une quelconque nostalgie, ni de produire des travaux se pliant aux souvenirs de certains témoins quels qu'ils soient. Ils doivent souvent travailler sur des questions considérées comme marginales par certains acteurs mais importantes pour d'autres et qu'ils choisissent en fonction de leur propre questionnement sur le passé. Car toute mémoire, qu'elle soit individuelle ou collective, est forcément sélective, tributaire d'expériences personnelles, donc partielle et subjective, et le rôle de l'histoire est de prendre en compte les mémoires en les replaçant dans une vision plus large.

La traite et l'esclavage

Une véritable histoire de la colonisation s'impose. C'est le cas pour la colonisation des XIXe et XXe siècles, qui va de la prise d'Alger en 1830 aux indépendances de 1960-1962, mais aussi, pour sa première phase, celle des XVIIe et XVIIIe siècles, marquée par la colonisation des îles des Antilles et de l'océan Indien et fondée sur l'esclavage et l'économie de plantations. Cette première colonisation, où la plus importante colonie était Saint-Domingue (qui deviendra Haïti), a en effet été longtemps absente en France de la mémoire collective et de l'enseignement de l'histoire à l'école. La traite des Africains et l'esclavage ont été organisés par la monarchie absolue, l'esclavage a été codifié sous le règne de Louis XIV par le *Code noir* – qui prévoyait, par exemple, qu'on coupe les oreilles des esclaves en cas de tentative de fuite, le jarret en cas de première récidive et qu'on les mette à mort s'ils étaient repris après une seconde récidive. Or c'est comme si les traces de ce passé avaient disparu.

Je l'ai constaté récemment quand, m'occupant d'une exposition sur les combats pour les droits de l'homme au Musée d'histoire contemporaine, à l'hôtel national des Invalides, j'ai eu le plus grand mal à trouver un exemplaire de ce *Code noir* à exposer, ainsi qu'une entrave en fer forgé, dont il existait pourtant, il y a cent cinquante ans, des milliers d'exemplaires. Actuellement, rien n'est fait pour conserver les traces de cette histoire embarrassante.

En même temps, des voix se font entendre dans la société française et les départements d'outre-mer pour ne plus occulter cette histoire. On ne doit pas la réduire à son abolition en 1848, la première abolition, celle de 1794, très différente à bien des égards, ne doit pas être oubliée, ni la manière dont des formes d'esclavage et de travail forcé ont perduré après 1848. Par ailleurs, si ce sont les Européens qui ont créé et organisé la traite transatlantique, des marchands africains y participaient et on ne peut éluder leur rôle. Comme il est impossible, aussi, d'ignorer l'esclavage proprement africain, en particulier la traite transsaharienne, antérieure à la traite européenne et qui a continué dans plusieurs pays comme le Soudan et l'Éthiopie après les indépendances – l'esclavage n'a été aboli en Mauritanie qu'en 1980 et en Arabie saoudite qu'en 1962, après avoir été codifié en 1936...

Sur toute cette page qui doit retrouver sa place dans notre histoire nationale, un travail important reste à faire. La loi Taubira du 21 mai 2001 qualifiant l'esclavage, après le Code pénal (article 212-1), de crime contre l'humanité, répondait à une nécessité. Une journée de commémoration de l'esclavage et de la traite et de leurs abolitions a été fixée en 2006 par le président de la République à la date du 10 mai de chaque année. Même si sa première édition a eu un impact limité, elle doit pouvoir y aider, à condition que l'ensemble des citoyens s'en emparent, que les historiens y soient associés et que nul ne cherche à amputer ou instrumentaliser cette histoire.

La colonisation des XIXe et XXe siècles

Un important travail reste aussi à faire sur la seconde phase de la colonisation, celle des XIXe et XXe siècles. En particulier parce que c'est à ce moment qu'une forme de racisme s'est développée en France quand on a cherché à justifier le droit des nations européennes à conquérir des territoires lointains en affirmant leur « mission civilisatrice » et en introduisant une distinction radicale entre un « monde civilisé », blanc et européen, et un « monde barbare » extérieur à l'Europe. Cela a conduit à diviser l'humanité entre, d'une part, la race blanche, « la plus parfaite des races humaines[9] », et les races « de couleur » considérées comme inférieures et placées ensuite sur une sorte d'échelle hiérarchique des différentes « races humaines » en fonction de leur niveau supposé de civilisation.

La IIIe République, en approuvant explicitement, en 1885, la politique coloniale prônée par Jules Ferry, adopte officiellement l'idée que les indigènes des colonies n'ont pas les mêmes droits que les autres hommes. « Si nous avons le droit d'aller chez ces barbares, c'est parce que nous avons le devoir de les civiliser [...]. Il faut non pas les traiter en égaux, mais se placer au point de vue d'une race supérieure qui conquiert », déclarait-il à la Chambre en 1884. Ou encore, l'année suivante : « Il faut le dire nettement : oui, les races supérieures ont un droit vis-à-vis des races inférieures. Comment justifier, sinon, notre présence aux colonies : elles ne nous demandent pas[10] ! »

C'est pour nous un défi que de penser cette distinction porteuse de racisme tout en sachant qu'elle émane de penseurs importants de la démocratie, tel Jules Ferry, justement honoré pour avoir incarné l'idée selon laquelle celle-ci ne repose pas seulement sur des institutions démocratiques, mais aussi sur un enseignement général et démocratique.

Tous les républicains n'étaient pas d'accord. L'argument a été vivement contesté par certains d'entre eux qui soulignaient sa contradiction totale avec le principe de l'universalité de l'homme et de ses droits. Camille Pelletan, par exemple, lui avait répondu avec ironie : « Nous avons appris ainsi que c'était un devoir imposé à toute race supérieure de civiliser les barbares à coup de canon. Si nous consultions ces barbares, il est probable qu'ils nous en dispenseraient. De là, ces guerres implacables, sans prisonniers, ces villes ruinées et bombardées. » Et Clemenceau a déclaré : « Je ne comprends pas que nous n'ayons pas été unanimes, ici, à nous lever pour protester violemment contre vos paroles. » Ou encore que ces « nations que vous appelez barbares », il les trouvait « très civilisées » : « Regardez l'histoire de la conquête de ces peuples que vous dites barbares, et vous verrez la violence, tous les crimes déchaînés, l'oppression, le sang coulant à flots, le faible opprimé, tyrannisé par le vainqueur ! Voilà l'histoire de votre civilisation [11] ! »

Les justifications théoriques d'un Jules Ferry étant mises à mal par de tels arguments, les partisans de l'existence des « races inférieures » ont compris qu'il valait mieux éviter ce genre de débat et chercher plutôt à mettre l'opinion de leur côté en recourant à des images et des plaisanteries qui suggéreraient d'elles-mêmes la supériorité des Blancs, en tant que « race supérieure », sur les Noirs, Jaunes et autres « sauvages », pour tenter, plutôt qu'imposer cette idée par la raison, de l'instituer comme une « évidence ». Des images, des récits et toutes sortes de mises en scène, ont créé un « sens commun », contribuant à faire entrer dans les esprits cette division « de bon sens » de l'humanité entre « nous » et ces « autres », plus bas sur l'échelle des races humaines. Si on ne prend pas conscience de cela, comment faire reculer dans la société française les préjugés qui sont à l'origine, encore aujourd'hui, de discriminations ?

La difficulté qui se présente à ceux qui veulent revenir sur ce « faux pli » de la pensée républicaine réside dans le fait d'affirmer à la fois les transformations sociales, politiques et intellectuelles fondamentales qu'a connues l'Europe entre le XVe et le XIXe siècle, fondatrices de la démocratie et de la laïcité, et de remettre en cause le droit qu'elle s'est arrogée de conquérir et de dominer le monde par la force et la contrainte au nom de sa supposée supériorité intrinsèque. Il ne leur est pas facile non plus d'avoir un regard critique sur certains écrits de ceux-là mêmes qui sont – à juste titre – leurs penseurs fondateurs. Ainsi, on peut lire dans le manuel de Paul Bert *La Deuxième Année d'enseignement scientifique* publié par Armand Colin en 1882 le passage suivant : « Les nègres ont la peau noire, les cheveux frisés comme de la laine, les mâchoires en avant, le nez épaté ; ils sont bien moins intelligents que les Chinois, et surtout que les Blancs. [...] Les Blancs, étant plus intelligents, plus travailleurs, plus courageux que les autres, ont envahi le monde entier, et menacent de détruire ou de subjuguer toutes les races inférieures. Et il y a de ces hommes qui sont vraiment bien inférieurs. Ainsi l'Australie est peuplée par des hommes de petite taille, à peau noirâtre, à cheveux noirs et droits, à tête très petite, qui vivent en petits groupes, n'ont ni culture ni animaux domestiques (sauf une espèce de chien), et sont fort peu intelligents. » La pensée de la hiérarchie des races a pénétré l'idéologie républicaine [12]. Rien d'étonnant que la République ait du mal à s'en débarrasser.

De l'« indigène » à l'« immigré » : la persistance du regard

En effet, les mentalités forgées durant l'époque coloniale n'ont pas disparu du jour au lendemain. Les migrants originaires du Maghreb, en particulier, sont associés dans les mentalités collectives du pays d'accueil à des populations qui ont connu avec la France une histoire conflictuelle, dont le contentieux franco-algérien constitue l'épisode le plus violent, que leur transmet parfois leur mémoire familiale. Après les indépendances, il y a eu dans l'opinion comme une période de doute quand on a constaté que les représentations d'hier avaient été démenties par les faits. Mais les échecs des pays africains devenus indépendants, les crises et les violences qui se sont développées dans certains d'entre eux, ont encouragé une sorte de retour d'une bonne conscience coloniale qui n'avait jamais disparu et les obstacles particuliers que rencontrent les personnes d'origine maghrébine, des départements d'outre-mer ou d'Afrique, dans le logement, l'accès à l'emploi, la vie professionnelle, les loisirs, etc., sont surdéterminés par ces représentations.

De la même manière qu'on dit que ces personnes voient leur vie professionnelle se heurter à un « plafond de verre », obstacle invisible que n'institue aucune loi écrite, mais bien réel, on peut dire que ce processus s'enracine profondément dans un « socle de verre » constitué par des mentalités et des représentations forgées à l'époque des colonies. C'est ce qui fait que s'interroger sur le passé colonial de la France n'est pas seulement une question d'histoire mais aussi une nécessité pour le présent. Elle a même pour enjeu la paix civile, qui a été gravement menacée en novembre 2005 par une série d'émeutes et de violences dans les quartiers populaires de différentes villes de France.

Cela veut-il dire que la société française serait une « société coloniale », en métropole ou dans ses départements d'outre-mer ? Sûrement pas. Le fait colonial se définit par un statut juridique et constitutionnel qui instaure une discrimination politique sur un territoire donné, en dérogation des principes constitutionnels régissant la métropole. Ni les « banlieues » ni les départements d'outre-mer ne sont aujourd'hui des espaces coloniaux. De tels rapprochements simplistes instrumentalisent l'histoire et c'est le rôle des historiens de les refuser.

Mais faut-il pour autant nier la légitimité d'une interrogation sociale sur cette page d'histoire ? Faut-il tenter de discréditer les historiens qui cherchent à l'éclairer par leurs travaux et leurs réflexions ? Sûrement pas davantage. Les accuser de diffuser la « honte d'être français » ou de prôner la « repentance » relève d'une incompréhension du moment où se trouve la société française et du rôle incontournable que l'interrogation sur son passé colonial doit jouer dans sa réflexion sur certains de ses problèmes actuels. Inventer un courant historique qu'on qualifierait de « repentant » n'a pas de sens. Car il ne s'agit en aucun cas d'attribuer aux Français d'aujourd'hui une responsabilité sur un moment du passé de leur société, ce qui serait absurde, ou de les inviter à on ne sait quelle « repentance », qui reviendrait à recourir à une notion aux connotations morales et religieuses qui n'a en l'occurrence aucune pertinence. Ce dont il s'agit, c'est de reconnaître que, pour la société française aujourd'hui, le détour par son passé colonial est un passage obligé de son interrogation sur son présent et son avenir.

Un tel retour est d'autant plus difficile que les différentes forces politiques du pays ont toutes, à des degrés divers, eu des responsabilités dans les politiques coloniales passées et dans la diffusion de l'idéologie qui les justifiait; la place que continuent à occuper dans la société française les générations qui ont vécu cette page d'histoire en constitue probablement un autre élément d'explication. Peut-être est-il aussi particulièrement difficile à la société française d'aborder de manière critique les politiques coloniales d'hier sans qu'une volonté symétrique d'abandon des mythes officiels se manifeste sur l'autre versant de la Méditerranée. Même s'il ne s'agit pas de renvoyer dos à dos les protagonistes, par exemple de la guerre d'indépendance algérienne, un retour serein sur le conflit ne peut sans doute n'être que simultané et bilatéral. Car la violence de la guerre n'a pas eu pour unique fondement des responsabilités françaises. Des actes barbares ont été commis de part et d'autre sur lesquels aucune justice n'a jamais été prononcée. L'existence de crimes de l'autre camp sert à chacun à imposer le silence sur ceux dans lesquels on pourrait lui imputer une responsabilité. Côté français, une cascade d'amnisties a jeté un voile pudique sur ce passé, et même les tortionnaires contre lesquels des charges précises avaient été rassemblées n'ont jamais été inquiétés. Côté algérien, une légende officielle tissée de simplifications et de mensonges a pris la place de l'histoire. La sainte alliance des mauvaises consciences a conduit partout à préférer le silence.

Quant à la « guerre des mémoires » franco-algérienne, elle ne pourra s'achever que si les deux sociétés rapprochent leurs jugements sur la colonisation d'hier. Si on a pu parler, après la Seconde Guerre mondiale, d'une réconciliation franco-allemande, c'est bien parce que la vision de l'histoire de la Seconde Guerre mondiale et du nazisme, énoncée par les institutions officielles des deux pays, enseignée dans leurs écoles, et à laquelle la grande majorité des deux opinions publiques adhérait, était la même. Les visions de la colonisation qu'ont les opinions publiques de France et l'Algérie restent en net décalage. Seul un dépassement des mémoires par un travail croisé sur l'histoire des historiens des deux pays pourra préparer une véritable normalisation de leurs relations.

Notes

1 Raphaëlle Branche, *La Torture et l'armée pendant la guerre d'Algérie, 1954-1962*, Gallimard, 2001.

2 Sylvie Thénault, *Une drôle de justice. Les magistrats dans la guerre d'Algérie*, La Découverte, 2001.

3 Sondage effectué par l'Institut CSA les 17 et 18 janvier 2006.

4 Sondage effectué par l'Institut CSA le 29 novembre 2005.

5 Suite à l'article de la journaliste du *Monde* Florence Beaugé sur l'Algérienne Louisette Ighilaiz « Torturée par l'armée française en Algérie, « Lila » recherche l'homme qui l'a sauvée » (*Le Monde*, 20 juin 2000), de nouveaux témoignages ont été publiés, tandis que le général Massu reconnaissait pour la première fois qu'on avait eu tort de recourir à la torture.

6 Voir Claude Liauzu et Gilles Manceron (dir.), *La Colonisation, la loi et l'histoire*, Syllepse, 2006, en particulier le texte de Valérie Esclangon Morin, François Nadiras et Sylvie Thénault, « Les origines et la genèse d'une loi scélérate », p. 23-58.

7 Rapport du député du Lot-et-Garonne Michel Diefenbacher remis au Premier ministre en septembre 2003 et accessible sur le site Internet de La Documentation française.

8 C'est la raison de la constitution, en 2006, de l'Anpromevo, l'Association nationale pour la protection de la mémoire des victimes de l'OAS, pour rappeler ces autres victimes, trop souvent oubliées, de la guerre d'Algérie.

9 C'est l'expression employée dans le grand livre de lecture *Le Tour de la France par deux enfants*, de G. Bruno (Augustine Guyau), Belin, 1877.

10 Voir *1885, le tournant colonial de la République. Jules Ferry contre Georges Clemenceau, et autres affrontements parlementaires sur la conquête coloniale*, introduction de Gilles Manceron, La Découverte, 2006.

11 *Ibid.*

12 Voir sur ce point Carole Reynaud-Paligot, *La République raciale, 1860-1930*, PUF, 2006.

IV

Le modèle français

Y a-t-il un modèle social français ?

Robert Castel

Il m'a été proposé de parler du modèle français, ce que j'ai accepté à condition de mettre un point d'interrogation, d'en faire une question : « Y a-t-il un modèle social français ? » Je doute en effet que le modèle social français ait une spécificité absolue comme on le prétend souvent en parlant avec une certaine complaisance de l'« exceptionnalité française », expression qui peut avoir un sens dans certains domaines, en particulier dans le domaine culturel et peut-être même politique. Mais elle me paraît plus douteuse dans le domaine social. Certes, les systèmes sociaux ont été construits dans un cadre national, et ils héritent de traditions nationales. Mais cela ne doit pas faire oublier les caractéristiques communes à plusieurs systèmes de protection, en particulier en Europe continentale, qui ont construit leurs protections sociales, principalement dans la période qui a suivi la Seconde Guerre mondiale, dans un contexte de développement économique continu et de quasi plein-emploi. De sorte que ces systèmes paraissent aujourd'hui déstabilisés sous une double poussée conjuguée : en interne, d'un chômage de masse et d'une précarisation croissante des relations de travail, et par rapport à l'extérieur, par une concurrence exacerbée qui joue au niveau mondial sous l'égide du capitalisme financier international.

Ces deux dimensions sont évidemment liées, c'est-à-dire que la redistribution des cartes au niveau de la planète a aussi pour effet de miner de l'intérieur les constructions qui s'étaient édifiées au niveau national.

Plutôt donc que de souligner une exceptionnalité française, je serais davantage sensible à l'existence d'une structure de base qui a fortement lié la question des protections et la question du travail, et plus précisément au statut classique de l'emploi qui est aujourd'hui en difficulté. Mais cette difficulté n'est pas exclusivement française. Il y a de communs défis qui sont à relever, en France certainement, mais aussi dans les autres pays d'Europe. Ce qui nous offre aussi une voie pour réfléchir à ce que pourrait être une Europe sociale. Avec l'européanisation et la mondialisation, le problème est moins aujourd'hui de sauver un modèle français constitué une fois pour toutes que d'essayer de le réinscrire dans un ensemble plus large qui est désormais européen, afin d'en garder l'essentiel.

Je voudrais d'abord essayer de rappeler ce qui était au cœur de ce que l'on peut appeler le « modèle français » si l'on y tient, mais qui était plus largement, dans sa structure, un modèle ambitieux de protection sociale qui jusqu'au milieu des années 1970 avait assez bien réussi, c'est-à-dire qui était parvenu à assurer, dans un pays comme la France, une Sécurité sociale étendue à la grande majorité de la population. De sorte que l'on pourrait comprendre que ce qui faisait sa force dans un contexte de développement économique continu et de quasi plein-emploi risque aujourd'hui de faire sa faiblesse dans la conjoncture européenne et mondiale actuelle. Et nous aurions alors quelques éléments pour réfléchir aux défis qu'il faudrait relever si nous voulons à la fois défendre un système efficace de protection sociale et le redéployer dans une conjoncture qui a profondément changé et dans laquelle il ne peut être conservé en l'état.

Donc, tout d'abord, je rappelle rapidement ce qui me paraît le cœur de ce type de modèle tel qu'il s'était élaboré au cours d'une histoire assez longue, amorcée à la fin du XIXe siècle, mais qui s'était épanoui pendant la période qui a suivi la fin de la Seconde Guerre mondiale jusqu'au milieu des années 1970. Période que l'on appelle parfois les « Trente Glorieuses » pour qualifier cette heureuse conjonction entre une croissance économique continue et un progrès également continu de la protection sociale, du droit du travail et des droits sociaux. Au sortir des ravages de la guerre, se fait sentir la nécessité de reconstruire la solidarité en donnant à tous les travailleurs d'abord, puis progressivement à tous les citoyens, les conditions d'une *Sécurité sociale étendue* en les assurant contre les principaux risques sociaux, l'accident, la maladie, les interruptions de travail...

Je ne vais pas décrire comment ce système s'est imposé. Il concernait d'abord les salariés de l'industrie et du commerce, et il en était venu à « couvrir » comme on dit, pratiquement l'ensemble de la population française. Mais si je n'entre pas dans le détail de cet édifice, je veux souligner un instant sa logique interne. Comment s'est construite cette solidarité sociale, ou cette Sécurité sociale ? Sur la base de l'*appartenance professionnelle*. Il y a eu une mutualisation des risques, une solidarité entre les membres d'un même corps professionnel, les travailleurs s'assurent et sont assurés à travers leur inscription dans de grandes catégories socioprofessionnelles homogènes. C'est pourquoi dans la typologie classique de Gøsta Esping-Andersen le modèle social français est une variante de ce qu'il appelle « l'État social corporatiste-conservateur », c'est-à-dire qui s'appuie sur les différents statuts professionnels et en même temps reproduit les différences entre ces statuts.

Cette appellation de « corporatiste-conservateur » n'est donc pas fausse, mais elle me paraît un peu péjorative. Il est vrai que la solidarité s'exerce dans un cadre professionnel et le consolide. Mais il est vrai aussi que toutes les catégories de salariés, des plus basses (celles qui sont payées au SMIG) aux plus hautes (les cadres supérieurs), bénéficient des mêmes protections générales du droit du travail et de la protection sociale. On pourrait dire que ce modèle est *faiblement redistributeur* en prenant l'exemple du droit à la retraite: à un faible salaire correspond une petite retraite, et à un haut salaire une bonne retraite. Donc peu de redistribution. Mais en même temps ce système est *fortement protecteur*. Tout le monde a droit à la santé, a droit à la retraite et aux assurances de base, et chacun est en principe garanti contre l'arbitraire patronal par un droit du travail qui s'applique à tous. Ces droits attachés au travail sont inscrits dans le *statut de l'emploi*. C'est le statut de l'emploi qui constitue le socle auquel sont raccrochées les protections. C'est la base de cette économie de la solidarité dépendant donc de la place qu'occupent les travailleurs dans la hiérarchie socioprofessionnelle.

Je crois que l'on peut dire que – avec certaines limites – le système a assez bien fonctionné jusqu'au milieu des années 1970, c'est-à-dire qu'il était parvenu à juguler l'essentiel de l'insécurité sociale en mutualisant la prise en charge des principaux risques sociaux, et il était aussi parvenu à résorber l'essentiel de la misère travailleuse en assurant un plancher de ressources garanties pour les salariés (au moins le SMIG). Cette réussite n'était sans doute pas parfaite. Il restait des poches de pauvreté, des individus et des groupes plus ou moins marginaux, qui ne s'étaient pas inscrits dans le processus de modernisation de la société salariale (ainsi le « quart-monde »). Mais on pensait en général qu'il s'agissait d'une pauvreté résiduelle, en voie de résorption avec la poursuite du progrès économique et social.

On sait que ce n'est pas ce qui s'est produit et que ce modèle est aujourd'hui contesté. Sans pouvoir entrer dans les détails là non plus, je voudrais souligner au moins deux raisons principales qui conduisent à réinterroger le modèle, ou du moins la manière dont il a fonctionné jusqu'à une date récente.

La première est qu'il a été construit et qu'il a fonctionné dans un cadre national. Je pense qu'il faut oser l'expression d'« État national-social » pour désigner le mode d'action des États européens qui ont mis en œuvre leurs politiques sociales dans la période qui a suivi la Seconde Guerre mondiale. Cela n'a évidemment rien à voir avec le national-socialisme fasciste. Mais il s'agit bien d'un type d'État qui construit ses protections dans le cadre de l'État-nation et qui peut le faire parce que cet État contrôle les principaux paramètres de son économie en développant des politiques d'inspiration keynésienne permettant d'associer croissance économique et développement social. Il peut peser sur l'économie pour relancer la demande sociale.

Cette autonomie relative de l'État-nation va s'affaiblir avec l'européanisation et la mondialisation des échanges. C'est ce qu'illustre d'ailleurs l'épisode qui a suivi l'arrivée de la gauche au pouvoir en France en 1981. Le président Mitterrand veut renouer avec les orientations les plus ambitieuses de l'État national-social. Il entend diriger l'économie, multiplier les nationalisations, relancer la demande sociale par une politique économique d'inspiration keynésienne, augmenter les salaires, etc. Mais c'est bientôt l'échec, ou tout au moins le blocage. Les échanges transeuropéens sont déjà si importants que la France ne peut pas faire cavalier seul, sauf à quitter l'Europe. Et il semble d'ailleurs que François Mitterrand ait hésité pendant quelques jours. Mais finalement il s'incline, c'est-à-dire qu'il reconnaît que l'interdépendance entre les économies est devenue tellement importante que l'État-nation n'est plus la base géographique hégémonique à partir de laquelle un pays peut maîtriser seul ses politiques économiques et ses politiques sociales. Et, évidemment, cette interdépendance n'a fait que s'accroître depuis les années 1980.

Mais cela ne vaut pas seulement pour la France. Les autres pays d'Europe étaient aussi des États « nationaux sociaux » au sens où je l'entends qui, avec des variantes, avaient construit leur modèle social dans un cadre relativement autonome en contrôlant les conditions de la concurrence internationale. Cela signifie donc que la question se pose aujourd'hui de savoir si les protections sociales qui se sont épanouies dans un cadre national peuvent s'adapter à la nouvelle donne internationale dans laquelle les modèles sociaux sont eux aussi mis en concurrence, où par exemple un pays ne peut pas se permettre des taux de prélèvements obligatoires qui le handicaperaient par rapport aux autres pays sur le plan des échanges.

Il y a une seconde grosse difficulté qu'ont aujourd'hui à affronter le modèle français et les autres modèles européens du même type, et qui est aussi l'envers, la conséquence, de ce qui a constitué leur logique profonde. Comme je l'ai rappelé, ces modèles s'étaient construits sur la base d'une condition salariale solide et d'un statut stable de l'emploi. C'est ce socle qui se trouve déstabilisé avec les nouvelles manières de produire et d'échanger qui se sont imposées depuis un quart de siècle dans le cadre du nouveau régime du capitalisme mondialisé et qui fait sentir ses effets aussi à *l'intérieur du cadre national* en remettant en question les régulations édifiées par les États-nations. Les conséquences les plus évidentes de cette transformation sont le chômage de masse et la précarisation des relations de travail, et on comprend qu'elles minent le socle sur lequel s'était édifiée cette économie de la solidarité.

Sous l'aspect financier d'abord, parce que le système était alimenté par les cotisations salariales et patronales, ce qui marche assez bien en situation de quasi plein-emploi. Mais s'il y a des chômeurs en masse, des situations de travail instables de plus en plus nombreuses, alors à la fois les recettes diminuent et les dépenses augmentent car il faut aussi prendre en charge ceux qui ne peuvent cotiser eux-mêmes. Si on ajoute à cela le vieillissement de la population qui est aussi une donnée démographique massive en France et en Europe, cela signifie qu'à la limite une minorité d'actifs devrait cotiser pour une majorité d'inactifs, ce qui risque de bloquer totalement le système.

Mais cette composante financière de la crise actuelle, si importante soit-elle, n'est pas la seule. C'est la structure même du système qui est déstabilisée dans la mesure où, comme j'y ai insisté, les protections ont été largement raccrochées au statut de l'emploi. Or s'il y a non seulement du chômage de masse, mais des emplois instables, des périodes d'alternances entre emploi et non-emploi, c'est la relation même entre travail et protection qui est rompue. On débouche alors sur une dualité entre des secteurs protégés où cette relation emploi-protections est maintenue, et des zones grises livrées au chômage, à la précarité, dont la sécurité ne peut pas être assurée, du moins sous la forme de couvertures générales à travers des régulations homogènes qui couvriraient l'ensemble du monde du travail. Ce qui serait la négation de la vocation de ce modèle dont l'ambition était d'assurer la protection de l'ensemble des travailleurs à travers des assurances valables pour tous, à vocation universaliste. Il y a donc là un grave problème qui risque de remettre en cause la viabilité du système.

La question qu'il faudrait maintenant poser, c'est de savoir si ces graves difficultés doivent conduire à abandonner le modèle d'une couverture généralisée des risques sociaux, d'une Sécurité sociale qui s'appliquerait à tous. C'est ce que pensent les libéraux qui prônent une conception *minimaliste* de la protection sociale qui se contenterait de prendre en charge les individus et les groupes qui éprouvent des difficultés particulières, dans la logique des minima sociaux. Il s'agirait d'accorder des prestations sous conditions de ressources à ceux qui ne sont pas capables de s'intégrer à l'appareil productif, et par ailleurs libérer au maximum le marché des contraintes et des coûts des régulations sociales qui sont un obstacle à la compétitivité des entreprises.

Il y a pourtant une autre option qu'il faut discuter et qui consiste à se demander s'il est possible de *réformer* le modèle social qui s'était constitué dans la période qui a suivi la Seconde Guerre mondiale en le *redéployant* pour tenir compte des nouvelles contraintes.

Sur la dimension financière de la crise d'abord, il faut reconnaître que, dans un marché du travail dégradé, on ne peut maintenir le principe de financer l'essentiel de la protection sociale à partir des cotisations du travail. Mais à partir de ce constat, on peut soit diminuer les protections sociales, soit les financer autrement, c'est-à-dire par l'impôt. C'est ce que l'on a commencé à faire en France où l'on dit souvent qu'on ne sait pas faire des réformes. Cependant une réforme importante a commencé à se mettre en place en 1990 avec l'instauration de la Contribution sociale générale (CSG). Il s'agit d'un impôt prélevé sur l'ensemble des revenus pour financer la protection sociale. Aujourd'hui, l'ensemble des dépenses de santé de la Sécurité sociale est financé par cet impôt, et la part des dépenses sociales financées par les cotisations du travail, qui était encore en France de 80 % en 1997, n'était déjà plus que de 60 % en 2001. Il y a là une voie importante pour réformer le financement du système, qui rapproche d'ailleurs la France des pays nordiques où, comme on le sait, la protection sociale est très étendue mais est financée directement par l'État à travers des impôts prélevés sur l'ensemble de la population. Ce qui ne veut pas dire pour autant que ce soit la solution de tous les problèmes. On ne peut pas augmenter à l'infini les impôts et les prélèvements obligatoires sans risquer de plomber le développement économique, et aussi de susciter une révolte des classes moyennes, excédées par de trop fortes impositions.

Il faut donc envisager au moins un second chantier, et qui est sans doute encore plus important. On a vu que ce qui déséquilibrait gravement ce type de modèle social c'était au fond l'*éclatement de l'emploi*. L'emploi n'est plus un support suffisant pour fonder les protections en raison de la multiplication des situations de non-emploi, de passages d'un emploi à un autre, d'alternance entre deux emplois, etc. D'où l'idée de transposer les protections du statut de l'emploi *à la personne des travailleurs*, de sorte que ceux-ci conserveraient des droits même s'ils se trouvent en situation de non-emploi ou d'attente d'emploi. Ils pourraient ainsi être *mobiles* sans être invalidés par le changement. Il s'agirait en somme de préserver la sécurité en redéployant des protections fortes en dépit des transformations de l'organisation du travail qui vont dans le sens de la discontinuité des trajectoires professionnelles et de la déstabilisation des emplois.

Il y a en ce moment un débat très intéressant qui porte sur l'établissement d'une « sécurité sociale professionnelle », ou d'une « sécurisation des trajectoires professionnelles » qui ont été reprises par certains syndicats comme la CGT et par certains partis politiques de gauche. L'idée est de concilier la mobilité et la sécurité, d'assurer de nouvelles protections, de nouveaux droits, en dépit du fait que l'emploi a perdu sa stabilité, et ceci en rattachant ces droits à la personne du travailleur.

Il y a là je pense un problème essentiel pour l'avenir du modèle social qui avait été construit sur l'emploi stable. Le nouveau régime du capitalisme dans lequel nous sommes entrés exige la mobilité, ce qu'on appelle aussi la flexibilité, pour faire face à la concurrence exacerbée, pour s'adapter aux changements incessants, pour avoir la possibilité de se reconvertir ou de se recycler afin d'assumer des tâches nouvelles. Ces exigences remettent en question les formes d'organisation collective, mais aussi les protections collectives, qui reposaient sur la permanence de l'emploi. Comment prendre en compte cette transformation qui est certainement au moins en partie irréversible sans sacrifier la sécurité des travailleurs ?

Comment concilier mobilité et sécurité, ou encore une compétitivité des entreprises qui soit compatible à la fois avec les nouvelles exigences de la concurrence internationale et avec l'exercice d'une solidarité qui garantisse la protection des travailleurs ?

Je pense qu'il faut entériner le fait que le couplage travail stable-protections fortes, qui était au cœur du modèle social jusqu'aux années 1970, ne peut être maintenu en l'état. On pourrait montrer que c'est un compromis qui a correspondu à l'apogée du capitalisme industriel dont nous sommes sortis. Nous sommes, avec une mise en concurrence exacerbée au niveau mondial, dans un nouveau régime du capitalisme et nous ne reviendrons pas en arrière. Cependant on constate aussi que l'hégémonie complète du marché, la mise en concurrence de tous contre tous sans régulations sociales, se paye de la perte des solidarités, de l'effondrement de la cohésion sociale, et à la limite d'un clivage entre les gagnants et les perdants des transformations en cours qui menace d'éclatement les sociétés démocratiques.

Face à cette situation il n'y a pas de recettes, et c'est pourquoi je parlais de défi. Ce défi à relever serait d'élaborer un nouveau compromis, différent de celui du capitalisme industriel devenu largement obsolète, entre, d'une part, les exigences du marché (la productivité et la compétitivité des entreprises), et d'autre part, un minimum de sécurité et de protections pour ceux qui font aussi marcher le marché si je puis dire, c'est-à-dire ceux et celles qui travaillent, afin qu'ils disposent des conditions de base de l'appartenance sociale, qu'ils ne deviennent pas des travailleurs pauvres par exemple dont on voit augmenter le nombre actuellement, qu'ils ne s'installent pas dans un précariat devenu la nouvelle condition des travailleurs et remplaçant le salariat protégé.

C'est difficile, et il est loin d'être évident que l'on pourra y parvenir. Mais nous ne sommes pas les seuls à avoir à affronter ces problèmes. C'est ainsi que l'on parle beaucoup en ce moment d'une « flexi-sécurité » que les Danois, semble-t-il, ont assez bien réussi à réaliser en garantissant des rétributions importantes en cas de perte d'emploi ou de changement d'emploi, en mettant aussi en œuvre des programmes de formation conséquents pour permettre à ceux qui doivent changer d'emploi de se reconvertir, de se recycler, au lieu d'être déclarés « inemployables ». Je sais bien que l'on ne peut pas importer mécaniquement un modèle étranger et appliquer telles quelles en France des recettes danoises ou autres. Par contre il est possible de réfléchir sur des expériences étrangères et de s'interroger sur leurs possibilités d'adaptation dans un autre contexte. C'est ainsi que l'on pourrait peut-être commencer à construire quelque chose comme une Europe sociale dont nous sommes encore bien éloignés. Mais c'est pourquoi aussi, à mon avis, ce serait une erreur de souligner une exceptionnalité française et de s'acharner à la défendre comme telle. Il existe sans doute des spécificités françaises, mais en même temps, en Europe, nous sommes embarqués dans la même galère, et il faudrait plutôt essayer de construire un modèle européen en prenant aussi appui sur des expériences étrangères des pays qui partagent les valeurs qui étaient au cœur de notre système. Je pense en particulier aux pays nordiques qui, placés devant la nécessité de se réformer, n'ont pas choisi l'option libérale. Ils paraissent avoir réussi mieux que nous à articuler les exigences nouvelles de l'internationalisation ou de la mondialisation et celles de maintenir une Sécurité sociale étendue. Encore une fois il n'y a pas de recettes, mais il peut y avoir des sources d'inspiration pour essayer de relever le défi de préserver une exigence de solidarité forte face aux nouvelles contraintes du marché.

L'école française : quelles spécificités ?

Marie Duru-Bellat

La représentation relativement flatteuse que nous avons volontiers de la culture et de l'héritage culturel français va parfois – chez les enseignants notamment, et c'est normal – jusqu'à s'étendre à notre école et il faudrait s'arc-bouter pour défendre notre modèle scolaire contre l'envahissement d'un modèle anglo-saxon, poussé notamment par les organisations internationales. Mais qui croit vraiment que notre école est une école modèle ? Il me semble sain, face à ce type de débat, de partir, dans ce domaine comme dans d'autres, de la recherche d'éléments factuels, de nature historique ou sociologique, permettant de dégager des spécificités éventuelles, et d'en évaluer les éventuels effets pervers, avant toute conclusion normative.

Les valeurs fondatrices de l'école

Si, dans notre pays, l'école a tant d'importance, c'est que ce qu'on a appelé l'école républicaine s'est vu confier la mission de faire de la France une nation. On connaît la phrase d'un parlementaire lors des débats sur le vote des lois Jules Ferry sur l'enseignement élémentaire gratuit et obligatoire : « La République sera enseignante ou ne sera pas. » Contre l'Ancien Régime, la France moderne a voulu fonder une citoyenneté commune sur une scolarisation/socialisation dominée par la raison et non plus par la religion, en arrachant les enfants à leur communauté particulière pour les introduire à une culture universelle. Avec, à la clé, plusieurs spécificités.

La laïcité tout d'abord, puisque les républicains, au tournant du XIXe siècle, entendent contester la prétention de l'Église à exercer une direction morale. Avec en arrière-plan l'influence des Lumières et du positivisme, qui amène à mettre l'accent sur le rôle de la connaissance dans le développement d'individus autonomes, et dans le progrès intellectuel, social et économique.

D'où une seconde spécificité : un idéal d'émancipation des individus par le savoir. La référence est ici à l'idéal désintéressé des Lumières, et cela se traduit par des programmes exigeants, encyclopédiques et indifférents à toute considération d'efficacité ou d'utilité. À la différence des Anglo-Saxons, nous ne visons pas une éducation globale (donnant sa place à l'éducation physique ou aux savoirs requis par la vie quotidienne), mais une initiation à la grande culture par des enseignants qui, plus que des éducateurs, sont des initiateurs savants, qui tirent leur légitimité non pas de leurs qualités pédagogiques mais de l'intimité au savoir qu'ils ont acquise – avec, à côté de ces savants, des spécialistes de la « vie scolaire », qui sont une autre spécificité française.

Certes, ce modèle concerne surtout l'enseignement secondaire et supérieur. À l'école primaire, le souci de formation pour la vie l'emporte, avec du même coup une préoccupation éducative affirmée. Une spécificité française va être la césure, pour schématiser un peu les choses, entre l'instruction dans le secondaire, et l'éducation dans le primaire, ceci ayant recoupé longtemps une division des jeunes générations puisque, jusqu'à la moitié du XXe siècle, les jeunes de milieu populaire sont exclus du secondaire. Au moment où ce clivage a été l'objet de débat, lors de l'ouverture du secondaire à tous, on a vu s'affronter le modèle du lycée et celui du primaire, et c'est le premier qui l'a emporté : introduire tous les petits Français à la grande culture paraissait être ce qu'il y avait de mieux à leur offrir ; peut-être, mais cela s'est fait au détriment du souci éducatif qui prévalait dans le primaire et a engendré des difficultés sur lesquelles nous reviendrons.

Revenons aux spécificités de notre modèle, avec le thème de l'égalité. L'école républicaine s'inscrit dans le grand mouvement de la modernité, où les destinées ne seront plus héritées de la famille mais forgées par les individus eux-mêmes... Au XXe siècle, fonder la sélection sur le mérite apparaît de plus comme un gage d'efficacité économique, autant que d'égalité.

Il faut donc donner sa chance à chacun – c'est le thème de l'égalité des chances –, et pour cela il faut offrir la même chose à tout le monde : le système éducatif, évidemment financé par les fonds publics, s'organise de manière centralisée et hiérarchisée, la justice étant identifiée avec un traitement uniforme pour tous les élèves. Toujours par souci de justice, on instaure une forte coupure entre le monde de l'école et la « vraie vie », puisqu'il s'agit d'arracher les enfants aux déterminismes familiaux ou locaux. Du même coup, et l'on rejoint le point précédent, l'école choisit de s'adresser à des élèves et non à des enfants, elle se centre sur l'instruction (même si le souci de la formation du citoyen n'est pas absent en primaire) ; laissant aux familles l'éducation de la personnalité, elle peut ignorer les intérêts ou les émotions des écoliers, ou encore les besoins de l'économie.

Je ne m'attarderai pas sur les évolutions qui ont affecté ce modèle ; je n'énumérerai pas toutes les critiques dont il a pu faire l'objet, dont la plus centrale porte sur le fait qu'il est resté longtemps très sélectif, avec son école du peuple et ses lycées, la promotion sociale au mérite ne concernant jamais qu'une minorité d'enfants. Je voudrais insister davantage sur le fait que la méritocratie qui imprègne si fortement ce modèle français de l'école bute sur un certain nombre de limites; non seulement elle reste largement une utopie, voire une idéologie, dès lors que la société est inégale, mais elle a de plus tendance à disqualifier d'autres formes de justice possibles, ce qui explique *in fine* certaines des spécificités de notre modèle scolaire.

L'effectivité du principe méritocratique dans le monde scolaire

Une première interrogation consiste à se demander dans quelle mesure la méritocratie prévaut dans notre école, faisant de cette dernière un vecteur de justice sociale. Depuis les années 1970, la sociologie montre à l'envi que l'ensemble des inégalités situées en amont de l'école pèse sur des élèves qui sont « égaux en droit et inégaux en fait[1] », comme le disaient Bourdieu et Passeron. Dès l'école élémentaire, les performances varient fortement selon les différents groupes sociaux, et l'école ne parvient pas à réduire ces écarts initiaux; ils vont au contraire croître au fil du cursus. La sociologie de l'éducation montre également que le cadre même de la compétition méritocratique n'est pas juste: l'offre scolaire, loin d'être parfaitement égale, entérine souvent les inégalités sociales entre élèves. En particulier, elle s'avère de moindre qualité dans les zones les plus défavorisées: la carte scolaire enferme les élèves les moins favorisés dans des établissements ghettos, où sont affectés les enseignants les moins expérimentés, où la stabilité des équipes s'avère moins forte, et où, en moyenne, les progressions scolaires se révèlent moindres. À l'opposé, pour prendre un cas extrême, les classes préparatoires aux grandes écoles offrent aux meilleurs élèves de la nation, très souvent issus des milieux socialement privilégiés, une formation intensive, avec des effectifs réduits et des professeurs motivés et expérimentés.

Dans ces contextes inégaux, le fonctionnement quotidien de l'école est lui-même producteur d'inégalités. De nombreux travaux montrent qu'à la fois les évaluations des maîtres et les décisions d'orientation portent la trace de l'appartenance sociale des élèves au-delà de leur seul mérite scolaire. Enfin, il faut compter avec les inégalités entre les familles, tenant à leur degré d'information sur les filières et leurs débouchés, ou plus largement à leur inégale familiarité avec l'univers scolaire. Au total, qu'il s'agisse de la qualité de l'offre scolaire ou du fonctionnement courant de l'école, le modèle méritocratique est loin d'être accompli et les verdicts scolaires ne peuvent prétendre évaluer ce qui serait le « vrai » mérite.

Mais cette notion même a-t-elle un sens? Car pas plus l'école que la société, pour qui c'est pourtant un concept central, ne sont capables de définir le mérite: selon le « politiquement correct » de l'heure, on parlera de « dons », de talents ou de capacités, tout en soulignant aussi le rôle des efforts personnels qui font précisément que l'on est méritant. Mais si on peut considérer les efforts comme relevant de la responsabilité de chacun, il n'en va pas de même des capacités. Or celles-ci sont à la fois inégales et fortement corrélées à l'origine sociale. On sait qu'il n'est guère envisageable, les êtres humains se développant dès la première heure dans un environnement social, de démêler ce qui relève de l'héritage biologique et de l'influence familiale. Toujours est-il que ce que l'on sanctionne comme le mérite ne recouvre jamais quelque chose qui serait de l'entière responsabilité de chacun. Prétendre, au nom de la justice, classer les élèves selon les mérites révélés par les épreuves scolaires, c'est entériner, pour une part au moins, des inégalités dont la diversité des environnements sociaux est responsable, et ce faisant les doter d'une légitimité.

Les fondements mêmes de la méritocratie sont donc incertains. De plus, cette norme de justice s'avère cruelle. Car l'autre face de la compétition juste qu'elle prétend instaurer, c'est l'échec. En effet, puisqu'il s'agit *in fine* d'orienter vers des places inégales, l'égalité des chances en vue de l'accès à des places inégales crée fatalement de l'échec et des inégalités. Et l'ouverture de la compétition scolaire à tous fait que les élèves en échec (et tous le sont donc de manière relative) ne sont plus alors perçus comme les victimes d'une injustice sociale, comme ce pouvait être le cas quand l'école leur était fermée, mais comme les responsables de leurs échecs puisque l'école leur a donné, *a priori*, toutes les chances de réussir. Dès lors, ces élèves tendent à perdre leur estime d'eux-mêmes et, par réaction, ils peuvent refuser l'école ou se démotiver, devenant en quelque sorte des « exclus de l'intérieur », selon l'expression de Bourdieu et Champagne[2].

Ces limites du modèle d'une justice scolaire fondée sur le mérite tiennent à sa nature même. Pourtant, il n'est pas possible de l'abandonner, car dans une société qui postule l'égalité en principe de tous les individus, tout en offrant des places inégales, le mérite personnel apparaît comme la seule manière de construire des inégalités légitimes alors que les autres inégalités, celles de la naissance notamment, sont inacceptables. La méritocratie est donc vouée à rester un principe central et les efforts que l'on peut faire pour la rendre plus effective ne sont pas sans importance : il faut œuvrer pour l'égalité de l'offre scolaire, et veiller au quotidien à la justice du fonctionnement de l'école et de ses verdicts, afin que ces derniers, *in fine*, reflètent le moins infidèlement possible le mérite, avec les limites inhérentes aux inégalités sociales qui marquent cette autre instance de socialisation qu'est la famille. Mais cela ne rend pas moins nécessaire une ouverture à d'autres principes de justice afin d'aménager ce modèle.

Ébranler le monopole de la norme méritocratique…

Un de ces autres principes est celui de la justice distributive, débouchant sur une discrimination positive. Dès lors que les élèves arrivent à l'école déjà inégaux, un traitement pédagogique parfaitement égal, si tant est que cela soit possible, ne pourrait que consacrer leurs inégalités; c'est ce que Bourdieu et Passeron dénonçaient comme une école « indifférente aux différences »… Il est clair que pour atteindre plus de justice, l'école doit tenir compte des inégalités réelles et viser, dans une certaine mesure, à « remettre les compteurs à zéro », plus précisément à compenser tout ce qui échappe à la responsabilité individuelle afin d'atteindre à un juste mérite. Il conviendrait donc de tout mettre en œuvre pour combler les écarts manifestes dès l'entrée à l'école.

Et il y a bien du jeu, puisque chaque année les enseignants ont une influence spécifique sur les progressions de leurs élèves; de plus, les maîtres les plus efficaces sont aussi ceux qui réduisent les écarts entre les meilleurs et les plus faibles des élèves. La réduction des inégalités passe donc d'abord par une obsession de l'efficacité pédagogique, dont les plus faibles et les moins favorisés seront les premiers bénéficiaires.

Mais accepter de traiter inégalement les élèves se heurte à des résistances particulièrement marquées dans notre pays, vu la prégnance du modèle méritocratique. Car tout traitement différencié paraît injuste et est dénoncé particulièrement par ceux dont le modèle méritocratique assure efficacement la reproduction des avantages compétitifs. L'extrême difficulté de toutes réformes des grandes écoles en est une illustration récurrente, de même que la difficulté à faire accepter des mesures ciblées au nom de l'« égalité républicaine ». On le verrait si, au nom de la justice, on décidait de réserver l'accès à l'école maternelle à deux ans aux élèves les plus défavorisés.

Cette résistance des groupes favorisés se double d'un fatalisme particulièrement marqué dans notre pays, peut-être en partie du fait d'une large diffusion des thèses de la reproduction dans leur version très déterministe. Toujours est-il qu'on souligne volontiers que ces dispositifs n'ont qu'une influence limitée et qu'ils ne sont pas en mesure de réduire significativement les inégalités scolaires. Ce n'est pas faux: il serait sans doute plus efficace de doter toutes les familles de ressources stables pour vivre que de proposer quelques heures de soutien aux enfants, mais ce n'est pas une raison pour ne rien faire en attendant. Il reste vrai qu'il faut sans doute considérer la discrimination positive comme une modalité d'ajustement à la marge du principe d'égalité des chances, qui le plus souvent ne fait qu'aménager les injustices les plus criantes de la compétition.

Une autre spécificité de l'école française est la réticence à se poser la question de ce qu'elle doit à tous, y compris aux plus faibles. Le raisonnement en termes de garanties minimales est pourtant courant, dans les États-providence dont nous sommes, dans le domaine des politiques salariales et des politiques de santé. La justice consiste alors à garantir des seuils *minima* en dessous desquels personne ne peut descendre: c'est le cas du SMIG ou de la CMU. Appliquée à l'école, cette conception de la justice amène à défendre un socle commun de connaissances évaluées et garanties à tous. Mais, comme le montrent les débats récents autour de cette notion, on glisse très vite à la dénonciation d'un « SMIG culturel », volontiers perçu comme la première manifestation d'une baisse de niveau ou d'une résignation à la médiocrité.

Certes, il n'est pas facile de définir ce niveau garanti à tous et les contenus de la culture scolaire commune, que tout élève devrait maîtriser à l'issue de la scolarité obligatoire. Mais on se heurte une fois de plus à la logique méritocratique et à l'idéal d'excellence qui nous caractérise : dès lors que chaque élève doit pouvoir atteindre l'excellence à laquelle il a théoriquement droit, les programmes sont définis par cette excellence même, c'est-à-dire par les attentes des cycles ultérieurs. Il est alors considéré comme normal que les élèves les plus faibles décrochent : dans notre pays, la courbe de Gauss apparaît comme la résultante juste d'un exercice juste, alors qu'une distribution des notes très resserrée autour d'une moyenne élevée ferait dire que l'exercice est trop facile et inutile dès lors qu'il n'est pas « classant ».

Considérer comme une forme de justice l'égalité de résultat constituerait donc un complet changement de perspective : cela reviendrait à considérer qu'une école juste n'est pas une école où les chances d'entrer à Polytechnique sont égalisées entre les groupes sociaux (tout en restant infimes pour chacun de ces groupes), mais une école où chaque élève apprend ce qui lui sera utile pour s'insérer dans la vie. Cette question est très sensible comme le montrent les débats autour des enquêtes internationales qui prétendent mesurer (et comparer d'un pays à l'autre) les compétences acquises par les élèves, à 15 ans notamment, avec le programme PISA ; dans notre pays, on dénonce ces savoirs pour la vie (« *life skills* »), interprétés de façon expéditive comme un alignement coupable aux exigences du marché.

Il reste que, pour atteindre un seuil commun à tous, il faut accepter le principe d'une dose de discrimination positive, ce qui renvoie au point précédent. Dans les deux perspectives, il convient de pondérer l'emprise de la méritocratie.

L'extension de la compétition méritocratique et ses effets pervers

Mais est-ce bien sûr ? Malgré les difficultés du modèle méritocratique, sa prégnance est tellement ancrée dans notre pays que nombre d'injustices sont rapportées à son caractère inachevé ; ce ne serait pas de moins mais de plus de méritocratie dont on aurait besoin, et il faudrait au contraire resserrer l'emprise de l'école et de ses diplômes pour aller dans le sens de la justice.

C'est ainsi qu'on a mis en œuvre, avec une constance et une force assez exceptionnelles, une politique d'expansion des scolarités, pour ouvrir et rendre plus accessible à tous, donc plus juste, la compétition scolaire. Rappelons-en l'ampleur en quelques chiffres. Le pourcentage d'une classe d'âge parvenu au niveau du baccalauréat est passé de 5 % en 1950 à 21 % en 1970, 36 % en 1985 et 69 % aujourd'hui ; la croissance de la part de jeunes diplômés du supérieur a été plus récente mais aussi plus abrupte, puisqu'on est passé de 15 % dans les années 1980 à 40 % aujourd'hui… Cette ouverture a certes engendré une démocratisation « quantitative », mais les inégalités ont été différées au niveau éducatif suivant, celui qui restait sélectif.

Et au niveau de la société, il ne semble pas que ce développement de l'éducation ait desserré la force de l'hérédité sociale (du « tel père, tel fils » qui prévaut). Sur le XXe siècle, distribuer de plus en plus de diplômes ne s'est pas accompagné d'un accroissement significatif de la fluidité sociale. Il y a eu certes de la mobilité sociale, notamment pendant les « Trente Glorieuses », mais il s'agissait avant tout d'une mobilité structurelle, tirée par l'expansion des emplois les plus qualifiés : l'école ascenseur social, c'est l'école d'une époque, car l'ascension sociale dépend avant tout des opportunités qui se présentent sur le marché du travail.

Par ailleurs, cette multiplication des diplômes a débouché sur une baisse de leur valeur marchande sur le marché du travail ; même s'il existe une relation quasi linéaire entre diplôme et chances de se placer, des lézardes apparaissent dans l'édifice : par exemple, on chôme moins avec un bac professionnel ou technologique (ou même avec un CAP-BEP) qu'avec une ou deux années d'enseignement supérieur non validées. De plus, le placement se fait sur des postes moins élevés : les emplois auxquels les diplômés accèdent ont tendance à se dévaluer avec le temps, parallèlement à l'inflation des diplômes eux-mêmes ; au début des années 1970, avec au moins un bac, 70 % des jeunes devenaient cadres ou professions intermédiaires ; aujourd'hui le chiffre correspondant est d'environ 33 %… Une enquête récente de l'APEC montre que, dans certaines filières littéraires, 75 % des jeunes de niveau bac + 4 qui ne sont pas enseignants sont employés. Il faut souligner que cette « inflation scolaire » entretient les inégalités sociales car il faut avoir les moyens de se maintenir dans la course jusqu'à 24-25 ans, et de détecter les filières qui restent « rentables ».

Cette question du déclassement est relativement taboue : parler de dévaluation des diplômes a l'air d'entériner les diktats de l'économie ou du marché du travail (car après tout, les diplômes ont une valeur en eux-mêmes) ; cela suggère qu'il y a une part de gaspillage, pour la société, à embaucher sur des postes d'employés des diplômés à bac + 4, et surtout cela insinue que peut-être on a « trop éduqué », ce qui fait évidemment débat.

Il reste que ce phénomène a des raisons structurelles évidentes : les individus s'insèrent dans une société où des « places » sont définies, et si l'école est un moyen relativement efficace pour atteindre les meilleures places, la définition des places n'est pas de son ressort. On conçoit bien qu'il ne suffit pas de produire des diplômés du supérieur pour créer les emplois de cadres correspondants. Au-delà des facteurs conjoncturels, il faut donc compter avec des contraintes structurelles, en particulier le rapport entre le nombre de diplômés et le volume des « places » à occuper dans la vie professionnelle. Face à une population de plus en plus diplômée, il n'y a jamais que 18 % de cadres dans la population active…

Mais quelle que soit l'ampleur du déclassement, les jeunes sont pris dans un piège puisqu'il vaut toujours mieux, dans la course aux emplois, en avoir un peu plus qu'un peu moins. Car la méritocratie débouche sur ce qu'on appelle un crédentialisme (de fortes relations entre emploi et diplômes) qui semble plus marqué dans notre pays que dans nombre de pays voisins, et que l'on peut juger excessif. On peut se demander s'il est juste que les meilleurs élèves bénéficient pour la vie de revenus et de protections extrêmement favorables, alors que les plus mauvais sont presque définitivement handicapés, ou plus généralement s'il est juste que les diplômes exercent une emprise aussi forte et aussi durable sur les autres sphères d'activité ?

L'éducation victime de son succès ?

La question est iconoclaste en France où l'on pense volontiers que la réussite scolaire constitue la seule voie légitime de réussite sociale. Or, si l'on admet que les diplômes sont loin de mesurer seulement du mérite et des compétences, et donc que les inégalités scolaires ne sont pas tellement plus justes que les autres inégalités, alors il faut se demander s'il n'est pas injuste de leur donner tant d'importance, et s'il ne serait pas, au contraire, plus juste de relâcher quelque peu l'emprise des diplômes sur le déroulement des carrières.

En la matière, une école juste ne prétendrait pas trier les individus de manière aussi définitive, elle permettrait à ceux qui y ont échoué ou qui en sont sortis de tenter de nouveau leur chance. Un système plus ouvert, offrant des deuxièmes chances, particulièrement peu développées en France si on en juge à la rareté des reprises d'études par les adultes, serait moins injuste.

Cette thèse d'une méritocratie qui rigidifie la société et ne la rend pas moins injuste a été maintes fois reprise, mais elle n'épuise pas la question des effets pervers diffus de l'expansion scolaire sur l'éducation elle-même. Dans un ouvrage publié en 1976 et intitulé *La Maladie du diplôme*, le sociologue américain R. Dore dénonçait les effets pervers du poids croissant accordé aux titres scolaires sur le marché du travail dans les pays pauvres : avec le développement de l'éducation et l'extension de la sélection sur la base des diplômes, ces derniers deviennent un enjeu d'autant plus fort qu'ils permettent d'accéder aux emplois de la fonction publique, particulièrement convoités dans les pays pauvres. Le contenu de l'éducation s'oriente alors vers la préparation des examens, aux dépens de ce qui faisait l'intérêt intrinsèque des formations. Chez les élèves, la curiosité intellectuelle et le plaisir d'apprendre reculent devant l'obsession du résultat; on trouve normal de tricher, et tout est bon pour réussir. Dans ce système, il ne s'agit plus tant d'apprendre que d'être certifié par le diplôme comme ayant appris. La formation scolaire n'est plus véritablement éducative: elle ne sert qu'à gérer la sélection pour les emplois, ce qui constitue un gaspillage de ressources, particulièrement dommageable pour les pays pauvres. Les pays plus riches ne se sont pas sentis directement concernés par cette « maladie du diplôme ». Mais tout ceci est-il si exotique ?

Dans notre pays aussi, l'éducation tend à devenir un classement plus qu'un contenu, et tout est bon pour l'atteindre. Ce n'est pas un hasard si le thème de la démotivation des élèves ou de l'ennui à l'école, mais aussi celui de leur utilitarisme, nourrissent tant de recherches et de déplorations. Ainsi, au lycée, Anne Barrère décrit cet « instrumentalisme » qui conduit à travailler « sans autre motivation que la note, ou plutôt la moyenne, le passage, l'orientation, le diplôme[3] ». Mais dès lors que le but – la note – ou l'« utilité » promise – les emplois – ne sont plus au rendez-vous, toute motivation s'effondre très vite.

À l'Université, nombre d'étudiants admettent qu'ils sont là non par motivation intellectuelle affirmée mais parce qu'ils ne trouvent pas de travail, qu'ils acceptent de subir des études qui devraient « payer »... un jour, mais que s'ils trouvaient un emploi, ils renonceraient sans état d'âme à leurs études.

Tout ceci n'est sain ni pour l'école ni pour les élèves. De nombreux travaux ont mis l'accent sur les effets psychologiques négatifs d'un niveau d'éducation élevé suivi d'un déclassement professionnel. En France, dès 1978, Bourdieu parlait d'une « génération abusée[4] » qui, découvrant le décalage entre ses diplômes et ses débouchés, ne pouvait que verser dans le désenchantement, la désaffection à l'égard du travail, dans une « humeur anti-institutionnelle » aux manifestations multiformes. L'une d'elles est la souffrance, visible notamment dans les milieux populaires, où l'on a cru pouvoir échapper à la condition ouvrière en poursuivant des études. C'est par exemple le cas des jeunes dotés d'un bac professionnel qui deviennent pour près des deux tiers ouvriers qualifiés: la désillusion est souvent cruelle, et la déception patente, même si le seul fait d'avoir trouvé un emploi la tempère quelque peu.

On est conduit à se demander si la prolongation des études, du moins dans les filières où elle est suivie d'un fort déclassement, dans celles où la formation d'un projet est la plus aléatoire, n'est pas, au niveau des individus, plus destructrice que formatrice, en ce qu'elle rendrait plus difficile et douloureuse l'entrée dans la vie, notamment l'adaptation au monde du travail tel qu'il se présente aujourd'hui. Évidemment, ce monde du travail lui-même doit être interrogé, notamment quant à l'accueil qu'il réserve à des jeunes de plus en plus diplômés, et il est vrai qu'il est, en France, particulièrement peu accueillant pour les jeunes. Mais cela n'empêche pas de se demander si des études longues sont toujours formatrices, s'il n'y a pas un moment où elles deviennent « désocialisantes » ou « déséducatives »...

Aujourd'hui, pour un jeune sur deux, l'entrée dans la vie se fait par le sas de l'enseignement supérieur. Ce n'est pas toujours un choix, mais cela devient la façon « normale » de vivre sa jeunesse. À maints égards, à l'aune d'indicateurs tels que le taux de chômage ou l'âge auquel on accède à l'indépendance, l'entrée dans la vie est de plus en plus difficile pour ces jeunes pourtant mieux éduqués. Il ne s'agit pas de rendre ce supplément de formation directement responsable de cette détérioration, mais de souligner qu'elle a pris place malgré ce qu'on présentait forcément comme un progrès...

Il est donc patent que pousser à toujours plus d'éducation n'est pas en soi un moyen de favoriser l'insertion des jeunes ni, plus largement, d'aller vers plus de justice sociale. Mais notre modèle nous pousse à considérer le développement de l'éducation comme une fin en soi ; seuls importent alors les objectifs chiffrés, sans que l'on éprouve le besoin de préciser l'utilité des diplômes ainsi acquis et plus largement ce qu'on vise à travers l'éducation. Or ce n'est pas forcément le même type ou le même niveau d'éducation qu'il faut développer pour limiter les inégalités sociales, pour aider les jeunes à entrer dans la vie, pour soutenir la croissance. On se polarisera, selon les cas, sur la maternelle, l'enseignement professionnel ou l'enseignement supérieur, ou encore les formations continues. En tout cas, il est nécessaire, au niveau de développement de l'éducation où nous en sommes, de raisonner davantage en terme de qualité qu'en terme de quantité.

C'est une question d'efficacité dans l'allocation des fonds publics, mais aussi d'équité. Car l'absence de politiques claires autres que l'expansion sans fin fonctionne comme une contre-réforme permettant de maintenir l'avance des mieux placés, qui ont les moyens d'investir toujours plus dans la scolarité pour rester en tête, et s'approprier ce qui n'aura de valeur que parce que les autres ne l'ont pas. La croissance du « gâteau » rend plus facile son partage et estompe les rapports de forces ; sans elle, toute démocratisation effective (que chacun souhaite *in abstracto*) entraînerait une redistribution des cartes, ce que les uns gagnent étant perdu par les autres.

Enfin, un dernier effet pervers, et non des moindres, de cette prégnance de la méritocratie est qu'elle nourrit une tendance (elle aussi très française) à s'en remettre d'abord et avant tout à l'éducation pour résoudre tous les problèmes. Cela se traduit par des arbitrages budgétaires qui amènent à négliger des politiques autres que le « tout éducatif », peut-être plus efficaces en termes de justice sociale. Évidemment, l'école a un rôle à jouer, notamment pour tenter d'égaliser très tôt les chances, en compensant les inégalités qui frappent les plus jeunes. Mais les effets de l'éducation sont plus assurés s'ils sont démultipliés par d'autres politiques : l'école aurait moins de mal à remplir sa mission si tous les élèves disposaient chez eux d'un environnement socio-économique et culturel satisfaisant.

Notes

1 Pierre Bourdieu et Jean-Claude Passeron, *Les Héritiers*, Minuit, 1964.

2 Pierre Bourdieu et Philippe Champagne, « Les exclus de l'intérieur », in Pierrre Bourdieu (dir.), *La Misère du monde*, Seuil, 1993, p. 597-603.

3 Anne Barrère, *Les Lycéens au travail*, PUF, 1997.

4 Pierre Bourdieu, « Classement, déclassement, reclassement », *Actes de la recherche en sciences sociales*, n° 24, p. 2-22.

Laïcité et intégration.
Quelques jalons méthodologiques et historiques

Jacqueline Lalouette

Depuis un certain nombre d'années déjà, le phénomène ayant certainement été accru par la question du port du « voile » (ou du « foulard ») à l'école, il n'est pas rare de trouver associés deux mots fondamentaux du vocabulaire de la République : « laïcité » et « intégration ». Cette connexion entre deux termes, deux concepts, n'est pas le seul fait de chercheurs, de journalistes, de membres de mouvements associatifs ; elle figure dans des textes et des rapports officiels. Ainsi, le 24 avril 2006, les membres du Comité interministériel à l'intégration, réunis à l'initiative du Premier ministre, définirent quatre priorités de l'État « pour une politique d'intégration volontariste ». La quatrième priorité vise à « réaffirmer le pacte républicain », lequel passe par le respect du principe de laïcité : « L'immigration durable que connaît la France et la diversité des religions qui y coexistent, dit le communiqué de Matignon, impliquent de réaffirmer le principe de laïcité, garant de la liberté de conscience et de la tolérance. Pour cela, l'État a décidé d'élaborer une charte de la laïcité dans les services publics[1]. » La rédaction de cette charte fut confiée au nouveau Haut Conseil à l'intégration, installé le même jour par Dominique de Villepin[2]. De même, la loi sur l'immigration et l'intégration du 24 juillet 2006 inclut dans son article 5 un dispositif relatif à « l'intégration républicaine des étrangers dans la société française » : les étrangers s'engagent à suivre une formation civique qui comprend « une présentation des institutions françaises et des valeurs de la République, notamment l'égalité entre les hommes et les femmes et la laïcité[3] ». Proclamée par la droite, cette association entre laïcité et intégration l'est aussi – on s'en doute – par la gauche ; le 17 mai 2003, prononçant un discours à Dijon à l'occasion du congrès du Parti socialiste, Laurent Fabius dit avec force que la laïcité est « indispensable si on veut réussir, comme nous le voulons, l'intégration de tous ses membres qui sont des citoyens libres et égaux et non des sujets de telle ou telle confession[4] ».

En bonne méthode, l'analyse du rapport entre les deux termes « laïcité » et « intégration » doit commencer par la définition de chacun d'entre eux ; il conviendra ensuite d'étudier le rapprochement entre ces deux mots. Enfin, nous nous demanderons si laïcité et intégration vont toujours de pair[5].

Sens et emploi des mots « laïcité et « intégration »

Deux mots complexes

Nous n'allons pas tenir un discours maintes fois réitéré par de nombreux auteurs sur la complexité du mot « laïcité » et sur la difficulté d'en proposer une définition claire et unique. Il suffit de rappeler qu'il peut être entendu dans un sens juridique ou philosophique ; qu'il correspond pour certains à une position de neutralité idéologique, mais pour d'autres à un militantisme actif et combatif ; que, depuis maintenant plusieurs décennies, l'adjonction des épithètes « nouvelle », « ouverte », « tolérante », « plurielle » a suscité maints débats[6]. Il convient encore de préciser qu'il est devenu courant de ne plus parler de laïcité pour traiter de la seule séparation entre le religieux et le politique, de l'autonomie de l'État par rapport aux Églises et aux clergés, et, plus largement, de la déprise de la religion sur l'espace public[7]. De plus en plus, la laïcité apparaît comme ayant partie liée avec le caractère démocratique et social de la République – conviction qui était d'ailleurs déjà celle de Jaurès, comme le montre son grand discours prononcé à la Chambre des députés en janvier 1910 et ultérieurement publié en brochure sous le titre *Pour la laïque*[8] – et avec de nombreux problèmes d'ordre sociétal, parmi lesquels figurent, en bonne place, tous les problèmes liés au « communautarisme », terme lui-même « flou et impropre », selon Xavier Ternisien[9]. Au tout début des années 1990, dans un contexte marqué par les premières affaires de foulard, Jean-Louis Rollot releva qu'« au centre d'une polémique confuse, la laïcité [était] devenue la référence unanime, au nom de choix contradictoires, antagonistes[10] ».

À l'examen, le mot « intégration » ne se révèle guère plus facile à définir que celui de « laïcité ». Après avoir appartenu exclusivement au langage des mathématiques, il est passé dans celui de l'économie, du droit public international et de la sociologie ; c'est à ce dernier titre qu'il nous intéresse ici. « La notion d'intégration, écrit Eliezer Ben Raphaël, désigne les processus – contrôle formel ou informel, socialisation et rites publics – par lesquels les individus aussi bien que les institutions d'une même entité sociale sont amenés à se comporter de manière convergente. » Autour de cette « notion complexe », poursuit cet auteur, s'accumulent des significations diverses, qui peuvent être aisément repérées grâce aux termes antinomiques de celui d'« intégration ». Parmi ceux-ci, figure en première place le mot « incohérence », le binôme intégration-incohérence renvoyant à « la société vue comme une entité autonome » ; suivent les mots « exclusion » et « ségrégation », qui se rapportent à l'existence de « groupes confinés aux marges de la société », en direction desquels les pouvoirs publics élaborent des politiques spécifiques portant sur le logement et l'éducation, s'oppose enfin à l'intégration la fragmentation de la société en groupes entendant conserver des traits spécifiques, ce qui peut déboucher sur l'existence de « communautés ethnoculturelles[11] ».

Sans rechercher des antagonismes aussi criants, d'autres auteurs établissent un lien fort, d'opposition pour les uns – mais de similitude pour les autres – entre « intégration » et « assimilation », ce binôme ayant une signification particulièrement forte pour tous les Français ayant « vécu » la guerre d'Algérie, que ce soit comme acteurs, victimes ou simples contemporains, et pour tous ceux qui s'intéressent à l'histoire du colonialisme, en tant qu'historiens ou en tant que citoyens. Dans un petit livre intitulé *L'Intégration*, Azouz Bégag, après avoir rappelé que l'intégration est « une opération par laquelle un individu s'incorpore à un milieu, à une collectivité, par opposition à la ségrégation qui désigne la séparation de droit ou de fait de personnes en raison de leur race puis de leur niveau ou de leur condition sociale », distingue deux modèles d'incorporation, l'intégration[12] et l'assimilation. La première, dit-il, est « placée sous le signe de l'échange », la diversité étant considérée comme « une source d'enrichissement », alors que la seconde cherche au contraire à « rendre semblable[13] ». Dans le contexte français, elle vise à l'adoption du « modèle français laïque et égalitaire[14] ».

Cette relation entre deux processus, l'un intégrateur, l'autre assimilateur, avait déjà été abordée en 1991, lors du colloque « Religions, laïcité, intégration », Dominique Schnapper ayant alors fait remarquer que, « même quand on disait mener une politique d'assimilation, on menait une politique d'intégration[15] ». En 2002, lors des Rendez-Vous de l'Histoire de Blois, consacrés cette année-là à « L'Étranger », les membres d'une table ronde – parmi lesquels figuraient Nancy Green, Nacira Guénif, Pierre Milza – répondirent aux questions de Marie-Claude Blanc-Challéard sur « L'intégration de l'étranger : une question contemporaine ». Nancy Green rappela que le mot « intégration » était apparu après la critique de l'assimilation, « synonyme d'abandon des racines », signification devant d'ailleurs être nuancée, l'assimilation ayant aussi, selon elle, « entraîné des échanges ». Pierre Milza, quant à lui, analysa ces glissements « comme des déclinaisons du même concept : l'intégration désigne finalement l'assimilation et le mot insertion adopté parfois, de même[16] ».

En fait, ce qui pose problème, ce n'est pas seulement la définition du mot « intégration », qui peut se révéler assez floue, comme on vient de le voir, mais aussi son emploi et la nature du concept lui-même. Dominique Schnapper remarque que le mot est « parfois ambigu », car on l'utilise seulement pour les immigrés, « alors qu'il s'agit d'un problème global de l'ensemble des populations qui constituent une nation. L'intégration des immigrés occupe un peu trop la scène politique, or elle n'est jamais qu'une dimension du problème plus général, et d'ailleurs plus difficile, de l'intégration nationale[17] ». De même, Manuel Valls estime que la véritable problématique de l'intégration a été « trop longtemps » occultée par une focalisation sur l'immigration[18]. Martine Aubry jugea le terme moins ambigu qu'inapproprié. Alors qu'en 1998 le Haut Conseil à l'intégration avait remis un rapport établissant « la réalité des discriminations raciales en vigueur dans le logement, l'emploi, les loisirs », réalité qui était dénoncée depuis longtemps par divers acteurs sociaux, le 11 mai 1999, la ministre de l'Emploi et de la Solidarité estima que continuer à parler d'intégration était une erreur conceptuelle. « À vrai dire, il faudra sans doute réfléchir à un autre concept : aujourd'hui, la question est moins celle de l'intégration (car les personnes dont nous parlons sont intégrées culturellement depuis longtemps) que celle de la lutte contre les discriminations et de l'égalité des droits[19] », affirma-t-elle. Martine Aubry exprima de nouveau la même idée à l'occasion des Assises de la citoyenneté et de la lutte contre les discriminations, le 18 mars 2000 : pour la ministre, le « problème fondamental » auquel se heurtaient les jeunes gens représentés lors de ces Assises ne relevait pas de l'intégration, mais de « l'insertion économique et sociale[20] ».

Deux ans plus tard, aux Rendez-Vous de l'Histoire de Blois, Pierre Milza utilisa ce mot d'« insertion » comme synonyme d'« intégration », comme nous l'avons déjà signalé plus haut : on voit combien de pièges lexicaux offre le vocabulaire relatif à ce type de questions... On retrouve chez Azouz Bégag une sorte d'écho des discours de Martine Aubry ; le mot d'« intégration », dit-il, « s'est fané » et « a séché », car il ne convenait plus du tout à la nouvelle réalité sociale et ne pouvait plus répondre « aux enjeux contemporains dans les quartiers sensibles », où vivent des jeunes qui n'ont pas à être « intégrés », car « dedans les jeunes y sont. Au beau milieu. Dedans, ils y sont même nés[21] ».

Enfin, en France, un passé encore récent confère au terme d'« intégration » – dont le lien avec celui d'« assimilation » reste flou – une charge idéologique assez lourde. Il n'est d'ailleurs pas étonnant qu'il soit récusé par des personnes aussi véhémentement engagées que les membres de l'association Les Indigènes de la République, qui ne voient dans les politiques d'intégration qu'une sorte de succédané des anciens processus colonisateurs. Ainsi, tout en dénonçant la conception française de la citoyenneté – qu'il présente comme « nationalitaire », « délégative » et « capacitaire » –, le sociologue Saïd Bouamama affirme que « continuer à parler d'intégration dans notre société », c'est « continuer à situer l'autre comme quelqu'un à qui il manque quelque chose et qu'on va aider à progresser ». Pour lui, qui se réfère aux travaux d'Abdelmalek Sayad, de Frantz Fanon et d'Albert Memmi, le discours de l'intégration, ou de l'intégrationnisme, ne fait que perpétuer le rapport colonial et l'existence du couple colonisé (ou dominé) et colonisateur (ou dominant), le premier se voyant refuser le statut d'être social, économique et politique, pour se trouver enfermé dans celui d'être culturel et religieux. Cette vision « culturaliste » a permis d'instrumentaliser l'affaire du foulard – transformé en « tchador » par certains médias, relève Saïf Bouamama, afin d'assurer une plus forte dramatisation de cette question d'ordre purement vestimentaire.

Tout le discours sur « les exclus à intégrer », dit ce sociologue, est « à mettre à la poubelle », opération qui permettra d'élaborer un authentique discours politique et de faire ressurgir, afin de mieux le combattre, l'imaginaire colonial qui habite l'inconscient collectif des Français. Le verbe intégrer n'est conservé que pour construire un slogan sarcastique et provocateur : « Va te faire intégrer[22]. »

Après cet aperçu trop rapide, nous pouvons maintenant tenter de comprendre comment les mots « laïcité » et « intégration » ont pu se trouver associés. Le premier n'exclut ni le social ni le sociétal et se rapporte au rassemblement de tous les citoyens dans une communauté fondée sur la raison et la démocratie ; le second a trait à des pratiques permettant de faire « converger » les membres d'une société dans des domaines qui se rapportent au politique, au social, au culturel, et doivent être mises en œuvre dans toute République démocratique et sociale. Les zones de recoupement apparaissent clairement. Toutefois le caractère lexicalement et idéologiquement incertain de l'un et l'autre terme et leur forte charge idéologique contribuent, nous semble-t-il, à conférer à leur mise en rapport un sens quelque peu incertain et à assurer entre eux des connexions pouvant s'avérer contradictoires (laïcité et intégration vont de pair ou, au contraire, s'excluent ; pour assurer une bonne intégration, la laïcité doit être plurielle, ou, au contraire, la reconnaissance des différences favorise l'éclatement de la société et de la République).

La mise en rapport des mots laïcité et intégration

Le mot « intégration » étant apparu à une date relativement récente, en tout cas beaucoup plus récemment que le mot « laïcité » qui, lui-même, n'est pas très ancien, on ne s'étonnera pas de ne pas rencontrer ce binôme dans les premières décennies de l'histoire de la laïcité. D'ailleurs, pendant longtemps, la revendication de la laïcité s'est construite essentiellement autour du respect de la liberté de conscience et de la lutte contre le cléricalisme. Toutefois, le projet d'une école laïque destinée à rassembler tous les jeunes Français, quelle que soit leur appartenance religieuse, qu'ils pratiquent une religion ou n'en pratiquent pas, était sous-tendu par la volonté de souder la Nation autour de valeurs communes, ce qui fut aussi recherché par l'usage exclusif d'une seule langue, le français[23], et par le brassage de toute la jeunesse masculine – ou quasiment – lors du service militaire tel qu'il fut organisé par la loi Freycinet du 15 juillet 1889. Même si le mot n'était pas encore employé dans ce sens, il y avait bien là l'idée de la recherche d'une intégration[24].

L'histoire de l'association laïcité-intégration pourrait, à elle seule, donner lieu à un travail qui exigerait le dépouillement attentif de nombreux ouvrages, journaux et revues, pour une période remontant aux années 1970. Nous ne donnerons ici que quelques exemples d'occurrences de cette association des deux mots, que nous estimons significatifs. Le numéro de décembre 1989 du mensuel de la Ligue de l'enseignement *Pourquoi?* contient un point de vue de Jean-Louis Rollot intitulé « La République en danger », qui rapproche l'affaire des trois jeunes filles voilées de Creil et le refus du maire de Montfermeil d'inscrire des enfants d'immigrés à l'école publique de la commune. L'auteur, après avoir constaté que, dans les deux cas, le débat portait « sur l'intégration des populations immigrées », se demande si la laïcité, « protectrice des minorités d'hier[25] », allait « venir au secours de la culture dominante », et s'interroge sur « la référence à la laïcité contenue dans notre Constitution quand l'organisation concrète de notre société est un déni de laïcité ». Contre la structuration de l'espace urbain génératrice d'apartheid, Jean-Louis Rollot préconise « un seul remède: la laïcité », une laïcité qui se réfère aux droits de l'homme et défend les individus contre toutes les formes de l'oppression. « Notre laïcité » – c'est-à-dire la conception de la laïcité que défendait alors la Ligue de l'enseignement, la laïcité "plurielle" – devait, écrit-il, respecter les différences tout en recherchant « les conditions du vivre ensemble ».

À ces interrogations sur le présent, *L'OURS*, mensuel de l'Office universitaire de recherche socialiste, fit écho, sur un ton plutôt optimiste, quelques années plus tard. Au lendemain de la grande manifestation laïque du 16 janvier 1994, Claude Fuzier s'interrogea sur l'importance et la modernité de la laïcité alors qu'à gauche comme à droite certains étaient portés à dénigrer le rôle de l'école laïque; dans son éditorial, publié sous le titre « Laïcité: quoi de neuf? », Claude Fuzier estima que l'école avait joué un rôle fondamental auprès des familles immigrées: « L'école a été un remarquable moyen d'intégration de millions d'enfants nés des familles immigrées, enfants pour qui la langue française s'est dans la plupart des cas substituée à la langue maternelle[26] ».

Pour sa part, le mouvement Europe et Laïcité se dit persuadé que « le refus du racisme et de toute forme de ségrégation est inséparable de l'idéal laïque », et que « racisme déclaré ou inavoué, ségrégation ethnique, religieuse, sociale, sexiste, culturelle ou autre, sont autant d'entorses et de violations de l'éthique sociale ». Les analyses de ce mouvement vigoureusement laïque apparaissent toutefois bien différentes de celles qu'avait adoptées la Ligue de l'enseignement à la fin des années 1980. En proclamant que « le droit à la différence ne doit pas mener à la différence des droits », Europe et Laïcité affirme que « l'autorité civile est seule habilitée à organiser les multiples domaines de la vie civique et sociale », que « l'absence de laïcité, ou son non-respect, mène à l'affrontement » et que « le communautarisme est un danger pour la cohésion de la société ». Le mot « intégration » ne figure pas dans ce texte, mais l'intégration, au premier sens d'Eliezer Ben Raphaël, sert de soubassement aux exigences démocratiques et laïques de ce mouvement.

Toutefois, la volonté de défendre l'intégration ainsi comprise et celle de veiller à l'intégration, en tant que contraire à la ségrégation de telle ou telle partie de la population, ne risquent-elles pas de présenter quelques aspects contradictoires, comme semblaient le suggérer Jean-Louis Rollot et Xavier Ternisien ? Dans « La République en danger », texte déjà cité plus haut, le premier estime qu'accepter le port du voile correspond non pas à « un renoncement aux principes laïques », mais à la reconnaissance d'« une volonté d'identification » et à l'énonciation d'une sorte de principe de précaution car, selon lui, « l'interdit favorisera le développement de l'intégrisme ». Quant au second, dans *Le Monde* du 17 juin 2003, il se demandait si, loin de mettre fin à « certaines évolutions inquiétantes » (contestations de cours d'histoire, violences contre les femmes, etc.), « l'interdiction pure et simple du foulard » ne contribuerait pas à « créer du communautarisme pour de bon », en amenant la création d'écoles musulmanes confessionnelles.

En effet, n'est-il pas légitime de se demander si certains interdits relatifs aux convictions et aux croyances les plus chères d'un individu sont de nature à lui faire apprécier davantage les institutions responsables de ces interdits ou à l'en éloigner, de nature à mieux assurer son intégration dans un ensemble ou, au contraire, à le convaincre qu'il ne peut y trouver sa place ? Un détour par l'histoire des processus de laïcisation de la France sous la IIIe République permet d'approfondir ce type de questionnement; il convient toutefois de préciser que les exemples que nous allons présenter relèvent d'une époque et d'une société difficilement comparables à ce que connaît la France des années 2000.

Laïcisation et intégration : une leçon de l'histoire ?

Entre 1879 et 1906, le processus de laïcisation de la France, qui avait commencé bien antérieurement, avant même la Révolution française, fut amplement développé et toucha l'État, ses services et ses administrations, mais aussi la société, par exemple par la loi sur le divorce. Si des catholiques étaient choqués par ces dernières mesures – par exemple parce que la loi sur le divorce retira, de fait, son caractère sacramentel au mariage –, ils n'étaient toutefois pas obligés d'y recourir. Il n'en allait pas de même pour ce qui touchait à la laïcisation de l'école ou de l'hôpital, qui offre deux exemples très intéressants pour la question posée.

L'école publique connut successivement la laïcisation de ses programmes (loi du 28 mars 1882), de ses enseignants (loi du 30 octobre 1886) et de ses locaux (diverses circulaires entre 1882 et 1906). Or ces mesures entraînèrent le développement de l'école privée confessionnelle, que l'État ne pouvait pas interdire, sauf à s'attribuer un droit de monopole sur l'instruction, ce qui fut d'ailleurs réclamé par certaines personnalités, comme Viviani et Albert Bayet, avant le vote de la loi du

7 juillet 1904. L'article premier de celle-ci stipule que « l'enseignement de tout ordre et de toute nature est interdit en France aux congrégations », tout en laissant « un délai maximum de dix ans » pour la mise en œuvre d'une telle mesure. Ferdinand Buisson s'opposa aux partisans du monopole et expliqua pourquoi, à ses yeux, il serait « un remède pire que le mal », puisqu'il « supprimerait l'éducation libérale elle-même, avec la dignité de l'éducateur[27] ». En outre, avant même la loi du 7 juillet 1904, le titre III de la loi du 1er juillet 1901, drastiquement appliqué par Émile Combes, provoqua la fermeture de milliers d'établissements scolaires congréganistes.

Mais, la solution monopolistique ayant été rejetée, une fois fermés, de nombreux établissements congréganistes rouvrirent, sous la direction, réelle ou fictive, de laïcs[28] tandis qu'étaient aussi fondées de nouvelles écoles ; les catholiques n'étaient donc pas tenus d'envoyer leurs enfants dans une école où l'on n'enseignait plus le catéchisme et d'où étaient bannis tant les religieux que les crucifix et les images de la Vierge. Ainsi, dans le Puy-de-Dôme, aussitôt après le vote de la loi de 1886, dite loi Goblet, le nombre des écoles privées passa de 165 à 219 ; il ne cessa de croître pour s'élever à 294 en 1900 et 315 en 1902[29]. Dans le Nord, le nombre des écoles privées dirigées par des laïcs passa de 56 à 279[30]. Dans la Haute-Vienne, l'enseignement privé se maintint dans deux communes sur trois, en 1914, 9 % des enfants étaient scolarisés dans l'enseignement privé[31]. Ces nouvelles écoles privées passèrent sous contrôle épiscopal. « Tel est le changement institutionnel d'envergure qui s'opère au passage d'un siècle à l'autre, constate Claude Langlois : ironie de l'histoire, le "petit père" Combes a travaillé pour les évêques, en supprimant brutalement l'enseignement congréganiste[32]. »

La laïcisation des hôpitaux amena de la part de catholiques des réactions du même type. Menée dès 1878 dans le département de la Seine, sous l'énergique impulsion du docteur Bourneville, elle provoqua la fondation d'hôpitaux « libres et chrétiens » : à Paris, les hôpitaux Saint-Joseph et Saint-Michel furent inaugurés respectivement en 1885 et 1888. À Marseille, un laps de temps plus long s'écoula entre la laïcisation des hôpitaux, qui intervint en 1903, et la fondation de l'hôpital Saint-Joseph, au lendemain de la Première Guerre mondiale[33].

Ces quelques exemples, qui ne peuvent être développés davantage ici, visent à montrer que des mesures de laïcisation, perçues comme contraires à la foi et à la piété, peuvent provoquer un repli partiel de la communauté qui se sent atteinte et la création d'établissements spécifiques, où l'on se retrouve « entre soi » – encore que les hôpitaux mentionnés n'aient jamais été réservés aux seuls catholiques – et où sont satisfaites des attentes d'ordre religieux.

Retour au présent

Ce sont de telles réactions qui furent redoutées lorsque la querelle autour du foulard battit son plein. De fait, peu après la publication de l'article de Xavier Ternisien dans *Le Monde* du 17 juin 2003, le lycée Averroès, établissement privé musulman qui, d'après certaines sources journalistiques, serait en attente d'un contrat d'association, ouvrit ses portes à Lille[34]. En 2005, divers projets d'établissements musulmans – écoles, collèges, lycées – virent le jour à Clermont-Ferrand, Marseille, Rosny-sous-Bois (Seine-Saint-Denis), Moissy-Cramayel (Seine-et-Marne) [35]. À la rentrée 2006, le recteur de l'académie de Lyon, Alain Morvan, interdit l'ouverture du lycée Al-Kindi, dans la ville de Decines (Rhône) en avançant des motifs d'hygiène et de sécurité[36].

Au total, les craintes se sont révélées infondées. D'ailleurs, la création d'établissements musulmans privés sous contrat ne pourrait-elle pas être vue comme une forme d'intégration à la société française, les musulmans ne faisant après tout qu'user des possibilités offertes par la loi Debré du 29 décembre 1959, comme le font, par exemple, les catholiques ? De nos jours, la fréquentation de ces établissements privés ne peut en effet être comparée à ce qu'elle était lorsque la République et l'Église s'affrontaient durement ; elle ne peut plus être considérée comme un refus d'intégrer les valeurs républicaines, ni même les valeurs laïques, puisque plus de 40 % des élèves fréquentent alternativement le public et le privé durant leur scolarité. Une partie des militants laïques acceptent d'ailleurs de tenir compte de cette évolution et ne considèrent plus la loi Debré comme une loi antilaïque.

Certes, il existe d'autres solutions de repli que la fondation d'établissements privés, qui ne sont pas encore estimées numériquement : l'enseignement par correspondance, la fréquentation d'établissements privés non musulmans et l'arrêt de la scolarité pour les élèves de plus de 16 ans – solution la plus radicale qui avait amené des associations, comme La Ligue des droits de l'homme ou la Ligue de l'enseignement, à exprimer leurs réserves ou leur hostilité à la loi sur les signes religieux à l'école –, qui ne peuvent certainement pas satisfaire le souci d'intégration mis en avant par les pouvoirs publics.

L'histoire montre en outre que le repli d'une communauté, quelle que soit la nature de celle-ci, n'est pas obligatoirement destiné à perdurer. Ainsi, de nombreux hôpitaux privés, y compris ceux qui avaient été conçus comme des établissements « libres et chrétiens », sont désormais intégrés dans l'ensemble des hôpitaux « participant au service public hospitalier ».

Les rapports entre laïcité et intégration donnent naissance à des discours parfois contradictoires, qui s'expliquent par le poids idéologique de ces deux concepts, par le caractère complexe et fluctuant des réalités sociales et sociétales auxquelles elles se réfèrent. Ces questions, qui s'appliquaient il y a peu encore aux catholiques, se sont reportées, dans un autre contexte idéologique, mais surtout économique, sur des populations trop souvent sommairement qualifiées de « musulmanes ». Cette nouvelle situation pourra peut-être déboucher sur un apaisement identique, à condition que cessent de se développer le discours relatif à un « indigénat » douteux et le « fantasme du communautarisme », récemment dénoncé avec vigueur par Olivier Roy[27] – deux discours qui ne peuvent qu'attiser les brandons de la discorde – à condition, surtout, que les problèmes économiques et sociaux qui affectent les populations les plus concernées par le discours sur l'intégration trouvent leur résolution ou, du moins, perdent de leur acuité.

Nous aimerions conclure sur un exemple qui semble pouvoir prouver que rompre avec une conception intransigeante de la laïcité – car, comme l'Église, la famille laïque comprend ses « ultramontains » – peut avoir d'heureuses conséquences en matière d'intégration. Il s'agit des mesures, vieilles d'une trentaine d'années, permettant d'assouplir la législation en matière funéraire. Pour bien les comprendre, il faut faire un nouveau détour par le passé. Le 14 novembre 1881, dans un contexte où les conflits liés aux sépultures étaient encore relativement nombreux et aigus, fut votée une loi destinée à assurer la laïcisation des cimetières, qui ne devaient plus, désormais, former qu'un territoire homogène, dans lequel il était interdit d'attribuer des secteurs particuliers aux différentes confessions. Une telle mesure était destinée à mettre fin aux procédures d'exhumation et de réinhumation liées à des conflits d'ordre religieux et à éviter que certains défunts ne fussent relégués dans les parties non confessionnelles du cimetière, considérées comme maudites et déshonorantes, tant pour les défunts que pour leurs familles[38]. Ces dispositions législatives semblent avoir été tournées par des procédures d'achats de concessions permettant aux membres des différents cultes, notamment des cultes minoritaires, de rester « entre soi » ; dans de nombreux cimetières, des sépultures protestantes et juives, de beaucoup postérieures à la loi de 1881, sont ainsi regroupées. Puis, le 28 novembre 1975, une circulaire du ministère de l'Intérieur adressée aux préfets[39] précisa que, si les maires ne peuvent « établir des distinctions ou des prescriptions particulières pour des motifs religieux en ce qui concerne le transport de corps des personnes décédées, les inhumations et les exhumations », ils peuvent en revanche « autoriser des regroupements de fait ». Par cette même circulaire, les préfets furent invités à recommander aux maires de leur département « d'user des pouvoirs qu'ils détiennent pour réserver aux Français de confession islamique [car c'était désormais pour les croyants de cette religion que des problèmes aigus se posaient], si la demande leur en est présentée et à chaque fois que le nombre d'inhumations le justifiera, des carrés spéciaux dans les cimetières existants ». Une seconde circulaire, du 14 février 1991, alla dans le même sens.

En 2000, les membres du Haut Conseil à l'intégration estimèrent que, pour les musulmans, la question de l'inhumation était « d'autant plus importante que le rapatriement des corps dans le pays d'origine, dernier témoignage d'une fidélité aux racines familiales, est d'un coût tel que certaines familles doivent y renoncer, malgré la volonté du défunt[40] ». Si l'inhumation doit se faire en France, se pose alors la question du respect des préceptes islamiques ; les membres du Haut Conseil à l'intégration jugèrent que les règles contraires aux règles de santé publique et d'organisation du service public[41] ne doivent pas être prises en compte, mais qu'en revanche d'autres sont tout à fait recevables. Ainsi, ils jugèrent que tolérer les regroupements de tombes « ne sembl[ait] pas contrevenir à l'esprit de la loi », à condition qu'il n'y eût ni « obligation de regroupement confessionnel » ni installation d'une « séparation matérielle des tombes musulmanes[42] ».

Actuellement, comme l'a constaté un récent rapport rédigé par deux sénateurs, Jean-Pierre Sueur et Jean-René Lecerf, la demande de carrés confessionnels est « revendiquée par certaines familles, notamment de confession israélite ou musulmane[43] » ; si, comme l'a établi le Conseil d'État, de tels carrés ne peuvent pas être établis en droit, ils peuvent l'être en fait[44] et ils sont encouragés par les pouvoirs publics. Les deux rapporteurs estiment qu'il n'est pas nécessaire de modifier la loi, que ce serait peut-être même dangereux, et qu'« un approfondissement du dialogue avec les maires doit permettre d'apporter une réponse à ces questions ». Précisément, ce dialogue a eu lieu à Evry – mais nous pourrions citer de nombreux autres exemples – où, au mois de février 2002, ont été créés un carré juif et un carré musulman, de superficie certes encore assez restreinte, mais permettant du moins l'orientation des tombes vers Jérusalem ou La Mecque. Le jour de l'inauguration de ces carrés, devant des élus de gauche et de droite et de très nombreux fidèles, le rabbin Maurice Cohen et le recteur de la mosquée Khalil Merroun lurent et chantèrent des psaumes de l'Ancien Testament et des versets du Coran ; puis, dans son discours, le député-maire d'Évry, Manuel Valls, estima que « la laïcité doit être capable de se moderniser. Si l'on nie les particularités des différentes communautés religieuses, ajouta-t-il, on génère un sentiment d'exclusion, à l'origine de l'intégrisme. Il faut permettre à toutes les confessions de vivre leur foi, tout en respectant les lois de la République[45] ».

D'ailleurs, sur le site de la mairie d'Évry, dans une page consacrée à « Évry, partenaire de toutes les opérations de solidarité », figure un paragraphe intitulé « Respecter les différences et favoriser l'intégration » ; parmi les mesures citées, se trouve l'installation des deux carrés musulman et israélite. Si l'on songe que pouvoir inhumer leurs morts en respectant leurs exigences religieuses[46] permet aux musulmans de ne plus chercher à renvoyer les corps des défunts dans leur pays d'origine, si l'on mesure l'importance de la proximité des vivants et des morts et le rôle que la présence de ces derniers peut jouer pour « sacraliser » une terre, on comprend comment une certaine conception de la laïcité peut aller contre l'intégration tandis qu'une autre conception peut la favoriser.

Notes

1 Comité interministériel à l'intégration et installation du Haut Conseil à l'intégration, communiqué du 24 avril 2006, http://www.premier-ministre.gouv.fr/acteurs/communiques_4/reunion-comite-interministeriel-integration_55791.html

2 *Ibid.*

3 http://www.legifrance.gouv.fr/WAspad/UnTexteDeJorf?numjo=INTX0600037L

4 *Le Monde*, 18 au 18 mai 2003.

5 Nous devons préciser que nos travaux sur la laïcité ne relèvent pas habituellement de cette problématique. C'est après de fortes hésitations que nous avons répondu positivement à l'invitation qui nous était aimablement faite et accepté de nous aventurer hors des terres que nous connaissons mieux que celles sur lesquelles nous nous risquons aujourd'hui.

6 Voir Pierre Fiala, « Les termes de la laïcité. Différenciations morphologiques et conflits sémantiques », *Laïc, laïque, laïcité*, *Mots*, n° 27, juin 1991, p. 41-57 et Jacqueline Lalouette, « Anticléricalisme et laïcité », *Histoire des gauches en France*, sous la direction de Jean-Jacques Becker et de Gilles Candar, volume 2, *XXe siècle : à l'épreuve de l'Histoire*, La Découverte, p. 645-666, notamment p. 646-647.

7 Déprise qui ne signifie pas d'ailleurs, contrairement à une idée reçue, que le religieux n'a pas sa place dans l'espace public. Parmi divers commentaires établissant qu'en régime de laïcité ce qui relève du religieux y a sa place, citons ce passage du rapport de la commission dite « Commission Stasi » : « Dans le cadre laïque, les choix spirituels ou religieux relèvent de la liberté individuelle : cela ne signifie pas pour autant que ces questions soient confinées à l'intimité de la conscience, "privatisées", et que leur soient déniées toute dimension sociale ou capacité d'expression publique. La laïcité distingue la libre expression spirituelle ou religieuse dans l'espace public, légitime et essentielle au débat démocratique, de l'emprise sur celui-ci, qui est illégitime. Les représentants des différentes options spirituelles sont fondés à intervenir à ce titre dans le débat public, comme toute composante de la société », *Rapport de la commission de réflexion sur l'application du principe de laïcité dans la République remis au président de la République le 11 décembre 2003*, La Documentation française, 2004, p. 31.

8 Voir Jean Jaurès, *Laïcité et République sociale. 1905-2005 : centenaire de la loi sur la séparation des Églises et de l'État*, Paris, Le Cherche Midi, 2005, p. 171-222, notamment p. 178-179.

9 Xavier Ternisien, « Pourquoi la polémique sur le foulard à l'école ? », *Le Monde*, 17 juin 2003.

10 Jean-Louis Rollot, « Laïcité plurielle », *Laïcité et Islam. Les nouveaux enjeux*, *Pourquoi ?*, n° 252, mars 1990, p. 1.

11 Éliezer Ben Raphaël, s.v. « Intégration », *Dictionnaire de la pensée sociologique*, sous la direction de Massimo Borlandi, Raymond Boudon, Mohamed Cherkaoui, Bernard Valade, PUF, p. 363-366.

12 Laquelle n'est donc pas l'incorporation, contrairement à ce qui est dit au début de la définition, mais une forme de l'incorporation.

13 Azouz Bégag, *L'Intégration*, Le Cavalier bleu, collection « Idées reçues », 2003, p. 5.

14 *Ibid.*, p. 23.

15 *Religions, laïcité, intégration*, actes du colloque organisé par le Centre Georges-Pompidou et le Centre Galilée, 25 mai 1991, Les Cahiers de Galilée, 1992, p. 154.

16 Voir le site internet http://ww3.ac-creteil.fr/hgc/spip/article.php3?id_article = 260

17 Dominique Schnapper, *Religions, laïcité, intégration*, *op. cit.*, p. 153.

18 Manuel Valls, *La Laïcité en face*, entretiens avec Virginie Malabard, Desclée de Brouwer, 2005, p. 172.

19 Discours prononcé lors d'une table ronde « sur les discriminations raciales dans le monde du travail », cité par Jocelyne Streiff-Fénart, « Modèle républicain et discriminations ethniques : un dilemme français », http://www.amares.org/revue/01/travaux/t2/index.html

20 *Ibid.*

21 Azouz Begag, *L'Intégration…*, *op. cit.*, p. 117.

22 Saïd Bouamama, discours prononcé à Marseille durant l'été 2003, ftp://ftp.bibliotheque-sonore.net/immigration/bouamama/bouamama/.mp3. Dans le numéro du 28 novembre 2005 de *Libération*, Sophie Ernst a exposé les conséquences que de tels discours peuvent – à ses yeux comme à ceux de Messaoud Bouras et de bien d'autres commentateurs – entraîner sur de nombreux jeunes gens issus de l'immigration : « Ainsi, à cette immaturité subjective se superpose une posture d'ex-colonisé, indigène de la République, victime du néocolonialisme républicain, descendant d'esclave, victime du racisme et des discriminations, condamné au chômage ou au rejet sur le seul critère de son appartenance ethnique. Ces idéologies sont d'autant plus propagées et facilement intégrées qu'elles reposent sur une base de vérité, importante à reconnaître et à faire connaître, et que, du coup, elles touchent une corde sensible dans l'opinion. […] Mais la vulgarisation démagogique et venimeuse des mêmes débats a des effets désastreux sur une jeunesse déjantée, qui, faute de pouvoir élaborer une subjectivité cohérente et réaliste, se précipite sur un discours qui lui donne non pas une consistance, mais une posture. » Pour les positions de Saïd Bouamama sur le foulard, voir, de cet auteur, *L'Affaire du foulard islamique : production d'un racisme respectable*, Roubaix, Geai bleu éditeur, 2004.

23 L'intégration par la langue est toujours d'actualité. L'article 5 de la loi sur l'immigration et l'intégration du 24 juillet 2006 stipule que « l'étranger

admis pour la première fois au séjour en France ou qui entre régulièrement en France entre l'âge de seize ans et l'âge de dix-huit ans, et qui souhaite s'y maintenir durablement, prépare son intégration républicaine dans la société française », et qu'il s'engage, par un contrat passé avec l'État, à suivre, si nécessaire, une formation linguistique, « sanctionnée par un titre ou un diplôme reconnus par l'État ». Voir http://www.legifrance.gouv.fr/WAspad/UnTexteDeJorf?numjo=INTX0600037L.

24 Il faut toutefois préciser que les enfants des classes sociales supérieures ne fréquentaient pas l'école laïque, mais « les petites classes » des lycées, qui ne furent supprimées qu'après la Seconde Guerre mondiale. L'enseignement qu'ils y recevaient était toutefois laïque : l'honneur idéologique de la République était sauf... Par ailleurs, certaines formes d'acculturation traduisaient bien la volonté d'une intégration au sens où il est question aujourd'hui de l'intégration des immigrés ou des personnes issues de l'immigration ; il faut relire certains textes de la fin du XIXe siècle ou du début du XXe siècle relatifs, par exemple, aux Auvergnats et aux Bretons. La République n'a pas créé de tels discours, qui étaient largement antérieurs, mais les a conservés et développés.

25 C'est-à-dire des Français non catholiques.

26 Claude Fuzier continuait ainsi : « Nous assistons sans y prendre peut-être assez garde à un phénomène très proche de celui constaté après la naissance de la « laïque » qui contribua fortement à l'unité française au détriment des langues brutes ou des patois », *L'OURS*, n° 247, février 1994, p. 2.

27 Ferdinand Buisson, « Contre le monopole de l'enseignement », *L'Action*, 6 et 11 juin 1903, textes repris dans *La Foi laïque*, préface de Raymond Poincaré, Librairie Hachette et Cie, 1912, p. 168, 175-176.

28 Le mot étant ici pris au sens premier du terme, qui se rapporte à des personnes n'appartenant pas au clergé. Dans sa seconde acception, d'ordre idéologique, ce substantif doit d'ailleurs être orthographié « laïques ».

29 Didier Lambersend, *La Laïcisation des écoles publiques congréganistes dans le Puy-de-Dôme (1879-1905)*, mémoire de maîtrise (sous la direction de Jacqueline Lalouette), université Blaise-Pascal-Clermont-Ferrand II, 1997, p. 92.

30 Bernard Ménager « Conséquences dans le Nord », *1901. Les congrégations hors la loi ?*, sous la direction de Jacqueline Lalouette et Jean-Pierre Machelon, Letouzey et Ané, 2002, p. 220.

31 Paul d'Hollander, « L'application de la loi dans le département de la Haute-Vienne », *ibid.*, p. 206.

32 Claude Langlois, « L'enquête de 1878 sur les congrégations religieuses », *ibid.*, p. 48.

33 Jacqueline Lalouette, « L'hôpital libre et chrétien : une réponse à la laïcisation des hôpitaux de l'Assistance publique », *L'Hôpital entre religions et laïcité*, sous la direction de Jacqueline Lalouette (avec la collaboration d'Élisabeth Belmas, de Marie-José Michel et Serenella Nonis), Letouzey et Ané, 2006, p. 117-134.

34 Consulter les sites internet http://www.bladi.net/2129-le-lycee-averroes-a-ouvert-ses-portes-a-lille.html et http://www.mosqueedelille.fr/Programmes/-mameche17mars2006.mp3

35 Consulter le site http://ecolesdifferentes.free.fr/PROCOLMUSULM.htm. Voir aussi Sophie Maurer, *Le Culte musulman en France : enjeux pratiques et réponses des acteurs publics* (Sciences-Po, Paris, France), GMF, FRENCH VERSION. doc

36 Consulter les sites internet http://www.saphirnews.com/Al-Kindi-une-rentree-menacee_a4380.html, http://www.al-kindi.com/index-fr.php et http://www.voxdei.org/afficher_info.php ? id = 17858.88

37 Olivier Roy, *La Laïcité face à l'islam*, Stock, 2005, p. 143-153.

38 Voir Jacqueline Lalouette, *La Libre Pensée en France. 1848-1940*, préface de Maurice Agulhon, Albin Michel, 1997, p. 307-309.

39 Circulaire n° 75-603 du 28 novembre 1975. Texte communiqué par feu M. Louis Fougères, conseiller d'État.

40 Haut Conseil à l'intégration, *L'Islam dans la République*, introduction de Roger Fauroux, *s.l.*, novembre 2000, p. 33 (document dactylographié, communiqué par M. Roger Errera, conseiller d'État honoraire, à qui nous adressons nos remerciements).

41 Il s'agit notamment de l'inhumation en pleine terre.

42 Haut Conseil à l'intégration, *L'Islam dans la République…*, *op. cit.*, p. 34.

43 Sénat. Session ordinaire de 2005-2006. Annexe au procès-verbal de la séance du 31 mai 2006. Rapport d'information fait au nom de la commission des lois constitutionnelles, de législation, du suffrage universel, du règlement et d'administration générale par la mission d'information sur le bilan et les perspectives de la législation funéraire par MM. Jean-Pierre Sueur et Jean-René Lecerf, http://www.senat.fr/rap/r05-372/r05-3729.html

44 Voir Conseil d'État, *Rapport public 2004. Jurisprudence et avis de 2003. Un siècle de laïcité*, La Documentation française, 2004, p. 327.

45 *Le Parisien*, 18 février 2002. Pour connaître la conception que Manuel Valls se fait de la laïcité, voir Manuel Valls, *La Laïcité en face*, *op. cit.*

46 Du moins certaines d'entre elles.

Solidarités au XXIe siècle

Philippe Fremeaux

Le modèle social français va mal. Premier symptôme : le chômage tourne autour de 9 % à 10 % de la population active depuis maintenant près de quinze ans. Il n'a véritablement baissé qu'entre 1997 et 2001. Une évolution qui n'a pas été aussi négative chez la plupart de nos voisins : en 1981, neuf pays de l'Europe des Quinze (plus le Japon et les États-Unis) subissaient un chômage plus important que la France. Parmi eux, l'Espagne, les États-Unis et le Royaume-Uni, mais aussi le Danemark et les Pays-Bas. Aujourd'hui, aucun de ces neuf pays n'est encore dans ce cas.

Plus grave encore, le chômage frappe très inégalement. Les jeunes, les femmes, les salariés âgés et les peu qualifiés payent le plus lourd tribut. Et si certains retrouvent aisément un emploi, d'autres peinent à sortir du chômage : le taux de chômage de longue durée (plus d'un an) atteint 3,9 %. Les inégalités de statut face au travail, en termes de garanties et de revenus, se sont constamment creusées entre ceux qui bénéficient de la sécurité de l'emploi ou de conventions collectives offrant de solides garanties, et une masse croissante de salariés précaires et de travailleurs pauvres qui ne parviennent plus à vivre dignement de leur travail : la part des contrats temporaires dans le secteur privé dépasse désormais 12 %. Selon Eurostat, la France est devenue un des pays d'Europe où les travailleurs pauvres sont proportionnellement les plus nombreux, davantage même qu'au Royaume-Uni. De plus, la circulation entre ces deux groupes est très limitée : ceux qui ont une situation stable s'y accrochent et les abonnés à l'emploi précaire peinent à accéder à un contrat à durée déterminée.

Face à cette situation, les partis de gouvernement ne sont pas parvenus à mettre l'ensemble du pays en mouvement, en dehors de la tentative des 35 heures. Ils ont concentré l'action aux marges : ils ont multiplié les contrats aidés dans le secteur public ou privé, développé l'assistance avec le revenu minimum d'insertion (RMI), subventionné les emplois à bas salaires. Des mesures qui n'ont permis ni d'éradiquer la pauvreté ni de réduire la précarité, quand elles n'ont pas contribué à l'étendre. Au fond, les partis de gouvernement semblent toujours attendre que le retour de la croissance et, avec elle, celui des créations d'emplois, fasse disparaître la pauvreté et la précarité.

Trouver les voies et les moyens d'une politique économique plus dynamique en France et en Europe est certes essentiel. Un meilleur *policy mix* permettrait probablement de gagner presque un point de croissance par an. Ce qui pourrait aboutir à créer quelque 200 000 emplois supplémentaires chaque année, de quoi réduire progressivement le chômage. Mais cela ne permet pas d'éluder les questions posées par le mauvais fonctionnement de notre modèle social : les inégalités qui caractérisent aujourd'hui la société française ne vont pas se dissoudre tout naturellement le jour où la bonne politique économique sera enfin menée.

Une croissance soutenue ne suffit pas en effet à résoudre tous les problèmes, comme l'illustre l'état de la société américaine. La croissance est compatible avec le maintien d'inégalités élevées, surtout quand elle est intense en emplois peu qualifiés. Certes, elle fait baisser les statistiques du chômage, mais elle ne permet pas aux travailleurs pauvres d'échapper à leur sort, si elle ne s'accompagne pas de réformes structurelles.

L'heure des choix

L'incapacité des partis de gouvernement à agir – ou leur tendance à surestimer les résultats de leurs actions, comme ce fut le cas pour Lionel Jospin – a largement contribué à la désaffection dont ils sont l'objet et à la montée des extrêmes. Non content de faire des promesses démagogiques – baisser les impôts de 30 % sans dire dans quel budget on va couper –, les dirigeants du pays n'ont eu de cesse d'instrumentaliser la mondialisation ou l'Europe pour justifier des réformes généralement synonymes de régression ou pour excuser leur impuissance à faire baisser le chômage. Pas plus tard qu'hier, le contrat première embauche (CPE) a été présenté par Dominique de Villepin comme une figure imposée de l'entrée dans la « modernité ». Comment s'étonner dès lors qu'une majorité de Français soient méfiants à l'égard de l'économie de marché, de l'ouverture sur l'Europe et le monde, et qu'ils aspirent à un État plus fort, dont ils espèrent qu'il sera plus protecteur ?

Il est urgent de sortir de cette situation. Nicolas Sarkozy l'a bien compris en affirmant haut et fort que notre modèle a besoin d'un sérieux *lifting*. Une large partie de la gauche a sans doute plus de mal à le reconnaître. Parce qu'à la différence du président de l'UMP, elle se refuse à jeter le bébé avec l'eau du bain : après tout, ce modèle social tant critiqué a tout de même fini par assurer des soins de qualité et a permis aux personnes âgées de bénéficier d'un revenu décent. Et si on critique aujourd'hui bien souvent l'inefficacité de notre système de solidarité, c'est qu'on lui reproche de ne pas résoudre un problème pour lequel il n'a pas été conçu : le chômage de masse. En effet, le système bismarckien étendu dont nous nous sommes dotés progressivement dans les décennies d'après-guerre luttait contre la pauvreté en garantissant des ressources à ceux que l'âge ou la maladie empêchaient d'accéder à l'emploi. Il n'était pas destiné à gérer les conséquences du chômage. Encore moins à lutter contre. Aussi, on ne peut lui reprocher en l'état de ne pas avoir de résultat dans ce domaine…

Mais une autre raison explique aussi la timidité de la gauche : ses militants se recrutent très majoritairement parmi ceux qui échappent à l'insécurité sociale et qui s'opposent, non sans raison, à des « réformes » qui tendraient à aligner leur statut sur celui des plus exposés.

La nécessité d'agir s'impose néanmoins de plus en plus dans un pays qui a enchaîné les crises ces derniers mois. D'autant qu'à regarder ce qui se passe ailleurs, on découvre qu'il existe des pays ouverts à la mondialisation, où le chômage est faible et où les entreprises sont à la pointe du progrès technologique. En simplifiant, nous sommes face à une alternative : choisir la voie américaine, plus inégalitaire, ou regarder du côté des modèles nordiques, qui s'efforcent de marier solidarité et efficacité.

Les termes de l'alternative

Choisir la voie américaine consiste tout d'abord à considérer largement les inégalités comme une donnée incontournable. Aux États-Unis, le système éducatif, loin d'assurer une véritable égalité des chances, forme une élite tout en laissant entrer dans la vie active, année après année, un grand nombre de jeunes sans qualification. Un marché du travail très flexible permet à chacun de trouver aisément du travail, sans pour autant réduire les inégalités. Le chômage est effectivement inférieur à 5 % dans les statistiques, mais des dizaines de millions d'Américains ne parviennent pas à vivre dignement de leur travail.

La dérive vers ce modèle est déjà à l'œuvre en France. En témoignent les réformes qui ont libéralisé le marché du travail, introduit une protection sociale plus individuelle et marchande, et abaissé les impôts des plus aisés. Un tel modèle n'empêche pas de défendre un renforcement de l'autorité de l'État en matière de politique industrielle ou de recherche, ou pour lutter contre l'insécurité engendrée par une société plus dure et plus inégale. De quoi satisfaire les couches aisées et tenter de séduire un électorat populaire qui se porte vers l'extrême droite.

La voie nordique est totalement différente. Elle consiste à agir ici et maintenant, sans attendre que la croissance économique dissolve, comme par enchantement, le chômage et la précarité. Elle privilégie la réduction des inégalités et une volonté systématique d'intégrer l'ensemble des citoyens. Ce qui n'empêche pas d'accepter les contraintes imposées par une économie ouverte, mais en s'efforçant de concilier efficacité économique et solidarité sociale. Les modèles nordiques ne sont pas parfaits. Ils n'ont pas supprimé les inégalités – on compte d'ailleurs de très grosses fortunes en Suède, au Danemark ou en Finlande –, et ils sont eux-mêmes soumis à des tensions très fortes comme en témoigne la récente victoire électorale de la coalition de droite en Suède. En revanche, ces modèles s'efforcent de réduire au maximum le nombre de laissés-pour-compte du système : en assurant une formation initiale et continue de qualité, et en créant les conditions d'une mobilité de la main-d'œuvre qui permettent à chacun de retrouver rapidement un emploi.

La gauche devrait naturellement s'inscrire dans cette direction. Mais il lui est plus aisé de se contenter de dénoncer la politique de la droite et de promettre un retour à un âge d'or mythique. Après tout, chaque élection – depuis 1978 ! – s'est soldée par une alternance !

Les raisons du blocage

Dossier prioritaire, l'éducation. Les rapports s'entassent et répètent la même chose : aucun jeune ne doit sortir du système scolaire sans qualification, le marché du travail doit être rendu moins rigide, *via* une sécurisation des parcours professionnels. Des réformes sont même engagées dans ce but : la loi Fillon sur l'éducation a ainsi prévu un soutien scolaire aux élèves en difficulté ; la réforme de la formation professionnelle a créé le droit individuel à la formation (DIF) ; et l'institution, en 2001, du plan d'aide au retour à l'emploi (PARE) visait à accompagner plus efficacement les chômeurs dans leur recherche d'emploi. Mais ces réformes sont généralement trop timides ou dotées de moyens insuffisants, voire non appliquées. Le DIF n'est pas à la hauteur de l'enjeu et n'est pas assez contraignant. L'ANPE voit ses priorités constamment modifiées et n'a pas les moyens de ses ambitions.

Pourquoi ne fait-on pas mieux ? Parce que la société française est prisonnière de ses structures et de ses inégalités de statut. Et que les décideurs (personnel politique, patronat, mais aussi organisations syndicales) sont plus soucieux de satisfaire leurs clientèles que de nouer des compromis durables permettant d'engager en confiance des réformes où toute prise de risque serait assortie de contreparties claires. Résultat : rien n'avance et la méfiance entre les acteurs du jeu social a rarement été aussi forte.

La droite tient ainsi en permanence un discours antifonctionnaires et coupe dans les effectifs sans grand discernement, alors que l'enjeu d'une véritable réforme de l'État impliquerait précisément de lui redonner les moyens d'intervenir massivement là où c'est nécessaire. Quant à la gauche, elle n'a guère fait mieux. Elle a notamment échoué à améliorer l'efficacité du système éducatif.

Incapables d'agir sur l'école et les structures de l'emploi, gauche et droite ont en revanche mené avec constance une politique de flexibilisation à la marge : extension des contrats précaires de toute nature, dont le contrat nouvelles embauches (CNE), réservé aux entreprises de moins de 20 salariés ; exonérations de cotisations sociales sur les bas salaires. Cette politique a des conséquences doublement négatives : en opposant les salariés exposés aux protégés, elle divise gravement le salariat et affaiblit un mouvement syndical qui compte une majorité de salariés à statut parmi ses adhérents; en prenant la faible qualification de la main-d'œuvre française comme une donnée à laquelle il faut s'adapter *via* une baisse du coût du travail, elle encourage une déformation des structures de l'emploi en faveur des postes les moins qualifiés. Quant aux déductions fiscales pour les employeurs à domicile, elles permettent surtout aux couples aisés de ne pas avoir à modifier une division sexuée du travail domestique qui laisse tout le travail aux femmes en déchargeant celles-ci d'une partie du travail domestique. Et pendant ce temps-là, les besoins sociaux prioritaires (petite enfance et aide aux personnes âgées) demeurent mal satisfaits.

Au final, nous continuons notre lente dérive vers le modèle américain, marqué par la multiplication des travailleurs pauvres et les difficultés d'intégration de tous ceux qui, du fait de leur qualification, de leurs origines, etc., souffrent d'un handicap pour construire de vraies carrières professionnelles. Comme nous sommes européens, nous préférons cependant subventionner l'emploi plutôt que de proposer des emplois à très bas prix, dépourvus de protection sociale, comme c'est le cas aux États-Unis, où de nombreux travailleurs pauvres n'ont pas accès à l'assurance maladie. Mais la logique à l'œuvre n'est pas fondamentalement différente. À défaut de lutter frontalement contre les causes des inégalités, nous tentons de limiter les dégâts. À un coût tel que des voix s'élèvent de plus en plus, à gauche comme à droite, pour réduire le coût des exonérations de cotisations sociales sur les bas salaires, dont l'utilité et les effets sociaux sont de plus en plus contestés. Reste à déterminer comment sortir par le haut de l'impasse actuelle.

Flex-sécurité, mode d'emploi

Réformer le système éducatif afin d'assurer une meilleure prise en charge des jeunes en difficultés est donc la priorité des priorités. L'école doit être enfin son propre recours. Plutôt que d'accorder des exonérations fiscales aux cours à domicile, développons le soutien scolaire et des méthodes pédagogiques donnant la priorité à la réussite de tous. Au-delà, la seconde priorité est d'assurer une véritable sécurisation des parcours professionnels afin qu'un passage par la case chômage ne soit plus vécu comme un drame.

Cela suppose que chaque salarié, dès son entrée dans la vie active, accumule des droits attachés à sa personne au lieu de voir sa situation dépendre de la qualité de l'entreprise qui l'emploie: chacun doit pouvoir disposer de droits à la formation qui lui permettent de bénéficier d'une réelle seconde chance si son parcours scolaire n'a pas débouché vers une vraie qualification. Il faut parallèlement améliorer radicalement l'indemnisation du chômage et l'accompagnement des chômeurs. Enfin, il faut agir pour modifier les structures de l'emploi de manière à encourager la création d'emplois qualifiés. Cela passe par un effort de recherche plus soutenu, mais aussi par une politique de développement des services qui privilégie la qualité et de bonnes normes d'emploi. De quoi rendre les conditions d'emploi moins inégales selon les entreprises et les secteurs d'activité. C'est alors seulement qu'on pourra légitimement prendre des mesures rendant le marché du travail plus flexible.

Au Danemark, licencier est aisé et il n'y a pas d'indemnité de licenciement. En revanche, un salarié licencié peut toucher jusqu'à 90% de son ancien salaire (pour les bas salaires) durant quatre ans. En France, au contraire, la protection, quand elle existe, est essentiellement à la charge de l'entreprise et dépend des conventions collectives. Le régime de droit commun n'accorde une indemnité de licenciement qu'à partir de deux années d'ancienneté dont le montant, ridiculement faible, est de 1/10e de mois par année d'ancienneté ! En revanche, les journalistes, par exemple, ont droit à un mois de salaire par année d'ancienneté, et ce, dès la première année…

Mêmes inégalités côté assurance chômage. Une grande partie des salariés précaires et des jeunes n'en bénéficient pas compte tenu du type d'emplois qu'ils occupent. Les allocations, proportionnelles aux salaires, assurent un revenu de remplacement insuffisant pour les bas salaires, tandis que les cadres bénéficient de revenus plus confortables que dans la plupart des autres pays. À cela s'ajoute le fait que la durée d'indemnisation accordée par le régime d'assurance chômage est courte. Ce qui conduit les chômeurs de longue durée à basculer dans le régime dit de solidarité, pris en charge par l'État, qui verse une allocation d'un niveau proche du RMI, c'est-à-dire très bas.

Il faudrait donc réunifier le système d'indemnisation afin d'étendre les droits des précaires et augmenter le niveau des allocations pour les bas salaires tout en plafonnant leur niveau. C'est alors qu'on pourrait négocier une remise à plat des indemnités de licenciement, manifestement trop faibles pour les salariés non couverts par les conventions collectives et, en revanche, sans doute trop coûteuses pour certaines catégories de salariés (ce qui peut conduire à accroître les difficultés d'entreprises contraintes de procéder à des licenciements économiques).

Dans un système où les coûts de la sécurité liée à une flexibilité croissante seraient mis à la charge de la collectivité, il importerait de contrôler plus étroitement les employeurs, afin d'éviter qu'ils se comportent en passager clandestin aux dépens du système d'indemnisation. Les entreprises du spectacle sont familières de ce comportement, grâce au régime des intermittents. Dans les pays nordiques, le problème est résolu par une forte présence syndicale, qui impose aux entreprises de respecter les règles : que le fait de licencier soit aisé et peu coûteux ne signifie pas que les employeurs peuvent licencier selon leur bon vouloir. Le licenciement doit être clairement motivé, que ce soit pour raison économique ou pour motif personnel. Et l'employeur est soumis à la surveillance de syndicats puissants et d'un service public de l'emploi doté de moyens beaucoup plus importants qu'en France.

Les conditions du dialogue social

Les pays nordiques se caractérisent depuis longtemps déjà par la recherche permanente d'un consensus sur les grandes orientations du pays entre le patronat, des syndicats très puissants et un gouvernement qui intervient finalement assez peu dans la vie économique. Ni la Finlande, ni la Suède, ni le Danemark ne connaissent, par exemple, de salaire minimum légal pour l'instant : dans ces pays les salaires relèvent en effet exclusivement de la négociation entre patronat et syndicats. Et il n'est jamais venu à l'idée des puissants partis sociaux-démocrates nordiques de nationaliser des fabricants de voitures ou des usines chimiques.

Cette recherche de consensus n'exclut cependant pas les conflits et la défense attentive des intérêts contradictoires des uns et des autres. Mais chacun s'efforce au bout du compte de déboucher sur un accord, en acceptant les compromis nécessaires. Ce modèle a résisté au temps et a permis aux pays nordiques de surmonter, au prix de profondes réformes, des crises économiques graves, comme celles qu'ont subies la Suède et la Finlande dans la première moitié des années 1990.

L'incapacité française à régler les questions difficiles par la négociation collective remonte loin dans notre histoire, jusqu'à la Révolution française dont l'un des objectifs fut d'éliminer les corporations, et partant tous les corps intermédiaires qui pouvaient faire écran entre l'État républicain, seule incarnation légitime de la Nation, et les individus-citoyens. Même après avoir enfin admis l'existence des syndicats en 1884, la France les a cantonnés dans un rôle subalterne, tranchant avec la place qu'ils ont acquise dans la plupart des autres pays développés. Avec, en contrepoint, la persistance, assez exceptionnelle elle aussi dans les pays développés, de puissantes et fréquentes éruptions revendicatives, le plus souvent spontanées.

Le caractère archaïque de ce mode de fonctionnement et ses inconvénients sont de plus en plus admis. Sans pour autant que l'on soit parvenu jusqu'à maintenant à en sortir. En 1997, la gauche avait voulu organiser une négociation tripartite pour définir les conditions de mise en œuvre de son engagement électoral en faveur des 35 heures. Mais le patronat avait claqué la porte, s'engageant dans la foulée dans une guérilla permanente contre le gouvernement. Avec ce qu'il avait appelé à l'époque la « refondation sociale », il proposait notamment une profonde transformation institutionnelle qui devait faire désormais primer le résultat de la négociation patronat-syndicats sur la loi en matière de droit social. Depuis 2002, il n'en est plus question : maintenant que le pouvoir politique est redevenu sensible à ses propositions, le Medef se satisfait de nouveau d'un simple rôle de lobby et ne cherche plus vraiment la négociation avec les syndicats. Pour leur part, les gouvernements qui se sont succédé depuis 2002 se sont efforcés de montrer, dans un premier temps, qu'ils pratiquaient la concertation sociale sur les grandes réformes. La réforme des retraites, intervenue en 2003, avait notamment fait l'objet d'une préparation relativement ouverte et approfondie dans le cadre multipartite du Conseil d'orientation sur les retraites (COR). Même si, au stade de la négociation finale, les choses s'étaient gâtées. En 2004, le gouvernement s'était attaqué, avec la loi sur le dialogue social, à un des problèmes centraux qui plombent la négociation collective en France : les conditions de validité des accords syndicats-patronat. Il était possible en effet à une organisation syndicale minoritaire de signer des accords avec le patronat qui s'imposaient ensuite à tous les salariés. François Fillon, à l'époque ministre des Affaires sociales, avait renforcé le droit d'opposition que peuvent exercer dans ce cas les autres syndicats. Sans aller cependant jusqu'à imposer qu'un accord soit obligatoirement conclu par des syndicats majoritaires chez les salariés concernés. Une évolution qui serait pourtant indispensable pour amener chacun à prendre ses responsabilités et à sortir de la division du travail stérile entre des syndicats minoritaires qui signent des accords, souvent sans rapport de forces suffisant, et d'autres qui peuvent se contenter de demeurer dans une posture protestataire.

La droite avait également inclus dans l'exposé des motifs de cette loi un engagement solennel à ne plus jamais réformer le Code du travail sans négociation sociale préalable. Mais cet engagement n'était pas à proprement parler intégré au texte de la loi ; il n'avait donc en fait aucune valeur juridique contraignante. Ce que n'a pas manqué de rappeler Dominique de Villepin, quand on lui a reproché de violer cette loi en passant en force avec son contrat nouvelle embauche (CNE), puis avec le contrat première embauche (CPE). Avec un tel résultat qu'il a fallu depuis proposer d'institutionnaliser, de manière précise et contraignante cette fois, l'obligation d'une négociation sociale tripartite préalable aux modifications du droit du travail ou de la protection sociale, comme vient de le faire Jacques Chirac, sans pour autant définir les principes d'une nécessaire réforme des règles de la représentativité syndicale de nature à renforcer le syndicalisme en luttant contre son émiettement.

Être français demain

Joël Roman

Que sera être français demain ? Il s'agit moins d'une incertitude identitaire, après tout, nous savons bien que nous sommes français et nous savons à peu près ce que cela veut dire, que d'une sourde inquiétude, sur ce que cette identité nous apporte, sur la manière dont elle se traduit par un projet collectif, une capacité de vivre ensemble, bref, sur notre capacité à former une communauté politique.

Une première réponse a été proposée dans cet ouvrage, qui a une grande force et une extrême cohérence : c'est celle de Jean-Robert Pitte (voir p. 35), qui a paradoxalement pris appui sur ce qui semble le plus archaïque, ou du moins le plus traditionnel dans notre patrimoine, les « terroirs ». Ceux-ci en effet ne sont pas seulement les refuges d'une France urbaine stressée, ou les survivances anecdotiques et pittoresques de la France d'hier, mais pourraient bien figurer la France de demain : une France qui sait pouvoir jouer dans la mondialisation sur des territoires dotés d'un avantage compétitif. À côté des quelques îlots industriels ayant su prendre le tournant de cette mondialisation et ayant développé des productions compétitives, la France apparaît en effet comme une immense réserve de terroirs capables de mettre en avant des productions agricoles à forte valeur ajoutée, vins, spiritueux, comestibles raffinés et de luxe, ainsi qu'une capacité d'accueil touristique haut de gamme sans équivalent. Miser sur ces terroirs revisités à l'heure de la mondialisation dessinerait ainsi un avenir pour la France et une réponse à la question sur être français. Certes, le territoire national reste mité par des non-terroirs, des déserts au regard de la compétitivité, même si ou peut-être parce que ces territoires délaissés sont aussi les plus densément peuplés, et remplissent l'espace entre centres-villes patrimoniaux, productions de pointe et ruralité dispensatrice d'aménités.

À ceux que cette vision morcelée du territoire révulse, une autre hypothèse ouvre ses bras : celle d'une France à l'ombre protectrice de l'État, cherchant en défense à multiplier les barrières contre les agressions extérieures, l'Europe, la mondialisation, les intrusions d'immigrés. Se présentant dans une double version de droite et de gauche, cette France-là cherche à faire revivre les splendeurs d'antan. Souverainiste et nostalgique, repliée et conservatrice, elle croit qu'il suffit de cesser de regarder dehors pour que le dehors s'efface, et croit possible de se tenir hors du temps, hors aussi de l'emprise centrifuge de la mondialisation, dans une pérennité immuable. Cette France réduite est aussi une France confite, qui ne se voit pas d'avenir parce qu'elle cherche déjà à échapper au présent, et qu'elle ignore le passé. Elle oublie que la France splendide dont elle cultive la nostalgie était tout à la fois un État-nation, solidement unifié par des siècles de tradition autoritaire, monarchique, impériale ou même républicaine, et le centre d'un empire colonial qui projetait ainsi sur le globe l'ombre d'un rayonnement universaliste. Aujourd'hui, c'est un empire inversé qu'il faut décrire, drainant des quatre coins du monde des hommes et des femmes en quête d'avenir, et une nation incertaine dont l'État ne parvient plus à assurer la cohésion et la solidarité. Puissante comme mythe, cette représentation peut apporter un réconfort provisoire : elle ne saurait tenir lieu de projet d'avenir.

Dès lors, si l'on ne se résout ni à la seule logique des avantages compétitifs, ni à celle du repli passéiste, il faut trouver une autre voie pour être français demain, capable d'affirmer une identité collective solidaire et ouverte, de renouer les fils d'une histoire qui ne se fige pas en destin et ne se disperse pas en parcours divergents. Refaire France peut-il s'imaginer sans chercher un ennemi commun, sans diaboliser l'Europe, mais sans chercher non plus à en faire le substitut de la nation perdue ? Cette refondation ne se fera pas non plus à coups d'injonctions à révérer des valeurs, comme si les questions qui se posent à la France aujourd'hui pouvaient se ramener à la qualité de l'adhésion de ses citoyens, au civisme des individus. La définition d'un projet commun ne relève pas seulement de la bonne volonté des personnes, mais de la capacité collective de s'engager dans une voie qui ouvre l'avenir. C'est une question politique d'abord, avant d'être une question morale. On ne peut aimer qu'une France qui soit aimable.

Refondation de l'État social

L'une des premières exigences est dès lors de refonder un État social qui assure la solidarité nationale, c'est-à-dire la cohésion et la cohérence nationale. L'idée de solidarité est en effet venue incarner la troisième valeur de la devise républicaine, celle de fraternité, pour faire de la nation non seulement un espace commun de rencontre ou un territoire à défendre, mais le creuset d'une unité plus forte, parce que ressentie et assumée par chacun dans le double mouvement d'une dette acquittée et d'une créance contractée à l'égard de l'ensemble de la société. Les théoriciens du solidarisme ont ancré cette solidarité dans ce qui leur apparaissait alors comme le vecteur principal de l'échange social, le travail. Sans renoncer à cette idée, il nous faut prendre en compte des évolutions qui affectent en profondeur notre société et mettent à mal le principe d'une solidarité fondée essentiellement sur le travail. Il ne s'agit pas seulement des évolutions de l'emploi et de la montée du chômage, mais plus profondément de trois évolutions qu'il faut penser conjointement: l'allongement de la durée de la vie, qui voit une quantité croissante de jeunes retraités capables d'une vie sociale intense qui ne se limite pas à la sphère du travail; l'allongement, à l'autre bout de la vie, de la jeunesse, et l'entrée tardive dans le statut de travailleur, en grande partie en raison de la prolongation des études; les transformations enfin de l'activité sociale elle-même, qui voit se développer une économie de l'information et de la communication plutôt qu'une économie de la production. Si le travail et l'emploi restent des objectifs sociaux importants et des pourvoyeurs de revenus décisifs, ils ne sont plus les seuls et il convient de parler d'une société de l'activité plutôt que du travail. Comment une société de l'activité peut-elle rééquilibrer l'échange social en intégrant dans son économie la culture, le loisir, la vie associative, dans toutes leurs dimensions? Comment aussi intégrer cette dimension de l'activité à l'exercice et au financement de la solidarité? Ce qui se fait déjà sous une forme spontanée, comme l'extension du bénévolat dans de très nombreux domaines, de l'aide aux devoirs à l'accompagnement des mourants, a un coût social que les habituels calculs de la comptabilité publique, fondés sur la seule production, n'intègrent pas, ou bien font figurer au seul registre des dépenses improductives. Mais il en va de même de l'éducation et de nombreux autres domaines dont l'utilité sociale va croissant. Redéfinir au regard de ces besoins d'une société nouvelle les règles de redistribution et de répartition, les exigences de la justice sociale sont des impératifs pour envisager une société plus solidaire, seule à même de continuer d'assumer sa fonction de cohésion nationale. Cette tâche va bien au-delà de la nécessaire réinsertion d'une poignée d'exclus, au demeurant croissante.

On ne peut pas non plus s'en débarrasser au motif qu'une telle solidarité doit s'exercer à une autre échelle que l'échelle nationale, soit infranationale, soit supranationale (européenne). Ces différents niveaux doivent certes être mis à contribution, mais sous peine d'entrer dans une logique de compétition des territoires, l'exigence de la solidarité doit rester fondatrice de la nation. Ne confondons pas les principes de la solidarité et les mécanismes qui doivent en assurer l'exercice, lesquels peuvent à un moment ou un autre, jouer à une autre échelle que l'échelle nationale.

Partage de souveraineté

On rencontre ici une autre nécessité, souvent difficile à admettre dans la tradition française, celle du partage de la souveraineté. Nous continuons trop souvent à cultiver l'idée d'une souveraineté insécable, héritage d'Ancien Régime transposé en République, comme si celle-ci était la condition de possibilité d'une action civique collective. Or non seulement l'idée d'une souveraineté sans appel est aujourd'hui heureusement battue en brèche par la montée de nombreux contrôles juridictionnels et par la défense des droits individuels contre les abus possibles de l'État, mais elle se voit obligée de s'associer à d'autres dans les domaines d'exercice les plus classiquement régaliens: la monnaie, la défense, la politique étrangère. Loin d'y voir comme certains la fin du sujet politique, le partage de souveraineté implique au contraire que soient appropriées et discutées des questions qui échappaient classiquement au champ de l'argumentation, l'autorité de la décision l'emportant sur toute argumentation de ce type. Cette évolution n'est pas neuve, puisqu'elle a commencé avec Briand et l'idée de société des nations. Elle a toutefois connu avec la construction européenne d'une part, et avec la déclaration universelle des droits de l'homme d'autre part, des développements décisifs. Aujourd'hui, la monnaie est une matière commune de la zone euro, régulée par une autorité indépendante, tout comme la Cour européenne des droits de l'homme est apte à juger des conflits entre un individu et l'État dont il est le ressortissant. Demain, pour des raisons qui sont à la fois d'efficacité et de principe, la politique étrangère et de défense devra elle aussi devenir une matière européenne. Enfin, les exigences de la paix dans le monde, les régulations du commerce mondial, la préservation de l'environnement et le souci de l'avenir de la planète doivent imposer toujours davantage de concertation internationale. Il n'y a dans ce partage nul abandon de souveraineté, juste un rééquilibrage de cette idée par celle de pluralisme. À cet égard, être français peut se décliner de deux manières: soit continuer à faire mine d'une indépendance qui a peu de base réelle et peu de moyens, et se contenter de jouer le double rôle de donneur de leçons au monde et de tuteur vigilant de l'ancien empire colonial, soit au contraire mettre à profit la pluralité des expériences et des traditions européennes, mais aussi la pluralité interne de notre pays, pour construire une perspective de paix.

Multiculturalisme

La reconnaissance du pluralisme à l'extérieur, c'est-à-dire qu'il existe au sein d'entités plus vastes des voix qui pour n'être pas françaises, n'en sont pas moins autorisées, ne va pas sans une reconnaissance du multiculturalisme à l'intérieur. Par multiculturalisme, il ne faut pas entendre cet épouvantail brandi par certains, qui se présente comme une juxtaposition de cultures radicalement étrangères les unes aux autres, et pour la plupart d'entre elles étrangères à la culture française, chacune cherchant à tirer pour elle-même le meilleur parti de cette situation de coexistence, les plus radicales allant même jusqu'à demander, ou exiger, des lois spécifiques en accord avec leurs traditions propres. L'idée du multiculturalisme s'oppose au contraire à cette addition de communautarismes, autant qu'à une vision unitaire et uniforme de la culture nationale. Le multiculturalisme, c'est la citoyenneté commune d'individus qui peuvent avoir des ancrages culturels différents. C'est l'idée qu'il n'y a pas de conformité culturelle à un modèle préalable à l'existence partagée dans une même société. Les modes de vie, les références culturelles, les croyances religieuses, peuvent différer, à la condition de se rencontrer et de dialoguer, et de se découvrir des zones de recouvrement mutuelles. Une société multiculturelle, ce n'est pas un musée qui serait le réceptacle de toutes les cultures du monde : c'est une société qui propose à chacun de découvrir la culture de ses voisins, de traduire les principes fondamentaux qui régissent notre organisation sociale de différentes manières, qui permet qu'on soit tour à tour adepte d'une religion, amateur d'un genre de musique, ou ayant choisi une orientation sexuelle. C'est une société de la confrontation policée plus qu'une société de la cohabitation. La société française est sans doute devenue multiculturelle en ce sens, peut-être même davantage que la plupart des sociétés européennes : mais elle peine à le reconnaître et à l'assumer, et ressuscite périodiquement la nostalgie et le mythe d'une culture unitaire commune, éradicatrice des différences. Il lui faut devenir pleinement ce qu'elle est déjà.

Reconnaissance

La reconnaissance des différences est sans doute le moyen, mais aussi le principe d'une telle capacité à vivre la diversité. Cela veut dire que les individus qui composent la société française ont le droit d'être ce qu'ils sont, comme ils le sont, sans avoir à s'excuser de ce qu'ils sont, ni avoir à acquitter un cens culturel préalable. La reconnaissance, c'est le geste par lequel une société reconnaît que le pluralisme qui la compose, différence des sexes, diversité culturelle, pluralité des situations sociales, mélange des âges, n'est pas accidentel, mais au contraire fondateur de l'existence commune. Avant d'être la soumission de tous à une même loi, elle est la reconnaissance par chacun de l'appartenance de chacun à une même société. C'est un geste qui va d'abord latéralement, un lien de concitoyenneté, avant d'ordonner les individus verticalement à l'État. Bien entendu, la reconnaissance n'est pas acceptation passive de l'ordre des choses, soumission aux conditions sociales existantes : mais elle est la condition pour que celles-ci changent, car elle conforte les acteurs dans le sentiment d'être légitimes à les changer. Elle peut prendre d'autres noms : respect, égale dignité, confiance en soi – cette confiance nécessaire pour entreprendre quoi que ce soit, et qui ne peut être conférée que par l'assurance que me donne le regard d'autrui d'avoir le droit d'être ce que je suis là où je suis, d'être légitime ; cette confiance dont le contraire est la stigmatisation, d'individus ou de groupes, au seul motif que leur existence est suspecte, qu'ils ne seraient pas conformes, qu'ils ne devraient pas être ce qu'ils sont. Dès lors que cette commune appartenance est affirmée, des débats peuvent s'engager sur la manière de réaliser la justice, de faire progresser l'égalité, de s'entendre sur les règles du vivre ensemble. Cette reconnaissance est l'affaire de chacun, mais elle est aussi celle des institutions. Une des attentes des groupes qui composent notre société, c'est que celle-ci leur accorde une reconnaissance explicite de leur dignité. Cela passe par la rémunération salariale de professions dont l'utilité sociale et la dignité des fonctions est ainsi reconnue, pour les groupes professionnels, dont on voit que la dimension de reconnaissance est aujourd'hui croissante dans les conflits du travail. Cela passe aussi, pour d'autres groupes, par des discours ou des gestes symboliques, notamment en relation avec des épisodes de notre histoire : c'est ainsi que le geste du président de la République Jacques Chirac, reconnaissant la responsabilité de l'État français dans la rafle du Vel' d'hiv', a eu une portée considérable pour les Juifs de France. De manière analogue montent des revendications de reconnaissance, liées au passé colonial, à l'esclavage, ou encore à la guerre d'Algérie (comme la reconnaissance du massacre du 17 octobre 1961). Il n'y a là, contrairement à ce qui a pu être dit, nulle attaque contre la France, ni demande de repentir et culpabilisation du présent, mais la demande qu'une manifestation symbolique reconnaisse des souffrances passées, des torts commis par la nation, et par là conforte la présence contemporaine des descendants des humiliés. La France ne serait pas abaissée par de tels gestes de reconnaissance, mais au contraire magnifiée dans sa capacité d'offrir une place à tous ses enfants.

Greffer les terroirs : une histoire

Ces directions esquissent ce que pourrait être une France qui retrouve confiance en elle parce qu'elle aurait confiance en ses habitants, et se montrerait capable d'ouvrir un avenir à ses enfants. Ce n'est ni la France tournée vers le passé qui demande abri et protection à l'État, ni celle qui cherche à valoriser ses seuls territoires compétitifs. C'est une France solidaire et plurielle, probablement plus proche de sa composition réelle que ces projections imaginaires. Permettez-moi de conclure par une anecdote personnelle, que je veux croire emblématique de ces questions. Un jour, une belle-sœur nous a ramené une pousse de figuier d'Algérie. Nous l'avons aussitôt mise en terre, dans un grand pot, dans la cour de notre maison en Seine-Saint-Denis. Elle sembla aussitôt s'y trouver à l'aise, et fit de nombreuse branches. Un déménagement fut l'occasion de planter le figuier cette fois-ci en pleine terre, toujours en Seine-Saint-Denis, et il s'y épanouit jusqu'à devenir un vrai arbre. Il est vrai qu'en Seine-Saint-Denis, ce figuier venu d'Algérie pouvait se sentir en compagnie familière. Un nouveau déménagement nous condamna alors à abandonner le figuier, dont cependant une des branches basses s'était opportunément enracinée à son tour. Coupée et replantée à la verticale, celle-ci vint donner naissance à un nouvel arbre dans un pot sur un balcon parisien. Mais les aléas du climat et des soins erratiques ont eu quasiment raison de l'arbuste, qui perdit ses feuilles et souffrit du froid. Une ultime transplantation fut alors tentée, dans la campagne de Loire-Atlantique et là, à nouveau en pleine terre, le figuier reprit vigueur et devint un nouvel arbre. On peut certes voir dans cette histoire une illustration de l'extraordinaire capacité d'adaptation kabyle, fût-elle celle d'un figuier, et une métaphore de la ténacité migratoire. Mais on peut aussi y lire une autre leçon : celle de la fantastique capacité d'accueil de la terre de France, pour peu qu'on la sollicite, et qu'il n'est pas impossible de greffer les terroirs, pour poursuivre la métaphore du jardinage. Mieux, qu'une telle greffe peut être féconde et porteuse d'avenir.

Faire société

Éric Favey

Je n'ai ni la rigueur d'un scientifique et d'un chercheur, ni les capacités d'investigation d'un journaliste, ni la qualité d'analyse d'un politologue : je n'ai que les convictions d'un militant de la Ligue de l'enseignement et un peu de savoir-faire culturel grâce au travail et à l'engagement qui m'y occupent depuis une trentaine d'années.

À l'occasion de son congrès, la Ligue de l'enseignement a décidé d'engager un travail national de plusieurs années, intitulé : « Individualisme, communautés et destin commun : comment faire société ? » Nous sommes partis d'une idée qu'Émile Durkheim avait déjà développée, selon laquelle, avant de faire la République, ou du moins en même temps, il faut se préoccuper de faire la société. Cela ne veut pas dire que la Ligue de l'enseignement abandonne la République, mais nous sommes préoccupés par l'insuffisante réalité de sa dimension démocratique, sociale et laïque.

Nacira Guénif-Souilamas a évoqué ici la reprise, par le groupe Carte de séjour, de cette fameuse chanson *Douce France* qui, finalement, marque et rythme ces Entretiens d'Auxerre. Écrite en 1943, Charles Trenet y parle des coquelicots, des marguerites, des champs, du soleil et de la douceur de vivre, et de son enfance au sortir de la grande boucherie de la guerre de 1914-1918. Il l'a écrite pendant le second conflit mondial et elle fut diffusée quelques années plus tard, alors que la France était encore sous le régime des cartes d'alimentation.

Ce qui m'intéresse, c'est une troisième version de cette chanson, révélée récemment par un chanteur de rap, Axiom. Celui-ci se définit comme un rappeur français « chtimi » de Lille, dont les parents sont marocains. Il a repris *Douce France*, en la titrant *J'suis l'Arabe*, et en modifiant un peu les paroles : « Douce France, cher pays de mon enfance, je n'ai connu ni ta chaleur, ni ton insouciance. »

Au début des années 1980, le groupe Carte de séjour faisait déjà état dans sa version d'une forme d'interrogation à l'égard de cette douceur dont il apparaissait que certains y échappaient. Or, dans les paroles d'Axiom, on n'est plus du tout dans le monde des interrogations : ce chanteur nous dit que la France n'est pas douce, mais aussi que lui, qui est français, n'a connu ni la chaleur ni l'insouciance dont parle la chanson d'origine. Voilà qui me semble bien illustrer le pas franchi en quinze ans, par un pays qui n'a pas voulu voir et surtout reconnaître ce qui était pourtant largement su, partagé et vécu.

On dit de l'art en général qu'il a cette intelligence d'enseigner à l'homme quelque chose de lui qu'il ignore. La chanson a parfois cette force, comme le théâtre, le cinéma, la littérature, la poésie, la peinture, la musique, la danse... Mais en l'occurrence, Carte de séjour et Axiom, vingt années après, nous éclairent surtout sur la cécité collective de notre société. Car nous n'ignorions déjà pas grand-chose de la situation au début des années 1980, encore moins en 1990 et, aujourd'hui, nous n'ignorons rien du tout ! Nous en avons pour preuve la profusion de travaux, d'enquêtes, de publications sur le sujet et la constance, au-delà des différences d'appréciation sur les causes et les remèdes, à décrire la situation d'injustices, d'inégalités, de discriminations dont sont victimes nos concitoyens des milieux populaires, particulièrement celles et ceux d'origine immigrée. Les plus jeunes d'entre eux rejettent d'ailleurs ce qualificatif, vécu comme stigmatisant, même s'ils se bricolent une identité qui emprunte à leurs origines et ce qu'ils en imaginent afin d'exister dans une société dont ils n'attendent quelquefois plus grand-chose.

Sachant tout cela, constatons que nous n'en avons à peu près rien fait, ni les responsables politiques, ni les citoyens associés que nous sommes. La contemplation, les pansements, les injonctions, les dispositifs d'urgence, la convocation des grands principes... et parfois des forces de l'ordre, tiennent lieu bien souvent de politique en la matière. C'est aussi pour cela que la Ligue de l'enseignement engage le travail de son réseau d'associations et de militants.

On peut dès lors esquisser quatre dimensions de notre douce France... Tout d'abord, lorsqu'on met un point d'interrogation après « Douce France ? », c'est que l'on suppose qu'elle n'est pas douce pour tout le monde. À l'évidence, elle est assez brutale pour un certain nombre de nos concitoyens, et particulièrement pour l'enfance et la jeunesse de ce pays.

En deuxième lieu, ce point d'interrogation aurait pu figurer à toute époque, parce qu'il n'est pas sûr que les nostalgiques des anciens temps soient susceptibles de nous faire la démonstration que la France fût jadis plus douce. Il faut se méfier de la nostalgie, qui rime avec la restauration d'un ordre antérieur qui sert avant tout la persistance des dominations de toutes sortes, le maintien de positions acquises, en s'arrangeant des injustices les plus criantes. C'est un verrouillage de l'avenir qui se complaît dans la fatalité et les injustices sociales.

Troisièmement, je voudrais évoquer, dans ce contexte un peu figé, incertain, brutal et angoissant, la chance d'avoir dans ce pays une capacité et une disponibilité démocratiques dont nous n'usons pas assez : parfois même nous les gaspillons alors que nous pourrions en profiter pour les mobiliser dans une sortie de crise. Nous sommes à une époque inédite d'élévation du niveau de connaissances et d'informations: étant plus conscients de l'état des choses, il est dangereux de ne rien faire de cette lucidité, même partielle. Ou alors nous prenons le risque d'une frustration civique qui fait le terreau du désespoir et des recours extrêmes.

Enfin, comme toujours, il va falloir nous mettre au travail, ce qui est plutôt réjouissant; j'évoquerai quelques pistes. Ce qui est évidemment en jeu est notre capacité collective à nourrir un nouvel imaginaire politique pour combiner la reconnaissance de la diversité de notre société et la recherche de son unité, de sa cohésion, et prendre au sérieux la question de l'égalité, de la dignité reconnue de chacun, de la liberté avec la fraternité.

Comment les enfants et les jeunes vivent-ils la douce France aujourd'hui?

Pour ma part, je ne suis toujours pas remis d'un jour de janvier 2004, dans notre pays, la France, où des milliers de CRS furent déployés devant des centaines de lycées entre 7 h 30 et 8 heures du matin, petit matin blafard d'un mois de janvier français, avec pour ordre de vider et de fouiller les sacs des lycéens. Il ne s'agissait pas de n'importe quels lycéens et cette opération a peu concerné les établissements de centre-ville... Au motif de rechercher de la drogue, peut-être des armes... nous a-t-on dit, comme si les trafiquants se présentaient avec leurs cartables bourrés dans les enceintes scolaires, ces jeunes, alignés dans le petit matin blafard d'un mois de janvier français, leur sac posé au pied, ont été palpés, reniflés par des chiens, pour certains collés au mur, humiliés.

Les journaux de 20 heures de ce même soir nous ont déversé ces images: et celles de ces yeux effrayés, au bord des larmes pour certains, de ces jeunes, le plus souvent des quartiers populaires, qui ne comprenaient pas que leur pays les considère de cette manière.

Ce que je ne comprends toujours pas, c'est pourquoi nous avons été incapables d'indignation, de dénonciation réelle de cette indignité de la République à l'égard de ses enfants, que nous n'ayons pas été des centaines de milliers dans les rues pour dire qu'un pays ne traite pas de cette manière sa jeunesse, que les établissements scolaires n'aient pas immédiatement cessé de travailler... La sidération, peut-être, devant une telle démesure de notre « douce France » ?...

Le deuxième exemple est connu de tous. Il a déclenché les émeutes des quartiers au mois de novembre 2005, qui ont servi de prétexte à l'instauration de l'état d'urgence. Il y a un peu plus d'un an, deux jeunes de la « douce France » se sont réfugiés dans un transformateur électrique au seul motif qu'ils avaient peur des représentants d'une institution de la République: la police. Ils y sont morts et, *a priori* et sous réserve de conclusions contraires de l'enquête, ils n'ont rien fait d'autre que de rentrer à pied d'un match de football et croiser une brigade de la BAC. Un pays dont les institutions nécessaires font peur à la jeunesse est un pays qui ne va pas très bien.

Dans un domaine proche, les propos, il y a quelques jours, d'un ministre de la République, et pas n'importe lequel puisqu'il s'agit du deuxième, ne me semblent pas de la première douceur. Évoquant l'école et le travail scolaire, il a parlé des « orphelins de 16 heures ». Qui sont ces « orphelins de 16 heures » ? Ce sont des enfants qui ont des parents, une mère, un père, parfois ne vivant plus ensemble. Leur mère travaille, caissière au supermarché ouvert jusqu'à 20 heures, infirmière, personnel de ménage dans un ministère… Elle n'est pas rentrée pour la sortie des classes… Et leur père est chauffeur de bus, agent d'entretien, ouvrier du bâtiment… L'une ou l'autre, ou quelquefois les deux, peuvent être privés d'emploi…

À 17 heures, ils font quelques heures de travail, concédées ici ou là pour assurer la continuité des tâches quand les titulaires sont partis, ou bien encore ils stationnent dans les salles d'attente des services sociaux… Une réalité que notre ministre est certainement dans l'incapacité d'imaginer.

Alors leurs enfants jouent seuls ou avec leurs copains, dehors ou à la maison, ou sont accueillis par le centre social, par une association de la Ligue de l'enseignement et son atelier d'accompagnement à la scolarité… Ils ne sont pas « orphelins ». La question de l'offre éducative, culturelle, sportive, est une bonne question. Surtout si on la traite avec les parents. Mais pourquoi une telle violence des mots, un usage choquant de qualificatifs qui n'ont rien à voir avec cette question, un tel mépris de la parentalité et des difficiles conditions dans lesquelles elle s'exerce parfois ? Pourquoi, là aussi, si peu de réaction des milieux familiaux et parentaux à ce commerce politicien et démagogique qui n'envisage la « douce France » qu'en maison de correction ?

Sur un autre registre, il y a quelques jours, 310 salariés d'une vallée des Ardennes ont été brutalement débauchés de leur entreprise, un équipementier d'une chaîne automobile, prétextant un transfert de production… Ils ont protesté vigoureusement et tenté d'établir, comme on le fait dans ces cas-là, un rapport de forces social pour une négociation revendiquée. De négociation, il n'y eut point et, alors que l'occupation du site était pacifique, les outils de travail protégés, un préfet de la « douce France » leur a envoyé une compagnie de CRS qui les a chargés et dispersés à coups de gaz lacrymogènes, en ne ménageant pas les familles présentes ce jours-là aux côtés des salariés.

La traque des enfants sans papiers ajoute aussi à ce déni de douceur un acharnement statistique à faire du chiffre, du résultat, au mépris des plus élémentaires droits des humains… ce qui n'empêche nullement de les revendiquer jalousement dans le patrimoine géniteur de notre « douce

France ». Heureusement que, à l'exemple de ce qui s'est passé dans ce département il y a quelques mois pour deux enfants et leur mère pourchassés, des habitants, nombreux, se mobilisent pour protéger les enfants menacés et leurs parents et donner ainsi à la théorie des droits formels la traduction réelle en principes et en actes d'hospitalité.

Je terminerai cette illustration allusive de l'état pour le moins contrasté de la douceur de notre pays par une forme de brutalité plus sournoise, parce qu'elle s'est emparée de nos mots mêmes, de nos représentations, de nos pratiques aussi, confortant bien des préjugés et des stigmatisations.

J'ai quitté hier soir le Salon de l'éducation où se tenait, parmi les nombreux débats qui le rythment, une table ronde portant sur les relations entre les familles et l'école. Un principal de collège, faisant un travail remarquable dans son établissement, racontait comment cela avait été rendu possible grâce à la collaboration des réseaux de parents, du centre social et des associations de quartier, dans une ville où le collège fait partie de ceux que la République a délaissés. Engagé dans son travail au point d'en être militant, il a évoqué ainsi la situation qu'il avait trouvée en arrivant dans cet établissement : « En plus des difficultés sociales, ce collège ne réussissait pas du point de vue scolaire puisqu'une très faible part de sa population gagnait l'enseignement général. » Cela signifie donc que nous sommes dans un pays où, lorsqu'on est élève de troisième et que l'on fait le choix d'aller dans l'enseignement technologique ou professionnel, d'y passer un baccalauréat et de suivre éventuellement des études supérieures, ce qui reste difficile, cela n'est pas mis au crédit de la réussite du système scolaire…

On imagine aisément la place que la persistance de tels mots et de telles affirmations tient dans le séparatisme culturel qui taraude profondément notre pays. Ajouté et imbriqué aux inégalités sociales, civiques et politiques, c'est aussi ce séparatisme qui hiérarchise les savoirs et les cultures et construit un système de relégation profonde pour une bonne partie des enfants de ce pays et de leurs familles, les assignant à résidence, pour le plus grand profit de ceux qui captent, même sans volonté de le faire, la totalité des places et des héritages.

Quand nous parlons de la brutalité, du mépris et de la violence dont sont victimes trop de nos concitoyens, nous n'oublions pas non plus cette réflexion de Bertolt Brecht quand il rappelait que « l'on parlait souvent de la violence des fleuves et rarement de la violence des rives qui les enserrent ».

Si nous voulons que notre société se remette d'aplomb et fonctionne de manière plus juste, plus démocratique, que la douceur d'y vivre soit une réalité partagée, que de la place soit faite à ceux qui n'en ont pas aujourd'hui, alors il faudra sérieusement s'occuper de la « violence des rives qui enserrent » la vie de bon nombre des habitants de la « douce France ».

Inventer demain

Faire société, dans le sens qui nous inspire tous, c'est-à-dire une société qui reconnaît en égale dignité chacune de ses composantes humaines, bien au-delà de la subsistance, mais aussi dans l'évolution et la transformation de cette société, dans sa constante amélioration... n'a jamais été un exercice très simple. L'ensemble des éducateurs, qu'ils soient de l'enceinte scolaire, de l'éducation populaire ou du monde informel, tout comme les acteurs politiques, civiques et sociaux, auraient intérêt à poursuivre ce travail salutaire d'explication en direction de la jeunesse pour qu'elle comprenne qu'aucun progrès de la société n'est jamais tombé du ciel. Tout progrès social, toute émancipation nouvelle, est le fruit de la lutte des humains eux-mêmes et sur eux-mêmes.

Nous devrions travailler sérieusement sur la mémoire sociale et la construction de la « douce France », rappeler à l'école, qui s'interroge quelquefois sur ce qu'elle doit faire, qu'elle a un devoir d'enseignement de la mémoire sociale et des conquêtes dans ce pays. C'est une contribution essentielle à l'éducation à la citoyenneté. Mais, à l'heure de la culture plurimédiatique et de sa place croissante dans la fabrication des représentations, c'est aux institutions culturelles de prendre leur part effective de ce travail, les médias autant que les autres. Ce passage de témoin, de « désir de progrès social », c'est aussi une manière de dire aux jeunes de ce pays, qu'ils peuvent prendre leur part des émancipations, qu'ils transformeront la situation qui leur est faite aujourd'hui, avec ou sans notre concours, qu'ils vont poursuivre l'Histoire.

Rien n'a jamais été acquis autrement que par la lutte et l'engagement des humains; au prix du sang parfois, mais heureusement, dans notre pays, depuis près de cinquante ans, par des affrontements plus pacifiques, parce que nous avons trouvé des moyens de faire fonctionner la mécanique démocratique, d'apaiser les relations sociales. Répétons qu'aucun individu providentiel, fût-il plébiscité par 80 % de sondés favorables, ne changera la face du monde et le quotidien de nos concitoyens. Toute avancée des droits, qu'ils soient sociaux, culturels ou politiques, procède de la capacité des citoyens de s'associer pour les faire progresser et pour créer, à un moment donné, la culture, la conscience et les rapports de force nécessaires qui font que la société se met d'accord, en conciliant quelquefois les contraires.

Faire société n'est donc pas communier dans la nostalgie, ou dans les octrois salutaires. C'est faire les choix collectifs pour transmettre le meilleur existant et inventer le meilleur possible.

Une capacité et une disponibilité démocratiques

Nous sommes dans un contexte extrêmement contradictoire à bien des égards et j'en retiendrai trois aspects.

Il n'est pas contestable que nous sommes dans un pays beaucoup plus éduqué, informé, cultivé qu'à d'autres époques, mêmes si certains s'arrangent aisément de la « baisse du niveau » : il suffit d'écouter les enfants et les jeunes, de nous écouter nous-mêmes évoquer des sujets sur lesquels nous sommes plus nombreux à savoir que nos parents et grands-parents : beaucoup plus et beaucoup mieux. Le paradoxe réside dans le fait qu'étant plus éduqués, mieux et plus informés, plus cultivés, nous sommes cependant moins confiants dans la capacité de cette culture à nous faire vivre mieux.

Le deuxième paradoxe est que nous sommes considérablement plus riches qu'il y a cinquante ans. Nous nous enrichissons chaque année. Ainsi, on nous a récemment annoncé que les entreprises françaises du CAC 40 avaient dégagé 50 milliards d'euros d'excédent sur le premier semestre 2006. C'est deux fois plus que ce que l'architecte Roland Castro estime nécessaire pour financer un plan Marshall pour les quartiers ! Dix pour cent de cette somme suffiraient pour mettre, sur cinq ans, l'Université française au niveau des autre pays de l'OCDE.

Nous sommes donc collectivement plus riches, mais de façon moins équitable. Tous les rapports sur les inégalités témoignent de leur accroissement ces cinq dernières années. C'est souvent le cas pour ceux qui sont déjà les plus mal traités de notre société, avec de plus une frange instable de la population qui est en permanence à la veille de basculer dans l'incertitude du lendemain, et le sentiment pour une majorité de parents que leurs enfants auront une situation plus difficile que la leur. Il y a quatorze ans, Jean-Marie Colombani; dans une de ses chroniques du journal *Le Monde*, analysait déjà la situation en parlant d'un état social en trois groupes : les inclus, les exclus et les reclus. Sachant tout de cette situation, à quelques variantes de lecture près, qu'en avons-nous fait ? Si nous pouvons comprendre celles et ceux qui ont protégé leur situation parce qu'ils se sentaient menacés, bien du cynisme, de la cécité et de l'envie d'en avoir toujours plus ont prévalu durant ces années…

Le troisième de ces paradoxes concerne l'état constaté de mondialisation. La mobilité plus accessible, les images et les données qui se fabriquent et circulent à une vitesse inouïe… tout cela pourrait donner l'illusion d'un monde dont les composantes se comprennent mieux, où les cultures et les traditions se rencontrent et dialoguent. Nous savons que c'est une réalité pour les agences de voyage et leurs invitations à découvrir et souvent consommer, ou pour la littérature de kiosque à magazines qui les accompagnent. Nous sommes certainement plus disposés à la curiosité et à l'écoute que nos ancêtres, mais jusqu'où ? Jusqu'à accepter l'image que cette ouverture nous renvoie de notre propre identité et des aléas qui quelquefois l'ont fabriquée, des conquêtes sauvages qui l'ont nourrie, des asservissements dont notre culture occidentalo-centrée a su faire bon usage sous les enrobages du progrès, de notre progrès ?

Et puis, faire le chemin vers l'Autre… c'est compliqué ! Et c'est souvent l'expérience de ses propres limites. Alors l'ouverture totale de ce « village-monde » va de concert avec d'autres frontières, d'autres clôtures, d'autres incompréhensions et rejets. Surtout pour les sociétés établies depuis longtemps, comme la « douce France ».

Mais ces contradictions sont aussi vécues plus vivement aujourd'hui qu'il y a un demi-siècle. À cette époque, un petit nombre de nos concitoyens les connaissaient et avaient des informations sur ce qui évoluait positivement, sur ce qui évoluait moins bien, sur le capital dont la société pouvait disposer. L'autre partie de la population se laissait informer en confiance et guider, soit par des corps intermédiaires, soit par les responsables politiques. Aujourd'hui, nous-mêmes et nos concitoyens entendons comprendre tout de la situation et, la plupart du temps, nous la percevons mieux grâce aux systèmes de formation et d'information, certes toujours perfectibles : on peut regretter la crise de la presse écrite, la médiocrité d'une certaine télévision, la profusion du Web, la panne démocratique de l'école… mais avant, c'était pire ! Cette capacité à comprendre est le fruit de l'autonomie grandissante des individus, que les philosophes nomment l'individualisme démocratique. Il a quelques effets pervers lorsqu'il frise l'égoïsme ou le repli sur soi. Mais c'est une vraie chance pour notre société si cette capacité démocratique, mise au service d'une compréhension collective des mécanismes qui sont à l'œuvre, taraude aujourd'hui même le « vivre ensemble » et l'invention des solutions pour en sortir. Saisir l'occasion de cette plus grande maturité, lui faire confiance, en nourrir les formes délibératives, participatives et délégataires de la démocratie, voilà un bel enjeu !

Cela éviterait peut-être à un certain nombre de nos concitoyens – quelquefois les plus jeunes, par défaut d'être pris au sérieux comme individus démocratiques – de s'en remettre aux idées toutes faites, au « prêt-à-penser », aux gourous et populistes qui guettent et engrangent alors. La vie républicaine et la démocratie ne peuvent s'affranchir de la confiance du peuple. Elle passera par une prise en compte sérieuse de la capacité démocratique que les individus ont acquise, grâce à l'école, malgré des défauts qui persistent, grâce au travail de l'éducation populaire et au travail culturel général de la société, de mieux comprendre et de mieux nous situer dans la société. Cela ne garantit pas l'avenir, ne prémunit pas de la sidération ou du grand pessimisme qui gagnent parfois. Mais c'est un contre-feu aux désespoirs et aux violences.

Des pistes

Dans un tel moment de notre histoire nationale, certes imbriquée au monde et aux autres histoires, mais aussi tellement française, si révélatrice des fulgurances, des hésitations, des contradictions, des enthousiasmes et des peurs qui colorent l'époque, il me semble que l'urgence est de faire reculer la résignation et les préjugés. En ne laissant rien de l'ardente obligation de lutter contre les dominations qui fabriquent tant d'atteintes à la reconnaissance réelle en égale dignité des personnes et de leurs droits.

Les quelques pistes que j'emprunte, dont la liste n'est pas exhaustive, et sur lesquelles nous pourrions travailler ensemble et inviter les responsables politiques actuels ou futurs à le faire sans tarder, sont aussi des questions dont la Ligue de l'enseignement s'empare, à travers l'action de ses fédérations départementales et de son réseau de 30 000 associations locales: elle entend en faire un axe majeur de la modernité de son projet d'éducation populaire, et une traduction de la philosophie laïque qui l'anime.

La première urgence est de traquer partout l'ensemble des écarts entre les droits affichés et les droits réellement vécus par la population. J'insiste encore sur cette conscience que nous avons acquise grâce à l'état démocratique de notre société: elle rend les situations d'injustices plus intolérables pour ceux qui les vivent; ils le disent et le diront de plus en plus violemment. Nous disposons d'indications suffisamment complètes sur l'état des droits et des discriminations, même si elles sont plus récentes et acceptées, pour ne plus « faire semblant » avec la question de l'égalité.

La deuxième piste est d'insérer toute question qui semble nationale dans sa dimension européenne et internationale. Nous voyons dans la dernière enquête du Cevipof présentée par Pascal Perrineau (voir p. 288) la peur qu'inspire le monde. Là encore, j'insiste sur cette facilité à croire que la « mondialisation de la culture » nous rendrait spontanément acquis à la rencontre des autres: rencontrer les autres, apprendre à dire bonjour à l'autre, nécessite quelques efforts. Il n'y a certainement pas de pédagogie plus efficace pour cela que de s'appuyer sur le vécu de chacun et de montrer en quoi il est pour une bonne part dépendant, quelquefois pour le plus douloureux, mais souvent pour le meilleur, des interrelations qu'il y a avec d'autres pays, d'autres peuples et d'autres régions du monde, surtout si ces interrelations peuvent être solidairement construites.

Aujourd'hui, expliquer la mondialisation est de toute première urgence. Ce qui n'a pas pour corollaire de communier dans une espèce de béatitude à l'égard de ce que certains évoquent comme étant le viatique de la seconde modernité qui caractérise notre époque. Expliquer avec discernement, pour amplifier tout ce qui peut « civiliser » cette mondialisation et la rendre plus « douce » à tous les peuples de la « terre-patrie ». Aussi, prenons garde, comme à d'autres rendez-vous de notre histoire, que la mondialisation ne soit à nouveau pour les clercs l'occasion de trahir: parce que c'est une belle façon de se défausser de leurs responsabilités. Tout cela est explicable, visible, devant nous. Devrions-nous expliquer les errements, les fautes et, quelquefois, les choix politiques de la société française en nous défaussant sur la mondialisation de ce qui ressort, encore aujourd'hui, de la responsabilité strictement nationale d'un certain nombre de choix ? Nous savons comment la trahison des clercs fabrique les moments dramatiques de la France et des autres pays.

Écouter celles et ceux qui ne se font pas entendre est aussi une voie prioritaire pour faire mieux vivre la démocratie, dans toutes ses dimensions. Nous sommes ici dans une assemblée d'initiés et nous ne pouvons rester qu'entre nous pour partager notre questionnement du monde. Il faut ouvrir portes et fenêtres pour aller à la rencontre de ceux qui se taisent, de ceux qui sont enfermés dans des références trop exclusives, de ceux qu'on embobine, de ceux qui sont trop souvent rivés aux petites machines qui « vendent du temps de cerveaux disponibles » pour les publicitaires, des sans-voix et des sans-grades, de cette « France invisible », tellement visible qu'elle rumine à la recherche de boucs émissaires.

N'écoutons pas uniquement leurs situations représentées et rapportées. Écoutons les situations qu'ils vivent. Faisons avec eux ce travail nécessaire d'élucidation de la situation politique dans laquelle nous sommes pour que les solutions trouvées soient des solutions démocratiques et non pas des replis ou des recours qui entraîneraient la France dans une régression démocratique. C'est aussi, et peut-être surtout cela, l'éducation populaire.

Je le dis sans agressivité aucune, et même s'il est difficile pour un militant de la Ligue de l'enseignement de le reconnaître : il me semble qu'il faut explorer les pistes nécessaires pour tordre le cou à l'élitisme républicain ! L'élitisme républicain fonde en grande partie le système scolaire, de formation et d'institutions culturelles de notre pays. Il s'appuie sur ce que nous voyons, avec suspicion, partager depuis quelque temps : l'égalité des chances. Il faut laisser l'égalité des chances aux casinos et à la Française des jeux. C'est l'égalité des droits qui est importante, et lorsque la République s'occupera vraiment de l'égalité, elle s'occupera de l'égalité des droits et non de l'égalité des chances. Nous sommes entretenus dans le mythe d'une ligne de départ sur laquelle tout le monde serait, sous le même toit de la même école, les plus méritants étant reconnus pour leur mérite et accédant ainsi dans l'égalité aux plus hautes fonctions, comme à leurs choix de vie d'hommes et de femmes. Chacun sait combien ce mérite est reconnu surtout à la mesure des académismes et des canons des seuls savoirs abstraits, d'une abstraction répétitive qui sert de puissante machine à trier. C'est pour cela essentiellement, malgré l'engagement de nombreux enseignants qui se débattent avec les injonctions d'une commande nationale contradictoire, que notre service public d'éducation et de formation français est une véritable centrifugeuse. Il se préoccupe, parce que nous sommes généreux, de ceux qui sont écrémés, mais consacre l'essentiel de son temps, de son énergie et de ses moyens, à dégager des élites qui, en plus, ne se reproduisent qu'entre elles par le jeu du séparatisme culturel. Après l'école, l'enseignement supérieur poursuit le travail et la formation permanente n'offre que peu de réelles opportunités de promotion culturelle et sociale aux vaincus du mérite scolaire.

Il est de toute première urgence de percer la bulle consanguine des dirigeants de ce pays, qu'ils soient politiques, économiques, sociaux ou culturels. Ce ne sera pas facile, et pourtant nous ne trouverons pas d'issue au sentiment profond d'un certain nombre de nos concitoyens d'être dessaisis du moindre pouvoir sur leur vie si nous ne repoussons pas ce défi culturel et politique. Ce sera difficile car, malgré les efforts de démocratisation, le modèle scolaire de la « douce France » est bâti sur la dureté de ce système trieur. Si nous n'y prenons pas garde, nous savons cependant qu'il faudra bientôt dégager à l'école maternelle des compétences pour entrer à Polytechnique. Est-ce cela que nous voulons ? Voulons-nous une société qui trie ou une société qui assemble ? Une société qui met les enfants très tôt en compétition entre eux, ou une société qui les maintient suffisamment longtemps en situation d'apprendre ensemble à vivre ensemble ? Une école qui diversifie les savoirs pour penser, être et faire, ou qui valorise ceux que les plus méritants ont trouvés au pied de leur berceau ? Dans les deux cas, ce n'est pas la même société qui se prépare.

Pour terminer sur ces quelques pistes, nous devons arriver à convaincre ceux qui gouvernent aujourd'hui, quels que soient les niveaux de gouvernement, et ceux qui aspirent à gouverner demain, qu'ils ne peuvent plus le faire dans la trop grande ignorance des électeurs et des habitants qui préside encore très souvent aux relations civiques et sociales. Ils doivent admettre que les habitants de ce pays, plus éduqués et plus cultivés qu'avant, veulent connaître les directions dans lesquelles on les conduit et, une fois qu'ils ont élu des responsables, être informés de ce qu'ils font de leurs mandats. Il faut trouver des formes de relations plus fines entre ceux qui décident, qui ont été élus pour cela, et ceux qui les ont élus. Cette injonction ne vaut pas que pour le politique, elle vaut aussi pour l'associatif et pour le syndical : les positions installées de tous ceux qui ont pris la tête des organisations et du tissu social méritent aussi régulièrement d'être remises à l'examen de ceux qui les ont élus.

Là encore, l'exercice n'est pas aisé, la demande individuelle, la satisfaction des intérêts de chacun nous forçant à trouver des solutions à des expressions souvent contradictoires. Mais c'est la grandeur de la démocratie que de tenter en permanence l'exercice. C'est de ne pas le faire qui menace de l'épuiser.

Imaginer une façon opportune de comprendre et de progresser

Nous voyons bien que les déclarations, même solennelles, tout comme les Constitutions, n'y suffisent pas. Ce que je viens d'évoquer rapidement relève autant de l'application du droit, de la mise œuvre de politique déjà décidée, que de réformes profondes. Mais nous en avons aussi besoin.

Il faudra enfin faire preuve d'imagination. L'imaginaire politique est l'antidote à la résignation et la condition du refus du réalisme tel qu'il nous est proposé aujourd'hui. Il faut se garder de ceux qui invoquent en permanence le réel et le réalisme: contrairement à Jean Jaurès, qui voyait dans le réel une façon d'aller à l'idéal, les réalistes d'aujourd'hui sont souvent ceux qui érigent le réalisme en dogme parce qu'ils veulent conserver absolument les positions qui sont les leurs et ne rien changer du réel. C'est pour cela qu'il faut imaginer. Or, l'imaginaire politique ne se décrète pas. Il se sécrète, se travaille et se cultive, au croisement du culturel, du social, du politique et parfois du poétique. L'imaginaire politique est une invitation à croiser et mobiliser toutes les dimensions de l'intelligence humaine: pas simplement les intelligences conceptuelles, mais aussi les intelligences sociales, techniques, esthétiques... tout ce que nous savons faire à titre individuel et collectif pour faire progresser une situation.

Je ne sais pas si la France relève de l'anthropologie ou du structuralisme, mais je crois que nous pourrions décider, monde associatif et autres acteurs sociaux, politiques, économiques et culturels, de reprendre cette belle invitation de Lévi-Strauss qui nous rappelait: « Rien n'est joué, nous pouvons tout reprendre: ce qui fut fait et manqué peut être refait. »

Les inquiétudes françaises

Pascal Perrineau

Bronislaw Geremek nous disait qu'il avait « rêvé la France » et que, lorsqu'il avait cessé de la rêver, il avait découvert toute une part d'ombre. C'est peut-être sur cette dernière que nous allons réfléchir. Pendant ces « Entretiens », beaucoup d'observateurs et d'intellectuels sont venus pour « penser la France », et nous allons maintenant consacrer quelques instants à la manière dont « la France se pense » aujourd'hui, à quelques mois de l'élection présidentielle.

La méthode de l'enquête d'opinion n'est pas forcément mauvaise pour savoir d'où l'on part afin de réfléchir, ensuite, sur où on va. Le laboratoire que je dirige a donc réussi à persuader les pouvoirs publics de financer un baromètre politique français qui permet de prendre le pouls de l'électorat français. Les enquêtes que nous avons menées montrent qu'à six mois de l'élection présidentielle, l'électorat français est sous le double sceau d'un pessimisme profond sur la société et l'économie, et d'une défiance majeure vis-à-vis de la politique. C'est sur ces deux éléments que je vais revenir.

Le pessimisme extrêmement élevé s'exprime surtout sur le terrain économique et social alors que la défiance touche, quant à elle, le système politique, la classe politique, les hommes et les femmes politiques. Au fond, le grand défi de la précampagne et de la campagne qui s'ouvrira bientôt est le suivant : quelle sera la capacité de nos politiques, qu'ils soient de droite, de gauche ou d'ailleurs, à inverser ce processus de défiance et de pessimisme – ce qui a été le cas dans certaines élections présidentielles passées, comme en 1974, avec la manière dont Valéry Giscard d'Estaing avait su incarner un renouveau et un espoir, ou en 1981, la gauche ayant alors su incarner un espoir de renouvellement ? C'est le scénario heureux : une élection présidentielle capable d'inverser des tendances lourdes. Un autre scénario est celui où l'élection présidentielle n'arrive à rien inverser, ne positive pas des tendances négatives à l'œuvre dans l'opinion mais, au contraire, aggrave les choses : c'est le scénario de la dernière élection présidentielle de 2002. Les deux sont possibles.

Nous allons donc nous interroger, comme nous y incitait Bronislaw Geremek, sur la question : pourquoi la France ne se porte-t-elle pas bien lorsqu'elle se regarde de l'intérieur ?

Un pessimisme économique et social

Tout d'abord, quelle est la racine de ce pessimisme économique et social ? On observe que c'est, avant tout, le sentiment qu'une majorité de Français partage, que la France souffre des changements du monde.

Il y a trois visages de ce pessimisme.

Premièrement, un pessimisme extrêmement profond des Français vis-à-vis de leurs conditions sociales et économiques. Aujourd'hui, une majorité absolue d'entre eux considère qu'ils s'en tirent difficilement, ou très difficilement, avec les revenus de leur foyer. Cela bat évidemment des records chez les chômeurs et les inactifs, mais c'est également le cas chez les actifs, avec un sentiment très profond de difficultés économiques et sociales. Seules quelques toutes petites catégories échappent à cette sinistrose économique et sociale : les cadres supérieurs et les enseignants.

Deuxièmement, à la question : « Pensez-vous que les jeunes d'aujourd'hui auront plus, autant ou moins de chances de s'en sortir que leurs parents dans la société de demain ? », non seulement le pessimisme est noir, mais il s'aggrave. En effet, les trois quarts pensent que nos enfants auront moins de chances et cela est valable partout, même pour les Français qui considèrent qu'ils s'en sortent bien avec les revenus de leur foyer. Le pessimisme sur la capacité de notre système à préparer nos enfants à entrer dans la société française de demain est extrêmement profond.

Troisièmement, un pessimisme quant à l'évolution de la situation économique de la France dans les prochains mois. Aujourd'hui, seuls 37 % des Français sont très ou assez optimistes sur cette évolution. Ce sont donc environ deux tiers des électeurs qui, à quelques mois de l'élection présidentielle, sont pessimistes pour l'avenir. Ce pessimisme est valable même pour les Français qui déclarent s'en sortir facilement (56 %).

Pourquoi ce pessimisme ? Bronislaw Geremek donnait quelques clés pour expliquer ce malaise. Il disait que la France était mal à l'aise avec elle-même, mais qu'elle l'était surtout avec le grand autre, qu'il s'agisse de l'Europe ou de la mondialisation.

On en vient là à l'un des facteurs fondamentaux de l'origine de ce pessimisme français. Aujourd'hui, les Français pensent que la France souffre de tous les changements du monde. Ce sentiment inclut la mondialisation des échanges économiques, la mobilité des travailleurs, la mobilité des individus et la construction européenne.

Dans l'enquête, nous avons posé la question suivante : « Pour un pays comme la France, la mondialisation est-elle plutôt une chance, un danger, ou ni l'une ni l'autre ? » Il faut savoir que 46 % des Français pensent que c'est un danger parce que cela menace les entreprises et le modèle social français ; 24 % pensent que c'est une chance parce que cela lui ouvrirait des marchés à l'étranger et la pousserait à se moderniser ; 30 %

ont répondu « ni l'une ni l'autre ». Le segment qui considère que la mondialisation peut être aussi une opportunité concerne donc à peine un Français sur quatre.

Penchons-nous sur ce sentiment de souffrance de la France, de la mondialisation, de la mobilité. Les Français considèrent que la France souffre de la mondialisation, de la mobilité croissante des travailleurs – notre question précisait pourtant qu'il s'agissait de la mobilité des travailleurs au sein de l'Union européenne –, et même la construction européenne est mise en accusation. Cette enquête, intervenant presque un an après le référendum, confirme la sanction de celui-ci. Lorsqu'on observe les chiffres, la remarque de Bronislaw Geremek nous revient : ce n'est effectivement pas la même France qui aimait l'électricien polonais et celle qui a vitupéré le plombier polonais ! En quelques années, les choses ont beaucoup changé.

Ce sentiment que la France ne tire profit d'aucun des mouvements qui touchent le monde, y compris la construction européenne, n'est pas réservé seulement aux extrêmes politiques, de droite ou de gauche, qui nous ont habitués à diaboliser ce « grand autre » de la mondialisation, ce « grand autre » européen, la mobilité des individus... Lorsqu'on regarde en détail, on s'aperçoit que cela touche maintenant, certes l'électorat des extrêmes, mais aussi le cœur du système, c'est-à-dire les électeurs des grands partis de gouvernement, qu'ils soient de gauche ou de droite.

Lorsqu'on décline les craintes du monde, elles sont donc partagées par tout l'échiquier politique, mais selon la famille de pensée, cela ne s'articule pas autour du même bouc émissaire : c'est la figure de l'immigré, le travailleur étranger, le plombier polonais, l'eurocrate de Bruxelles, le grand capital apatride... Le démon peut changer et, au cœur de certains électorats, celui d'Arlette Laguiller ou de Jean-Marie Le Pen, on retrouve l'ensemble de tous ces démons.

Un sentiment de déclin

Une majorité de Français considère que le pays est en déclin (52 %), 8 % considèrent qu'il est en progrès et 40 % ni l'un ni l'autre. Il y a donc un sentiment décliniste extrêmement fort et, lorsqu'on cherche à saisir les différents visages de ce déclin, il semble toucher le pouvoir d'achat, l'école et l'Université, le système de santé, l'influence de la France dans le monde, la compétitivité des entreprises, la solidarité dans la société... Cela signifie que ce déclin touche une palette extrêmement diversifiée et, ce qui est très intéressant, pour une thématique qui vient de la droite, parfois la plus profonde, ce sentiment est aussi bien porté par l'électorat de gauche que par celui de droite.

Ce sentiment du déclin prend cependant des teintes particulières, selon que l'on se situe à gauche ou à droite. Autrement dit, les électeurs de droite et de gauche partagent le sentiment du déclin, mais ils ne sont pas tout à fait porteurs du même déclin. Les électeurs de droite considèrent avant tout que, ce qui les préoccupe, c'est le déclin de la France comme puissance économique et comme puissance sur la scène internationale. En revanche, le sentiment du déclin de ce que François Mitterrand appelait le « peuple de gauche » porterait davantage sur ce que l'on pourrait appeler les valeurs du pacte social français – certains diraient du « modèle social ».

Ces différentes visions du déclin ne sont pas porteuses des mêmes réactions. En effet, lorsqu'on partage le sentiment du déclin du pacte social français, on a tendance à être porteur d'une forte demande de protection, de rétraction et même de repli national. Le déclin « puissance » est beaucoup plus un déclin qui porte les électeurs, et particulièrement les électeurs de droite, à dire que la France doit réagir dans la mondialisation et dans l'Europe. Autour de cette notion de déclin, se mettent en scène des réflexes électoraux de natures différentes. On le voit bien puisque nous avons posé la question : « Comment avez-vous voté lors du référendum de 2005 ? » : la notion du déclin « puissance » ne porte pas au non au Traité constitutionnel européen, alors que la notion du déclin « modèle social » porte fortement au non.

« Estimez-vous que la France doit s'ouvrir davantage au monde d'aujourd'hui, se protéger davantage du monde d'aujourd'hui, ou ni l'un ni l'autre ? » On constate que la demande de protection ne cesse de monter. Elle n'était pas encore majoritaire il y a quelques mois, mais elle le devient : 40 % des Français disent qu'il faut se protéger, 33 % s'ouvrir et 27 % ni l'un ni l'autre.

Cela veut-il dire qu'à quelques mois de l'élection présidentielle, l'électorat est bloqué, refuse le mouvement, refuse le desserrement de certaines contraintes ? En réalité, c'est beaucoup plus compliqué que cela et, derrière cette demande de protection et de repli national, cela ne débouche pas sur un refus de déplacer les lignes du compromis national ou social à la française.

Pour 61 % des Français, le libéralisme est positif, devant le socialisme (55 %), le profit (50 %), les immigrés (49 %), la mondialisation (41 %), les États-Unis (39 %) et l'islam (32 %). Il est très intéressant de voir que, sur certaines de ces notions, cela renforce le clivage gauche / droite : par exemple, sur le socialisme, la droite n'est pas enthousiaste ! Mais, déjà, sur le libéralisme, c'est plus compliqué parce qu'un social-libéralisme est à l'œuvre dans l'électorat de gauche. Puis, il y a des valeurs sur lesquelles le clivage est très modéré : c'est le cas de l'Union européenne où l'on voit bien que le clivage n'est pas gauche / droite mais d'une autre nature. Le profit clive un peu gauche / droite, mais ce sont quand même presque 50 % des électeurs de gauche qui considèrent que le profit est une valeur positive.

Il reste donc aux politiques, dans les mois qui viennent, à déplacer les lignes, à convaincre, à mobiliser, autour de ces systèmes de clivages qui ne sont pas simples. On n'est plus dans la conjoncture des années 1960 ou des années 1980 !

Une défiance envers le système politique

Le problème est que le chemin, pour les politiques, est vraiment parsemé d'épines, de ronces, de barbelés et d'hostilités radicales. En effet, la défiance envers le système politique est gigantesque. Nous l'avons mesurée au travers de plusieurs items. Tout d'abord : « Faites-vous confiance aux hommes politiques pour gouverner le pays ? » « Concernant les trois prochaines années, laquelle de ces trois phrases se rapproche-t-elle le plus de votre opinion ? » Voici les réponses : j'ai confiance dans la gauche pour gouverner le pays (17 %), j'ai confiance dans la droite (18 %), je n'ai confiance ni dans la droite ni dans la gauche (65 %) ! Pour ceux d'entre nous qui seraient candidats, cela montre l'ampleur du chemin à parcourir !

En deuxième lieu : « Pensez-vous que le résultat de l'élection présidentielle de 2007 permettra d'améliorer les choses en France ? » Les réponses étaient les suivantes : beaucoup ou assez (40 %), peu ou pas du tout (59 %). Cela signifie que le scepticisme sur la capacité de l'élection présidentielle à améliorer les choses est partagé de manière très inégalitaire : c'est un peu moins terrible que dans le premier indicateur, mais cela reste néanmoins un paysage où la confiance dans le politique pour faire bouger les choses est aujourd'hui très faible.

Enfin, le dernier item concerne le clivage gauche / droite. « Vous-mêmes, diriez-vous que vous vous situez... ? » Très à gauche (3 %), à gauche (25 %), à droite (20 %), très à droite (3 %), au centre (14 %), et cet item qui est toujours le premier : ni à droite ni à gauche (34 %). Pourtant, la campagne se bipolarise, la gauche cherche à persuader qu'elle est bien la gauche, la droite qu'elle est la droite, chacun cherche à ramener les brebis égarées dans son propre camp, mais il n'en reste pas moins que l'électorat le plus important est, comme le dit l'un de mes collègues, l'électorat des « ninistes ».

Je me suis prêté à une petite typologie et j'ai distingué trois types d'électeurs : d'abord les électeurs qui sont dans le jeu, c'est-à-dire qu'ils se classent à gauche ou à droite et qui font confiance à la gauche ou à la droite ; c'est aujourd'hui un tiers de l'électorat : pour eux, cela a du sens ; ensuite les défiants, qui sont ceux pour lesquels la gauche et la droite ont encore un sens en terme de positionnement. Cela leur dit vaguement quelque chose : la gauche serait un peu plus égalitaire, la droite un peu plus chargée en liberté, etc., mais la confiance n'est plus là ; on est de gauche, mais on n'a plus confiance dans la gauche, on est de droite, mais on n'a plus confiance dans la droite (35 %) ; enfin les « hors-système », quant à eux, ne se situent ni à gauche ni à droite, et ils ne font confiance ni à la gauche ni à la droite pour gouverner : ils représentent 32 %.

Voilà donc les trois camps qu'il va falloir convaincre.

Les intégrés sont majoritairement des hommes, des personnes âgées et des gens qui se retrouvent plutôt derrière le Parti socialiste, l'UMP et le Parti communiste. C'est avant tout ceux que certains pourraient qualifier du troisième âge. Cela signifie que les autres ne se retrouvent que très peu dans l'intégration.

Les défiants sont plutôt des gens d'âge mûr – autour de la cinquantaine –, beaucoup d'électeurs qui ne sont pas dans le « hors système » ou dans le vote protestataire, mais qui explorent beaucoup les petits partis et les petits candidats de chacune des deux grandes familles. Cela signifie, par exemple, que l'on retrouve une surreprésentation de ces électeurs : à gauche, on les retrouve chez les électeurs de la Ligue communiste révolutionnaire d'Olivier Besancenot ou chez les électeurs du Parti radical de gauche ; à droite, on les retrouve beaucoup chez les électeurs de l'UDF ou du MPF de Philippe de Villiers.

Les électeurs « hors système » ont un profil tout à fait particulier. Tout d'abord, cet électorat comprend énormément de jeunes et énormément d'électeurs des couches populaires, ouvriers et employés, puis, bien sûr, l'électorat protestataire de Lutte ouvrière et du Front national.

Ce paysage est extrêmement important parce que, si les candidats parlent exclusivement au monde de l'intégration, il faudra regarder attentivement le pourcentage des abstentions et des votes protestataires, et la réplique de 2002 ne serait donc pas impossible.

Il y a là le premier signe d'un malaise et de l'ampleur du travail de conviction politique à accomplir, mais c'est aussi ce qui fait la beauté du métier politique.

Un autre élément très intéressant est ce que j'ai appelé la « dissonance politique » : ce sont des électeurs qui, aujourd'hui, disent qu'ils sont plus ou moins proches d'un parti de gauche ou d'un parti de droite mais qui, en termes de confiance dans les personnalités, ont davantage confiance dans les personnalités du camp d'en face. Ces électeurs représentent aujourd'hui 14 % de l'électorat. C'est un phénomène que la gauche doit vraiment entendre parce que, pour l'instant, les gens de gauche qui se sentent proches de leaders de droite sont beaucoup plus importants (10 %) que le contraire (4 %). Ces dissonants ont quelque chose à voir avec les mécanismes de volatilité électorale que nous connaissons depuis quelques années dans beaucoup de nos systèmes politiques occidentaux.

Qui sont-ils ? Si on en fait un portrait rapide, il y a, tout d'abord, beaucoup plus de femmes que d'hommes chez ces dissonants (65 %), beaucoup de gens sans diplômes ou avec un certificat d'études, beaucoup d'ouvriers et également d'employés; mais c'est surtout un groupe de « cols bleus ». Une grande majorité d'entre eux n'ont que peu ou pas d'intérêt pour la politique (75 %), ce qui ne veut pas dire qu'ils ne vont pas voter et 90 % considèrent que Nicolas Sarkozy veut vraiment changer les choses – le thème de la rupture qui choque certains ne les choque donc absolument pas –, tout comme 68 % pensent que Nicolas Sarkozy comprend les problèmes des gens comme eux. Ils sont donc proches de Nicolas Sarkozy, mais savoir s'ils iront voter pour lui est une autre affaire.

Dans l'autre sens, les dissonants droite / gauche constituent un peu un inverse sociologique. Ce sont des gens jeunes, avec un niveau de diplôme supérieur au baccalauréat, 13 % sont professions libérales ou cadres supérieurs, 15 % sont catholiques pratiquants, 40 % ont pas mal ou beaucoup d'intérêt pour la politique, 78 % pensent que Ségolène Royal veut vraiment changer les choses et 72 % pensent qu'elle comprend les problèmes des gens comme eux. En regardant ces chiffres, on s'aperçoit que la question de la base populaire de la gauche et du retour de beaucoup d'électeurs populaires en dissidence par rapport à la gauche n'est, à cinq mois de l'élection présidentielle, pas du tout réglée. Le travail politique reste devant les candidats et pas derrière.

Au fond, toute l'énigme de l'élection présidentielle porte sur la capacité de la gauche à récupérer ses brebis égarées, pour la droite de continuer à séduire cet électorat populaire et, pour le Front national, si la campagne de 2007 renouvelle celle de 2002, à engranger les fruits de ce malaise de ceux qui se considèrent aux marges du système social et économique et, aussi, aux marges du système politique.

Les auteurs

Jean BART est professeur émérite à l'université de Bourgogne.

Robert CASTEL, sociologue, est directeur d'études à l'EHESS.

Jean CHESNEAUX est professeur émérite d'histoire à l'université Paris-VII.

Patrice DECORMEILLE, agrégé de philosophie, est président de la Société Paul-Bert.

Marie DURU-BELLAT est professeur à l'université de Bourgogne et chercheur à l'Institut de recherche sur l'éducation (Iredu).

Éric FAVEY est secrétaire national de la Ligue de l'enseignement.

Philippe FREMEAUX est directeur de la rédaction du mensuel *Alternatives économiques*.

Guy GAUTHIER est critique et écrivain de cinéma, ancien chef du service culturel de la Ligue de l'enseignement.

Bronislaw GEREMEK est député au Parlement européen, ancien ministre des Affaires étrangères de Pologne, membre fondateur de Solidarnosc.

Nacira GUÉNIF-SOUILAMAS, sociologue, est maître de conférences à l'université Paris-XIII.

Claude HAGÈGE, linguiste, est professeur au Collège de France.

Jacqueline LALOUETTE est professeur d'histoire contemporaine à l'université Paris-Nord.

Hervé LE BRAS est directeur d'études à l'EHESS, directeur du laboratoire de démographie historique.

Gilles MANCERON est historien.

Gérard MOTTET est professeur émérite des universités, membre de l'Académie des sciences d'outre-mer.

Nobutaka MIURA, professeur d'études françaises à l'université Chûô, est administrateur délégué de la Maison franco-japonaise de Tokyo.

Pascal PERRINEAU, politologue, est directeur du Centre de recherches sur la vie publique française (Cevipof).

Jean-Robert PITTE est président de l'université Paris-Sorbonne.

Alexandra POLI est sociologue, rattachée au Centre d'analyse et d'intervention sociologiques (Cadis).

Daniel REISZ est inspecteur d'académie honoraire.

Joël ROMAN est conseiller à la rédaction de la revue *Esprit*.

Louis-Georges TIN est maître de conférences à l'Institut universitaire de formation des maîtres (IUFM) d'Orléans, porte-parole du Conseil représentatif des associations noires (CRAN).

Françoise VERGÈS, professeur au Goldsmiths College (Londres), est vice-présidente du Comité pour la mémoire de l'esclavage.

Michel WIEVIORKA, président du comité scientifique des Entretiens d'Auxerre, est directeur d'études à l'EHESS et directeur du Cadis (Centre d'analyse et d'intervention sociologiques).

Table des matières

Introduction, *Michel Wieviorka* 7

I. Terres de France 17
La douce France était le rêve de ma vie, *Bronislaw Geremek* 19
Douce France, douce Bourgogne, une exception géo-climatique, *Gérard Mottet* 26
Le terroir, un art de vivre à la française, une ouverture sur le monde, *Jean-Robert Pitte* 35
L'Alsace, une identité schizophrénique, *Daniel Reisz* 46
Diversité des mœurs en France : passé régional et présent urbain, *Hervé Le Bras* 58

II. L'exception française 79
La France, un pays comme les autres ?, *Jean Chesneaux* 81
L'idée neuve du bonheur. Lumières et Révolution, *Jean Bart* 89
Le discours du déclin, la langue française et la diversité culturelle, *Claude Hagège* 100
De l'exception culturelle à la diversité culturelle : identité française face à la mondialisation, *Nobutaka Miura* 107

III. Les colonies, et après ? 127
Le récit national, le récit des outrages et l'émergence de nouvelles demandes de « droit de cité », *Françoise Vergès* 129
L'autochtone et l'indigène : la fin de l'exotisme dans la France postcoloniale, *Nacira Guénif-Souilamas* 151
Le paysage français des différences culturelles occupé par l'expérience du racisme ?, *Alexandra Poli* 169
De l'Atlantide à la Kasbah. L'imaginaire colonial français dans le cinéma de fiction des années 1930, *Guy Gauthier* 179
Paul Bert, race et culture, *Patrice Decormeille* 192
« Réparations » : le tabou de l'Histoire..., *Louis-Georges Tin* 207
Vers une France en paix avec sa mémoire coloniale ?, *Gilles Manceron* 214

IV. Le modèle français 225
Y a-t-il un modèle social français ?, *Robert Castel* 227

L'école française : quelles spécificités ?, *Marie Duru-Bellat* 235
Laïcité et intégration. Quelques jalons méthodologiques
et historiques, *Jacqueline Lalouette* 246
Solidarités au XXIe siècle, *Philippe Fremeaux* 261
Être français demain, *Joël Roman* 269
Faire société, *Éric Favey* 276
Les inquiétudes françaises, *Pascal Perrineau* 288
Les auteurs 295

Les Entretiens d'Auxerre

Le cercle Condorcet d'Auxerre a pris l'initiative, en 2002, de relancer les Entretiens d'Auxerre. Chaque année, pendant deux à trois jours, ces rencontres rassemblent autour d'un thème important des personnalités compétentes, françaises ou étrangères, et les habitants du département et de la région désireux de participer à un débat de qualité, accessible et ouvert. Les Entretiens se veulent pluridisciplinaires et mobilisent l'histoire, la philosophie, les sciences politiques, la sociologie, l'économie, l'anthropologie, sans exclure les sciences exactes ou la littérature.

La définition du contenu des Entretiens d'Auxerre est confiée à un comité scientifique d'une vingtaine de personnalités, sous la direction de Michel Wieviorka. Leur mise en œuvre est assurée par le cercle Condorcet d'Auxerre, présidé par Hervé Couteille, et par la Ligue de l'enseignement de l'Yonne, présidée par Michel Morineau.

En 2002, les Entretiens d'Auxerre s'étaient penchés sur *L'avenir de l'islam en France et en Europe*. En 2003, ils interrogeaient *L'empire américain*. En 2004, ils ont abordé *La laïcité*, dans une perspective résolument internationale, puis, l'année suivante, la question de *Disposer de la vie, disposer de la mort*.

Cette manifestation est financée et activement soutenue par la ville d'Auxerre, le conseil général de l'Yonne et le conseil régional de Bourgogne.

Achevé d'imprimer en avril 2007
sur les presses du Groupe Horizon, 13420 Gémenos
pour le compte des éditions de l'Aube
Le Moulin du Château, F-84240 La Tour d'Aigues

Numéro d'édition: 1258
Dépôt légal: mai 2007
N° d'impression : 0704-059

Imprimé en France